中国石油天然气集团公司统编培训教材

天然气与管道业务分册

管道完整性管理技术

《管道完整性管理技术》编委会   编

石 油 工 业 出 版 社

内 容 提 要

　　本书主要介绍了管道完整性管理的理念；管道完整性管理数据采集技术、高后果区识别技术、风险评价技术、检测和监测技术、完整性评价技术、维护维修技术和效能管理技术；站场管道完整性管理相关的各种技术等。另外，本书还介绍了管道完整性管理在中国石油天然气集团公司、Enbridge 管理公司、加拿大 TCPL 管理公司的实施情况。

　　本书可作为管理运营管理专业技术人员、管理完整性管理专业技术人员、站场管理专业技术人员的培训教材。

图书在版编目（CIP）数据

管道完整性管理技术/《管道完整性管理技术》编委会编．

北京：石油工业出版社，2011.12

中国石油天然气集团公司统编培训教材

ISBN 978 - 7 - 5021 - 8754 - 5

Ⅰ．管…

Ⅱ．管…

Ⅲ．油气运输-管道工程-完整性-技术培训-教材

Ⅳ．TE973

中国版本图书馆 CIP 数据核字（2011）第 213934 号

出版发行：石油工业出版社

　　　　　（北京安定门外安华里 2 区 1 号　　100011）

　　　　　网　址：www. petropub. com. cn

　　　　　编辑部：（010）64240656　　发行部：（010）64523620

经　　销：全国新华书店

印　　刷：石油工业出版社印刷厂

2011 年 12 月第 1 版　　2011 年 12 月第 1 次印刷

787×1092 毫米　开本：1/16　印张：29.5

字数：510 千字

定价：104.00 元

（如出现印装质量问题，我社发行部负责调换）

序

企业发展靠人才，人才发展靠培训。当前，集团公司正处在加快转变增长方式，调整产业结构，全面建设综合性国际能源公司的关键时期。做好"发展"、"转变"、"和谐"三件大事，更深更广参与全球竞争，实现全面协调可持续，特别是海外油气作业产量"半壁江山"的目标，人才是根本。培训工作作为影响集团公司人才发展水平和实力的重要因素，肩负着艰巨而繁重的战略任务和历史使命，面临着前所未有的发展机遇。健全和完善员工培训教材体系，是加强培训基础建设，推进培训战略性和国际化转型升级的重要举措，是提升公司人力资源开发整体能力的一项重要基础工作。

集团公司始终高度重视培训教材开发等人力资源开发基础建设工作，明确提出要"由专家制定大纲、按大纲选编教材、按教材开展培训"的目标和要求。2009 年以来，由人事部牵头，各部门和专业分公司参与，在分析优化公司现有部分专业培训教材、职业资格培训教材和培训课件的基础上，经反复研究论证，形成了比较系统、科学的教材编审目录、方案和编写计划，全面启动了《中国石油天然气集团公司统编培训教材》（以下简称"统编培训教材"）的开发和编审工作。"统编培训教材"以国内外知名专家学者、集团公司两级专家、现场管理技术骨干等力量为主体，充分发挥地区公司、研究院所、培训机构的作用，瞄准世界前沿及集团公司技术发展的最新进展，突出现场应用和实际操作，精心组织编写，由集团公司"统编培训教材"编审委员会审定，集团公司统一出版和发行。

根据集团公司员工队伍专业构成及业务布局，"统编培训教材"按"综合管理类、专业技术类、操作技能类、国际业务类"四类组织编写。综合管理类侧重中高级综合管理岗位员工的培训，具有石油石化管理特色的教材，以自编方式为主，行业适用或社会通用教材，可从社会选购，作为指定培训教材；专业技术类侧重中高级专业技术岗位员工的培训，是教材编审的主体，按照《专业培训教材开发目录及编审规划》逐套编审，循序推进，计划编审300余门；操作技能类以国家制定的操作工种技能鉴定培训教材为基础，侧重主体专业（主要工种）骨干岗位的培训；国际业务类侧重海外项目中方员工的培训。

"统编培训教材"具有以下特点：

一是前瞻性。教材充分吸收各业务领域当前及今后一个时期世界前沿理论、先进技术和领先标准，以及集团公司技术发展的最新进展，并将其转化为员工培训的知识和技能要求，具有较强的前瞻性。

二是系统性。教材由"统编培训教材"编审委员会统一编制开发规划，统一确定专业目录，统一组织编写与审定，避免内容交叉重叠，具有较强的系统性、规范性和科学性。

三是实用性。教材内容侧重现场应用和实际操作，既有应用理论，又有实际案例和操作规程要求，具有较高的实用价值。

四是权威性。由集团公司总部组织各个领域的技术和管理权威，集中编写教材，体现了教材的权威性。

五是专业性。不仅教材的组织按照业务领域，根据专业目录进行开发，且教材的内容更加注重专业特色，强调各业务领域自身发展的特色技术、特色经验和做法，也是对公司各业务领域知识和经验的一次集中梳理，符合知识管理的要求和方向。

经过多方共同努力，集团公司首批39门"统编培训教材"已按计划编审出版，与各企事业单位和广大员工见面了，将成为首批集团公司统一组织开发和编审的中高级管理、技术、技能骨干人员培训的基本教材。首批"统编培训教材"的出版发行，对于完善建立起与综合性国际能源公司形象和任务相适应的系列培训教材，推进集团公司培训的标准化、国际化建设，具有划时代意义。希望各企事业单位和广大石油员工用好、用活本套教材，为持续推进人才培训工程，激发员工创新活力和创造智慧，加快建设综合性国际能源公司发挥更大作用。

《中国石油天然气集团公司统编培训教材》

编审委员会

2011 年 4 月 18 日

前　言

　　石油天然气管道是国家重要的公共基础设施，管道运输与铁路、公路、水运、航空并列为五大运输方式之一。由于石油天然气管道输送介质具有高压、易燃、易爆的特性，一旦发生事故，会严重威胁沿线居民的人身安全，并造成财产损失和环境污染等。另外服务中断会直接扰乱下游的生产和居民生活，严重时甚至会引起社会恐慌，给国家和社会带来极其恶劣的负面影响。近年来，各工业发达国家为使油气管道始终处于安全、可靠的服役状态，保证管道在功能上和结构上是完整的、处于受控的状态，正在积极推行"管道完整性管理"的安全策略，并开展了相应的技术研究，制定了相应的法律、法规和技术标准，逐步走上了依法施工管理和运行管理的轨道。

　　管道企业作为易燃易爆品的储运企业，在生产过程中面临着极大的行业风险，安全问题在管道企业显得尤为重要。多年来的经验证明，安全生产必须从预防入手，而预防又必须从完整性管理的教育抓起，提高企业员工对管道完整性管理的认识是搞好安全生产的根本保证。

　　本书在吸收国外完整性管理经验的基础上，结合科研项目中已经推广应用的研究成果，针对培训工作的要求而编写，内容涵盖了完整性管理的各个方面，适用对象为油气管道系统线路及站场的运行、维护、管理和检修人员。本书力求精简实用，让读者快速获取全面而系统的管道完整性管理相关知识，为管道完整性管理的顺利实施提供保障。

　　本书全面阐述了管道完整性管理的程序、内容、方法、步骤等。另外，本书还介绍了管道完整性管理在中国石油天然气集团公司、Enbridge 管道公司、加拿大 TCPL 管道公司的实施情况。本书第一章介绍了管道完整性管理的理念，主要适用对象为管道运营管理和专业技术人员；第二章介绍了管道完整性管理数据采集技术、高后果区识别技术、风险评价技术、检测和监测技术、完整性评价技术、维护维修技术和效能管理技术，主要适用对象为从事管道完整性管理相关专业人员；第三章介绍了站场管道完整性管理相关的各种技术，如超声导波检测、HAZOP分析技术、RBI技术、RCM技术以及SIL技术，主要适用对象为站场进行管理的专业技术人员。

本教材编写分工如下：第一章，魏东吼、杨祖佩、吴志平、郑洪龙、董绍华；第二章，冯庆善、常景龙、郑洪龙、戴联双、张华兵、王联伟、付立武、贺克奋、王富祥、项小强、李祎、王学力、贾韶辉、韩冰、孙盛、李明菲、杨玉锋、王新；第三章，税碧垣、冯文兴、李保吉、宋汉成、燕冰川；第四章，周利剑、戴联双、余海冲、韩小明、王婷、张海亮、刘悦；附录部分主要由郑洪龙、戴联双、张华兵、韩文超、任武、魏然然编写。

在此，对为本教材提供指导和支持的中国石油天然气与管道分公司、中国石油管道分公司及北京天然气管道有限公司的各位领导和同事表示感谢。

由于水平有限，书中有不当之处敬请读者批评指正。如有任何改进建议请反馈至：LSDai@petrochina.com.cn，将不甚感激。

编者

2011年8月

说　明

　　该教材可作为中国石油天然气集团公司所属各管道分公司的管道完整性管理专用教材。随着管道完整性管理的推广，各管道分公司的管道从业人员，包括从管道管理者到基层站队员工，需要进行不同内容、不同层次的管道完整性管理技术专业培训。培训对象的划分及其应掌握和了解的内容在本教材中章节分布，做如下说明，供参考。培训对象的划分如下：

　　（1）生产管理人员，包括：

　　　　管道分公司管道处、管道科、管道管理岗。

　　（2）专业技术人员，包括：

　　　　管道分公司管道科、基层站队、管道班、巡线工。

　　（3）相关技术人员，包括：

　　　　除各管道分公司管道处、管道科以外的管道完整性管理从业者。

　　针对不同级别人员的教学内容，可参照如下要求：

　　（1）生产管理人员，要求掌握第一章、熟悉第二章和第三章、了解第四章内容。

　　（2）专业技术人员，要求掌握第二章和第三章、了解第一章和第四章内容。

　　（3）相关技术人员，要求掌握第二章和（或）第三章相关的专业技术内容、了解第一章、第四章内容。

目　录

第一章　管道完整性管理概述

第一节　管道完整性管理简介

一、管道完整性管理的定义

管道完整性 PI（Pipeline Integrity）是指：

（1）管道始终处于安全可靠的服役状态；

（2）管道在物理上和功能上是完整的，管道处于受控状态；

（3）管道运营商已经采取，并将持续不断地采取措施防止管道事故的发生。

管道完整性管理 PIM（Pipeline Integrity Management）是指管道公司根据不断变化的管道因素，对管道运营中面临的风险因素进行识别和技术评价，制定相应的风险控制对策，不断改善识别到的不利影响因素，从而将管道运营的风险水平控制在合理的、可接受的范围内，建立通过监测、检测、检验等各种方式，获取与专业管理相结合的管道完整性的信息，对可能使管道失效的主要威胁因素进行检测、检验，据此对管道的适用性进行评估，最终达到持续改进、减少和预防管道事故发生、经济合理地保证管道安全运行的目的。

管道完整性管理与管道的设计、施工、运营、维护、检修等各过程密切相关。在役管道的完整性管理要求管道公司要不断识别运营中面临的风险因素，制定相应的控制对策。对可能使管道失效的危险因素进行检测，对其适应性进行评估，不断改善识别到的不利因素，将运营的风险水平控制在合理的可接受的范围内。管道完整性管理是一个连续的、循环进行的管道监控管理过程，需要在一定的时间间隔后，再次进行管道检测、风险评价及采取措施减轻风险，以达到持续降低风险和预防事故的发生，保证管道生产过程经济、合理、安全地运行。对在役管道逐步实施完整性管理是提高管理水平、确保安全运行的重要措施，是一项防患于未然的科学方法。

管道完整性管理（PIM）也是对所有影响管道完整性的因素进行综合的、一体化的管理，包括：（1）拟定工作计划、工作流程和工作程序文件；（2）进行风险分析和安全评价，了解事故发生的可能性和将导致的后果，制定预防和应急措施；（3）定期进行管道完整性检测与评价，了解管道可能发生的事故的原因和部位；（4）采取修复或减轻失效威胁的措施；（5）培训人员，不断提高人员素质。

完整性管理是一个持续改进的过程，完整性管理是以管道安全为目标的系统管理体系，内容涉及管道设计、施工、运行、监控、维修、更换、质量控制和通讯系统等全过程，并贯穿管道整个运行期，其基本思路是调动全部因素来改进管道安全性，并通过信息反馈不断完善。

二、管道完整性管理的原则

对油气管道实施完整性管理要遵循下述原则：

根据 API St. 1160—2001《危险液体管道的完整性管理系统》和 ASME B 31.8S—2001《天然气管道完整性管理系统》的推荐，以及中国石油行业标准 SY/T 6621—2005《输气管道系统完整性管理》和 SY/T 6648—2006《危险液体管道的完整性管理》的要求，管道完整性管理要遵循如下原则。

1. 应融入管道完整性管理的理念和做法

管道的完整性管理开始于正确的管道设计和施工。为防止管道损伤，确保公众安全，在一系列的标准中（如 ASME B31.4、ASME B31.8），针对输油、输气管道从设计、管子和管件材料制造、管道系统施工、设备安装到管道验收、操作与维护、腐蚀控制等过程，提出了明确的技术指南。这些技术指南以及管道设计说明书为以后的完整性管理程序提供了重要的原始资料信息。

2. 结合管道的特点，进行动态的管道完整性管理

管道完整性管理程序是一套不断改进且能灵活适应管道经营者特点的程序，并通过周期性的评价和修订来适应管道操作系统、运行环境及管道系统本身新输入资料信息的变化。周期性的评价要求能够确保程序采用合适的高新技术及在当时条件下最好的预防、检测和风险减缓等措施，并且和运营商

的运营经验相结合，有效支持运营商的完整性管理。

3. 要对所有与管道完整性管理相关的信息进行分析和整合

完整性管理程序整合所有在制定决策过程中可利用的信息，运营商在最有利的情况下收集和分析这些信息。通过整合所有可利用的信息，管道运营商能够确定在什么位置发生事故的风险最大，进而做出谨慎的评价，降低风险。

4. 必须持续不断地对管道进行完整性管理

风险评价是完整性管理程序的基础，其最终目的是识别和对最重要的风险优先排序。管道风险分析是一个反复循环的过程，管道运营商应该周期性地收集管道系统运行经验及其他附加信息资料。这些信息可以帮助运营商更好的了解管道系统的新风险，并相应调整完整性管理计划，其结果可能会导致检测方法和周期的改变。

5. 应不断在管道完整性管理过程中采用各种新技术

在完整性管理程序中，采用一些新技术，可以提高运营商评价风险的能力。利用有效的、合适的新技术，可以更好地研究管道系统潜在的最大危险。

6. 要建立负责进行管道完整性管理的机构、流程，并配备相应的人员

管道系统基础设施的完整性仅仅只是整个管道系统完整性的一部分，管道系统完整性也包括基础设施的操作人员，以及他们使用和遵循的工作方法。操作人员应该安全地运行并合理地维护管道。为了建立有效的完整性管理程序，该程序必须标明运营者的组织、运营过程及操作系统，并需要对所有操作人员实施不定期的培训，以培养合格的操作人员。

管道完整性管理是一个持续改进的过程，腐蚀、老化、疲劳、自然灾害、机械损伤等能够引起管道失效的多种过程随着岁月的流逝不断地侵害管道，必须持续不断地对管道进行风险分析、检测、完整性评价、维修、人员培训等完整性管理活动。

三、管道完整性管理的特点

管道完整性管理体系体现了安全管理的组织完整性、数据完整性、管理过程完整性及灵活性的特点。

1. 组织完整性

需要将管道规划、建设到运行维护、检修的全过程实施完整性管理，将它贯穿管道整个生命周期，在整个生命周期进行管理的过程中需要一个完善的组织机构和保持持续改进的执行团队来发挥完整性管理的最大价值，体现了组织完整性。

2. 数据完整性

要求从数据收集、整合、数据库设计、数据的管理、升级等环节，保证数据完整、准确，为风险评价，完整性评价结果的准确、可靠提供重要基础。特别是对在役管道的检测，可以给管道完整性评价提供最直接的依据。

3. 管理过程完整性

管道完整性管理的六步循环（图1－1）是管道完整性管理的核心技术内容和关键组成部分。例如，要根据管道的剩余寿命预测及完整性管理效果评估的结果，确定再次检测、评价的周期，每隔一定时间后再次循环上述步骤；还要根据危险因素的变化及完整性管理效果测试情况，对管理程序进行必要修改，以适应管道实际情况。持续进行、定期循环、不断改善的方法体现了安全管理过程的完整性。

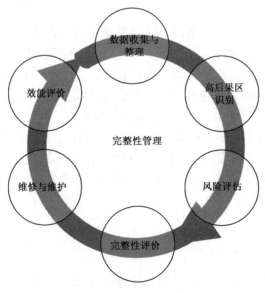

图1－1　完整性管理流程图

4. 灵活性

完整性管理要适应于每条管道及其管理者的特定条件。管道的条件不同是指管道的设计、运行条件不同，环境在变化，管道的数据、资料在更新，评价技术在发展。管理者的条件是指管理者的完整性目标和支持完整性管理的资源、技术水平等。因此，完整性管理的计划、方案需要根据管道实际条件来制定，不存在适于各种各样管道的"唯一"的或"最优"的方案。

四、管道完整性管理流程

中国石油天然气集团公司经过多年的探索和研究，结合中国石油管道的现状，制定了符合中国实际的管道完整性管理流程，如图 1-1 所示。各步骤概要说明如下。

1. 数据收集和整合

数据的完整性是线路完整性管理的基础，数据的准确性和完整程度会影响到分析与评价的结果。应按照管道完整性管理要求收集与整合数据，满足分析与评估的需要。支持风险评估的数据，因危害类型不同而异，要确定能反映管段状态和可能存在危害影响的必要数据和信息，以便了解管道的状况并识别对管道完整性构成威胁的管段。

完整性管理需要大量的数据，包含设计施工数据、运行维护数据、检测及监测数据、返修数据、环境和地理信息、生产运行历史以及事件和风险数据等。随着管道运行时间的推移，数据量会越来越多，应能保持对数据进行持续、系统地收集和不断地更新、维护。因此，数据应存储在电子数据管理系统中，使用电子数据管理系统也便于进行数据的分析和整合。

某管道公司为了解决数据丢失、无法共享且不能有效支持评价等问题，并进一步提高完整性管理水平，开发了管道完整性数据库和管理平台，该数据库基于国际上最新的 APDM（ARCGIS PIPELINE DATA MODEL）数据模型，并编写了数据字典，实现了管道完整性数据库和基于 GIS 的完整性管理平台搭建。

该管道公司所搭建的完整性管理平台，不仅符合中国石油天然气集团公司（以下简称中石油）信息系统的统一规划要求，而且涵盖了完整性管理的各个要素，所设计的数据平台总体架构如图 1-2 所示。以数据模型和数据库为基础，开发完成的数据维护系统、现场数据采集系统、高后果区识别软件、风险评价系统、完整性工程图系统等多个完整性应用系统和完整性管理软件平台，实现了数据的共享和对评价决策的支持，使数据对管道管理的价值得到最大体现。

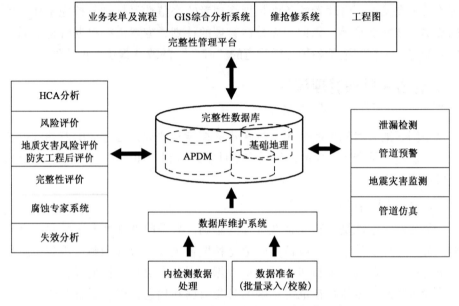

图1-2 基于 GIS 的完整性数据及平台架构示意图

目前该管道公司已经完成了管道专业数据包括管道的中心线坐标、里程、场站、阀室、管道及设施属性等数据入库；管道两侧各 2.5km 的快鸟影像或数字航摄成果、管道沿线范围 1：50000 数据等基础数据已经入库；相关管道的检测、评价和修复数据也已经入库，方便了完整性管理的决策；基础数据和评价数据的入库，解决了长期以来管道数据难以共享、丢失、无法有效支持评价等难题，为管道的科学管理提供了具有国际先进水平的基础数据平台。

这一成果在某管道抗震保油过程中得到了实践的检验。在应对地震灾害过程中，基于这一系统提供了管道受影响区域分析、堰塞湖分布和影响分析、堰塞湖泄漏淹没分析、抢险道路导引等大量信息，为系统应对灾害、决策应急措施发挥了重要作用。

2. 高后果区识别

管道完整性管理关注的重点为高后果区。根据确定的高后果区，分析每一区段的管理现状，包括检测历史、管道属性、周边环境、可能的扩散或流淌区域，制定相应的风险评价、完整性评价，确定组织处理泄漏事件的对策和责任，初步提出针对性管理意见。针对高后果区应设立警示标牌和宣传措施，保证联络上的畅通。特殊地区应有专门的联系人。根据每一区段的变化情况，其变化的数据应及时记录。在管道运行过程中，地区公司必须持续关注外界环境的变化，及时进行高后果区的更新。

3. 风险评估

管道的风险评估是为了识别可能诱发管道事故的具体事件的位置及状况，确定事件发生的可能性和后果，按风险评估的结果进行排序，优化管道的完整性评价工作。

在识别管道运行潜在危害并整合相关数据的基础上，进行管道的风险评估。有多种方法可用于风险评估，应选用合适的方法满足管道系统的要求，应根据危害的时间因素和事故模式分组，正确执行风险评估。

风险评估应在规定的时间间隔内定期进行。当管道发生显著变化、外界条件以及操作情况发生变化时，都应再次进行风险评估。还应将完整性评价的结果作为风险再评估的因素予以考虑，以便反映管道的最新状况。

4. 完整性评价

在风险评估的基础上，根据可能存在的危害选择一种或多种方法来评估管道的完整性。完整性评价方法有内检测、压力测试、直接评价以及其他技术方法等，所选择的方法应能适用于所识别出的危害类型。

应根据风险评估的结果，对进行完整性评价的管段进行排序。基于风险的完整性评估计划，对高风险的管段应根据管段数量在 1~2 年内完成所有完整性评估，所有新建管道的基线评估应在 6 年内完成。对新识别出的高后果区内的管段也应在 6 年内完成基线评估。

5. 管道缺陷响应和修复措施

对完整性评价过程中所发现的所有缺陷应立即采取行动，首先评估检测出的缺陷的严重程度，按照严重程度确定响应计划，如立即修复、一年内修复、监控使用等。对那些会影响管道完整性的缺陷应立即进行修复。所采取的修复措施应能保证直到下一个评估时间，修复后的管道不会对管道的完整性造成损害。

6. 管道风险预防和减缓措施

根据风险评价结果，针对可能存在的危害制定和执行风险的预防和减缓措施。预防和减缓措施应能最大限度地防止管道泄漏并减小泄漏后果。预防措施主要包括以下几种类型：（1）腐蚀控制系统；（2）泄漏检测；（3）防止第三方破坏；（4）运行控制；（5）自动关断以及遥控关断的设置以降低泄漏后果；（6）地质灾害的防护措施；（7）其他措施等。

应充分了解和确定各项措施实施的效果及其适用条件。

7. 效能评价

效能评价是指定期评估完整性管理系统及其各个专项技术在实施过程中的效果、效益和效率的方法，通过持续分析管道完整性管理系统及其各个专项技术在实施过程中的现状，发现实施过程中存在的不足，明确改进的方案，不断地提高管道完整性管理及其各个专项技术的水平，提高为决策层提供决策依据的精度，优化成本—效益的比率。

8. 持续评价和再评价

在管段完成基线评估后，仍应定期进行再评估，以保证每个管道的完整性。应根据风险评价、完整性评价、维修结果和效能评价结果，制定再评价计划，计划内容应包括再评价时间和再评价方法。再评价时应考虑过去和现在的完整性评估结果、数据整合和风险评估的信息，以及修复和预防减缓措施。

五、管道完整性管理系统

管道完整性管理的范围非常广，涵盖了直接影响管道安全输送的所有因素，如图 1-3 所示。时间周期涵盖了管道系统的前期科研、设计、施工、投产、运行及退役等各个阶段，涉及的实物资产范围包括了主体管道、站场及其他设施，涉及的人员包括了管道管理者中的决策层、管理层、实施层及技术服务层，涉及的周围环境包括了与管道相关的道路、河流及建筑物等。

现阶段，中石油的管道完整性管理在时间周期上主要是针对管道运行阶段，但在建设期就开展管道完整性管理的理念已被接受并开始相关研究和应用。

管道完整性管理实际是国际上各管道公司先进管道管理经验的总结。美国在 2001 年相继出版了 ASME B31.8S《输气管道系统完整性管理》和 API 1160《危险液体管道的完整性管理》两个标准，标准中系统地阐述了管道完整性管理系统，这两个标准已经采标为石油行业标准 SY/T 6621—2005《输气管道系统完整性管理》和 SY/T 6648—2006《危险液体管道的完整性管理》，是目前中石油实施完整性管理的主要指导标准。另外，中石油系列企业标准 Q/SY 1180—2009《管道完整性管理规范》结合国情，对完整性管理工作进行了细化，更加具有可操作性，也是完整性管理实施的重要依据。

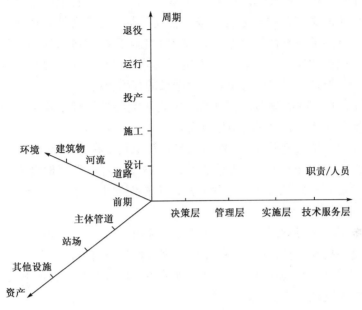

图 1-3　完整性管理的范围

　　完整性管理系统的总体架构如图 1-4 所示。图中包括了前述完整性管理的 6 个环节，与 6 个环节交错的是 5 个层次，每个环节都需要这 5 个层次的支持与应用。

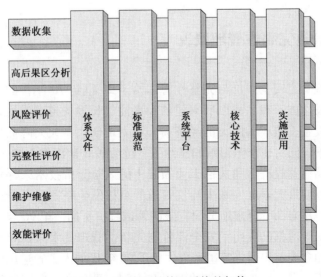

图 1-4　完整性管理系统的架构

第一个层次是体系文件。体系文件是一组将完整性管理中各个环节涉及的活动文件化的文档，一般分为三级：管理手册、程序文件和作业文件。管理手册总体阐述了完整性管理系统，概述了工作目标和各项活动；程序文件规定了工作内容和职责；作业文件规定了具体的工作方法。另外，通常还有一级文件——记录，用来作为作业过程结果的存档资料。

第二个层次是标准规范。标准规范规定了完整性管理中各个环节的工作要求，对实际活动具有很好的指导意义。

第三个层次是系统平台。系统平台是计算机技术在完整性管理中的应用。通过系统平台，结合 GIS（地理信息系统）技术，可以很好地管理管道的海量数据，并可基于数据库开发各种分析评价软件和决策系统，能大大地提高完整性管理的效率和水平。

第四个层次是核心技术。完整性管理的各个环节涉及很多配套的核心支持技术，这些技术的发展水平直接影响到完整性管理的顺利实施。

第五个层次是实施应用。完整性管理的各个环节都要在实际中实施应用，并通过反馈来改进，持续提高。

第二节　管道完整性管理现状

一、国外管道完整性管理概况

国外油气管道安全评价与完整性管理始于 20 世纪 70 年代的美国，当时欧美等工业发达国家在二战以后兴建的大量油气长输管道已进入老龄期，各种事故频繁发生，造成了巨大的经济损失和人员伤亡，大大降低了各管道公司的盈利水平，同时也严重影响和制约了上游油（气）田的正常生产。为此，美国首先开始借鉴经济学和其他工业领域中的风险分析技术来评价油气管道的风险性，以期最大限度地减少油气管道的事故发生率和尽可能地延长重要干线管道的使用寿命，合理地分配有限的管道维护费用。至 90 年代初期，美国的许多油气管道都已应用了安全评价与完整性管理技术来指导管道的维护工作。随后加拿大、墨西哥等国家也先后于 90 年代加入了管道风险管理技术的开发和应用行列。经过几十年的发展和应用，目前许多国家已经逐步建立起管道安全评价与完整性管理体系和其他有效的评价方法，至今已取得了丰硕的成果。

欧洲管道工业发达国家和管道公司从 20 世纪 80 年代开始制定和完善管道风险评价标准，建立了油气管道风险评价的信息数据库，深入研究各种故障因素的全概率模型，研制开发实用的评价软件程序，使管道的风险评价技术向着定量化、精确化和智能化的方向发展。英国天然气管网公司 90 年代初就对天然气管道进行了完整性管理，建立了一整套的管理办法和工程框架文件，使管道维护人员了解风险的属性，及时处理突发事件。

美国天然气研究所（GRI）决定今后将重点放在管道检测的进一步研究和开发上。他们相信利用高分辨率的先进检测装置及先进的断裂力学和概率计算方法，能获得更精确的管道剩余强度和剩余使用寿命的预测和评估结果。

美国 Amoco 管道公司（APL）从 1987 年开始采用专家评分法风险评价技术管理所属的油气管道和储罐，截至 1994 年，已使年泄漏量由原来的工业平均数的 2.5 倍降到 1.5 倍，同时使公司每次发生泄漏的支出降低 50%。

美国运输部安全办公室（OPS）针对管道经营者，2002 年初确定了管道经营商的完整性管理职责。明确提出，管道完整性管理运营商的责任在于对管道和设备进行完整性评价，避免或减轻周围环境对管道的威胁，对管道外部和内部进行检测，提出准确的检测报告，采取更快、更好的修复方法并及时进行泄漏监测。OPS 对运营商的完整性管理计划进行检查，检查影响输气管道高风险地区的管段是否都已确定和落实，检查管段的基准数据检测计划及完整性管理的综合计划、检查计划的执行情况等。

美国科洛尼尔（Colonial）管道公司把管理的重点放在管道的安全和可靠性上，管理计划包括管道内检测，油罐内部的检测、修理和罐底的更换，阴极保护的加强，线路修复等内容。利用在线检测装置和检测器，实施基于风险的管理方法，并每年进行一次阴极保护系统的调查和利用飞机实施沿线巡逻。该管道公司采用风险指标评价模型（即专家打分法）对其所运营管理的成品油管道系统进行风险分析，有效地提高了系统的完整性。该公司开发的风险评价模型 RAM 将评价指标分为腐蚀、第三方破坏、操作不当和设计因素等四个方面，该模型可以帮助操作人员确认管道的高风险区和管道事故对环境及公众安全造成的风险，明确降低风险工作的重点，根据风险降低的程度与成本效益对比，制定经济有效的管道系统维护方案，使系统的安全性不断得到提高。

加拿大最大的管道公司努发（NOVA），拥有管道15600km，多数已运营近40年。该公司非常重视管道风险评价技术的研究，已开发出第一代管道风险评价软件。该公司将所属管道分成800段，根据各段的尺寸、管材、设计施工资料、油（气）的物理化学特性、运行历史记录以及沿线的地形、地貌、环境等参数进行评价，对超出公司规定的风险允许值的管道进行整治，最终达到允许的风险值范围，保证管道系统的安全、经济运行。20世纪90年代中期，加拿大努发天然气输送有限公司（NGTL）对其天然气管道干线进行扩建，需要穿越爱得森地区5条大型河流，在选择最佳施工技术时遇到了困难。由于环境管理比过去更严格，传统的选用最低费用的方法已经不再适用，需要一个权衡费用、风险和环境影响的决策方法，在收集了线路、环境、施工单位等最新资料和对不同河流穿越方法的局限性进行鉴别后，结合每一个穿越方案的不确定性和风险进行了决策和风险分析，最终对各穿越方案35年净现值有影响的所有因素以及极端状态进行了量化评估后，做出了正确的选择。

以Shell为代表的国外大型石油公司，对于石油企业的完整性管理通称为资产完整性管理（Asset Integrity Management），其中又分为管道完整性管理、设施完整性管理、结构完整性管理和井场完整性管理四个部分。

澳大利亚GASNET公司实施完整性管理重点为第三方破坏，对管道来说外部干扰和第三方破坏是最大的威胁。由于电站设施的增加、定向钻的大量使用、通讯光缆的铺设以及承包商建设公路和铁路的增加，都使得威胁增大。使用的工具、设施包括挖掘机、钻机、钻孔器和定向钻，威胁同时也来自于承包商的建设和维护以及管线维护工作中发生的问题。主要采取应用AS 2885.1减轻风险标准，每年都要对每条管线进行风险评价。GASNET要求管道最小埋深1200mm，对临时管道埋深要求最小900mm。管道与道路交叉口要浇灌混凝土，增加壁厚，以及在道路底部埋深要达到1.2m，此外还要挖建排水沟槽。

Enbridge公司从20世纪80年代末到90年代中期，开展了管道完整性和风险分析方面的研究。该公司首先制定了宏观的完整性管理程序，成立专业的管理组织机构，制定管道完整性管理目标并实施，形成管道完整性管理体系。该公司管道完整性管理的实施分四个步骤：制订计划、执行计划、实施总结、监控改进，如此循环。实现这四个步骤的途径包括制定政策、确定目标、管理支持、明确职责、培训人员、编制技术要求和程序说明书等。形成的完整性管理系统是一个动态循环过程，确保完整性技术方法在实施过程中不断进步和加强。

Enbridge 公司完整性管理的目标是确保管道安全和增强安全意识，使用最先进的管理和支持技术努力达到零事故。在实施完整性管理过程中，该公司建立了技术体系，主要包括：开展完整性管理的条件，完整性管理支持技术，完整性管理实施方式。同时，在开展完整性管理过程中，公司还建立了管道数据库，配备了管理及检测设备，明确了管理职责与分工，完善管理体系文件和标准法规。

印度尼西亚 VICO 东卡曼里丹管道公司实施管道完整性管理，制定了管道完整性管理纲要，将检测和维护作为管道完整性管理的重要内容，开发并建立了管道完整性管理系统，目标是使有效资产和净利润最大化，使健康、安全和环境风险最小化，确保在管线运行期间资产的完整性。VICO 东卡曼里丹管道完整性管理框图如图 1-5 所示。

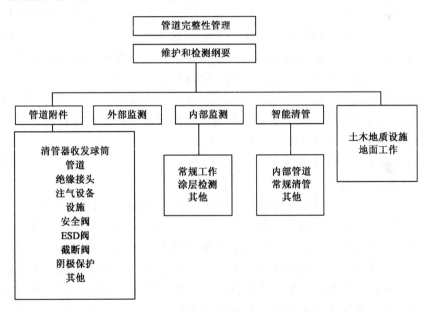

图 1-5　VICO 东卡曼里丹管道完整性管理框图

意大利 SNAM 公司经营 29000km 的天然气管网，其中包括输气干线与支线。有的运行已超过了 50 年，80% 管网受到杂散电流的强烈干扰，大部分运行压力高于 2.4 MPa。SNAM 公司实施了完整性管理，使系统保持高度安全及低成本支出，节约了 1/3 的维修费用。

经过几十年的发展和应用，目前许多国家已经逐步建立起管道安全评价与完整性管理体系并应用各种有效的评价方法。在进行管道完整性管理的过程中，很多管道公司都建立了自己的完整性管理体系文件，以此规范和约束在管道管理过程中管理者的行为，明确规定应该进行的事项及完成的时间，最大限度地保障管道安全运营。

分析国外管道完整性管理的发展历程可以看出，油气管道的完整性管理源于 20 世纪 70 年代，但直到 20 世纪 90 年代初，完整性管理基本局限于风险评价、管道检测与维修方面，还没有形成一个系统的管理体系。进入 20 世纪 90 年代后，管道完整性管理技术得到了进一步发展。一些重大的管道事故也促使人们更加清醒地认识到管道完整性管理的重要性。一些大的管道公司开始将管理重点放在管道的安全和可靠性上，提出了制订和实施管道完整性管理计划的要求，率先制订了改进管道完整性计划，使其成为对环境问题和管道系统的扩大更具约束力的管理计划，并逐渐形成了一套较为完整的管道完整性管理体系。同时，美国等一些西方发达国家的政府和议会也积极参与管道完整性管理计划，制订和出台了一系列的法律法规。石油公司、政府和科研机构通力合作，共同促进了管道完整性管理技术的发展。油气管道的完整性管理技术是继可靠性管理技术、风险管理技术之后更高层次的、更全面的管理和边缘性技术。它包含较多系统工程含义，反映了当前管道安全管理从单一安全目标发展到优化、增效、提高综合经济效益的多目标趋向，是石油与天然气等设施生产管理技术的发展方向。

目前，国际上的管道完整性管理主要以保持管道完好为目的，预防对人身安全和财产造成重大威胁乃至破坏生态环境。管道完整性管理计划一般涉及内在和外在两方面的诸多问题。随着计算机、通信技术和检测技术的进步，油气管道的完整性管理技术日趋成熟。一些发达国家也相互合作，致力于管道完整性管理技术的研究，已取得了大量研究成果，建立了一系列诸如管道剩余强度、剩余寿命、裂纹张开面积、介质腐蚀速率、泄漏速率等的计算方法和评价标准。目前有关管道完整性评价的最新进展和研究重点主要包括以下几个方面：管道失效的评定方法研究；数值计算法、基于断裂力学理论的评定方法和工程评定法；风险分析管理软件、数据管理系统及管道地理信息系统的开发与应用；开发高精度的检测器，以期对管壁有更精确的了解。

二、与 HSE 及传统安全管理的关系

在 Enbridge 公司组织结构中，公司的 HSE（职业健康、安全、环境）管理和完整性管理（PIM）分别由两个相互独立的部门经理负责，HSE 的管理

和管道的完整性管理已经成为欧美管道企业日常管理的重要内容。两者将员工和公众、环境以及管道设施的保护作为研究对象，均采用风险分析评价方法，以期在日常的生产作业中，将对三者的影响和损害降到最低，只是侧重点不同。HSE 管理侧重于人员的安全管理、监护管理、作业中的操作管理；而管道完整性管理侧重于设备技术管理，预防性维护，用保障设备的安全可靠性来保障健康、安全、环境和质量要求，两者之间互相补充。图 1-6 为加拿大 Enbridge 公司的完整性管理组织结构。

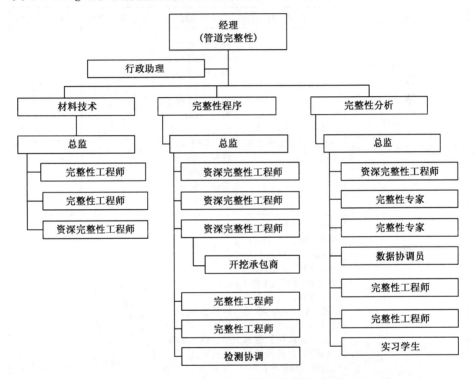

图 1-6　加拿大 Enbridge 公司的完整性管理组织结构

就国内的管道企业而言，HSE 管理理念和管理方法的引入已有近 10 年的历史，并在管道企业（或石油石化行业）得到了广泛的推行，国内的法规和标准也相对完善。而管道完整性管理理念和方法的引入才只有 3 年，在国内各管道企业间开展得程度还不够均衡。

管道完整性管理在引入国内初期，其与 HSE 管理体系的关系曾使人混淆，但现在已经逐渐清晰。在石油企业实施的 HSE 管理是现代管理的成熟体系，而完整性管理从技术层面上讲是 HSE 体系安全方面的支持体系。此外，管道完整性管理体系文件要统一到 HSE 文件体系中，需要通过 HSE 体系贯彻实施，所以完整性管理体系是 HSE 体系的专门的管道管理子部分。

完整性管理方法的科学性在管道专业技术人员中已经被广泛接受，并引起了各级管理层的高度重视，推广与实施完整性管理将是我国石油企业下一步要进行的工作。HSE 和管道完整性（PIM）在国内外推行的差异性比较见表 1-1。

表 1-1　HSE 和管道完整性（PIM）在国内外推行的差异性比较

标准	理　念	政府监管和执行的标准	主要危险因素	主要预防措施	潜在风险受体
HSE	"一切事故都是可以避免的"；"员工的健康和安全高于一切"；"安全是每一名员工的责任"；"环境保护和持续发展是一切企业活动的基石"。	环境体系标准，1989年《石油天然气管道保护条例》（国内），2004年《石油及天然气管道安全监察管理规定》（国内）	火灾、高空作业、挖掘作业、噪声、电、车辆、坠物、冷热温度、抛射物、喷射、辐射、高空电缆、受限区域、易燃物、可燃物、腐蚀物、吸入危险物、有毒物、泄漏、单人作业等	风险矩阵分析；安全工作许可制度；持证上岗培训；个人防护用具（PPE）；应急反应计划	员工、附近社区公众、环境（江河湖海、大气、土壤、野生动植物等）
PIM	"缺陷是无处不在的，只有不断识别，跟踪缺陷的发展，并不断消除缺陷才能本质安全"。	加拿大：NEB OPR-99 第 40、41 部分、CSAZ662；美国：交通部（DOT）的管道安全办公室（OPS）负责监管，执行联邦法规（CFR）第 49 卷第 186—1999 部分，要求所有液体管道和气体管道都必须编制完整性管理程序；标准：API RP 1129、API RP 1160（液体管道）、ASME 31.8S—2001（气体管道）、CEGB/R/H/R6（英）；国内标准：SY/T 6621—2005《输气管道系统完整性管理》；SY/T 6648—2006《危险液体的管道完整性管理》	内外腐蚀、应力腐蚀、制造缺陷、施工缺陷、设备失效、第三方损害、误操作、天气与外力因素（过冷、雷击、大雨或洪水、地壳运动）等 9 类 21 种风险	数据资料的收集和整合；定性或定量风险评价，识别风险并排序（尤其确定高后果区域HCA）；对重大风险进行完整性评价（检测、试压或直接评价）；制定事故减缓措施	管道及管道设施（含站内设施）

　　管道完整性管理作为一种新的管理模式，经过不断的积累、研究和探索，从最初的缺陷管理、风险管理、基于风险的完整性管理逐渐形成了一套系统的以预防为主的管道完整性管理体系，美国管道完整性管理法规的签署和部分标准的颁布标志着该管理体系已基本完善。管道完整性管理作为一种新的管理理念，力求实现"预防为主，防患于未然，将经济投入到最需要的关键点"，是无事故的哲学。图 1-7 描述了完整性技术与管道安全之间的逻辑关系，基于对这一理念的理解，各公司开展完整性管理的模式和内容也各不相同，因此，目前国际上对完整性管理的概念、对象和范围等也没有一个系统全面统一的定义。

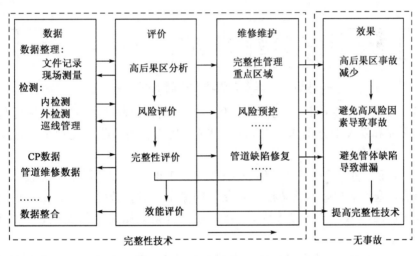

图 1-7　管道完整性技术与管道安全逻辑示意图

　　完整性管理又有别于传统的管道安全管理，如图 1-8 所示。早期的安全管理常常是以事故管理为核心，虽有预见机制，但不系统，不全面，需要为保证事故发生后最大限度地减少损失而配备体系庞大的维修队伍和设备。而管道完整性管理是在事故发生前，就对管道进行检测和评价，预先制定修复维护计划，是有计划的修复，是主动的系统的预防机制，而且这个过程是周期循环和持续改进的，从而保证了管道的风险一直处于可控状态。

三、国内管道完整性管理概况

　　国内在 20 世纪 80 年代初，由机械工业部和化学工业部组织全国 20 个单位开展了"压力容器缺陷评定规范"的研究和编制，形成了 CVDA—

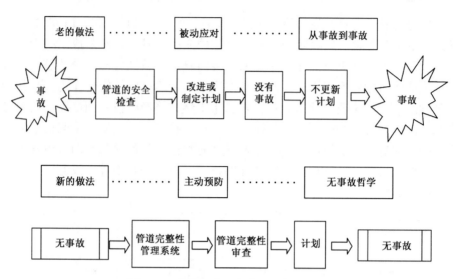

图 1-8 传统的管理与完整性管理差异

1984《压力容器缺陷评定规范》。80 年代后期，国际上结构完整性评价方法的研究和发展十分迅速，CVDA—1984《压力容器缺陷评定规范》已明显落后。

"八五"期间，由劳动部组织全国 20 多个单位参加开展了"在役锅炉压力容器安全评估及爆炸预防技术研究"国家重点科技攻关项目，重点研究了失效评价图技术，形成了 SAPV—95《在役含缺陷压力容器安全评定规程》（草案）。

"九五"期间，由劳动部组织继续开展了"在役工业压力管道安全评估与重要压力容器寿命预测技术研究"国家重点科技攻关项目。

早期管道的安全评价与完整性管理主要是应用在输油管道上，管道局率先引进了内检测器，并开展了大量的检测，在行业内也广泛研究各种评价技术。

我国油气管道的安全评价与完整性管理开始于 1998 年，主要应用在输油管道上。中国石油管道公司管道科技研究中心做了一定的基础工作，建立了管道完整性管理体系和管道基础数据库，确定了完整性数据库的 APDM 模型，实现了管道数据与管道地理信息系统的有机结合，建立了缺陷评价系统，开发了风险评价和管理系统，并在某成品油管道上初步应用，同时完成了在另一输油管道上的风险评估工作，成立了管道完整性管理专门机构，促进了管道完整性管理的发展。

　　国内某输气管道所使用的设备与国际管道公司都在同一起跑线上，但由于该管道的运行时间短，运行经验和管理经验方面与国际管理水平存在一定的差距，特别是管道安全评价与完整性管理方面一直没有真正开展起来。2001年起，该输气管道相继进行了QHSE认证管理，开展了全线的风险评价，成立了相应的管道安全评价中心，以及对管道进行腐蚀监测与管道智能内检测，在完整性方面做了大量的工作。建立了该输气管道完整性管理体系，全面实施了管道完整性管理，形成了相应的技术体系架构。

　　我国某输气管道的管理者在实践中发现，随着管理的深化，必须建立一种将各方面的管理统一起来的管理模式，该模式是将管理从基于事件的管理模式、基于时间的管理模式、基于可预测的管理模式统一到基于可靠性为中心的完整性管理模式（图1-9）。

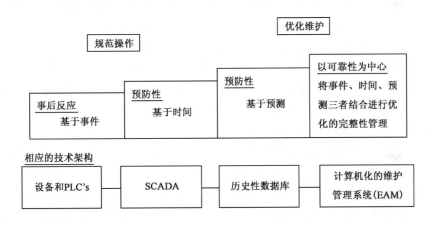

图1-9　管道完整性管理的发展历程

　　国内多条输气管道为了保证天然气管道的安全运行，提高输气管道的整体管理水平和自身的竞争能力，实现与国际管道安全与风险管理、完整性管理水平的接轨，先后进行了国际管道管理水平的研究，这是一项重要的基础工作，对提高中国管道的整体竞争实力意义重大。

　　经过多年国内外的实践表明，管道完整性评价、完整性管理确实能降低维护的费用，最大限度地延长管道使用寿命，这对于管道公司的后续维护和管理，将发挥更大作用。

四、管道完整性管理体系的进展

世界各国管道公司均形成了本公司的完整性管理体系，大都采用或参考国际标准（ASME、API、MACE、DIN 标准）来编制本公司的二级或多级操作规程，将国际标准作为指导大纲，细化完整性管理的每个环节。

英国 TRANSCO 公司具有完整的管理体系文件，例如内检测技术，参考使用国际标准 MACE RP 0102《管道在线内检测》，编制公司内部实施的《钢制管道实施在线检测程序文件》和《输气管道在线检测操作程序文件》；例如外检测技术，参考 NACE TM 0497—2002《埋地及水下金属管道阴极保护测量技术》和 MACE RP 0502—2002《管道外部腐蚀的直接评估方法》标准，编制了《埋地钢管系统的腐蚀控制系统规程》；加拿大 Enbridge 公司编制了《主管道调查程序》、《天然气输送调控运行程序》、《管道腐蚀评价程序》、《阴极保护程序》、《振动监测程序》、《运行维护手册》、《批准与更新程序》等。

我国管道目前已初步形成了完整性管理体系，编制了完整性管理文件体系，使各项生产管理规范化，为我国石油管道的安全和战略发展服务，这些体系文件将有利于管道管理者发现和识别管道危险区域，对各种事故做到事前预控。完整性管理体系适用于长距离输送气体的陆上管道系统，输气管道系统是指输送气体设施的所有部分，包括管道、阀门、管道附件、压缩机组、计量站、调压站、分输站、泵站、储气库。

我国的管道完整性管理体系是结合国内管道的实际情况提出的，制定实施完整性管理所需的数据收集整合、信息系统、风险评价、管道监测、检测、评价、修复技术等。文件体系是专门为负责设计、执行和改进管道完整性管理程序的管道公司和运行维护管理人员制定的。完整性管理和运行维护管理人员包括管理人员、工程人员、操作人员、技术人员和在管道预防性维护、检测和修复领域方面有专长的专业人员。

完整性管理文件体系由管理总册、管理分册、程序文件和作业文件组成，在文件的编写过程中参考了国际标准 API、ASME 等，并根据国内完整性管理的最新成果提出了输气管道完整性管理的程序、内容和要求。完整性管理体系的文件构成如下：

（1）管理总则。

（2）数据的收集和整合。

（3）管道风险评价技术指南。

（4）完整性检测技术。

（5）完整性监测技术。

（6）完整性评价技术。

（7）油气管道修复技术。

（8）管道地质灾害识别与评估技术。

（9）油气管道防止第三方破坏及失效统计。

（10）完整性管理信息系统。

（11）管道完整性管理体系——程序控制文件。

（12）管道完整性管理体系——作业文件。

五、我国开展完整性管理的展望

管道的完整性管理是目前国际管道公司实施的先进管理模式，管道公司如何全面引进并结合我国国情实施管道完整性管理，实现管道本质安全是目前的一项紧迫任务。目前，国内长输管道的安全和环保问题越来越受到政府及有关部门的关注，实施管道完整性管理战略势在必行。为了迎接面临的挑战，需要做好以下几个方面的工作：

（1）我国油气管道完整性管理的前提条件是观念的转变，应具有一批高技术素质的员工和整套完备的 QHSE 体系，并使用 IT 技术和管道新技术。根据国外管理经验，要深刻认识到管道完整性管理是企业 HSE 管理的重要组成部分，是对 HSE 的进一步补充与完善。

（2）管道完整性管理最终要采用 IT 技术实现可视化与数字化的完整性管理，完整性管理的内容通过 GIS、EAM 等系统设置管道本体、管道工艺、自控、通信等的建设信息、运行信息和设备信息，进行缺陷或故障的风险评价，并结合管道的位置、图形、地理、设备参数、运行等信息进行有效的完整性评价，以实现事故的提前预控。建立管道完整性管理专业评价机构，开发各种检测装置和分析软件。

（3）管道完整性管理最终将是管道运行管理科学化、程序化、规范化的重要手段。国内油气管道运行事故的统计记录存在不连续、不完整、不准确的问题，因此要加强和完善油气管道运行参数及事故统计资料的搜集整理，建立管道运行事故数据库。通过引进和开发内检测技术、外检测技术、地质灾害评估技术、水工保护技术、阀门维护技术、大型设备故障诊断技术、地下储气库技术、泵站和油库安全防护技术等，并实施开发管道 GIS 地理信息系统和企业资产管理系统（EAM），实现管道完整性管理。

（4）我国油气管道公司要全面学习和掌握国际管道完整性管理的理念，借鉴其管理方法。继续加强管道完整性管理的标准、法规、操作规程与国际接轨程度。借鉴国际管道公司的做法，进一步细化完整性管理各方面的工作，例如，学习国外公司防止第三方破坏与周边环境的管理工作。进一步加强信息技术与完整性管理的结合，加快数据信息的传递，提高工作效率。尽快建全国内的管道完整性管理法律、法规和标准体系，各企业应制定管道完整性管理计划，保证能够依法实施。

（5）进一步加强各完整性管理模块的细化工作，以制度、文件、规程、办法约束每位员工的工作。进一步拓展资产完整性管理，包括泵站、油库、LNG站、储气库地下设施及地面设施等，这将是未来领先全球完整性管理的新亮点。

（6）加大管道完整性管理的培训力度，包括树立新的管道安全管理理念，加强对员工的资格认证和职业技能培训，不断提高员工素质，对从事管道风险评价和完整性管理专业人员的技能培训，以及对完整性管理认识和实施方法的培训，加快地理信息系统GIS的建设，为完整性管理的实施搭建基础平台。扩大公众对管道运营的知情权，扩大对管道周边地区公众的安全教育和宣传力度。

（7）扩大与国际同行先进技术的交流，同时，针对国内管道的实际情况加大风险评价及完整性管理模型的研究与实施力度，最终使各管道公司在各自的业务范围内能够正确识别风险因素、建立风险评估模型。

（8）增加对管道安全管理技术的资金投入，加大对管道事故责任人的惩罚力度。

第三节　管道完整性管理法规与标准

一、管道完整性管理法规

1. 国外法规

国外公司开展管道完整性管理的标准规范比较齐全，特别是美国，不仅有行业标准，而且联邦法规要求更为详细，为管道公司开展完整性管理工作提供很好的参照依据。比较著名的是美国联邦法规第49部第192和195部分。随着社会的进步和完整性管理的规范化，美国的立法内容也发生了变化，能够从细节上指导开展完整性管理工作。老式立法多是说明性的，需要详细的规则和规章，规定什么是必须做的，要求管道公司必须想办法完成法规要求的任务。新式立法同老式立法有很大的不同，内容是基于风险的管理模式，条文带有指导性的构架规则，要求管道管理者怎样去管理，明确指出管理者应首先识别危险和风险，然后排列等级，相应的采取优先措施等，更具有针对性、合理性和可执行性。

美国有两部管道完整性管理标准：ASME B31.8s《Managing Integrity System of Gas Pipeline 2002》（ASME B31.8s《输气管道完整性管理》）和 API 1160—2001《Managing System Integrity for Hazardous Liquid Pipelines》（API 1160—2001《危险液体管道系统的完整性管理》），分别针对气体输送管道和危险液体管道系统的完整性管理过程和实施要求做出了规定。

目前很多国外管道公司为有效开展管道完整性管理，都建立了自己的完整性管理数据库，通过对完整性数据的管理与分析，实现多种类型的完整性管理应用。如美国 Williams 管道公司，使用 IMP Tools 完整性管理工具，英国 ADVANTICA 公司开发了 Uptime 完整性管理系统，南非 Sasol 燃气管道输送公司拥有 PIM（管道完整性计划）Slider 系统，GE PII 公司开发了 PipeView Integrity。这些系统的运行，依赖于大量标准和准确有效的数据，这些数据的输入及保存又依赖于相应的数据规范和数据库规范。此外，全球多家管道公司及研发机构从1998年起，先后制定了 ISAT、PODS、APDM 等管道数据模型、数据标准，为管道数据的规范化创造了条件。

2. 国内法规

目前，在石油石化工业还没有完善的管道监管法律法规体系，现有的长输管道法规主要由国务院、国家各部委、地方政府等组织制定并发布实施。与油气管道密切相关的法规主要有《关于加强石油天然气管道保护的通知》（国经贸安全〔1999〕235号）、《石油天然气管道安全监督与管理暂行规定》（国经贸令第17号，2000）、《石油天然气管道保护条例》（国务院令第313号，2001）、《原油、天然气长输管道与铁路相互关系的若干规定》〔〔87〕油建第505号文、铁基〔1987〕780号文〕、《关于处理石油管道和天然气管道与公路相互关系的若干规定》（试行）〔〔78〕交公路字698号，〔78〕油化管道字 452 号］等。第一部关于石油管道的国家级法规《中国石油管道法》现处于征求意见阶段。

国内法规部分详见附录2。

二、管道完整性管理相关标准

具体标准见附录2。包括：（1）完整性管理类；（2）管道腐蚀与防护技术标准；（3）在役管道管体及防腐层检测、评价、评估技术标准；（4）管道及储运设施维/抢修技术标准；（5）管道设备/设施的检测、评估与管理；（6）安全、环境管理。

小　结

本章重点分析了国际上管道完整性管理现状及发展，强调以保持管道完好为目的，预防对人身安全和财产造成重大威胁乃至破坏生态环境的事故发生。管道完整性管理计划一般涉及内在和外在两方面的诸多问题。随着计算机技术、通信技术和检测技术的进步，油气管道的完整性管理技术日趋成熟。一些发达国家也相互合作，致力于管道完整性管理技术的研究，已取得了大量研究成果，建立了一系列诸如管道剩余强度、剩余寿命、裂纹张开面积、介质腐蚀速率、泄漏速率等的计算方法和评价标准。目前有关管道完整性评价的最新进展和研究重点主要包括以下几个方面：管道失效的评定方法研究；数值计算法、基于断裂力学理论的评定方法和工程评定法；风险分析管理软件、数据管理系统及管道地理信息系统的开发与应用；开发高精度的检测器，以期对管壁有更精确的了解。

本章也对国内开展管道完整性管理的过去和现在进行了分析，就中石油管道公司当前建立的管道完整性管理系统做了详细的阐述，对管道完整性管理的定义、内容、特点、流程及现状和进展进行了介绍，形成对管道完整性管理的总体认识，并对我国开展管道完整性管理存在的不足以及未来的发展进行了探讨和分析。

通过对国内外管道的完整性现状分析，可以知道中国石油管道公司通过研究与探索，针对所管理管道特征，初步搭建了管道完整性管理标准体系，掌握了高后果区识别、地质灾害和第三方破坏等高风险因素预控核心技术，充实和完善了完整性管理的实施内容和方法。通过这些技术的研究与应用，基本实现了"风险可控、事故可防"，提高了管道管理水平，缩小了与国际先进水平的差距。管道分公司在完整性管理体系研究、针对自身特征的风险预控技术研究应用等方面的实践，为业内完整性管理技术的推广和应用积累了宝贵的经验。

第二章　线路完整性管理技术

　　管道完整性管理是一次管道管理的重大变革，是从传统事故应对式管理模式到预防性管理模式的转变，IT 和相关评价技术的发展是保证科学合理的进行预控的关键。欧美等发达国家各大管道公司从 20 世纪 80 年代起就在探索新的管道安全管理技术，随着布什总统签署了管道完整性管理法规，以联邦法规 192、195 和标准 API 1160、ASME B31.8S 为核心的标准体系已经形成，逐渐成为世界各大管道公司普遍采用的管道管理模式。

　　管道完整性管理是指管道公司通过对管道运营中所面临的风险因素的识别和评价，制订相应的风险控制对策，不断改善识别到的不利影响因素，从而将管道运营的风险水平控制在合理的、可接受的范围内，达到减少管道事故发生、经济合理地保证管道安全运行的目的。对一个管道系统或管段进行完整性管理，首先要确定和收集能反映该管段状况和可能存在危险的必要数据和信息。综合分析评价所收集的信息和数据之后，进行管道系统或管段的风险评价。风险评价过程能识别可能诱发管道事故的具体事件的位置和状况，了解事件发生的可能性和后果，风险评价结果应包括管道可能发生的最大风险的位置和提出降低该风险的措施建议。在风险评价的基础上，可选择性地进行相应的完整性评价。完整性评价包含的内容较多，如打压试验、内检测、直接评价等，这是一项综合评价过程，根据已识别出的危害因素，选择完整性评价的方法。如果需要确定某一管段的所有危害因素，可能需要采取多种评价方法。在对一个管道系统或管段进行完整性管理的基础之上，管道公司应该制定出相应管道维抢修措施，从而使管道运行风险降到最低。而效能评价的目的是通过分析管道完整性管理现状，发现管道完整性管理过程中的不足，明确改进方向，不断提高管道完整性系统的有效性和时效性。

第一节　数据采集技术

　　认清数据采集的目的是极为重要的，但这常常被忽视。收集数据的目的应联系到风险管理程序的任务或目标。收集数据的主要理由依据用户可能会有所不同，但是共同点都是希望对管道及其风险有更好的了解，以便改进风险状况。

评价一个管道系统或管段可能存在危险的第一步，是要确定和收集能反映该管段状况和可能存在危险的必要数据和信息。在这一步，管道公司首先要收集、检查和综合相关的数据和信息，以便了解管道状况、识别具体位置上影响管道完整性的危险，并了解事故对公众、环境和操作造成的后果。支持风险评价的数据类型，因所分析危险的不同而异，包括与操作、维护、巡线、设计、运行历史有关的信息以及每个系统和管段特有的具体事故和问题的相关信息。相关数据和信息还包括那些致使缺陷扩展（如阴极保护中的缺陷）、降低管子性能（如现场焊接）或可能造成新缺陷（如靠近管道的开挖作业）的情况或行为。资料、数据完整性是完整性管理的关键，不完整的数据可能导致评价结果的不确定性，也可能产生不良或错误结果，从而误导经营者对重大风险的理解。数据的完整程度和准确性也是影响评价方法选择的重要因素，并进一步影响评价结果的准确性。

数据完整性工作包括数据收集、整合、更新及管理等内容。

一、数据收集

油气管道所需要的数据类型可以分为以下五组：

（1）设计、材料和施工数据：如管线分段、管线路由、坐标，管径、壁厚、管材等级、类型、设计压力、安全系数、施工时间、年代，焊接质量和检测报告，防腐绝缘层类型、质量，阴极保护类型、质量，首站、中间站和末站情况，土壤条件，其他腐蚀条件等。

（2）路由的数据：如路权宽度、管线埋深、沿线条件、巡线频率，管线地面标记、公路及铁路河流等穿（跨）越情况，公众关系，一次呼叫系统频率及相应时间，管道裸露情况等。

（3）运行、维护、检测和修理数据：如在线检测结果，水压试验数据，SCADA系统资料，泄漏危险响应计划，通信与电力故障的备用计划，操作者的资料及培训计划，管输介质性质、运行压力及沿线水力坡降、运行温度、环境温度，环境的腐蚀条件、防腐层类型、质量及检测结果，阴极保护检测数据，管线埋深的实测资料，管道的修理历史，管道泄漏检测、管段更换、降级情况，在河流、湖泊、沼泽处的管段的水工保护，对土壤不稳定地区管段的保护和监控等。

（4）确定管道可能影响的敏感地区的资料：如管线附近的饮用水源、居民区、人口密集地区、河流、农场、公园、森林或其他的敏感地区和重要地区的情况等。

（5）事故和风险数据：如过去的事故、泄漏、误操作等的位置、原因，后果、事故的潜在影响，包括对人身安全、财产、空气、土壤的影响，因饮用水供应、管道停输、燃料短缺等造成的经济损失，其他公司或系统的火灾事故历史资料等。

数据资料的来源包括：工艺、设备、线路的设计资料和图纸，线路纵断面图及沿线地区的地形图，施工检测报告，建筑图纸，材料证书及安全检测报告，操作规程、维护规程，施工标准、规范、应急响应计划，检测报告，试验报告，事故调查报告，技术评价报告等。

二、数据更新

每条管道的完整性管理并不是从头到尾都需要以上全部的数据，需要根据风险评价进行的阶段及要达到的目的进行选择。开始时着重收集初步评价所需要的资料，并注意数据的准确性。应努力使数据能较好地反映该管道的实际情况，对有怀疑的数据暂时不用。采用较少量的、不够完善的数据进行初步评价，重点在于较快地筛选出需要进一步评价的地区和管段，再逐步对数据升级、维护。要注意数据的实效性。管线及环境条件中有的是随时间变化的，例如，附近居民的人口密度、第三方损坏的开挖活动、管线阴极保护状况等，都属于这一类情况。应定期再收集这些数据，进行研究，对数据升级或更新。对管道风险评价来说，各种数据的重要性是不同的，特别要考虑到影响管道安全的关键因素的变化。要注意确定对于特定的管道，特殊数据的重要性水平，对这种数据要认真、慎重地收集和处理。

三、数据整合及管理

1. 开发一个通用的参考体系

由于数据种类很多，来源于不同的系统，单位可能需要转换。它们的相互关系应有一致的参考系统，才能对同时发生的事件及位置进行判断和定位。对线路里程、里程桩、标志位置、站场位置等数据需要建立通用的参考体系。

2．采用先进的数据管理系统

国外已采用卫星定位系统（GPS）确定管道经、纬度坐标，有的还将管道位置参数纳入了国家地理信息系统（GIS）。

3．建立完整性管理数据库

采用先进的数据整合、管理系统，数据库可以达到以下要求：

（1）储存管道寿命期内大量的在线检测和离线检测的数据、资料，有过滤、搜索并将它们与各种评价技术相结合的功能；

（2）较容易地跟踪参考点数据的变化并升级，由不同工具得来的数据可以互为参考，能够比较容易地找到并识别风险评价所需的数据；

（3）能输入事件、照片、图纸、影像等，让使用者直观地发现异常点位置，可将异常点储存并排序；

（4）完整性数据可以与其他数据管理系统兼容，可用于职工、承包商、公众的培训。

需要收集管道完整性管理信息（数据），其来源有管道装置图、附件图、管道走向图、航拍（或遥感图）、原始施工图和监测记录、管材合格证书、制造设备技术数据、管道设计与工程报告、管道调查和试验报告、管道监测计划、运行和管理计划、应急处理计划、事故报告、技术评价报告、操作规范和相应的工业标准等。除以上信息外，还包括依靠专家或公众社会对某事件达成的共识所量化的经验值。

四、数据采集的内容

要实施完整性管理程序，就必须充分了解预防、削减管道危害所需的数据信息并收集数据，进行优先排序。固定的完整性管理程序是在收集的数据组有限的情况下，为评价各种危险，该程序方法提供了各种危险的数据清单，见表2-1。

为实施风险评价，对每种危险都应列出所有具体的数据项。对于以风险分析为基础的完整性管理程序，没有适用于所有管道系统所需数据项的标准清单。但是，管道公司至少应收集固定完整性程序要求中规定的数据项。在各管道公司之间，针对同一管道系统内，其所需的数据量和具体的数据项都是各不相同的。如果实施以风险分析为基础的完整性管理，该程序中将使用越来越复杂的风险评价方法，则要求的数据项会更多。应重点收集评价受关注区域和其他特定高风险区域所需的数据。

表2-1 固定的管道完整性管理程序的数据构成

特 征 数 据	流 量	特 征 数 据	流 量
管道壁厚	规定的最大、最小操作压力	直径	泄漏/事故记录
焊缝类型和焊缝系数	涂层状况	制管商	阴极保护系统性能
制造日期	管壁温度	材料性能	管道检测报告
设备性能	内/外壁腐蚀监测	施工	压力波动
安装年份	调压阀/泄压阀性能	弯制方法	侵入
连接方法、工艺和检测结果	维修	埋深	蓄意破坏
穿越/套管	外力	试压	检测
现场涂层力法	试压	土壤、回填	管道内检测
检测报告	几何变形检测	阴极保护	开挖检测
涂层类型	阴极保护检测（密间隔测试）	操作	涂层状况检测（直流电位梯度）
气质	审核和检查		

由表2-1可知，主要采集四类数据：特征数据、施工数据、操作数据和检测数据。下面分别对这四类数据进行全面的介绍。

（1）特征数据：主要来源于设计文件，包括管道壁厚、直径、焊缝类型和焊缝系数、制管商、制造日期、材料性能和设备性能等。

（2）施工数据：主要来源于施工文件，包括安装年份、弯制方法、连接方法、工艺和检测结果、埋深、穿越/套管、试压、现场涂层方法、土壤回填、检测报告、阴极保护和涂层类型等。

（3）操作数据：主要来源于近期操作和维护记录，包括流量、规定的最大最小操作压力、泄漏/事故记录、涂层状况、阴极保护系统性能、管壁温度、管道检测报告，内/外壁腐蚀监测、压力波动、调压阀/泄压阀性能、侵入、维修、故障破坏和外力等。

（4）检测数据：主要来源于以往及近期的检测记录，包括试压、管道内检测、几何变形检测、开挖检测、阴极保护检测（密间隔测试）和涂层状况检测（直流电位梯度）等。

第二节　高后果区识别技术

高后果区（High Consequence Areas，HCAs）是指如果管道发生泄漏会严重危及公众安全和（或）造成环境较大破坏的区域。随着管道周边人口和环境的变化，高后果区的位置和范围也会随之改变。

高后果区内的管段是实施风险评价和完整性评价的重点管段。管道公司必须在高后果区管段上实施管道完整性管理计划，以保护公众生命财产和环境的安全。

高后果区并不是一成不变的，它随着时间和环境的变化而变化。因此，管道公司对高后果区也需定期重新分析，及时掌握需要采取完整性管理计划的重点区段，保障管道的安全运营。

高后果区有以下定义：

地区等级：

按照 GB 50251—2003《输气管道工程设计规范》要求，按沿线居民户数和（或）建筑物的密集程度，划分为四个地区等级（Class Area）。划分标准执行 GB 50251—2003 中的 4.2。

特定场所：

除三级、四级地区外，由于管道泄漏而可能造成人员伤亡的潜在区域，称为特定场所（Identified Site）。特定场所包括以下地区：特定场所Ⅰ：医院、学校、托儿所、养老院、监狱或其他具有难以迁移或难以疏散人群的建筑区域；特定场所Ⅱ：在一年之内至少有 50 天（时间计算不需连贯）聚集 20 人或更多人的区域。例如，农村的集市、寺庙、露天大型运动场、靠近水体的娱乐休闲地、户外剧院、海滩、运动场、露营地等，但并不局限于上述地区。

一、输气管道高后果区识别

1. 输气管道高后果区的识别准则

依据中国石油天然气集团公司企业标准 Q/SY 1180.2—2009《管道完整性管理规范 第 2 部分：管道高后果区识别规程》中对于气体长输管道高后果区识别准则的定义，管道经过区域符合如下任何一条的区域为高后果区：

（1）管道经过的四级地区；

（2）管道经过的三级地区；

（3）如果管径不大于273mm，并且最大允许操作压力不大于1.6MPa，其管道潜在影响半径，按照SY/T 6621—2005《输气管道系统完整性管理》中3.2节公式计算；

（4）如果管径大于711mm，并且最大允许操作压力大于6.4MPa，管道两侧各300m以内有特定场所的区域；

（5）其他管道两侧各200m以内有特定场所的区域。

2. 输气管道高后果区的识别方法

输气管道高后果区的识别可以通过人工巡线方式或通过高后果区分析软件进行计算得到。

输气管道高后果区的识别评分标准见表2-2，识别评分记录见表2-3，统计结果按照表2-4要求填写。

表2-2　输气管道高后果区识别评分标准

	序号编码	识 别 依 据	评 分 标 准
输气管道	①	管道经过的四级地区	四层以上楼房每幢5分
	②	管道经过的三级地区	建筑物每处4分
	③	如果管径不大于273mm，并且最大允许操作压力不大于1.6MPa，其管道潜在影响半径（可按照SY/T 6621—2005 相应公式计算）有特定场所Ⅰ的区域	每处4分
		如果管径大于711mm，并且最大允许操作压力大于6.4MPa，管道两侧各300m以内有特定场所Ⅰ的区域	
		其他管道两侧各200m内有特定场所Ⅰ的区域	
	④	如果管径不大于273mm，并且最大允许操作压力不大于1.6MPa，其管道潜在影响半径（可按照SY/T 6621—2005 相应公式计算）有特定场所Ⅱ的区域	每处单次20～100人之间聚集为4分，100人以上，得分为总人数×5/100（分值取整）
		如果管径大于711mm，并且最大允许操作压力大于6.4MPa，管道两侧各300m以内有特定场所Ⅱ的区域	
		其他管道两侧各200m内有特定场所Ⅱ的区域	

表2-3　输气管道高后果区识别评分记录表

管道名称			位置长度	管道里程	起始点[1]：						
输送介质					终止点：						
编号				高后果区长度/管径，m/mm							
识别人											
识别日期											
高后果区特征描述	识别项	①[2]	②	③	④	⑤	⑥	⑦	⑧		
	分值										
	总分										
	备注										
审核人：					建议下次识别日期：						

注：1：起始点和终止点按"管道里程桩号±m（或GPS坐标）"的格式表示；
　　2：表中①~⑧分别代表高后果区识别评分标准对应项。如①代表识别打分表中的四级地区。气管道填写对应的①~④，油管道填写对应的①~⑧。

表2-4　输气管道高后果区识别统计表

管道名称：　　　管径：　　　输送介质：　　　分析主间：　　　负责人：

编号	起始里程	结束里程	长度 m	识别描述（村庄、河流等名称，以及数量）	HCAs 识别分类得分				HCAs 总分	备注
					①[1]	②	③	④		
HCA＊＊＊1										
HCA＊＊＊2										
HCA＊＊＊3										
HCA＊＊＊4										

注：1：表中①~④分别代表高后果区识别评分标准对应项，如①代表识别打分表中的四级地区。

如果同一高后果区区域，具备所列各条的多项内容，各项评分分值累加；如同时具备所列一条内容中的多个子类，则将各子类分值累加。累加分值无上限，并且将具备高后果区的依据逐一列出。

当识别出高后果区的区段相互重叠或相隔不超过 50m 时，作为一个高后果区段管理。

二、输油管道高后果区识别

1. 输油管道高后果区的识别准则

依据中国石油天然气集团公司企业标准 Q/SY 1180.2—2009《管道完整性管理规范 第 2 部分：管道高后果区识别规程》中对于液体长输管道高后果区识别准则的定义，管道经过区域符合如下任何一条的区域为高后果区：

（1）管道经过的四级地区；

（2）管道经过的三级地区；

（3）管道两侧各 50m 内有特定场所的区域；

（4）管道两侧各 50m 内有高速公路、国道、省道、铁路以及航道和高压电线等；

（5）管道两侧各 200m 内人口密集区，如城市、城镇、乡村和其他居民及商业区；

（6）管道两侧各 200m 内有工厂、易燃易爆仓库、军事设施、飞机场、海（河）码头、国家重点文物保护单位、国家要求的保护地区等；

（7）管道两侧各 200m 内有水源、河流、大中型水库和水工建（构）筑物；

（8）管道两侧各 15m 内有与其平行铺设的地下设施（其他管道、光缆等）的区域，管道与其他外部管道交叉处半径 25m 的区域。

2. 输油管道高后果区的识别方法

输油管道高后果区的识别可以是人工巡线方式或通过高后果区分析软件进行计算得到。

输油管道高后果区的识别评分标准见表 2-5，识别评分记录见表 2-6，统计结果按照表 2-7 要求填写。

如果同一高后果区区域，具备所列各条的多项内容，各项评分分值累加；如同时具备所列一条内容中的多个子类，则将各子类分值累加。累加分值无上限，并且将具备高后果区的依据逐一列出。

当识别出高后果区的区段相互重叠或相隔不超过 50m 时，作为一个高后果区段管理。

表 2-5　输油管道高后果区识别评分标准

	序号编码	识 别 依 据	评 分 标 准
危险液体管道	①	管道经过的四级地区	四层以上楼房每幢 5 分
	②	管道经过的三级地区	建筑物每处 4 分
	③	管道两侧各 50m 内有特定场所的区域	距离不大于 15m 为 5 分，大于 15m 为 4 分
	④	管道两侧各 50m 内有高速公路、国道、省道、铁路以及航道和高压电线等	距离不大于 15m 为 5 分，大于 15m 为 4 分
	⑤	管道两侧各 200m 内人口密集区，如城市、城镇、乡村和其他居民及商业区	距离不大于 100m 为 5 分，大于 100m 为 4 分
	⑥	管道两侧各 200m 内有工厂、易燃易爆仓库、军事设施、飞机场、海（河）码头、国家重点文物保护单位、国家要求的保护地区等	距离不大于 50m 为 5 分，大于 50m 为 4 分
	⑦	管道两侧各 200m 内有水源、河流、大中型水库和水工建（构）筑物	重要饮水源、大河、大型水库 5 分，中小河流等 4 分
	⑧	管道两侧各 15m 内有与其平行铺设的地下设施（其他管道、光缆等）的区域，管道与其他外部管道交叉处半径 25m 的区域	天然气管道 5 分，其他设施 4 分

表 2-6　输油管道高后果区识别评分记录表

管道名称		位置长度	管道里程	起始点[1]：
输送介质				终止点：
编号			高后果区长度/管径 m/mm	
识别人				
识别日期				

高后果区特征描述	识别项	①[2]	②	③	④	⑤	⑥	⑦	⑧
	分值								
	总分								
	备注								

审核人：	建议下次识别日期：

注：1：起始点和终止点按"管道里程桩号 ±m（或 GPS 坐标）"的格式表示；
　　2：表中①～⑧分别代表高后果区识别评分标准对应项。如①代表识别打分表中的四级地区。气管道填写对应的①～④，油管道填写对应的①～⑧。

表 2-7　输油管道高后果区识别统计表

管道名称：　　　　管径：　　　　输送介质：　　　　分析主间：　　　　负责人：

编号	起始里程	结束里程	长度 m	识别描述（村庄、河流等名称，以及数量）	HCAs 识别分类得分								HCAs 总分	备注
					①¹	②	③	④	⑤	⑥	⑦	⑧		
HCA＊＊＊1														
HCA＊＊＊2														
HCA＊＊＊3														
HCA＊＊＊4														

注：1：表中①~⑧分别代表高后果区识别评分标准对应项，如①代表识别打分表中的四级地区。

三、高后果区管理

　　本部分提出的高后果区管理主要是针对高后果区管段的预防和减缓措施，它是高后果区管段上实施完整性管理的一部分，并不能替代高后果区管段的完整性管理。

　　本部分中除潜在影响区管理是只针对输气管道而言外，其他部分对输气和输油管道均适用。

1. 地区等级的管理

　　管道周边的人口一般会随时间而发生变化。各管道公司应保存管道两侧200m（200m 的距离是依据 GB 50251—2003《输气管道工程设计规范》中关于地区等级的定义而定）内住宅数量以及人口情况。当住宅数量的增加足以将此地区变成更高一级的类别时（如二级地区变成三级地区），各管道分公司必须降低此区域内管道的压力。特殊情况下，可使用壁厚更大、强度更高的管子进行换管处理。

　　保存的数据不应是纸质的、零散的、不易管理的。关于记录的保存格式，应遵循 APDM（ArcGIS Pipeline Data Model）管道数据规范。建议各管道公司使用由中国石油管道研究中心完整性所开发的"管道完整性数据录入系统"，以成果库（＊.mdb）的方式进行数据的保存。

2. 潜在影响区（PIZ）的管理及其威胁评估

一般管道周边的人口会随时间而发生变化，各输气分公司应保存管道两侧一定距离内的医院、学校、养老院、托儿所、宿营地、教堂、寺庙等特定场所数量，以及人口情况。关于距离的制定，各输气分公司可参照中国石油企业标准 Q/SY 1180.2—2009《管道完整性管理规范 第 2 部分：管道高后果区识别规程》中关于"气体长输管道高后果区识别准则"部分执行。

特殊情况（大管径、高压力输气管道，如西气东输管线）下，如按照 SY/T 6621—2005《输气管道系统完整性管理》相应公式计算出的距离大于 300m，则应对由 SY/T 6621—2005 相应公式计算出的距离内的医院、学校、养老院、托儿所、宿营地、教堂、寺庙等特定场所进行详细记录。为增加安全系数，输气分公司可在由 SY/T 6621—2005 相应公式计算出的距离上增加 15% 来制订安全距离。

输气公司还应对潜在影响区（PIZ）内管道的潜在威胁进行辨识与分析。通过分析，来评估这些威胁对管道的威胁程度。

影响管道完整性的潜在威胁有 3 类：与时间有关的威胁（包括内腐蚀、外腐蚀、应力腐蚀开裂）；静态的或固有的威胁（制造缺陷、建设期存在的设计缺陷）；与时间无关的威胁（第三方破坏、地质灾害）。

3. 开展公共教育

各管道公司应采取以下措施，开展高后果区管段的公共教育：

（1）设立标示牌，加强宣传，普及高后果区内居民区的安全知识，提高群众紧急避险的意识；

（2）对与从事挖掘活动有关的人员开展安全教育；

（3）应与从事挖掘等活动人员建立联系制度，在挖掘活动之前进行确认；

（4）一旦管道发生泄漏，应当采取保护公共安全的措施；

（5）建立向管道泄漏可能影响到的政府、居民区、学校、医院等发出管道安全警告的机制。

4. 内腐蚀威胁的减缓措施

内腐蚀威胁的减缓措施，应从内腐蚀监测、内腐蚀控制、内腐蚀修复、巡线、内检测等多方面进行。具体实施细则，应参见相关内腐蚀控制与修复标准。其中内腐蚀直接评估技术（ICDA）比较常用。内腐蚀的直接评价技术（ICDA）是一个评价输送干气但可能短期接触湿气或游离水（或其他电解液）的输气管道完整性的结构性方法，ICDA 可实施苛刻腐蚀环境下的评估并提供腐蚀速率评价结果，识别出输送干气情况下多山地形，描述管道高程棒图，提出可视化的计算结果，确定关键位置，预测最恶劣情况的腐蚀率。通过多相流模型，可评价含水量的合理值，并预测露点。使用精确的腐蚀模型解释关键参数的有效性，计算含水量的临界点。确定油气水三相流环境下系统的pH值，基于腐蚀模型，解释不同关键参数的相互作用，辅助确定腐蚀环境。可精确模拟动量传输影响（流体特征、空隙组分、压降和剪应力）的路径来提高腐蚀预测的能力。

5. 外腐蚀威胁的减缓措施

外腐蚀的减缓措施，应从外涂层、阴极保护、外腐蚀监测、电绝缘、阴保测试、阴保测试导线、杂散电流、大气腐蚀的控制与监控、检漏、修复等方面开展。具体实施细则，应参见相关外腐蚀控制与修复标准。其中外腐蚀直接评估技术（ECDA）比较常用。

外腐蚀直接评估技术（ECDA）是针对管段上的外腐蚀危险评价管段的完整性，该过程将设施参数、管道特性的当前与历史的现场检测和数据相结合，采用无损检测技术（一般为地上或间接检测）对防腐效果进行评价。ECDA要求进行直接检查和评价，直接检查和评价可验证间接检测确定的管道上现有的和过去的腐蚀位置，ECDA要求进行后评价，以确定腐蚀速率，从而确定检测时间间隔，重新评价效能的量度标准及其当前的适用性，确认前面几个阶段所作假设的正确性。

ECDA分为预评价、检测、检查及评价和后评价四个步骤。在ECDA检查过程中，可以检测出机械损坏和应力腐蚀开裂（SSC）等其他危险。在进行ECDA检查且有管子外露时，管道公司对非外腐蚀危险也进行检测。

ECDA过程要求采用至少两种检测方法，通过检查和评价进行确认性检查，并进行后评价验证。

6. 制造缺陷、设计缺陷的减缓措施

使用一些不合格的材料或不合理的管道建设，更易使管道遭受大块土壤移动带来的威胁。管道公司应采用合格管材、正确合理的设计方案。关于管材及设计方案的选定，应遵照GB 50251—2003《输气管道工程设计规范》中相关规定执行。

在管道的使用周期中，管道公司应至少进行一次压力测试，来描述管道材料和设计缺陷的状态。如果管道公司认为可以不进行压力测试，那么应提供不必进行压力测试的合理性报告。

7. 第三方破坏威胁的减缓措施

第三方破坏是指外力和其他设备在挖掘过程中对于埋地管道的伤害。改善的计划、紧急事务处理中心的有效使用、埋地设施的精确定位和标记、安全挖掘操作规程的应用都会有效降低第三方破坏的程度。

本部分中的"挖掘活动"包括挖掘、爆破、钻孔、回填，或通过爆破或机械方式移动地面建筑物和移动土方的其他作业。对于挖掘活动，具体减缓措施如下：

（1）与从事挖掘等活动人员建立联系制度，在挖掘活动之前进行确认；

（2）挖掘活动前，应确认埋地管线的准确位置；

（3）管道公司应确认挖掘活动的合法性、挖掘的目的；

（4）在挖掘活动之前，应在挖掘作业区内的埋地管线沿线设置临时标记，管道公司和挖掘人员应能识别这些标记；

（5）在挖掘前后，应多次对管道进行检查，确认管道的安全；

（6）制订检查管道附近地面情况的巡线计划，以检查施工活动、泄漏，或其他影响管道安全运行的因素；

（7）如果是爆破活动，应在爆破前对爆破活动进行应力分析，确认爆破活动不会对管道造成损伤；管道周边爆破活动的应力分析，与爆破使用的炸药类型、与管道的距离、爆破形式、管道压力、管道的 SMYS、管壁、管径、最大许可应力水平、管线附近介质情况等参数有关；对于应力分析的计算，可使用 PipeBlast 软件，或使用由中国石油管道研究中心完整性所开发的"爆炸应力分析软件"；

（8）管道公司可根据以上几点内容，编制开挖活动的损害预案。

8. 地质灾害威胁的减缓措施

地质灾害威胁主要是指滑坡、洪水、地震、泥石流、崩坍等地质活动对管道的威胁。管道公司应采取措施降低高后果区管段的地质灾害威胁，具体减缓措施如下：

（1）增加地质灾害易发段的巡线频率，一旦发现地裂缝等滑坡迹象，应马上报告有关部门；

（2）在降雨季节，应密切监视地质灾害易发区；

（3）建立群策群防机制，制订防灾预案；

（4）对已发现的滑坡等地质灾害区，进行工程治理；

（5）对地质灾害易发区，可采用定期目视监测、安装简易监测设备、地面位移监测、深部位移监测等监测方法；

（6）特殊情况下，可采取改线措施。

9. 土壤腐蚀间接威胁的减缓措施

管道公司应在动态管理中，进行土壤腐蚀性分析工作。

10. 减少人为威胁

人为的误差可能影响到对任何或所有的高后果区管段的威胁评估预测，因此人为威胁也是影响高后果区管段完整性的一个潜在威胁。

管道公司应采取执行措施评估减少人为威胁对管道完整性的威胁程度，可采取以下具体措施：

（1）吸取以前过失的经验教训，定期组织员工学习；

（2）通过吸取经验教训，来改进现有的工作规程；

（3）对相关人员进行应急反应方面的培训，并与地方应急反应人员进行演练。

11. 实施动态管理

主要针对高后果区管段内诸如第三方破坏等不依赖于时间变化的威胁，各管道公司应采取动态管理的方式，如不定期的地面位置调查、对开挖活动的监控、进行土壤腐蚀性分析等。

12. 自动截断阀等预防措施

本部分仅为参考性建议，若与 GB 50251—2005《输气管道工程设计规范》中相关规定冲突，应以后者为准。

管道公司若确定在气体泄漏情况下自动截断是需要的，则应在管道的重点保护区域安装自动截断阀。关于安装自动截断阀的具体位置，管道公司应考虑气体的类型、压力、潜在泄漏率、附近应急人员的位置、停输能力以及减少泄漏量所获得的预期效益。

13. 进行风险评估工作

对评价出的高后果区内的管段，无论分值高低，都应开展风险分析。管道公司通过风险评价来区分所管辖管段的优先级，并依据评价结果制定减缓防护措施，以保障管道的完整性。

14. 进行高后果区再识别的时间间隔

对已确定的高后果区，定期再复核，复核时间间隔一般为 12 个月，最长不超过 18 个月。管道及周边环境发生变化时，应及时进行高后果区再识别。

15. 高后果区的更新及基线评估计划的修改

管线周边的人口环境会随时间而发生变化。当其改变时，各管道分公司应对其进行准确记录。

无论何时，当新的高后果区被确认后，就必须修改基线评估计划。新确认的高后果区管段必须在一年之内纳入基线评估计划，5年之内必须对这些管段进行完整性评估。

第三节 管道风险评价技术

风险存在的前提是有危险。危险可以定义为"可产生潜在损失的特征或一组特征"，危险转变成为现实概率的大小及损失严重程度的综合称为风险。

风险由两部分组成，第一部分是这一危险事件出现的概率；第二部分是一旦出现危险其损失的大小。这两部分评判度指数的乘积即为风险系数。可以科学地通过调查研究及理论分析，用统一的办法确定这两部分的指数，并据此评判某一项工程或事件风险的相对大小。

例如，两条管道，一条输油、一条输气。如按照同样的规范要求去设计、选材、制管、施工，且通过的线路也是相同的，则出现事故的概率应大致相同。但是一旦出现事故，输气管道产生的后果会比输油管道更为严重，故输气管道的风险大于输油管道。

对于管道工程，通常遵循"等风险"的原则。由于输气管道事故产生的后果严重，即评定后果的指数高。为保持"等风险"，需在设计、选材、制管以及施工等方面对输气管道提出更高的要求，以使事故出现的概率降低，从而与输油管道保持等风险。应当特别指出，过去常把风险单纯理解为出现事故的概率，这是不对的。风险不是一成不变的，通常随着时间的推移而改变，一般规律如图2-1所示。

由图2-1可知，早期事故率较高，中间一段为稳定期，最后为衰老期。就管道而言，早期一般在半年以内，中期可维持15~20年，与施工质量及防腐涂层的选择有关。

危险是无法改变的，而风险却在很大程度上随着人们的意志而改变，即按照人们的意志可以改变事故发生的概率和（或）一旦出现事故后，由于改进防范措施从而改变损失的程度。往往有一个错误的概念，认为风险越小越好，这是错误的。因为减少风险是以资金的投入作为代价的。通常的做法是把风险限定在一个可接受的水平，然后研究影响风险的各种因素，再经过优化，找出最佳的投资方案。

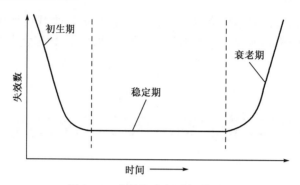

图 2-1　失效概率与时间关系图

　　一条管道一旦出现事故可能会发生爆炸、服务中断以及环境污染等灾害，这种"潜在损失的特征"也是人力无法改变的，但是我们可以通过正确选材、严格制管要求、精心施工、增加泄漏检查的频度等一系列措施，使风险维持在一个合理的水平上。

一、风险评价简介

1. 国内外风险评价概况

　　20 世纪 30 年代，保险公司为客户承担各种风险，必然要收取一定的费用，而收取费用的多少是由所承担风险的大小决定的。因此，就产生了一个衡量风险程度的问题，这个衡量风险程度的过程就是当时美国保险协会所从事的风险评价。

　　20 世纪 60 年代，由于制造业向规模化、集约化方向发展，系统安全理论应运而生，逐渐形成了安全系统工程的理论和方法。首先是在军事工业，1962 年 4 月，美国公布了第一个有关系统安全的说明书——"空军弹道导弹系统安全工程"，对与民兵式导弹计划有关的承包商从系统安全的角度提出了要求，这是系统安全理论首次在实际中应用。1969 年，美国国防部批准颁布了最具有代表性的系统安全军事标准——《系统安全大纲要点》（MIL-STD-882)，对实现系统安全的目标、计划和手段，包括设计、措施和评价，提出了具体要求和程序。该标准于 1977 年修订为 MIL-STD-882A，1984 年又修订为 MIL‑STD‑882B。该标准对系统整个寿命周期内的安全要求、安全工作项目作了具体规定。我国于 1990 年 10 月由国防科学技术工业委员会批准发布了类似美国军用标准 MIL‑STD‑882B 的军用标准《系统安全性通用大纲》（GJB 900—1990）。MIL‑STD‑882 系统安全标准从开始实施，就对世界安全和防火领域产生了巨大影响，迅速被日本、英国和欧洲等国家引进使用。此后，系统安全理论陆续推广到航空、航天、核工业、石油、化工等领域，并不断发展、完善，成为现代安全系统工程的一种新的理论和方法体系，在当今安全科学中占有非常重要的地位。

1964 年，美国道化学公司（DOW）根据化工生产的特点，开发出"火灾、爆炸危险指数评价法"，用于对化工生产装置进行风险评价。该法已修订 6 次，1993 年已发展到第七版。它是以工艺单元重要危险物质在标准状态下的火灾、爆炸或释放出危险性潜在能量大小为基础，同时考虑工艺过程的危险性，计算工艺单元火灾爆炸指数（F&EI），确定危险等级，并确定安全对策措施，使危险降低到人们可以接受的程度。由于该评价方法日趋科学、合理、切合实际，在世界工业界得到一定程度的应用，促使各国对其开展广泛研究探讨，从而推动了评价方法的发展。1974 年，英国帝国化学公司（ICI）蒙德（Monde）部在道化学公司评价方法的基础上，引进了毒性概念，并发展了某些补偿系数，提出了"蒙德火灾、爆炸、毒性指标评价法"。1974 年，美国原子能委员会在没有核电站事故先例的情况下，应用安全系统工程分析方法，提出了著名的《核电站风险报告》（WASH—1400），并被后来核电站发生的事故所证实。1996 年，日本劳动省颁布了"化工厂六阶段安全评价法"。该法采用了一整套安全系统工程的综合分析和评价方法，使化工厂的安全性在规划、设计阶段就能得到充分的保障。随着风险评价技术的发展，风险评价已在现代风险管理中占有重要的地位。

由于风险评价在减少事故，特别是减少重大恶性事故方面取得的巨大效益，许多国家政府和生产经营单位投入巨额资金进行风险评价。美国原子能委员会 1974 年发表的《核电站风险报告》，就用了 70 人/年的工作量，耗资 300 万美元，相当于建造一座 1000MW 核电站投资的 1%。据统计，美国各公司共雇佣了 300 名左右的风险专业评价和管理人员，美国、加拿大等国就有 50 余家专门从事风险评价的"安全评价咨询公司"，且业务繁忙。当前，大多数工业发达国家已将风险评价作为工厂设计和选址、系统设计、工艺过程、事故预防措施及制订应急计划的重要依据。近年来，为了适应风险评价的需要，世界各国开发了包括危害辨识、事故后果模型、事故频率分析、综合危险定量分析等内容的商用风险评价计算机软件包。随着信息处理技术和事故预防技术的进步，新型实用的风险评价软件不断推向市场。计算机风险评价软件的开发研究，为风险评价的应用研究开辟了更加广阔的空间。

20 世纪 70 年代以后，世界范围内发生了许多震惊世界的火灾、爆炸、有毒物质泄漏事故。例如，1974 年，英国夫利克斯保罗化工厂发生的环己烷蒸汽爆炸事故，导致 29 人死亡、109 人受伤，直接经济损失达 700 万美元；1975 年，荷兰国营矿业公司 0.1Mt 乙烯装置中的烃类气体逸出，发生蒸汽爆炸，造成 14 人死亡，106 人受伤，大部分设备被毁坏；1978 年，西班牙巴塞罗那市和巴来西亚市之间的道路上，一辆满载丙烷的槽车，因充装过量发生爆炸。由于当时有 800 多人正在风景区度假，造成 150 人烧死、120 多人烧伤、100 多辆汽车和 14 幢建筑物烧毁的惨剧；1984 年，墨西哥城液化石油气供应中心站发生爆炸，事故中约有 490 人死亡、4000 多人受伤，另有 900 多人失踪，供应站内所有设施毁损殆尽；1988 年，英国北海石油平台因天然气压缩间发生大量泄漏而爆炸，在平台上工作的 230 余名工作人员只有 67 人幸免于难，使英国北海油田减产 12%；1984 年 12 月 3 日凌晨，印度博帕尔农药厂发生一起甲基异氰酸酯泄漏的恶性中毒事故，造成 20 余万人中毒、2500 多人中毒死亡的大惨案。我国近年也曾多次发生过火灾、爆炸、毒物泄漏等重大事故。恶性事故造成的严重人员伤亡和巨大财产损失，促使各国政府、议会立法或颁布规定，规定工程项目、技术开发项目都必须进行风险评价，并对安全设计提出明确的要求。日本《劳动安全卫生法》规定，由劳动基准监督署对建设项目实行事先审查和许可证制度；美国对重要工程项目的竣工、投产都要求进行风险评价；英国政府规定，凡未进行风险评价的新建生产经营单位不准开工；1982 年，欧共体颁布了《关于工业活动中重大危险源的指令》，欧共体成员国陆续制定了相应的法律；国际劳工组织（ILO）也先后公布了《重大事故控制指南》（1988 年）、《重大工业事故预防实用规程》（1990 年）和《工作中安全使用化学品实用规程》（1992 年），对风险评价提出了要求。2002 年，欧盟未来化学品白皮书中，明确提出危险化学品的登记及风险评价作为政府强制性的指令。

20 世纪 80 年代初期，安全系统工程引入我国，受到许多大中型生产经营单位和行业管理部门的高度重视。通过吸收、消化国外安全检查表和风险评价方法，机械、冶金、化工、航空、航天等行业开始应用风险评价方法，如安全检查表（SCL）、事故树分析（FTA）、故障类型及影响分析（FMFA）、事件树分析（ETA）、预先危险性分析（PHA）、危险与可操作性研究

（HAZOP）、作业条件危险性评价（LEC）等，有许多生产经营单位将安全检查表和事故树分析法应用到生产班组和操作岗位。此外，一些石油、化工等易燃、易爆危险性较大的生产经营单位，应用道化学公司火灾、爆炸危险指数评价方法进行了风险评价，许多行业部门制订了安全检查表、风险评价标准以及风险可接受的标准。

为推动和促进风险评价方法在我国生产经营单位风险管理中的实践和应用，1986年，原劳动部分别向有关科研单位下达了机械工厂危险程度分级、化工厂危险程度分级、冶金工厂危险程度分级等科研项目。

1987年，机械电子部首先提出了在机械行业内开展机械工厂风险评价，并于1988年1月1日颁布了第一部风险评价标准——《机械工厂安全性评价标准》，1997年又对其进行了修订。该标准的颁布实施，标志着我国机械工业风险管理工作进入了一个新的阶段。该标准的修订版采用了国家最新的风险评价技术标准，覆盖面更宽，指导性和可操作性更强，计分更趋合理。《机械工厂风险评价标准》分为两部分，一是危险程度分级，通过对机械行业1000多家重点生产经营单位30余年事故进行统计分析，用18种设备（设施）及物品的拥有量来衡量生产经营单位固有的危险程度，并作为划分危险等级的基础；二是机械工厂风险评价，包括综合管理评价、危险性评价、作业环境评价3个方面，主要评价生产经营单位的风险管理绩效。该方法采用安全检查表进行打分赋值予以评价。

原化工部劳动保护研究所提出的化工厂危险程度分级方法，是在吸收道化学公司火灾、爆炸危险指数评价法的基础上，通过计算物质指数、物量指数和工艺参数、设备系数、厂房系数、安全系数、环境系数等，得到工厂的固有危险指数，进行固有危险性分级，用工厂安全管理的等级修正工厂固有危险等级后，得到工厂的实际危险等级。

《机械工厂安全性评价标准》已应用于我国1000多家生产经营单位，化工厂危险程度分级方法和冶金工厂危险程度分级方法等也在相关行业的几十家生产经营单位进行了实践。此外，我国有关部门还颁布了《石化生产经营单位安全性综合评价办法》、《电子生产经营单位安全性评价标准》、《航空航天工业工厂安全评价规程》、《兵器工业机械工厂安全性评价方法和标准》、《医药工业生产经营单位安全性评价通则》等。

1991年，国家"八五"科技攻关课题中，安全评价方法的研究被列为重点攻关项目。由原劳动部劳动保护科学研究所等单位完成的"易燃、易爆、有毒重大危险源辨识、评价技术研究"，将重大危险源评价分为固有危险性评价和现实危险性评价，后者是在前者的基础上考虑各种控制因素，反映了人对控制事故发生和事故后果扩大的主观能动作用。固有危险性评价主要反映物质的固有特性、危险物质生产过程的特点和危险单元内、外部环境状况，分为事故易发性评价和事故严重度评价。事故易发性取决于危害物质事故易发性与工艺过程危险性的耦合。易燃、易爆、有毒重大危险源辨识评价方法填补了我国跨行业重大危险源评价方法的空白，在事故严重度评价中建立了伤害模型库，采用了定量的计算方法，使我国风险评价方法的研究初步从定性评价进入定量评价阶段。

与此同时，在建设项目筹备阶段的风险评价工作随着建设项目"三同时"工作的开展而向纵深发展。1988年，国内一些较早实施建设项目"三同时"的省、市，根据原劳动部〔1988〕48号文件的有关规定，在借鉴国外安全性分析、评价方法的基础上，开始了建设项目筹备阶段的风险评价实践。

经过几年的实践，在初步取得经验的基础上，1996年10月，劳动部颁发了第3号令，规定六类建设项目必须进行劳动安全卫生预评价。劳动安全卫生预评价是根据建设项目可行性研究报告的内容，运用科学的评价方法，分析和预测该建设项目可能存在的职业危险、有害因素的种类和危险、危害程度，提出合理可行的安全技术和管理对策，作为该建设项目初步设计中安全技术设计和安全管理、监察的主要依据。与之配套的规章、标准还有原劳动部第10号令、第11号令以及颁布的标准《建设项目（工程）劳动安全卫生预评价导则》（LD/T 106—1998）。这些法规和标准对进行预评价的时机、预评价承担单位的资质、预评价程序、预评价大纲和报告的主要内容等方面作了详细的规定，规范和促进了建设项目安全预评价工作的开展。

2002年6月20日，中华人民共和国第70号主席令颁布了《中华人民共和国安全生产法》，规定生产经营单位的建设项目必须实施"三同时"，同时还规定矿山建设项目和用于生产、储存危险物品的建设项目应进行安全条件论证和风险评价。2002年1月9日，中华人民共和国国务院令第344号发布了《危险化学品安全管理条例》，在规定了对危险化学品各环节管理和监督的同时，提出了"生产、储存、使用剧毒化学品的单位，应当对本单位的生产、储存装置每年进行一次安全评价；生产、储存、使用其他危险化学品的单位，应当对本单位的生产、储存装置每两年进行一次安全评价"的要求。《中华人民共和国安全生产法》和《危险化学品安全管理条例》的颁布，必将进一步推动风险评价工作向更广、更深的方向发展。

国务院机构改革后，国家安全生产监督管理局要求继续做好建设项目安全预评价、安全验收评价、安全现状评价及专项安全评价工作。国家安全生产监督管理局陆续发布了《安全评价通则》及各类安全评价导则，对安全评价单位资质重新进行了审核登记，并通过安全评价人员培训班和专项安全评价培训班的形式，对全国安全评价从业人员进行培训和资格认定，使得安全评价从业人员素质大大提高，为安全评价工作提供了技术和质量保证。

尽管国内外已研究开发出数十种安全评价方法和商业化的安全评价软件包，但由于安全评价不仅涉及自然科学，还涉及管理学、逻辑学、心理学等社会科学，而且，安全评价指标及其权值的选取与生产技术水平、安全管理水平、生产者和管理者的素质，以及社会和文化背景等因素密切相关。因此，每种评价方法都有一定的适用范围和限度。定性评价方法主要依靠经验判断，不同类型评价对象的评价结果没有可比性。美国道化学公司开发的火灾、爆炸危险指数评价法，主要适用于石油、化工生产经营单位生产、储存装置的火灾、爆炸危险性评价，该方法在指标选取和参数确定等方面还存在缺陷。概率风险评价方法以人机系统可靠性分析为基础，要求具备评价对象的元部件和子系统以及人的可靠性数据库和相关的事故后果伤害模型。定量风险评价方法，还需进一步研究各类事故后果模型、事故经济损失评价方法、事故对生态环境影响评价方法、人的行为风险评价方法，以及不同行业可接受的风险标准等。

目前，国外现有的风险评价方法主要适用于评价危险装置或单元发生事故的可能性和事故后果的严重程度。国内研究开发的机械工厂安全性评价方法标准、化工厂危险程度分级、冶金工厂危险程度分级等方法，主要用于生产经营单位的风险评价。

2. 国内外管道风险评价现状

管道的风险评价有其特殊性，与机械厂、化工厂等生产经营单位的风险评价工作既有联系，也有区别。风险评价方法引入到管道行业后，为管道的安全运行起到了重要作用，通过识别管道沿线的各种危害因素，计算各种事故发生的概率，评估各种事故所产生的后果，从而计算管道的风险。W. Kent Muhlbauer 在《管道风险管理手册》一书中对管道风险评价作了很好的总结。

目前，国外在管道风险评价方面做了大量的工作，已经有成型的商用风险评价软件如加拿大 C - FER 公司研制的 PIRAMID 软件、挪威船级社（DNV）开发的 Orbitpipeline 软件，这些软件基本能做到对管道风险进行量化分析。加拿大最大的管道公司努发公司（NOVA），拥有管道15600km，多数已运营近40年。该公司非常重视管道风险评价技术的研究，已开发出管道风险评价软件。该公司将所属管道分成800段，根据各段的尺寸、管材、设计施工资料、油气的物理化学特性、运行历史记录以及沿线的地形、地貌、环境等参数进行评价，对超出公司规定的风险可接受值的管道进行整治，最终达到可接受的风险值范围，保证管道系统的安全、经济运行。20世纪90年代中期，该公司对其油气管道干线进行扩建，需要穿越爱得森地区5条大型河流，在选择最佳施工技术时遇到了困难。由于环境管理比过去更严格，传统选用最低费用的方法已经不再适用，需要一个权衡费用、风险和环境影响的决策方法。该公司在收集了线路、环境、施工单位等的最新资料和对不同河流穿越方法的局限性进行比较分析后，结合每一个穿越方案的不确定性和风险进行了分析，最终对各穿越方案35年净现值有影响的所有因素以及极端状态进行了量化评价后，做出了决策。

风险是事故发生概率与其后果的乘积，要达到对风险进行量化，就需要对事件发生的概率与后果进行量化，国外基于失效数据库可以做到对事故发生的概率进行比较准确的分析，通过利用一些分析模型进行模拟研究，可以做到对事故发生的后果进行比较准确的分析，因此其分析结果还是具有很高的可信度。国内在风险评价的理论研究方面做了不少工作，但限于失效事故案例太少，没有统计数据作参考，所计算的风险值可信度低。国内在西气东输管道江苏段、陕京二线上与Advantica等公司合作做过一些管道风险评价工作；2005年，中国石油管道分公司与DNV合作，对秦京线5段管段及3个输油站进行了定量风险评价，其结果对管道的管理具有指导意义；2007年，中国石油管道分公司与美国ENE工程公司合作对港枣线大港首站进行了风险评价，对大港站输油实施的设计、施工和运行中可能存在的风险进行了分析评价。总体说来，国内在管道风险评价方面实践少，还没有形成系统的失效数据库，但是已经逐步开展了积累历史数据和完善评价技术的工作。

二、管道线路危害辨识

1. 管道的分类

通常，管道根据不同的特性有不同的分类方法。根据管道承受内压的不同可以分为真空管道、中低压管道、高压管道、超高压管道；根据输送介质的不同可以分为燃气管道、蒸汽管道、输油管道、工艺管道等，而工艺管道又以所输送介质的名称命名为各种管道；根据管道使用材料的不同可以分为碳钢管道、低合金钢管道、不锈钢管道、有色金属管道（如铜管道、铝管道等）、复合材料管道（如金属复合管道、非金属复合管道和金属与非金属复合管道等）和非金属管道。根据《特种设备安全监察条例》，压力管道是指利用一定的压力，用于输送气体或者液体的管状设备，其范围规定为最高工作压力不小于 0.1MPa（表压）的气体、液化气体、蒸汽介质或者可燃、易爆、有毒、有腐蚀性、最高工作温度不低于标准沸点的液体介质，且公称直径大于25mm 的管道。按照《压力管道安全管理与监察规定》的要求，从压力管道的安全管理和监察角度出发，将压力管道分为工业管道、公用管道（包括燃气管道和蒸汽管道）和长输管道。

工业管道是指工业企业所属的用于输送工艺介质的工艺管道、公用工程管道和其他辅助管道。工业管道主要集中在石化炼油、冶金、化工、电力等行业。

公用管道是指城镇范围内用于公用或民用的燃气管道和热力管道。公用管道主要集中在城镇等公用事业。

长输管道是指产地、储存库、使用单位之间的用于运输商品介质的管道。长输管道根据所输送介质的不同可以分为输油管道、输气管道、输送浆体管道和输水管道等。

迄今为止，国内外已研究和开发的管道运输系统有水力管道、风动管道、集装胶囊管道和旅客运输管道等。除固体料浆输送管道（如煤浆输送管道已在美国等地应用，国内也正在准备建设）外，应用最广泛的是输油（原油、成品油）管道及输气管道。

2. 管道失效原因分类

目前，我国油气长输管道总长已超过 4×10^4 km，其中运行期超过 20 年的油气管道约占 62%，10 年以上的管道接近 85%。我国东部油气管网随其服役期的延长，管道腐蚀、破坏等问题较为严重；西部油气管道因服役环境自然条件恶劣等问题也面临着严峻的考验。由此可见，我国油气长输管道的安全运行形势不容乐观，开展油气管道事故分析与防护措施的研究工作具有重要意义。

造成管道失效的原因很多，常见的有材料缺陷、机械损伤、各种腐蚀、焊缝缺陷、外力破坏等。将收集到的各种失效案例数据按照管道失效模式影响因素进行归纳，主要划分为以下几大类：第三方破坏、腐蚀、设计及施工缺陷、误操作、自然灾害、设备故障与缺陷和其他。

SY/T 6621—2005《输气管道系统完整性管理》中将输气管道的失效原因分为以下几类：

（1）与时间有关的原因：

①内腐蚀；

②外腐蚀；

③应力腐蚀开裂。

（2）与时间无关的（随机）原因：

①第三方破坏；

②误操作；

③天气或外力。

（3）固有因素：

①制造缺陷；

②设备因素；

③施工缺陷。

上述分类将站场的设备考虑在内，此外国内比较受关注的地质灾害被作为天气或外力中的一个小类。

在收集国内油气管道系统各种类型的失效数据、开挖检测数据和失效案例过程中，同时对国外管道失效数据和案例进行调研、收集，并进行归类整理。管道各种失效数据的收集，主要包括穿孔、断裂、过量变形与表面损伤，以及事故地点、时间、人员伤亡、经济损失等情况。失效模式影响因素数据的收集，包括环境因素、内外腐蚀、材料及施工缺陷、焊接缺陷、第三方破坏、误操作、设备故障与自然灾害等影响因素。

3. 外腐蚀因素分析

管道的外腐蚀直接或间接地引起管道事故发生。导致外腐蚀失效的主要原因是外部环境条件的影响，包括阴极保护、管道包裹层、土壤腐蚀性、杂散电流等。

1）土壤腐蚀性分析

影响土壤腐蚀性强弱的因素通常认为有20多个，许多因素之间存在明显的相关关系，参考有关文献对土壤腐蚀性因素的相关分析和聚类分析，本文采用以下指标来综合衡量土壤的腐蚀性强弱：

（1）土壤电阻率：当土壤腐蚀以宏观腐蚀为主时，土壤电阻率对管道腐蚀有重要作用，美国按土壤电阻率对土壤腐蚀性的划分（二级法）见表2-8。

表 2-8 美国按土壤电阻率划分的土壤腐蚀性等级

土壤腐蚀等级	低	中	较高	高	极高
土壤电阻率，$\Omega \cdot m$	>50	49.99~20	19.99~10	9.99~7	<7

（2）土壤氧化还原电位：这是一个综合反应土壤介质氧化还原程度强弱的指标，它与土壤中氧含量和微生物数量等有密切关系。土壤氧化还原电位与土壤腐蚀性的关系见表 2-9。

表 2-9 土壤氧化还原电位与土壤腐蚀性的关系

土壤腐蚀性	不腐蚀	低	中	高
土壤氧化还原电位，mV	>400	400~200	200~100	<100

（3）pH 值：一般来说，酸性土壤比中、碱性土壤腐蚀性强，见表 2-10。

表 2-10 土壤 pH 值与土壤腐蚀性的关系

土壤腐蚀性	极低	低	中	高	极高
pH 值	>8.5	8.5~7.0	7.0~5.5	5.5~4.5	<4.5

（4）含水量及干湿交替频率：土壤含水量同时影响土壤氧含量、电阻率、pH 值等，含水量对土壤腐蚀性的影响存在一个最大值，当含水量大于或小于该值时，土壤腐蚀性都会减弱；土壤的干湿交替一方面使得含水量处于最大腐蚀值，另一方面也因为土壤的溶胀和收缩对管道防腐层产生作用力。含水量与土壤腐蚀性的关系见表 2-11。

表 2-11 土壤含水量与土壤腐蚀性的关系

土壤腐蚀性	极低	低	中	高	极高
含水量，%	<3	3~7 或 >40	7~10 或 30~40	10~12 或 25~30 或干湿交替比较频繁	12~25 或干湿交替频繁

（5）杂散电流：杂散电流分为直流杂散电流和交流杂散电流，包括电气化铁路、有轨电车、地下电缆及其他用电设备的漏电、建筑物等的接地装置、输电干线的电磁效应等。杂散电流能对钢制管道造成相当严重的腐蚀。根据杂散电流的强弱可将土壤杂散电流腐蚀性定性分为极低、低、较低、中、较高、高和极高。

（6）含盐量：含盐量的增加一方面能使土壤电阻率下降，另一方面也使土壤氧溶解度下降，使土壤电化学过程被削弱。盐离子带来的阴离子对土壤腐蚀性的影响机理有较大的差别，Cl^-、CO_3^{2-}、SO_4^{2-}、HCO_3^- 和 NO_3^- 等均对土壤腐蚀性有增强作用，土壤腐蚀性与 Cl^-/SO_4^{2-} 及水溶盐含量的关系见表2-12。

表2-12 Cl^-/SO_4^{2-} 及水溶盐含量与土壤腐蚀性的关系

土壤腐蚀性	低	中	高
Cl^-/SO_4^{2-} 及水溶盐含量,%	>0.05	0.01~0.05	<0.01

土壤的腐蚀性还与很多其他因素有关，以上六项指标是主要因素，且无论哪一个指标都不能单独判断土壤腐蚀性的高低，通过测量或估计以上六个量综合判断土壤的腐蚀性是比较可靠的。测量或估计管线沿线的以上六个指标，并按表将其归类为对应的土壤腐蚀性高低，用分值表示土壤腐蚀性的高低。

2）地面管道状况分析

地面管道也存在许多危害因素，例如，管道处在空气与水界面的部分，由于氧浓度的差异而在金属上形成了阳极与阴极区域。在这种情况下，随着氧气源源不断地提供至被侵蚀部位，致使铁锈增加失去控制，进而加深了机械设备的腐蚀程度。如果恰巧是海水或水含盐量较高的话，其强电解特性势必增进腐蚀，因为离子的高浓度含量会促进电化学腐蚀进程。

3）包裹层状况分析

预防管道外腐蚀发生最为常用的方式就是将金属与恶劣的环境相隔离，一般采取管道包裹层方式。所谓的包覆层包括涂料层、缠绕带及大量设计特定的塑胶涂料等物。典型的包覆层故障主要有：破裂、针孔、锐利物体的撞击、承载重力物件（例如，已敷包覆层管道的相互叠压）、剥离、软化或溶化、一般性退化（如紫外线降解）。

包覆层如何有效地降低腐蚀的可能性取决于以下四个因素：包覆层质量、包覆层的施工质量、检查程序质量以及缺陷修补程序质量。需注意的因素有：

（1）包覆层具有一些重要的性质：电阻、附着力、弹性、抗撞击、抗流变（风干固化处理后）、耐土壤应力、耐水性、耐细菌或是其他生物的侵袭（对于浸没或部分浸没在水中的管道，必须考虑到诸如茗荷介、凿船虫之类的海洋生物对管道的破坏）。

（2）包覆层施工质量存在差异。管道施工单位原属各个不同的部门，即使都是 GA1 级长输管道安装单位，由于承建管道历史不同，对规范的理解、认识也不同；即使是同一个系统的 GA1 级安装单位，由于人员技术水平、施工设备、管理水平不同，施工质量也不同。如果长输管道建设单位技术水平较低、管理又混乱、没有建设经验，或者施工单位违章施工、违规分包、不按设计图纸要求施工，都会严重降低施工质量。虽然中国石油化工集团公司、中国石油天然气集团公司等企业对本系统管道施工队伍有比较规范的管理，但是从全国范围来看，国家对长输管道施工单位及特种作业人员资格还没有形成统一的管理，仅在最近几年才开始规范其行为，并对其实施监督和管理。

（3）检查者应特别注意那些急弯及复杂形状的管段。这些地方很难进行预先清理及涂敷施工，难于充分实施包覆层处理（所刷涂料将沿着管道的锐角处流失）。例如，螺母、螺栓、螺纹及某些阀门部件常常是出现腐蚀的首要区域，同时也是考验其涂敷施工质量的地方。

4）杂散电流分析

在埋地管线附近若有其他埋地金属存在就可能是一个潜在的风险源。其他埋地金属可能产生短路，换言之，会干扰管道阴极保护系统的正常运行。甚至在没有设置阴极保护的情况下，这块金属可能会同管线形成腐蚀原电池，进而引起管道腐蚀。最为严重的是，埋地金属流出 1A 的 DC 电流，每年可能溶解掉 10kg 左右管道金属。

更加危险的是管线与其他金属发生实质性的接触，哪怕是很短时间的接触也是无法容忍的。特别是在其他金属有其自身的外加电流系统的情况下，则显得尤为严峻。电气铁路系统恰好就是这样一个范例——无论是否存在实质性接触，均可能给管线造成损失。当其他系统与管线争夺电子的时候，管线就开始有危险了。倘若这系统拥有更强大的负电性，那么管线将会变成一个阳极，而且根据电子亲和力的不同，管线可能加速腐蚀。正如前面所提到的，若所有的阳极金属溶成针孔面，包覆层实际上可能会恶化这种情况，进而形成又窄又深的点蚀。

邻近交流传输设施的管线易于遭受独特的风险。无论是地面故障还是发生交流感应管道均可能变成导电性载体。这电荷不仅对接触管线的人有潜在的危险，而且也危及管道自身。电流寻求最小的阻抗路径，像管道这样的埋地金属导线，在一定的长度内可以说是一个理想的路径。而电流最终几乎都是经由管线流到一个阻抗更小（更具吸引力）的路径上去。当电弧击中或脱离管线时，在电流流入或流出管道的地方，则可能引起严重的金属损耗，最低限度也可能使管道包覆层遭受交流干扰效应的损害。

管道带电的地面故障包括：电传导现象、电阻耦合及电解耦合。电线落地、交流电源穿越大地、与输电搭柱偶接、供电系统即地面电源系统不平衡引起的轻微电击等。有时候因地面故障导致高电位，使管道包覆层处于高应力之下，管道周围的土壤开始带电荷，使得包覆层内外形成电位差，可能出现包覆层与管道的剥离而产生电弧。若这个电势大到一定的程度，所产生电弧可能伤及管道本身。

当管道受到交流电传输产生的电场或磁场的影响时，就会发生感应现象，在管道上产生电流或电位梯度。形成电容和电感耦合完全取决于管道通电能力、管道和传输线路之间的几何关系、传输线路的电流强度、输送电的频率、包覆层的电阻率、土壤电阻率以及钢管的纵向阻抗等因素。当土壤电阻率和（或）包覆层电阻率增大时，感应电势则变得更加危险，更加具有危害性。

4. 内腐蚀因素分析

管道内壁与输送产品之间的相互作用造成内腐蚀。内腐蚀不是预期输送产品的产物，而是由产品流中的杂质所致。例如，海底天然气流中的海水就是常见的物质，甲烷不会损伤钢铁，但是盐水和其他一些杂质则可能加快钢铁的腐蚀进程。在天然气中发现的一些常见的加速腐蚀物质有：CO_2、氯化物、H_2S、有机酸、氧气、游离水、坚硬物（固体）或沉淀物、硫化物（含硫化合物）等。

也要考虑那些可能间接加重腐蚀的微生物。在输气与输油管道中一般均可发现有、还原菌、厌氧菌，它们可分别产生 H_2S 和醋酸，两者皆可增进腐蚀。

在管道内部腐蚀里一般常见的原电池或浓差电池的腐蚀形式限定于点腐蚀与裂隙腐蚀范围。如果反应过程中有离子存在并发生作用，那么势必加快由氧浓差电池引起的腐蚀。304 号不锈钢遭受海水侵蚀就是一个典型例子。

这里不考虑那些不伤及管材的产品活动。其中最典型的例子就是石蜡在一些输油管道里的堆积。虽然堆积会引起运行问题，但通常不会增加管道的事故风险，除非它们助长或加重尚未出现或不严重的腐蚀过程。

可采用管道内涂层来防止管内腐蚀，应用这种方法不仅能保护管线，而且还能保护输送产品免于夹带杂质——由于管道内腐蚀可能产生的杂质。喷气机燃料和高纯度化学品就需要谨慎地防护使之免遭这样的污染。

可用下列方式评价管道内腐蚀风险，只需查清产品及管道的特性，同时采取预防措施来弥补输送产品的某些特性。

1）输送介质腐蚀性分析

管道输送系统面临的最大风险就是当输送产品与管材之间存在着固有不相容性的时候，腐蚀产生的杂质可能会定期地进入产品中去，进而形成最大风险。

输送介质腐蚀性的强弱主要根据产品的相关特性来决定，分为以下四类：

（1）强腐蚀——表示可能存在急剧而又具有破坏性的腐蚀。产品与管道材质不相容。如卤水、水、含有 H_2S 的产品以及许多酸性化合物就是对钢制管道具有高度腐蚀性的物质。

（2）轻微腐蚀——预示可能伤及管壁，但其腐蚀仅仅以缓慢速率进展。如果对产品的腐蚀性无知，也可以归入此类范畴。保守的方法就是假定任何一类产品均可能导致损害，除非我们能够有证据证明与此相反。

（3）仅在特殊条件下出现腐蚀性——意味着产品在正常情况下是无危险性的，但是存在将有害成分引入产品的可能性。甲烷输气管道中 CO_2 或盐水的漂游就是一常见的事例。甲烷的某些天然组分通常在输入管道前就已消除，然而，一般用于除去某些杂质的设备由于受到设备自身故障的影响，则可能发生杂质泄漏进管道的事件。

（4）不腐蚀——表明不存在合理腐蚀的可能性，即输送产品与管材相适应。

2）内涂层状况分析

新材料技术考虑到了制作"衬里管道"。通常用与输送产品相适应的材料将钢制外管和有潜在损害的产品隔开。常见的隔离材料有塑料、橡胶或陶瓷材料。这些材料可以在初期的钢管加工时期、管线施工期间涂装；有时也能加到现有的管线上。

3）流速影响因素分析

输送产品中的高速、磨损颗粒是常见的影响因素。例如，弯头以及阀门等撞击点就是最敏感的侵蚀点。流速大的气体可能夹带沙子颗粒或其他固体渣滓等，因此特别可能损害管线的相关元件。

有关流速引起侵蚀的历史记载就是侵蚀敏感性强有力证据。另外一些证据则是指高产品流速（在短距离内期待较大的压力变化）或磨蚀性流体。当然，这些因素的组合，则是最强有力的证据。

4）管道清管分析

清管器是设计成具有多种效用的在管内移动的圆筒形物体。常使用清管器清理管道内壁（通常配置钢丝刷）、隔离输送产品、推进产品（特别是液体)、搜集数据(已装备了专门的电子设施的时候)等。设计广泛用于各种特殊用途的各式各样清管器已变为现实。甚至设计出有安全阀的旁路清管器来清除清管器前的碎屑,倘若这些碎屑引起清管器前后有一个高压差的情况存在。

执行规定的清理程序或使用清理型的清管器可定期清除掉潜在的腐蚀性物质,这种方法已被证明能有效降低(但无法消除)管内腐蚀引起的危险。在某些液体或其他物质可能对管壁造成明显损害之前,即应启动这一程序来清除掉这些有害物质。对管道清出物的监控,应包括搜寻诸如钢制管道中氧化铁之类的腐蚀性产物,这将有助于评估管线的腐蚀程度。

清管在一定程度上来说是一项依靠经验运作的技术。由于清管器种类有着广泛的选择余地,有见识的操作员工一定会选择一种适宜的清管模式。清管模式包含:清管器速度、距离、驱动力,以及评价运行期间的行进等。评价者应确信清管运作确实在及时从管道中清除腐蚀物方面是有益和有效的。管道清管器清管示意图见图2-2。

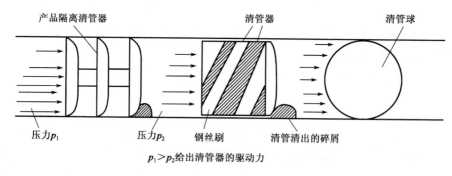

图2-2 管道清管器清管示意图

5. 应力腐蚀开裂因素分析

埋地钢质管道失效涂层下应力腐蚀开裂(SCC)已成为影响高压管道安全运行的因素之一,分为两种类型:高 pH SCC 和近中性 SCC。

SCC 在失效涂层下萌生,最初是浅小裂纹,以群落形式集中出现在管道某一区域,这种裂纹群的出现是管道遭受 SCC 的标志。SCC 事故一般在高压油气管道服役 15~20 年后才可能发生。

(1)两类 SCC 的重要区别是裂纹路径不同。高 pH SCC 一般是晶间裂纹(IGSCC),裂纹细窄;近中性 SCC 是穿晶型裂纹(TGSCC),开裂面存在腐蚀,故裂纹较宽,内部充满腐蚀产物。

(2)随温度升高,高 pH SCC 增长速度呈指数规律增加,所以多发生在压气站下游 20km 内温度较高的管段；近中性 SCC 与管道温度无明显关联。

（3）高 pH SCC 由高浓度 HCO_3^-/CO_3^{2-} 溶液引发，该溶液环境由涂层缺陷处的阴极保护电流造成，其 pH 值一般为 9～11；近中性 SCC 没有特定溶液环境，多发生于低矿化度的近中性溶液环境中。

（4）高 pH SCC 处管道表面一般覆盖有黑色薄膜；近中性 SCC 发生处，涂层和管道表面存在一层较厚的碳酸亚铁白色沉积物，而且其裂纹生长需要一定的载荷条件。

（5）近中性 SCC 的萌生常与材料表面点蚀坑有关，而高 pH SCC 和点蚀坑无必然联系。点蚀可引起应力集中，特别是点蚀较深时；但对穿晶 SCC，点蚀表面的电位显著低于无点蚀表面，可促使蚀坑内溶液成分和电位变化，更易析出氢。

两种类型的腐蚀开裂特征总结见表 2－13。

表 2－13　管道 pH SCC 和近中性 SCC 的特征

项　　目	近中性 SCC（TGSCC）特征	高 pH SCC（IGSCC）
地区	65% 发生在压气站河下游第一阀之间（阀间距离一般为 16～30km）； 12% 发生在第一区阀之间和第二阀之间； 5% 发生在第二区阀之间和第三阀之间	一般发生在压气站下游 20km 以内，发生率随着与压气站距离的增加和管道温度下降而降低
温度致裂溶液敏感电位开裂类型机理	与管道温度无明显关联； 近中性 pH 的稀 HCO_3^- 溶液，pH 在 5.5～7.5 之间； 自然腐蚀电位区，阴极保护不能到达管道； 穿晶开裂，裂纹宽，开裂面上存在明显腐蚀； 阴极溶解 + 氢致开裂	随温度下降，增长速度呈指数下降； 碱性浓 CO_3^- HCO_3^- 溶液，pH 大于9； 活化—钝化过渡区，阴极保护可达到该电位； 晶间开裂，裂纹窄，没有开裂面腐蚀的证据； 阴极选择性溶解—保护膜破裂

SCC 的影响因素较复杂，主要包括环境溶液、阴极保护、涂层、温度、电位、腐蚀产物膜、应力应变和管道材质等。

1）环境溶液

由于涂层阻隔，埋地管道钢质表面不直接和土壤接触，SCC 发生环境主要是破损涂层下的局部环境。剥离涂层下的溶液（滞留水）都是由最初渗入的地表水变化而来，由于涂层过滤和阴极保护电流作用，滞留水与土壤地下水成分完全不同。由于各种地下管道的涂层、阴极电流密度和所处的土壤成分等的不同，涂层下最终可能形成截然不同的局部环境。

近中性 SCC 现场挖掘发现：滞留水与地下水差别较小，HCO_3^- 的浓度远高于其他离子浓度，还可能含氯、硫酸根和硝酸根离子等；阳离子主要为 Mg^{2+} 和 Ca^{2+}，其浓度都较低。

在高 pH SCC 发生处，现场挖掘发现：相关溶液是高 pH 碳酸钠/碳酸氢钠溶液，Wenk 在 SCC 处测量的实际平均值为 $0.18mol/L$ CO_3^{2-} 和 $0.05mol/L$ HCO_3^-，最大记录分别为 $0.26mol/L$ 和 $0.10mol/L$，远低于试验室中常采用的 $0.5mol/L$ $Na_2CO_3 + 1mol/L$ $NaHCO_3$ 标准溶液。而地下水中常见的钙离子、镁离子、硫酸盐和氯化物在剥离涂层下溶液中的含量相对较小，但涂层外表面存在碳酸钙和碳酸镁沉积物。高 pH 环境主要是由于大量阴极保护电流流入破坏涂层下的钢表面而引发电化学反应导致的，氢离子或氧还原，产生过量的 OH^-，吸收来自周围空气、水或腐烂植物中的 CO_2，形成了高浓度 CO_3^{2-} 和 HCO_3^- 溶液环境。

2）阴极保护和涂层

对埋地管道施加阴极保护，可减缓局部腐蚀和均匀腐蚀。可是阴极保护也带来了另外的问题：阴极保护促成的高 pH 环境引发 IGSCC，钢中渗氢易遭受 TGSCC。管道得到足够保护时，由于金属缺陷和涂层孔隙两侧电位变化较大，常会使材料的电位落在 SCC 敏感区。

涂层状况是决定破损涂层下最终溶液成分的主要因素，也是决定 SCC, 过程的直接因素。采用胶带涂层和在高电阻率地区采用沥青涂层的管道上容易发生近中性 SCC，这是由于这些涂层的导电性差，涂层一旦剥离就会对阴极保护产生屏蔽作用。高 pH SCC 常发生在煤焦油及石油沥青涂层下，表2-14 总结了涂层类型对近中性 SCC 的影响。

表 2 - 14 涂层类型对近中性 SCC 的影响

图层类型	特 点	脱 落 后	应力腐蚀开裂
沥青、煤焦油涂层	粘结性差，相对较脆，易剥离或破裂	剥离区域可通导阳极电流保护管道	阴极保护电流不能到达管道时会发生近中性 SCC；SCC 只可能发生在涂层脱落或缺损处
聚乙烯胶带	易于从管道表脱离；电绝缘性高	屏蔽阴极保护电流	73% 近中性 SCC 发生在聚乙烯胶带涂层的管道上；发生几率是用煤焦油或沥青涂层管道的 4 倍
溶解环氧涂层（FBE）	一般能防止脱落	允许阴极保护电流达到管道表面	此涂层下未发现过 SCC
挤压聚乙烯涂层	主要用于小口径管道上，厚且结实，缺陷难于发展	—	此涂层下未发现过 SCC

阴极保护能减轻近中性 SCC，但当涂层的剥离面积较大时，阴极保护就失去作用。有研究表明，脉冲阴极保护能比传统的阴极保护系统穿透更深的脱落区域，可能有助于控制近中性 SCC。

3）温度

美国有关的现场调查表明，90% 的晶间开裂发生在气压站下游 16km 以内，这正是管道上温度最高区段。这也说明温度对发生高 pH SCC 有重要作用。试验研究表明：较高温度可加宽 IGSCC 敏感电位范围，且使敏感电位范围负移。此外，高温也是促使涂层失效及破损涂层下溶液蒸发浓缩形成高 pH HCO_3^-/CO_3^{2-} 溶液的重要因素。在温度较高的管段安装冷却装置进行降温，可降低 SCC 事故发生的可能性。

现场数据和实验室研究表明，TGSCC 与管道温度之间不存在明显关联。但多发生在较冷气候带，如加拿大和前苏联，这可能是由于较低温度地下水中含有较多的二氧化碳所致。

4）电位及腐蚀产物膜

高 pH SCC 敏感电位在活化/钝化区，范围较窄；而近中性 SCC 不如高 pH SCC 对电位敏感，常在屏蔽阴极保护的剥离涂层下发生。

特定电位下特定腐蚀产物膜的产生对高 pH SCC 萌生和发展有很大影响。电位高于晶间开裂电位时，形成透明 Fe_2O_3 膜。开裂电位范围内，产生黑色闪亮膜，该膜由 Fe_3O_4 和 $FeCO_3$ 组成，可能还含有 $Fe(OH)_2$。试验表明，恒电流条件下，带有这种膜的管道更易维持在开裂电位范围内，使其对 IGSCC 有较高的敏感性。电位更低时，可观察到剥离涂层下附着松散的浅灰色膜，该膜由 $Fe(OH)_2$ 和 $FeCO_3$ 组成。

同样，适当的外表面及腐蚀产物膜对近中性 SCC 也有影响。交变载荷 SCC 试验表明，裂纹易于在服役过的带锈表面萌生，而抛光表面很少引发 SCC。大部分近中性 SCC 试验都是在厌氧条件下进行的，这时管道钢表面的腐蚀产物主要是黑色的 Fe_3O_4；而有氧环境形成橙色氧化物 Fe_2O_3。

5）应力应变

试验测得 SCC 应力阈值约为 70% SMYS，但服役管道在 45% SMYS 操作应力下也发生过 SCC，这可能与管道的应力集中或残余应力有关。大量试验表明，对于静载荷，管道钢发生 SCC 的临界应力近似为其屈服应力；交变载荷能加速裂纹扩展，可把 SCC 的临界应力降到低于相应静载荷的临界应力，因此试验室中常用交变载荷。静载、低频应力引起沿晶开裂，应力频率较高时引起穿晶或腐蚀疲劳。

对 IGSCC 应力引起局部塑性变形，使裂尖保护膜不断破裂，活性上升，促进局部发生电化学腐蚀。但在静载荷作用下裂纹很难萌生，更不会扩展。将 X70 和 16Mn 放在 $NaHCO_3/Na_2CO_3$ 溶液中进行 U 形静载裂纹萌生试验，在较高温度和敏感电位下，短时间内就可得到垂直应力方向的条状纹，但裂纹不扩展。而对 TGSCC，各种试验方法得到的结论为：如无交变载荷或慢拉伸环境，TGSCC 不可能萌生和扩展。

管道表面和裂尖的局部微小塑性变形是 SCC 萌生和发展的条件。应力低于比例限度时，也有可能引起局部微观形变：管外壁是不受金属限制的自由面，比邻近基体材料更易发生塑性形变；循环负载在正常应力下可能使钢材产生微观拉伸（循环软化）。较小应力下，裂纹可能只在发生局部塑性变形的薄弱部位；而在较高应力下，裂纹继续增长直到管道破裂。

6）管道材质

管道钢的冶金情况，包括钢材中非金属杂质、焊接和热处理工艺及表面状况等都会对 SCC 的萌生和发展有重要影响。SCC 多发生在碳钢、不锈钢等合金材料上，纯铁不会发生 SCC。有研究表明，在钢材中添加一定量的铬、镍和钼能提高对 IGSCC 的抵抗能力。

经冷加工处理的材料，由于其强度更高、阳极溶解活性点较多，则更易发生 SCC，涂层施工前，管道的表面喷丸处理可以提高涂层粘结性，避开 IGSCC 电位。因存在残余压应力，可有效防止 SCC 的发生。

管道钢的焊接过程会造成焊缝和热影响区化学成分不均匀、晶粒粗大、组织偏析等缺陷，使管道焊缝处比基体更易发生 SCC。对 X70 钢研究表明，显微组织和杂质影响 TGSCC，退火组织比淬火组织和正火组织抵抗 SCC 的能力强。Beavers 认为，显微组织硬度越高，产生 TGSCC 的倾向越大；管道表面越粗糙，越易产生 TGSCC。侵蚀麻点和其他异常及特殊机械条件对 TGSCC 发生有重要影响。管道表面加工痕迹对 SCC 萌生也有影响。

除上述因素外，SCC 的发生可能还受土壤类型、排水情况以及地貌等条件的影响。

6. 制管缺陷因素分析

长输管道系统的设计是确保工程安全的第一步，也是十分重要的一步，设计质量的好坏对工程质量有直接的影响。而影响设计质量的因素不仅有主观的，也有客观的，下面分别加以介绍。

1）工艺流程、设备布置不合理

长输管道运行安全与系统总流程、各站（场）工艺流程及系统设备布置有着非常密切的关系。工艺流程设置合理、设备布置恰当，并且能够满足输送操作条件的要求时，系统运行就平稳，安全可靠性就高。否则，将给系统安全运行造成十分严重的隐患，甚至使系统无法运行。

2）系统工艺计算不正确

在进行水力、热力等工艺计算以确定输送摩阻和温度损失时（需考虑加热输送的情况），一旦设计参数或工艺条件确定不合理，将造成站（场）位置设置或输送泵、压缩机的选取不当，从而给系统造成各种安全隐患。

3）管道强度计算不准确

管道强度设计计算时，将根据管道所经地区的分级或管道穿跨越公路等级、河流大小等情况，确定强度设计系数。如果管道沿线勘查不清楚，有可能出现地区分级不准确，造成高级低定；大冲沟定为小冲沟；大中型河流定为一般河流等。最终造成设计系数选取不恰当，管道壁厚计算不能满足现场实际情况。管道应力分析，强度、刚度及稳定性校核失误，造成管道变形、弯曲甚至断裂。

4）管道、站（库）区的位置选择不合理

管道、站（场）、储存库区位置选在土崩、断层、滑坡、沼泽、流沙、泥石流或高地震烈度等不良地质地段上，造成管道弯曲、扭曲、拱起甚至断裂及设备设施损坏；当与周围的建（构）筑物安全防火距离不符合标准要求时，容易受到影响，给其带来安全隐患；如果站（场）内的建（构）筑物布局、分区不合理，防火间距不够，防火防爆等级达不到要求，消防设施不配套，装卸工艺及流程不合理时，极易相互影响，产生安全事故，而一旦出现安全事故，相邻设施也难以幸免。

5）材料选材、设备选型不合理

在确定管子、管件、法兰、阀门、机械设备、仪器仪表材料时，未充分考虑材料与介质的相容性，导致使用过程中产生腐蚀；输送站（场）、储存库与传动机械相连接的法兰、垫片、螺栓组合未充分考虑振动失效，引起螺栓断裂、垫片损坏而出现泄漏；压力表、温度计、液位计、安全阀等安全附件参数设定不合理，造成安全隐患，并使控制系统数据失真；爆炸危险场所分区错误，引起电气设施防爆等级确定错误；泵、压缩机、加热炉等关键设备未充分考虑自动控制保护系统或控制系统设计存在缺陷。

6）防腐蚀设计不合理

防腐蚀设计时未充分考虑土壤电阻率、管道附近建（构）筑物和电气设备引起的杂散电流的影响，造成管道防腐层老化、防腐能力不够直至失效；

管道内、外表面防腐材料选择不合理、施工方法不正确、厚度不能满足使用工况要求；管道阴极保护站间距太远、保护参数设置不合理、或者牺牲阳极选材不当，而造成保护能力不够等。

7）管线布置、柔性考虑不周

站（库）区管线平面布置不合理，造成管道因热胀冷缩产生变形破坏或振动；管线未装回油阀造成管线憋压。埋地管道弯头的设置、弹性敷设、埋设地质影响、温差变化等，对运行管道产生管道位移具有重要影响。柔性分析中如果未充分考虑或考虑不全面，将会引起管道弯曲、拱起甚至断裂。管内介质不稳定流动和穿越公路、铁路处地基振动产生的管道振动导致管道位移，在振动分析时也未充分考虑或考虑不全。

8）结构设计不合理

在管道结构设计中未充分考虑使用后定期检验或清管要求，造成管道投入使用后不能保证管道内检系统或清管球的通过，而不能定期检验或清污；或者管道、压力设备结构设计不合理，难以满足工艺操作要求甚至带来重大安全事故。

9）防雷、防静电设计缺陷

防雷、防静电设计未充分考虑管道所经地区自然和项目运行的实际情况，或设计结构、安装位置等不符合法规、标准要求。

7. 焊接、施工缺陷因素分析

焊接会使长输管道产生各种缺陷，较为常见的有裂纹、夹渣、未熔透、未熔合、焊瘤、气孔和咬边。长输管道除特殊地形采用地上敷设或跨越外，一般均为埋地敷设。管道一旦建成、投产，一般情况下都是连续运行。因此管道中若存在焊接缺陷，不但难以发现，而且不易修复，会给管道安全运行构成威胁。

长输管道施工时，影响焊接质量或产生焊接缺陷的主要因素有以下几点。

1）焊接方法的影响

国内早期的管道都是采用传统的手工焊方法施工，这种焊接方法不仅焊接速度慢，劳动强度大，而且焊接质量低，目前已不再适宜在管道建设中应用；手工下向焊工艺已取代了传统的手工焊方法，这种焊接方法采用多机组流水作业，劳动强度较低，效率较高，焊接质量也较好，但取决于焊接环境和操作人员素质；自保护半自动焊工艺的优点是可以连续送丝、不用气体保护、抗风性能较强（4、5级风以下）、焊工易操作等。但缺点是不能进行根焊，需要采用其他的焊接方法进行根焊，并且操作不当时盖面容易出现气孔；

自动焊技术适用于大口径、大壁厚管道、大机组流水作业，焊接质量稳定、操作简便、焊缝外观成型美观。其缺点：一是对管道坡口、对口质量要求高，即要求管子全周对口均匀；二是坡口型式要求严格，当管壁壁厚较厚时，确定工艺时采用复合型或U形坡口，不能仅考虑减少工作量，更重要的是要考虑到坡口对焊接质量的保证，小角度V形坡口虽然简化了施工程序，但从保证质量角度分析，复合L形或U形坡口更优；三是受外界气候的影响较大；四是边远地区气源供应问题，尤其是氩气。目前，自动焊技术在国内"西气东输"管道工程中应用较多。

2）流动性施工对焊接质量的影响

施工作业点随着施工进度而不断迁移，因而焊接作业也处于流动状态，这与工厂产品生产相比，增加了施工管理、质量管理、安全管理等方面的难度，从而也增加了保证管道焊接质量的难度。

3）地形地貌对焊接质量的影响

敷设一条长输管道可能会遇到多种地形，如"西气东输"工程，自西向东途经戈壁、沙漠、黄土高原、山区、平原、水网等多种地形地貌。施工单位只能根据管道敷设线路现场的施工条件，因地制宜，选择不同的焊接方法来满足工程的需要。因此，地形地貌对焊接质量有直接影响。

4）环境对焊接质量的影响

野外露天施工，经常处于风、雨、温度、湿度等自然环境中，这不仅使人的操作技能难以正常发挥，而且不能提供良好的作业条件。因此，环境对管道焊接质量有着较大的影响。

5）其他焊接因素的影响

除现场双联管焊接技术外，焊接设备、工艺、材料及焊工技能等因素，对焊接质量有很大影响。也就是说，先进的焊接设备、合适的焊接工艺、高素质的焊接人员，对管道焊接质量的保证具有重要作用。

6）人文、社会环境对焊接质量的影响

在人口密集、水网密布、雨水较多、经济发达等地区，可能由于种种原因造成施工不能连续进行，给现场焊接带来困难。这种外界因素的干扰，造成现场留头多，连头数量增加，焊接质量难以保证。

7）补口、补伤质量问题

钢管除端部焊接部位一定长度以外，在钢管生产厂或防腐厂都进行了防腐处理，钢管在现场焊接以后，未防腐的焊接部位需要补口。在施工过程中，由于各种原因造成钢管内外表面的防腐涂层损坏，特别是外表面涂层的损坏，在损坏处要补伤。补口、补伤质量不良会影响管道抗腐蚀性能，从而引起管道腐蚀失效。影响补口、补伤质量的因素有：

（1）钢管补口、补伤之前，需要对钢管表面进行喷砂处理，使其表面粗糙度满足一定的要求，然后才能进行补口、补伤；如果表面处理不好，表面粗糙度达不到标准要求，将严重影响补口、补伤质量；

（2）对于不同的防腐材料，其补口、补伤施工工艺不同，而且有一套非常严格的程序，由于现场施工条件较差，施工人员素质较低，有可能影响施工工艺的执行；

（3）补口时未按规定要求与钢管已有的防腐层进行搭接，或搭接长度不够；

（4）补伤时面积不能满足标准、规范要求，特别是穿越段的补伤，如果补伤面积不够而又未加保护带，极易引起防腐层刮脱；

（5）补口、补伤强度或厚度不符合要求，造成再次损坏或防腐能力不足。

8. 设备因素分析

1）管沟、管架质量问题

输送站（场）、储存库内的管道，除穿越人行道采用埋地敷设外，一般采用沿地敷设，使用管架支撑；站、库以外的管道基本都采用埋地敷设。管沟、管架质量对管道安装质量有一定的影响，具体如下：

（1）管沟开挖深度或穿越深度不够时，遇洪水或河水冲刷覆土或河床，将使管道悬空或拱起，造成变形、弯曲等；

（2）管沟基础不实，回填压实，特别是采用机械压实时，将造成管道向下弯曲变形；

（3）地下水位较高而未及时排水敷设管道时，由于管道底部悬空，如果夯实不严，极易造成管道向上拱起变形；

（4）管道敷设时，沟底土及管道两侧和上部回填土中砂石粒度超差，而造成损坏防腐覆盖层；

（5）管架强度不够，支撑的管道下沉而产生变形；滑动管架表面粗糙或安装不平整，在热胀冷缩时难以滑动，造成管道变形。

另外，管道埋深不够、管道悬空、管沟基础不实等都会影响管道的安全使用。

2）穿跨越质量问题

管道线路在敷设途中，往往需要穿跨越公路、铁路及江河或其他特殊设施。对于穿跨越段管道，由于敷设完成以后难以实施再检修等工作，因此，对其提出了许多特别的施工要求，以便于充分保证穿跨越管道质量，具体如下：

（1）穿越河流段的管道，当河床受水流冲刷而使其深度逐渐减小，将可能造成管道悬空；对于通航河道，如果进行疏浚或船舶抛锚时，将对管道构成危害；

（2）河流堤岸防护工程施工或公路和铁路养护工程施工可能对管道造成损坏；

（3）管道穿越电气化铁路或从高压变电站、高压线路附近通过时，地层的强杂散电流将破坏管道阴极保护电流的保护作用，使局部阴极保护失效，增加管道腐蚀的危险性；管道附近建有腐蚀性较强的化工厂，其废物流入地层中并扩散，造成腐蚀环境发生改变，使管道防腐覆盖层老化，减短管道使用寿命；因此，穿越段环境、地质条件的改变对管道防腐控制影响较大；

（4）对于穿越地段的管道，由于施工存在比其他管道相对大的困难，因此，很容易造成漏检或检验控制不严的情况，从而给管道运行带来安全隐患；

（5）热油管道跨河管段，在管道外壁一般都设有防腐保温层，保温层外侧的防护层一旦受到破坏，保温材料很容易进水受潮，不仅会降低保温效果，而且会腐蚀管道，因此，在管道跨越段两侧应设置保护栅栏，禁止行人在管道上方沿管道行走。

3）安全阀

（1）安全阀弹簧质量差，在使用一段时间后老化、性能降低甚至断裂；

（2）安全阀密封面堆焊硬质合金未达设计要求，在起跳几次以后，密封面损坏，从而无法达到密封要求；

（3）安全阀开启压力调整过高，使安全阀起不到保护作用，或者开启压力调整过低，使安全阀经常开启，导致介质经常泄漏或造成事故；

（4）安全阀回座压力调整过低，或回座失效，使开启后的安全阀不能正常回座，导致大量的介质外泄；

（5）安全阀的排放能力不够，使超压的管道、设备不能及时泄压；

（6）安全阀的阀芯与阀座接触面不严密，阀芯与阀座接触面有污物、阀杆偏斜，造成安全阀漏气；

（7）安全阀开启不灵活，影响正常排气、其主要原因是阀芯与阀座粘住不分离或锈蚀严重。

4）其他安全附件

除上述安全阀以外，当液位计、温度测量仪表、压力表、紧急切断装置等安全附件存在制造质量问题或出现故障失效时，也将给系统安全运行带来隐患。

5）控制仪器仪表

长输管道系统除上述使用的安全附件外，还有用于控制液位、温度、压力、流量等的控制仪器仪表及系统运行管理的控制系统硬件和软件等。这些仪器仪表及控制系统对整个系统的控制、运行和管理，起着十分重要的作用。如果设备选型不当、制造质量存在问题或系统控制用软件不适合工艺要求，则系统参数如液位、温度、压力、流量等，无法实现有效控制，有可能造成超压、超温、冒罐、混油、泄漏等安全事故，甚至火灾、爆炸事故。例如，压力表指针不动、不回零、跳动严重时，有可能出现超压情况。

6）清管设施

如果系统选用的清管球的密封垫片型式不当，或者清管球与管道配合过盈量调整不合适，难以将管道内部的污物清除干净。实施清管作业时，造成清管器丢失、卡阻的原因主要有：

（1）管道三通和旁路管道未安装档条或旁路阀门未关严，有油、气流通过；

（2）管道严重变形或管内有较大异物未清除干净；

（3）管道内发生蜡堵等堵塞管道。

9. 第三方破坏因素分析

第三方破坏对管道是最大的威胁之一。由于电站设施的增加，定向钻的大量使用，通讯光缆的铺设，以及承包商建设公路、铁路的增加，都使得威胁增大。使用的工具设施包括挖掘机、钻机、钻孔器和定向钻，威胁同时也来自于其他主体授权资产机构的建设和维护以及在管线的维护工作中发生的问题。主要采取应用 AS 2885.1 减轻风险标准，每年都要对每一条管线进行风险评估。自然保护措施难以适用现存管线，GasNet 要求最小埋深 1200mm，对临时管道埋深要求最小 900mm。管道与道路交叉口要浇灌混凝土、增加壁厚以及在道路最低处埋深 1.2m，此外还要挖建排水沟槽。

管道巡检，巡检的目的是要发现那些身份不明的或已经存在的外界干扰操作、泄漏、违章建筑、标记缺乏、建筑物上的植被、腐蚀、塌方、下沉以及地面管线的安全问题和周围环境问题。巡检要空中巡检和地面人工巡检结合使用。周末在大城市区域要实行地面巡检。在乡村区域要每周、每两周或者每月进行空中巡检，同时以地面巡检进行补充。每年空中巡检要对所有管线进行录像，对地面管线，尤其是容易产生腐蚀和挞伐地区要进行拍照。

密切联系土地所有者能够有效阻止第三方破坏，对土地所有者每年都要进行探访并经常和他们进行联系。在联系过程中应讨论如下问题：

（1）土地所有者的区域位置；

（2）办好在土地上进行正当施工的手续；

（3）任何存在土地所有者及其相邻区域变化的可能性；

（4）对管线安全潜在的威胁；

（5）管线突发事件的反应程序；

（6）24h 都能联系到的方式。

1）违章占压问题

目前管道沿线违章占压的现象时有发生，违章占压不但直接危害管道安全，给管道抢修带来困难，也给地方人民和财产带来一些新的危险。违章占压问题主要有两个方面：一是随着城市化发展、城乡规划建设，与管道安全保护发生了冲突，存在协调上的难度。二是一些无规划，乱建、乱采，开矿、放炮，种植根深植物占压管道等现象不断发生，给管道保卫带来了很大隐患。这些问题都难以协调解决。

2）打孔盗油问题

（1）打孔盗油风险控制决策树。

打孔盗油风险控制决策树如图 2－3 所示。防范打孔盗油的方法主要有加强巡线、安装泄漏检测系统和依靠地方司法部门。

巡线有两种方式，即航飞巡线和徒步巡线。巡线间隔有每天 1 次，每 2.5 天 1 次，每周 1 次，最大间隔应不超过两周。原则上，管线各站每 30km 选配 1 名管道保护工，每 8～10km 选配 1 名巡线员。

安装泄漏监测系统不仅可将发现泄漏时间减至最短，降低泄漏量，而且对打孔盗油可尽快发现盗油点，并及时前往抓捕盗油犯罪分子，对犯罪分子具有相当的震慑力。泄漏监测系统可在较短时间内检测出大于其检测精度的泄漏量，并发出警报。

（2）打孔盗油事例。

以某管线为例，泄漏监测系统自 2003 年 6 月 30 日投用以来，共发生过 6 起打孔盗油事件，除 2 次（2003 年 7 月 21 日和 10 月 11 日）因人为误操作和通讯中断造成系统判断有误（判断结果已修正），其余均做到了及时自动报警，定位平均相对误差为 0.89%。

某管道输送介质是成品油，具有高压、易燃易爆的特点，有的管段经过

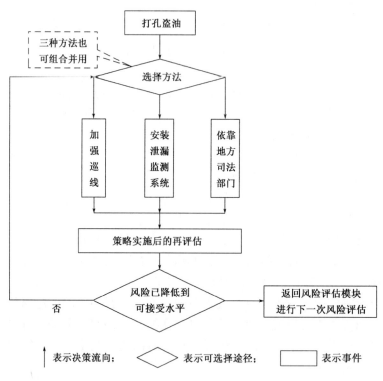 管 道 完 整 性 管 理 技 术

人口密集区、森林区以及黄河、长江流域，一旦发生打孔盗油，遭到人为破坏，极易引起火灾甚至爆炸引起的次生灾害，给当地人民生命和财产安全造成威胁，对周边生态环境将带来严重后果；同时，输油中断，不仅会影响川渝地区油品供应和社会稳定，而且给人民的正常生活带来严重影响，也将在国际、国内造成不良的社会政治影响。例如，2003 年在四川广元发生的"12.19"打孔盗油事件，惊动了国务院、公安部，这次事件共泄漏 90 号汽油 440m^3，造成宝成铁路停运 5 小时零 57 分钟，108 国道停运 8 小时，该管道停输 14 小时 38 分，对清水河造成了严重污染，石油类超标 7951 倍；直接经济损失 301.3152 万元。

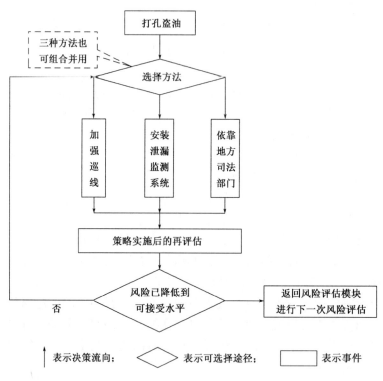

图 2 - 3　打孔盗油风险控制决策树

随着国际国内油价持续上涨，犯罪分子受巨大利益驱动，会铤而走险，紧盯管道不放，打孔盗油形势还十分严峻。目前，犯罪分子作案具有一定狡猾性、隐蔽性，有的采用打地道方式进行作案；有的是集团化作案，踩点、打孔、盗油、销赃一条龙；有的作案网络化，采用高科技手段，装备有武器、成套通信装备，形成比较严密的网络，具有一定危险性。

10. 误操作因素分析

风险中的一个最重要的问题就是人为造成失误的潜在可能性，这也是最难进行量化和理解的一个参数。安全方面的专家强调：在事故预防过程中，人们的行为或许是取得成功的关键因素，包含行为与态度的诸多因素均要涉及心理、社会及生物等领域的问题，要远远超出我们考虑和评价的范畴。这就要求我们结合更多的可利用的资源融入参数中去。当统计数据能够证明事故与多年的经验、或当时的情况、或受教育程度、或饮食、或薪水等各种变量存在着相关性，那么这些变量就可能影响到风险的进程。

在美国，62%的危险性管材事故是由人为失误造成的。公众对于这类风险尤其敏感。在运输企业当中，管道行业对于人为影响还是相当迟钝的。铁路、高速公路，或水运货物的运输明显更多地考虑到了人的因素。但无论在何种程度上，都涉及"人"的可变性，并影响着风险进程。

管道系统中人们的相互作用可能是积极的——预防或减轻了事故；或者是消极的——恶化或引发了事故。

11. 天气、外力因素分析

由于大气作用对人类生命财产、国民经济建设和国防建设等所造成的损害，称为气候灾害，它包括干旱、寒潮、雷电、低温、雪暴、大雾、暴雨、台风、热浪和沙尘暴等。对长输管道系统危害最为严重的是台风、雷电、低温和洪水。

1）台风

台风又称热带气旋，是发生在热带或副热带海洋上的大气漩涡，在北半球作逆时针方向旋转，在南半球作顺时针方向旋转。它主要是依靠水汽凝结时放出的潜热而生成的。热带气旋的强度由其中心附近的最大平均风力来确定，共分热带低气压（6~7级）、热带风暴（8~9级）、强热带风暴（10~11级）和台风（12级及以上）四级。台风的破坏力最强，而造成破坏的主要原因有：

（1）热带气旋中心附近的风速常达40~60m/s，有的可达100m/s以上，引起巨浪；

（2）热带气旋移近陆地或登陆时，由于其中心气压很低及强风可使沿岸海水暴涨，形成风暴潮，致使海浪冲破海堤、海水倒灌，造成人民生命财产的巨大损失；

（3）迄今为止，最强的暴雨是由热带气旋产生的，并且能引起山洪暴发或使大型水库崩塌等，造成巨大洪涝灾害。

台风对长输管道、站（场）造成的危害有：

（1）破坏供电、通信系统，引起电力、通信中断，以至于引发故障；

（2）损坏港口输送（接收）站、陆地管道及储存库内的设备、设施，使系统无法正常工作；

（3）造成站、库内建（构）筑物倒塌，或管道附近高层建（构）筑物倒塌，从而损坏设备设施或管道。

2）低温

低温对长输管道的危害主要体现在两个方面：一方面是使管道材料脆化，即随着温度降低，碳素钢和低合金钢的强度提高，而韧性降低。当温度低于韧脆转变温度时，材料从韧性状态转变为脆性状态，使长输管道发生脆性破坏的概率大大提高。另一方面，低温使长输管道输送介质中的液体、气体发生相变，如水蒸气变为水，水变为冰等，引发管路堵塞（凝管）事故。此外，由于热胀冷缩的作用，随着环境温度的降低，有可能导致较大的热应力。

3）洪水

洪水是由于暴雨、急剧的融化冰雪或堤坝垮坝等引起江河水量迅猛增加及水位急剧上涨的现象。暴雨洪水是由较大强度的降雨而形成的洪水，其主要特点是峰高量大、持续时间长、洪灾波及范围广。

暴雨洪水在山区形成山洪，即山区溪沟中发生暴涨暴落的洪水。由于地面河床坡降都比较陡，降雨后汇流较快，形成急剧涨、落的洪峰。所以山洪具有突发性、水量集中、流速大、冲刷破坏力强、水流中挟带泥沙甚至石块等特点，严重时形成泥石流。

泥石流暴发突然、运动快速、历时短暂、破坏力极大，是特殊的含水固体径流，固体物质含量很高，可达 30% ~ 80%。流体作直线惯性运动，遇障碍物不绕流而产生阻塞、堆积等，产生正面冲击作用。

中国洪涝最多的地区是：广东、广西大部、闽南地区；湘赣北部；苏浙沿海和闽北；淮河流域；海河流域。其次是湘赣南部和闽西北；汉水流域和长江中游及川东地区；黄河下游地区；辽河地区。

洪水对长输管道、站（场）造成的危害有：

（1）损坏电力、通信系统，引起电力、通信中断，导致管道系统无法正常工作；

（2）冲刷管道周围的泥土，导致管道裸露或悬空，使管道在热应力和重力的作用下拱起等弯曲变形；

（3）大面积的洪水会使管道地基发生沉降，造成管道的变形甚至断裂；

（4）洪水引发的泥石流挤压管道，造成管道变形甚至断裂。

4）雷电

雷电是一种大气中的放电现象，产生于积雨云中。积雨云在形成过程中，某些云团带正电荷，某些云团带负电荷。它们对大地的静电感应，使地面或建（构）筑物表面产生异性电荷，当电荷积聚到一定程度时，不同电荷云团之间，或云团与大地之间的电场强度可以击穿空气（一般为 25～30kV/cm），开始游离放电，称为"先导放电"。云对地的先导放电是云向地面跳跃式逐渐发展的，当到达地面时，地面上的建筑物、架空输电线等，便会产生由地面向云团的逆导主放电。在主放电阶段里，由于异性电荷的剧烈中和，会出现很大的雷电流（一般为几十 kA 至几百 kA），并随之发生强烈的闪电和巨响，这就形成雷电。

雷电的危害方式分为直击雷、感应雷、球形雷三种，最常见的是直击雷和感应雷。直击雷就是雷电直接打击到物体上；感应雷是通过雷击目标旁边的金属物等导电体产生感应，间接打到物体上；球形雷民间俗称"滚地雷"，是一种带有颜色的发光球体，一般碰到导体即消失。在这些雷击中，直击雷危害最大。

雷电危害是多方面的，但从其破坏因素分析，可归纳为如下三类：

（1）电性质的破坏：雷电放电可产生高达数万伏甚至数十万伏的冲击电压，因此，可以毁坏电动机、变压器、断路器等电气设施的绝缘，引起短路，导致火灾、爆炸事故；烧毁电气线路或电杆，造成大规模停电而引发安全事故；反击放电火花也可能引起安全事故；使高电压电流窜入低压电流，造成严重的触电事故；巨大的雷电流流入地下，在雷击点及其连接的金属部分产生极高的对地电压，可直接导致接触电压或跨步电压触电事故。

（2）热性质的破坏：当几十至上千安培的强大电流通过导体时，在极短的时间内将转换成大量的热能。雷击点的发热能量约为 500～2000J，可熔化体积为 50～200m³ 的钢。故在雷击通道中产生的高温，往往会造成火灾。

（3）设备设施的破坏：由于雷电的热效应作用，能使雷电通道中木材纤维缝隙和其他结构缝隙中的空气剧烈膨胀，同时也使木材所含有的水分及其他物质分解为气体。因此，在被雷击的物体内部出现强大的机械压力，导致被雷击物体遭受严重的破坏或爆炸。

长输管道系统中，存在高大建（构）筑物或设施，如办公楼、储存设施、通信塔等。如果这些设备设施的防雷设施未设置、设置不合理，或防雷设施损坏未及时进行修复，将造成直接雷击破坏。对于储油罐，呼吸阀、导气管的排出口周围存在的油气，特别是呼吸阀排出口周围的油气，当有雷击火花时，会引起燃烧。如果呼吸阀未带阻火器或阻火器出现故障而不能阻火，将可能造成储油罐燃烧甚至爆炸。另外，对于电气设施，如果接地不良、布线错误，各供电线路、电源线、信号线、通信线、馈线未安装相应的避雷器或未采取屏蔽措施，将有可能遭受感应雷击，造成电力、电气系统损害。

5) 土体移动

自然变异和人为作用都可能导致地质环境或地质体发生变化，当这种变化达到一定程度时，便给人类和社会造成危害，即地质灾害，如地震、崩塌、滑坡、泥石流、地面沉降、地面塌陷、土地沙漠化等。下面分析地质灾害对长输管道运行安全性的影响。

(1) 地震。

地震是人们通过感觉和仪器察觉到的地面振动，是一种比较普遍的自然现象。它发源于地下某一点，该点称为震源，震动从震源传出，在地层中传播。地面上离震源最近的一点，称为震中，它是接受振动最早的部位。强烈的地面振动，即强烈地震，会直接和间接地造成破坏，成为灾害。凡由地震引起的灾害，称为地震灾害。

直接地震灾害是指由于强烈地面振动及形成的地面断裂和变形，引起建筑物倒塌、生产设施损坏，造成人身伤亡及大量物质的损失。间接地震灾害则是指由于强烈地震使山体崩塌，形成滑坡、泥石流；水坝、河堤决口或发生海啸而造成水灾；引起油气管道泄漏、电线短路或火源起火而造成火灾；使生产、储存设备或输送管道破坏造成有毒气体泄漏、蔓延。

国内 7 级以上地震的地理分布非常局限，仅分布在吉林省的延吉、安图、晖春和黑龙江省的穆棱、东宁、牡丹江一带，大致呈北偏西方向展布，震源深度一般为 400~600km，震级 5~7.5 级。

地震灾害是由传播的地震波和永久性地土变形而引起的。地震波所能影响的区域要比永久性地土变形影响区域大，破坏管道系统薄弱部位的可能性大，而永久性的地土变形比地震波的危害更大，常引起灾难性破坏。

地震对长输管道、输送站（场）造成的危害有：

①造成电力、通信系统中断、毁坏；

②永久性地土变形，如地表断裂、土壤液化、塌方等，引起管线断裂或严重变形，构（建）筑物倒塌；

③地震波对长输管道产生拉伸作用，但由此动力激发的惯性效应极小，

不至于造成按规范标准建设的长输管道的破坏，但是有可能使那些遭受腐蚀或焊接质量较差的薄弱管段破坏；

④地震产生的电磁场变化，干扰控制仪器、仪表正常工作。

为提高长输管道抗震能力，应选择适当的管道路由，避开在动力作用下会产生土壤液化的地震不稳定性区域及烈度在 7 度以上的区域。对个别土质较差的地区则应采取夯实、换土、加固等措施。山区管道要敷设在切土后做成的平台上，并设置挡土墙。

（2）滑坡、崩塌危害。

滑坡是指斜坡上的岩土体由于种种原因在重力作用下沿一定的软弱面或软弱带整体地向下滑动的现象；崩塌是指斜坡上的岩土体由于种种原因在重力作用下部分地崩落塌陷的现象。滑坡、崩塌除直接成灾外，还常常造成一些次生灾害，如在滑、崩过程中在雨水或流水的参与下直接形成泥石流；堵断河流，引起上游回水使江河溢流，造成水灾。

云南、四川、西藏、贵州等西南地区为国内滑坡、崩塌分布的主要地区，滑坡、崩塌的类型多、规模大、频繁发生、分布广泛、危害严重；西北黄土高原地区，以黄土滑坡、崩塌广泛分布为其显著特点；东南、中南等省山地和丘陵地区，滑坡、崩塌规模较小，以堆积层滑坡、风化带破碎岩石滑坡及岩质滑坡为主，其形成与人类工程经济活动密切相关；西藏、青海、黑龙江北部的冻土地区，分布有与冻融有关、规模较小的冻融堆积层滑坡、崩塌；秦岭至大别山地区也是国内主要滑坡、崩塌分布地区之一，堆积层滑坡大量出现。

滑坡、崩塌对长输管道、站（场）造成的危害有：

①损坏电力、通信系统，引起电力、通信中断，使管道系统无法正常工作；

②形成的岩石或泥石流挤压管道，造成管道出现拉伸、弯曲、扭曲等变形甚至断裂；

③引发的洪水冲刷管道会导致管道悬空，使管道在热应力和重力的作用下产生拱起或下垂等变形；

④造成管道地基沉降，从而引起管道变形或断裂；

⑤毁坏输送站、储存库内的储罐、计量设备、泵或压缩机组、阀门及管道等设备和建（构）筑物。

（3）地面沉降危害。

地面沉降是指在一定的地表面积内发生的地面水平面降低的现象。作为自然灾害，地面沉降发生有一定的地质原因，如松散地层在重力作用下变成致密地层、地质构造作用、地震都会导致地面沉降。也有人为因素，如人类过度开采石油、天然气、固体矿产、地下水等直接导致的地面沉降。随着人类社会经济的发展、人口的膨胀，地面沉降现象越来越频繁，沉降面积也越来越大，人为因素已大大超过了自然因素。

地面沉降对长输管道、站（场）造成的危害有：

①导致管道下部悬空或产生相应变形，严重时发生断裂；

②地面输送站（场）、储存库设备、管道及建（构）筑物损坏，设备与管道连接处变形或断裂；

③造成地下油气储存设施的破坏。

（4）土地沙化、水土流失。

在青藏高原，近二十年来进行了两次公路改建施工，施工过程中公路加宽填高的大量土方取自管道附近，加上农牧民的开垦、放牧，破坏了草原植被而造成大范围沙化地带。高原是多风地区，有资料表明，泵站历年平均风速为 3.8~4.9m/s，如此高的风速能使成片沙漠搬家，导致管道长距离裸露或悬空。并且，高原的夏季也常有大雨滂沱和洪水泛滥的情况发生，加上高山上的积雪融化造成的季河奔流，冲开管道，使之裸露或长距离悬空。

另外，中国又是世界上黄土分布最广的国家。地质地貌为山地丘陵和黄土地区地形起伏。黄土或松散的风化壳在缺乏植被保护的情况下极易发生侵蚀，而国内大部分地区属于季风气候，降水量集中，雨季降水量常达年降水量的 60%~80%，且多为暴雨，易于发生水土流失。这些因素会导致管道长距离裸露或悬空。

土地沙化、水土流失对长输管道造成的危害有：

①裸露管道防腐覆盖保护层易于老化，缩短管道的使用寿命；

②破坏管道 1.2~1.4m 埋深的恒压作用，使管道在热应力作用下产生拱起或下垂等弯曲变形，甚至产生破坏；

③长距离悬空容易使管道失稳而折断，造成严重的跑油和停输事故。

三、管道风险评价方法

管道风险管理技术的核心是管道风险评价技术。油气管道风险评价技术的研究经历了定性、半定量到定量分析三个阶段，方法种类很多，适合于不同情况的需求。

定性风险评价的主要作用是找出管道系统存在哪些事故危险，诱发管道事故的各种因素的影响程度，这些在何种条件下会导致管道失效事故的发生以及对系统产生的影响程度，最终确定控制管道事故的措施。在进行定性风险评价时，不必建立精确的数学模型和计算方法，其评价结果的精确性取决于分析人员的经验，划分事故因素的细致性、层次性等，具有直观、简便、快速、实用性强的特点。传统的定性风险评价方法主要有：

（1）安全检查表（SCL），它是安全评价中最初步、最基础的一种，通常用于检查某系统中不安全因素，查明薄弱环节的所在。首先要根据检查对象的特点、有关规范及标准的要求，确定检查项目和要点。按提问的方式，把检查项目和要点逐项编制成安全检查表。评价时对表中所列项目进行检查和评判。

（2）预先危害性分析（PHA），也称初始危险分析，是在每项生产活动之前，特别是在设计的开始阶段，对系统存在危险类别、出现条件、事故后果等进行概略地分析，尽可能评价出潜在的危险性。因此，该方法也是一份实现系统安全危害分析的初步或初始计划，是在方案开发初期或设计阶段之初完成的工作。

（3）危险和操作性研究（HAZOP），它是由有经验的跨专业的专家小组对装置的设计和操作提出有关安全上的问题，共同讨论解决问题的方法。研究中，连续的工艺流程分成许多片段，根据相关的设计参数引导词，对工艺或操作上可能出现的与设计标准参数偏离的情况来提出问题，组长引导小组成员寻找产生偏离的原因，如果该偏离导致危险发生，小组成员将对该危险做出简单的描述、评估安全措施是否充分，并可为设计和操作推荐更为有效的安全保障措施。如此对设计的每段工艺反复使用该方法分析，直到每段工艺或每台设备都被讨论通过后，HAZOP 分析工作才算完成。

（4）故障树分析（FTA），它是一种演绎分析方法，用于分析引发事故的原因并评价其风险。

（5）事件树分析法（ETA），它是一种按事故发展的时间顺序由初始事件开始推论可能的后果，从而进行危险源辨识的方法。

（6）故障类型、影响和致命度分析（FMECA），是针对产品所有可能的故障，并根据对故障模式的分析，确定每种故障模式对产品工作的影响，找出单点故障，并按故障模式的严重度及其发生概率确定其危害性。所谓单点故障指的是引起产品故障的，且没有冗余或替代的工作程序作为补救的局部故障。FMECA 包括故障模式及影响分析（FMEA）和危害性分析（CA）。

（7）如果…怎么样（What—If）分析法。

（8）因—果分析法，使用该法首先要分清因果地位；其次要注意因果对应，任何结果由一定的原因引起，一定的原因产生一定的结果。因果常是一一对应的，不能混淆；最后，要循因导果，执果索因，从不同的方向用不同的思维方式去进行因果分析，这也有利于发展多向性思维。

（9）人为过失分析等。

管道风险的半定量分析法是以风险的数量指标为基础，对管道事故损失后果和事故发生概率按权重值各自分配一个指标，然后用加和除的方法将两个对应事故概率和后果严重程度的指标进行组合，从而形成一个相对风险指标。最常用的是专家评分法。

定量风险分析是管道风险评价的高级阶段，也称为概率风险评价（PRA）。它是将产生管道事故的各类因素处理成随机变量或随机过程，通过对单个事件概率的计算得出最终事故的发生概率，然后再结合量化后事故后果计算出油气管道的风险值。定量风险分析一般是在定性分析的基础上进行的，它主要是对定性分析中已识别出的风险水平较高的故障类型进行详细的定量评价。由于引起管道失效的故障类型比较复杂，因此定量风险评价技术需要利用概率结构力学、有限元法、断裂力学、可靠性技术和各种强度理论，同时根据大量的设计、施工、运行资料建立风险评价数据库，并掌握管道裂纹缺陷的扩展规律和管材的腐蚀速率，由此运用确定性和不确定性的方法建立评价的数学模型，最后进行分析求解。其结果的精确性取决于原始数据的完整性、数学模型的精确性和分析方法的合理性。目前，管道的定量风险分析技术研究是一个热点发展领域，在国际上日益受到重视，许多新的技术正在发展之中。

在管道工业上已经应用的定量风险评价技术主要有：基于断裂力学理论和实物评价半经验性公式的管道剩余强度评价（如 ASME‐B31G），基于腐蚀机制的剩余寿命预测评价，基于失效评估图 FAD 的概率失效分析，管道失效的故障树分析法，管道的可靠性评价，以及目前应用比较多的基于荷兰的PGS3 标准的定量评价等。

1. 定性管道风险评价

1）常用方法

故障类型、影响和致命度分析（FMECA）是一种对管道系统进行定性风险评价的重要方法。它采用系统分割的方法，将所要分析的系统根据需要分割成若干子系统，逐个分析子系统或元件产生的故障类型、原因及对整个管道系统安全运行带来的影响，随后根据各故障类型影响的程度划分故障类型等级，作风险率矩阵图，再将某一特定风险按事故率和严重度为纵、横坐标添入矩阵图，判断其风险等级。分级方法见表 2－15，风险矩阵如图 2－4 所示。

表 2－15　对风险事故概率和事故后果严重度的分级

事故概率级别	内　　容
Ⅰ级	概率很低，事故发生的概率几乎为零
Ⅱ级	概率低，事故不易发生
Ⅲ级	概率中等，事故偶有发生，并预期将来有时会发生
Ⅳ级	概率高，事故一直有规律地发生，并预期将来也会有规律的发生
事故后果级别	内　　容
Ⅰ级	可忽略，不会造成系统受损或人员受伤
Ⅱ级	临界性，可能造成系统轻微受损或人员轻伤
Ⅲ级	严重性，可能造成系统严重受损或人员严重伤害
Ⅳ级	致命性，可能造成系统完全丧失或人员伤亡

		失效后果		
		轻	重	很严重	灾难性
失效概率	经常	中	高	高	高
	偶尔	低	中	高	高
	不太可能	可忽略	低	中	高
	不可能	可忽略	可忽略	低	中

图 2－4　风险矩阵示意图

对于整个管线的风险评价结果还有一种典型的评价结果表示方式，即风险的直方图，如图 2－5 所示。

对于故障等级特别高的故障类型（可能造成人员伤亡和重大财产损失），需要进一步进行致命度分析。所谓"致命度（C）"为表示故障类型对管道系统失效的影响程度，可用下式计算：

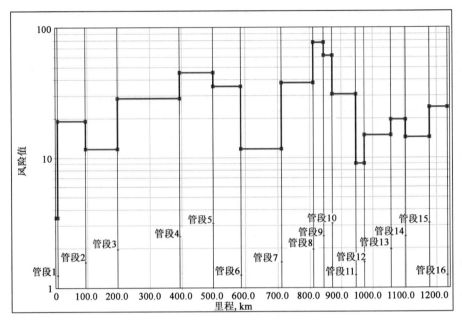

图 2-5　风险直方示意图

$$C = E \times P(\alpha + \beta) \qquad (2-1)$$

其中，E 为故障对系统的影响，1~5分，对应从小到大；P 故障发生概率的影响，1~3分，对应从不常出现到频繁出现；α 为检测或查找故障的难易程度，1~3分，对应从简单到极为困难；β 为采取对策或修复的难易程度，1~3分，对应从简单到极为困难。

得出致命度的具体分数后，可按表 2-14 分级，然后填入图 2-4 的风险矩阵图中得到评价的结果，根据评价结果采取预防改进措施。致命度分析使 FMECA 带有了定量评价的色彩。

2）管道失效故障树分析

输送管道在运行过程中常常受到人为因素、腐蚀介质、应力和杂质的影响，致使管线发生失效，这直接影响石油与天然气的正常生产和管线的使用寿命。通过现场调查表明管道发生失效的主要形式为开裂和穿孔。由于引起管线失效的因素复杂，加之输送管道为埋地管线，更增加了失效分析的难度。利用故障树分析该工程系统是对其进行可靠性分析与评价的有效方法，对管道进行可靠性分析，找出管线的主要失效形式与薄弱环节，进而在管线的运行和维护中采取相应的措施以提高管道的可靠性和使用寿命。该方法简明、灵活、直接，十分适用于管道的失效分析。

（1）基本原理。

故障树分析方法，简称 FTA（Fault Tree Analysis），是一种评价复杂系统可靠性和安全性的方法。它使用演绎法找出系统最不希望发生的事件（也称顶事件），及其发生的原因、事件组合（最小割集），并求其概率。FTA 是一种图形演绎法，用一定的符号表示出顶事件、二次事件、⋯、底事件的逻辑关系，逻辑门的输入为"因"，输出为"果"。这种因果关系用图形表示出来像一棵以顶事件为根的倒挂的树，"故障树"因此而得名。

故障树分析方法的程序为：选择顶事件、建立故障树、定性分析、定量分析。

设 $x_i(t)$ 为底事件 i 在时刻 t 所处的状态。如果底事件 i 在时刻 t 发生，则 $x_i(t) = 1$；如果底事件 i 在时刻 t 不发生，则 $x_i(t) = 0$。底事件 i 在时刻 t 发生的概率等于随机事件 x_i 的期望值，因而有：

$$p_i(t) = P\{x_i(t) = 1\} \tag{2-2}$$

同理，顶事件的状态必然是底事件向量 $X(t) = \{x_1(t), x_2(t), \cdots, x_n(t)\}$ 的函数，设 Y 为描述顶事件的随机变量，则顶事件在时刻 t 发生的概率 p_Y 为：

$$p_Y = P\{Y[x_1(t), x_2(t), \cdots, x_n(t)] = 1\} \tag{2-3}$$

故障树的结构函数可用最小割集进行有效描述，其结构函数一般分为或门、与门两种，分别由下式表示：

$$Y^{\text{or}} = 1 - \prod_{i=1}^{n}(1 - x_i) \tag{2-4}$$

$$Y^{\text{and}} = \prod_{i=1}^{n} x_i \tag{2-5}$$

管道的失效故障树分析，就是通过对导致管线发生失效的各种因素进行分析，从而找出管道失效故障树的最小割集。

下面以天然气和原油输送管道为例，说明管道的失效故障树分析方法。

（2）天然气管道失效故障树分析。

①天然气管线失效故障树的建立。

油气管道失效故障树的建立，首先根据顶事件确定原则，选取"管线失效"作为顶事件。引起油气管道失效最直接而必要的原因主要是穿孔和开裂，任一因素的出现都将导致管线发生失效。然后以其为次顶事件，由前面几章中的分析可得相应的影响因素，以此建立用逻辑门符号表示的天然气管道失效故障树，如图 2-6 所示。图中各符号所代表的相应事件见表 2-16。

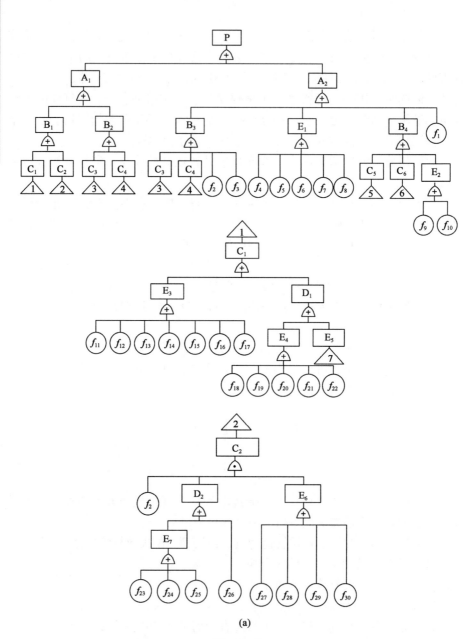

(a)

图 2-6

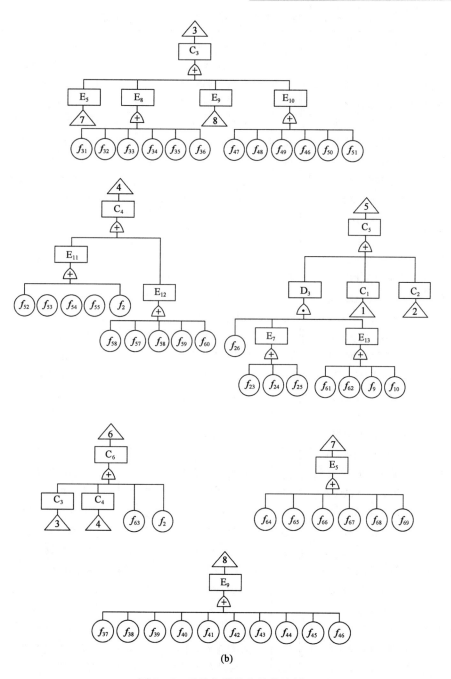

(b)

图 2-6　天然气管线失效故障树

表 2－16　天然气管线失效故障树中的符号与相应事件

符号	事　件	符号	事　件	符号	事　件
P	管线失效	f_5	管道附近土层运移	f_{38}	焊接材料不合格
A_1	管线穿孔	f_6	管道标志桩不明	f_{39}	管段表面预处理质量差
A_2	管线开裂	f_7	沿线压管严重	f_{40}	管段表面有气孔
B_1	管线腐蚀严重	f_8	管道上方违章施工	f_{41}	管段未焊透部分过大
B_2	管线存在缺陷	f_9	外界较大作用力	f_{42}	焊接区域渗碳严重
B_3	管线承压能力低	f_{10}	管线内应力较大	f_{43}	焊接区域存在过热组织
B_4	管线腐蚀开裂	f_{11}	土壤根茎穿透防腐层	f_{44}	焊接区域存在显微裂缝
C_1	管线外腐蚀	f_{12}	土壤中含有硫化物	f_{45}	焊缝表面有夹渣
C_2	管线内腐蚀	f_{13}	土壤含盐量高	f_{46}	管段焊后未清渣
C_3	管线存在施工缺陷	f_{14}	土壤 pH 值低	f_{47}	弯头内外表面不光滑
C_4	管线存在初始缺陷	f_{15}	土壤中含有 SRB	f_{48}	弯头内外表面有裂纹
C_5	管线存在裂纹	f_{16}	土壤氧化还原电位高	f_{49}	管段间错口大
C_6	管材力学性能差	f_{17}	土壤含水率高	f_{50}	法兰存在裂纹
D_1	管线外防腐失效	f_{18}	阴极保护距离小	f_{51}	螺栓材料与管材不一致
D_2	管线内腐蚀环境	f_{19}	阴极保护电位小	f_{52}	管材中含有杂质
D_3	管线应力腐蚀严重	f_{20}	地床存在杂散电流	f_{53}	管材金相组织不均匀
E_1	第三方破坏严重	f_{21}	阴极保护方式不当	f_{54}	管材晶粒粗大
E_2	较大应力作用	f_{22}	阴极保护材料失效	f_{55}	管材选择不当
E_3	土壤腐蚀	f_{23}	天然气中含有硫化氢	f_{56}	热处理措施不当
E_4	管线阴极保护	f_{24}	天然气含有 O_2	f_{57}	管材存在不椭圆度
E_5	管线防腐绝缘涂层	f_{25}	天然气含有 CO_2	f_{58}	冷加工工艺质量差
E_6	管线内防腐失效	f_{26}	天然气中含水	f_{59}	管材壁厚不均匀
E_7	输送介质含酸性物	f_{27}	缓蚀剂失效	f_{60}	管壁机械伤痕
E_8	管沟施工	f_{28}	管道内涂层变薄	f_{61}	管段存在残余应力
E_9	管道焊接	f_{29}	管道衬里脱落	f_{62}	管段存在应力集中
E_{10}	管道安装	f_{30}	管道清管效果差	f_{63}	管材机械性能差
E_{11}	管线材质存在缺陷	f_{31}	管道深度不够	f_{64}	防腐绝缘层变薄
E_{12}	管线加工工艺差	f_{32}	边坡稳定性差	f_{65}	防腐绝缘层粘接力降低
E_{13}	管线承载大	f_{33}	回填土粒径粗大	f_{66}	防腐绝缘层脆性增加
f_1	管线人为误操作	f_{34}	回填土含水率高	f_{67}	防腐绝缘层发生破损
f_2	管线抗腐蚀性差	f_{35}	管沟排水性能差	f_{68}	防腐绝缘层老化剥离
f_3	管线强度设计不合理	f_{36}	回填土含腐蚀物	f_{69}	防腐绝缘层下部积水
f_4	管线存在违章建筑物	f_{37}	管道焊接方法不当		

②天然气管道的薄弱环节。

凡是能导致故障树顶事件发生的基本事件的集合定义为割集，而最小割集指在系统没有其他割集发生的条件下，只有割集中基本事件同时发生，顶事件才发生；割集中任一基本事件不发生，则顶事件不发生。采用"自上而下"的代换方法，利用等幂律 $x \cdot x = x$ 和吸收律 $x + xy = x$ 求出故障树的所有最小割集，将其转化为等效的布尔代数方程，见下式：

$$P = \sum_{i=1}^{10} f_i + \sum_{i=31}^{60} f_i + \sum_{k=63}^{69} f_k + \sum_{l=18}^{22} f_l \times \sum_{n=11}^{17} f_n + f_{26} \times \sum_{p=23}^{25} f_p \times$$
$$(f_9 + f_{10} + f_{61} + f_{62}) + f_2 + f_{26} + \left(\sum_{p=23}^{25} f_p + \sum_{q=27}^{30} f_q \right) \qquad (2-6)$$

由式（2-6）可知，天然气管道失效故障树由47个一阶最小割集，35个二阶最小割集，12个三阶最小割集，12个四阶最小割集组成。47个一阶最小割集直接影响着系统的可靠性，为天然气管道系统中的薄弱环节。

③天然气管道的失效概率。

由式（2-5）、式（2-6）可得顶事件发生的概率大小，用 p_i 表示底事件 i 发生的概率，C_i 表示第 i 个最小割集，N 为最小割集的个数，有：

$$Y = 1 - \prod_{i=1}^{N} \left(1 - \prod_{R \in C_i} p_R \right) \qquad (2-7)$$

对于天然气管道失效故障树，$N = 106$。利用第二章中西南油气田分公司某输气干线的失效数据、管线内外腐蚀状况以及现有工况条件进行分析，按照山坡、旱地、水田、公路、穿越、河滩的分类标准，对不同地形管段的失效概率进行计算，计算结果见表2-17。

表2-17 不同地形管段失效概率计算结果

地形分类	山坡、旱地	水田	河滩	公路
失效概率	0.14 (1.6×10^{-5}/h)	0.17 (1.9×10^{-5}/h)	0.25 (2.9×10^{-5}/h)	0.28 (3.2×10^{-5}/h)

④影响天然气管道失效的主要因素。

通过对天然气管线失效故障树和式（2-5）中的最小割集的分析，得到引起天然气管道发生失效的主要因素有：

（a）第三方破坏：包括人为破坏和自然灾害破坏。人为破坏主要是沿线公路修、扩建过程中的施工破坏，这包括将管段埋于公路下方、暴露、悬空、甚至挖破，以及管道上方已建、新建和将建的违章建筑物。自然灾害包括水流对管沟、管道的长期冲刷，管道堡坎、护坡失稳以及管沟土层的运移。

（b）严重腐蚀：严重腐蚀包括外腐蚀和内腐蚀两个方面。外腐蚀主要由土壤腐蚀和防腐绝缘涂层失效引起，内腐蚀主要由输送介质中的硫化氢和二氧化碳酸性介质引起。严重腐蚀环境导致防腐绝缘涂层失效、管壁减薄、管线穿孔。

（c）管材缺陷：包括管材初始缺陷和安装缺陷，大多是在天然气管道施工建设过程中形成的。其中初始缺陷主要是由于管材在制造加工、运输过程中形成的；安装缺陷是在管段的安装施工过程中形成的。初始微裂纹、毛刺、不光滑部位等都属于管材缺陷，即使它们只在某一局部范围内存在，也将直接为管线腐蚀的发生提供条件，并导致管线整体强度的降低，影响管线运行的可靠性和使用寿命。

（3）原油管线失效故障树分析。

原油管线投入使用后，就不断地受到内外腐蚀、工况条件变化、第三方破坏的影响，致使部分管段发生失效，这直接影响原油的生产，并降低了原油管线的使用寿命。现场调查结果表明，管线发生失效的主要形式为开裂和穿孔。导致管线发生失效的因素较多，加之原油管线一般为埋地管线，因此应对原油管线系统进行可靠性分析，找出原油管线的主要失效形式、失效机理，进而在原油管线的建设、使用、管理与维护中采取相应的措施，以提高原油管线的可靠性和使用寿命。

①原油管线失效故障树的建立。

根据顶事件确定原则，选择原油管线故障树的顶事件为"原油管线失效"。引起的最直接原因为穿孔与破裂，二者中只要有一个出现，就会引起原油管线失效的发生。同样的，以这两个因素为次顶事件，对引起的相应原因进行分析，共考虑了 47 个基本影响因素，建立了原油管线失效故障树，如图 2−7 所示。图中各符号所代表的意义见表 2−18。

②原油管线薄弱环节与失效概率。

采用"自上而下"的代换方法求出故障树的所有最小割集，将故障树转化为等效的布尔代数方程，如下式所示：

$$P = B_1 + B_2 \tag{2-8}$$

$$P = \sum_{i=1}^{10} f_i + \sum_{j=28}^{44} f_j + f_{19} + f_{28} + f_{47} + f_{18} \times \sum_{l=11}^{17} f_1 + f_{23} + \sum_{n=20}^{22} f_n \times$$

$$(f_9 + f_{10} + f_{45} + f_{46}) + f_2 \times f_{23} \times \left(\sum_{p=20}^{22} f_p \times \sum_{q=24}^{27} f_q \right) \tag{2-9}$$

表 2-18　原油管线失效故障树中的符号与相应的事件

符号	事件	符号	事件	符号	事件
P	管线失效	f_2	管材抗腐蚀性差	f_{26}	管道衬里脱落
A_1	管线穿孔	f_3	管道强度设计不合理	f_{27}	管线清管效果差
A_2	管线开裂	f_4	违章建筑物	f_{28}	管沟质量差
B_1	管线腐蚀严重	f_5	管道附近土层运移	f_{29}	管道焊接方法不当
B_2	管线存在缺陷	f_6	管线标志桩不明	f_{30}	焊接材料不合格
B_3	管线承压能力低	f_7	沿线压管严重	f_{31}	管段预处理质量差
B_4	管线腐蚀开裂	f_8	管道上方违章施工	f_{32}	管道焊接表面有气孔
C_1	管线外腐蚀	f_9	外界较大作用力	f_{33}	管段末焊头部分过大
C_2	管线内腐蚀	f_{10}	管线内应力较大	f_{34}	焊接区域渗碳严重
C_3	施工缺陷	f_{11}	土壤根茎穿透防腐层	f_{35}	焊接区域存在过热组织
C_4	初始缺陷	f_{12}	土壤中含有硫化物	f_{36}	焊接区域存在显微裂纹
C_5	管线存在裂纹	f_{13}	土壤中含盐量高	f_{37}	焊接表面有夹渣
C_6	管材力学性能差	f_{14}	土壤 pH 值低	f_{38}	管段焊后未清渣
D_1	管线内腐蚀环境	f_{15}	土壤中含有 SRB	f_{39}	管线安装质量差
D_2	管线应力腐蚀严重	f_{16}	土壤氧化还原电位高	f_{40}	管材中含有杂质
E_1	第三方破坏严重	f_{17}	土壤含水率高	f_{41}	管材金相组织不均匀
E_2	土壤腐蚀	f_{18}	阴极保护失效	f_{42}	管材晶粒粗大
E_3	管线外防腐措施	f_{19}	防腐层绝缘老化	f_{43}	管材选择不当
E_4	酸性物质	f_{20}	原油中含有硫化氢	f_{44}	管材加工质量差
E_5	管线内防腐措施	f_{21}	原油含有 O_2	f_{45}	管段存在残余应力
E_6	管道焊接	f_{22}	原油含有 CO_2	f_{46}	管段存在应力集中
E_7	材质存在缺陷	f_{23}	原油含有水	f_{47}	管材机械性能差
E_8	管线承载大	f_{24}	缓蚀剂失效		
f_1	结蜡严重憋压	f_{25}	管道内涂层变薄		

　　由式（2-8）、式（2-9）可知，原油管线失效故障树由 60 个各阶割集组成，一阶最小割集 29 个，二阶最小割集 7 个，三阶最小割集 12 个，四阶最小割集 12 个。29 个一阶最小割集直接影响着系统的可靠性，为原油管线系统中的薄弱环节，要提高管线的可靠性与使用寿命，应首先从这 29 个一阶最小割集着手。

　　失效概率与天然气管线的失效概率确定方法一致，由式（2-8）确定。

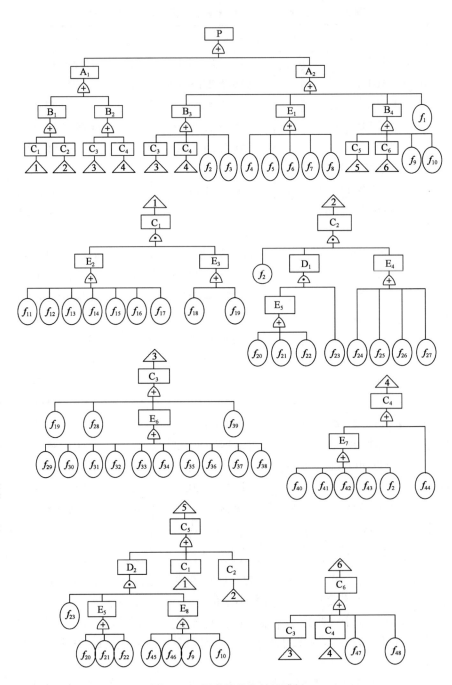

图 2-7　原油管线失效故障树

③原油管线主要影响因素与改善措施。

对原油长输管线失效故障树和式（2-9）进行分析，可以发现引起管线失效的主要因素。采取相应的处理措施便可以提高管线的可靠性，延长管线的使用寿命。

（a）第三方破坏：包括人为破坏和自然灾害。自然灾害主要为地面运动以及水流对管沟、管道的长期冲刷，这些影响可导致管线的断裂，或是加速管线的腐蚀。人为破坏主要有误操作、管道上方的违章施工、管道上方的违章构筑物、管线标志物的破坏等。应加强管线的巡线检查，缩短管线的巡线周期，并对管线标志桩进行定期检查与维修。

（b）管线外腐蚀：外腐蚀主要由土壤腐蚀、防腐绝缘涂层失效和外防腐失效引起。环境土壤中的含盐量、pH 值、含水率与电阻率造成防腐层的破坏，加之随着使用年限的增加导致的防腐层的自然老化，都使得管线外腐蚀的发生，特别是在阴极保护效果差时更为严重。应对阴极保护的效果进行定期检查，并在管线环境中埋设腐蚀片，对管线的外腐蚀状况进行分析。

（c）管线内腐蚀：内腐蚀是在原油中含有的酸性杂质与水分的共同作用下发生的，特别是原油中的硫化物，在一些情况下可导致硫化物应力腐蚀开裂的发生。内腐蚀的发生使得管线内壁局部变薄，使管线穿孔。改善原油脱水工艺提高脱水质量，加入缓蚀剂，并选择合适的清管器进行管线的定期清管，可抑制管线内腐蚀。

（d）管材初始缺陷：包括管材初始缺陷和施工缺陷。初始缺陷主要由于管材在制造加工、运输过程中的不当造成的，而施工缺陷是在施工过程中形成的，如管道薄厚不均，防腐绝缘涂层质量差，特别是焊接水平和焊接质量差。管材缺陷的存在将导致管线整体强度的降低，为管线腐蚀的发生提供条件，直接影响着管线运行的可靠性。应加强对管材质量检查，提高制造工艺水平。建立严格的施工质量检测制度，选择合适的焊接工艺。

（e）严重憋压破坏：这主要由管线的结蜡引起，在管线加热效果差时容易引起管线的结蜡，使得管线的流通截面减小，管线不断憋压导致破裂。应对原油的加热效果进行定期检测，改善加热效果，并定期清管。

油气管道失效故障树的分析方法同样适用于注水管道、油管和套管等管道的失效分析。

3）管道失效严重度多层次评价及应用

外界干扰、内外腐蚀、施工缺陷、材料自身缺陷、地面运移是导致管线发生失效的主要因素。由于管道输送介质多为易燃、易爆物，因而管道一旦发生失效将引起严重的灾害后果，并造成巨大的经济损失。

同样以前面故障树分析时的油气管道为例，说明管道失效严重度多层次评价的基本方法。由前面的分析可知，油气管道的失效形式主要包括破裂、穿孔、应力腐蚀开裂等，应用失效故障树分析等方法可对各失效因素进行分析，得到失效概率的大小。但又如何对管线各种失效后果的影响进行评价呢？油气管道失效严重度具有多个模糊因素与多个评价指标，因而借助于模糊数学中的多层次模糊综合评判方法来解决这一问题。油气管道的失效影响程度体现在多个方面，主要包括管线的失效概率大小、损伤程度、对管线系统性能的影响程度、对环境的影响、停输时间、维修时间、维修费用等。根据现场调查结果，将油气管道失效的影响程度分为致命、严重、中等与轻微四个等级，这构成了多目标评价集。多因素集由失效概率、失效对系统性能的影响以及失效管线可维修性三个因素类构成，每一因素类又包含若干个影响因素。通过专家评分和模糊统计试验得到因素权重系数与模糊评判矩阵，通过多层次模糊综合评判得到评判结果。由于较全面地考虑了油气管道失效的影响因素，从而避免了只依靠失效概率进行油气管道失效严重程度评价的片面性。

（1）数学模型的建立。

多因素、多目标模糊综合评判方法由以下 4 个要素构成：

①因素集 $U = \{u_1, u_2, \cdots u_m\}$，$m$ 为因素个数；

②评价集 $V = \{v_1, v_2, \cdots v_n\}$，$n$ 为评语数；

③权重集 $\tilde{A}$；

④一级模糊综合评判。

用 μ_{ijk} 表示因素 u_{ij} 对于评价集中 v_k 的隶属度，对于每一因素类 u_i 可表示为相应的评判矩阵 $\tilde{R}_i$

$$\tilde{R}_i = \begin{bmatrix} \mu_{i11} & \mu_{i12} & \cdots & \mu_{i1k} & \cdots & \mu_{i1n} \\ \vdots & \vdots & & \vdots & & \vdots \\ \mu_{ij1} & \mu_{ij2} & \cdots & \mu_{ijk} & \cdots & \mu i_{jn} \\ \vdots & \vdots & & \vdots & & \vdots \\ \mu_{ig_i1} & \mu_{ig_i2} & \cdots & \mu_{ig_ik} & \cdots & \mu_{ig_in} \end{bmatrix} \quad (2-10)$$

其中，g_i 表示第 i 因素类中构成因素的个数。评判矩阵 R_i 可通过模糊统计试验得到，一级模糊综合评判矩阵 $\tilde{B}_i$ 为：

$$\tilde{B}_i = \tilde{A}_i \cdot R_i = (b_{i1}, b_{i2}, \cdots, b_{i3}), b_{ik} = \sum_{j=1}^{g_i} a_{ij} \cdot \mu_{ijk} \quad (2-11)$$

$$\tilde{R} = (B_1, \cdots, B_i, \cdots, B_m)^T \qquad (2-12)$$

其中，$\tilde{R}$ 为 $[U \times V]$ 的模糊矩阵。

（2）二级模糊综合评判。在一级模糊综合评判的基础上，对因素类的影响进行二级模糊综合评判，二级模糊综合评判矩阵 $\tilde{B}$ 为：

$$\tilde{B} = \tilde{A} \cdot \tilde{R} = (b_1, \cdots, b_k, \cdots, b_m) \quad b_k = \sum_{i=1}^{n} a_i \cdot b_{ik} \qquad (2-13)$$

利用上述方法，可进行多级模糊综合评判。

（3）油气管道失效严重度评价。

①失效严重度评价因素集。

对油气管道失效影响进行分析，确定其综合评判因素集 U 为：

$$U = \{u_1, u_2, u_3\}$$

$$u_1 = \{u_{11}\}, u_2 = \{u_{21}, u_{22}, u_{23}\}, u_3 = \{u_{31}, u_{32}, u_{33}\} \qquad (2-14)$$

式中　u_1——油气管道系统失效概率；

u_2——失效对管线系统性能的影响；

u_3——失效管线的可维修性；

u_{21}——失效对管线的损伤程度；

u_{22}——失效对管线性能的影响程度；

u_{23}——失效对管线沿线环境的影响；

u_{31}——失效管线停输时间，d；

u_{32}——失效管线维修时间，d；

u_{33}——失效管线的维修费用，万元。

以上述分析为基础，建立各因素的评价等级，见表 2-19。

②失效严重度评价集。

依据油气管道失效严重程度的分级情况确定评价集 V 为：

$$V = \{v_1, v_2, v_3, v_4\} \qquad (2-15)$$

其中，v_1，v_2，v_3，v_4 分别表示致命、严重、中等及轻微四个失效等级。

③失效严重度权重系数。

权重系数包括因素类权向量 $A_{\tilde{c}}$ 和因素间权向量 $A_{\tilde{f}}$ 两种。因素类权重系数 $A_{\tilde{c}}$ 反应因素类在整个因素体系中的重要程度，而因素间权重系数 $A_{\tilde{f}}$ 反应各因素在同一因素类中的重要程度，油气管道失效严重权重系数 $A_{\tilde{c}}$、$A_{\tilde{f}}$ 分别表示为：

$$A_{\tilde{c}} = (a_1, a_2, a_3), A_{\tilde{f}} = (A_{\tilde{1}}, A_{\tilde{2}}, A_{\tilde{3}}) \qquad (2-16)$$

$$A_1 = (a_{11}), A_2 = (a_{21}, a_{22}, a_{23}), A_3 = (a_{31}, a_{32}, a_{33}) \qquad (2-17)$$

$\underset{\sim}{A_c}$、$\underset{\sim}{A_f}$ 可通过专家的评分方法确定，评判矩阵 $\widetilde{R_i}$ 依据表 2 – 19 进行模糊统计试验而得到，$g_1 = 1$，$g_2 = 2$，$g_3 = 3$。由式（2 – 16）、式（2 – 17）进行多因素多目标模糊综合评判得到油气管道失效严重度的各层次评判结果。

表 2 – 19　各因素等级评价表

因　素　集		评　价　集			
		致命（v_1）	严重（v_2）	中等（v_3）	轻微（v_4）
U_1	U_{11}，$10^{-5}/\text{h}$	>0.5	2.5 ~ 5.0	0.5 ~ 2.5	<0.5
U_2	U_{21}	破裂	穿孔	局部减薄	轻微损害
	U_{22}	完全丧失	基本丧失	明显下降	有所下降
	U_{23}	严重影响	显著影响	一定影响	影响很小
U_3	U_{31}，d	>2	1 ~ 2	0.5 ~ 1	<0.5
	U_{32}，d	>4	2 ~ 4	1 ~ 2	<0.5
	U_{33}，万元	>1	0.1 ~ 1	0.01 ~ 0.1	<0.01

4）现场应用分析

应用油气管道失效严重度多层次评价方法，对某输气干线在目前工况条件、环境状况下的失效严重程度进行分析，影响该管线失效严重度的各因素的权重系数通过专家评分方法确定，见下式：

$$\underset{\sim}{A_c} = (0.4, 0.4, 0.2) \qquad (2-18)$$

$$\underset{\sim}{A_1} = (1), \underset{\sim}{A_2} = (0.4, 0.5, 0.1), \underset{\sim}{A_3} = (0.6, 0.3, 0.1) \qquad (2-19)$$

将该管线按地形条件分为旱地、河滩、水田与公路四类，进行模糊统计得到各地段的评判矩阵。

旱地：

$$R_1 = (0, 0, 1, 0) \qquad (2-20a)$$

$$R_2 = \begin{bmatrix} 0.1 & 0.3 & 0.5 & 0.1 \\ 0.3 & 0.4 & 0.2 & 0.1 \\ 0.2 & 0.5 & 0.2 & 0.1 \end{bmatrix} \qquad (2-20b)$$

$$R_3 = \begin{bmatrix} 0.1 & 0.2 & 0.5 & 0.2 \\ 0 & 0.3 & 0.6 & 0.1 \\ 0.1 & 0.6 & 0.1 & 0.2 \end{bmatrix} \qquad (2-20c)$$

河滩：

$$R_1 = (0,1,0,0) \qquad (2-21\mathrm{a})$$

$$R_2 = \begin{bmatrix} 0.5 & 0.3 & 0.1 & 0.1 \\ 0.6 & 0.2 & 0.2 & 0 \\ 0.3 & 0.4 & 0.1 & 0.2 \end{bmatrix} \qquad (2-21\mathrm{b})$$

$$R_3 = \begin{bmatrix} 0.3 & 0.2 & 0.4 & 0.1 \\ 0.1 & 0.4 & 0.5 & 0 \\ 0.4 & 0.3 & 0.1 & 0.2 \end{bmatrix} \qquad (2-21\mathrm{c})$$

水田：

$$R_1 = (0,0,1,0) \qquad (2-22\mathrm{a})$$

$$R_2 = \begin{bmatrix} 0.2 & 0.2 & 0.5 & 0.1 \\ 0.2 & 0.5 & 0.2 & 0.1 \\ 0.1 & 0.2 & 0.5 & 0.2 \end{bmatrix} \qquad (2-22\mathrm{b})$$

$$R_3 = \begin{bmatrix} 0.3 & 0.6 & 0.1 & 0 \\ 0 & 0.3 & 0.7 & 0.1 \\ 0.5 & 0.3 & 0.2 & 0 \end{bmatrix} \qquad (2-22\mathrm{c})$$

公路：

$$R_1 = (0,1,0,0) \qquad (2-23\mathrm{a})$$

$$R_2 = \begin{bmatrix} 0.6 & 0.3 & 0.1 & 0 \\ 0.9 & 0.1 & 0 & 0 \\ 0.7 & 0.2 & 0.1 & 0 \end{bmatrix} \qquad (2-23\mathrm{b})$$

$$R_3 = \begin{bmatrix} 0.4 & 0.3 & 0.2 & 0.1 \\ 0.2 & 0.5 & 0.2 & 0.1 \\ 0.7 & 0.2 & 0.1 & 0 \end{bmatrix} \qquad (2-23\mathrm{c})$$

将上述参数带入式（2-18）、式（2-19）进行模糊综合评判，评判结果见表2-20。

表2-20　失效严重度的模糊综合评判结果

地　形	隶　属　制				评价结果
	致命	严重	中等	轻微	
旱地	0.10	0.20	0.62	0.08	中等
水田	0.12	0.23	0.60	0.05	中等
河滩	0.26	0.56	0.14	0.04	严重
公路	0.38	0.55	0.06	0.01	严重

由表 2-20 的综合评判结果可知：

（1）该管线失效严重程度在公路与河滩地段较高，属"严重"，其隶属度分别为 0.55 和 0.56，且公路地段的"致命"程度高于河滩，这与公路地段的实际失效后果是一致的；旱地与水田地段的失效严重程度相对低些，属"中等"，其后者的隶属度分别为 0.20 和 0.23；

（2）该管线在公路地段多为居民集聚区，其失效后果最为严重，应加强该地段的安全管理与应急措施准备。

5）总结

（1）油气管道失效严重度分析具有多个模糊因素与多个评价指标，多层次模糊综合评判是解决这一问题的有效方法；

（2）理论分析与应用都表明文中所应用的方法是正确可行的，该方法综合考虑了失效概率、损伤程度、对系统性能的影响程度三个方面的影响，评价结果更为准确；

（3）在实际应用中，将管线按地形条件分为不同管段进行失效严重度评价，能清楚地反映出整个管线的失效严重度情况。

应用模糊数学中的模糊综合评判理论对失效概率、失效影响、维修性等因素进行综合评价，从而全面评价油气管道的失效严重度。

2. 半定量管道风险评价法

1）半定量管道风险评价优点及步骤

专家评分法是由 1985 年 W. Ken. Muhlbauer 所提出的定性评价方法，该评分方法和其他方法相比至少具有以下的优点：

（1）到目前为止，该评分方法是各种方法中最完整、最系统的方法；

（2）容易掌握，便于推广；

（3）可由工程技术人员、管理人员、操作人员共同参与评分，从而集中多方面的意见。

专家评分法的基本步骤：

（1）找出发生事故的各种原因，并分类；

（2）根据历史记录和现场调查进行评分，对评分的方法有比较严格的规定，各种评分方法不会有太大的偏差；

（3）把以上的评分数相加；

（4）根据输送介质的危险性及影响面的大小综合评定得出泄漏冲击指数；

（5）把第三步所得指数与第四步的泄漏指数综合计算，最后得出相对风险数。

下面将主要介绍专家评分法中的核心内容，包括管道风险评分框图、原则、计算和分析等。

（1）管道风险评分框图。

造成管道事故的原因大致分为四大类，即第三方破坏、腐蚀、设计和操作。这四者总分最高 400 分，每一种 100 分，指数总和在 0 ~ 400 分之间。

管道风险评分框图如图 2 - 8 所示。

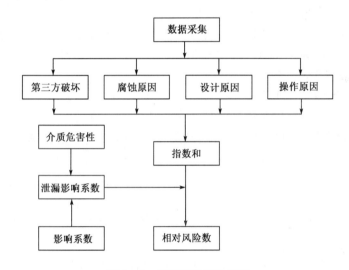

图 2 - 8　管道风险评分框图

其中第三方破坏因素的指数高低与最小埋深、地面上的活动状况、当地居民的素质等因素有关，总分在 0 ~ 100 分之间。

腐蚀因素要考虑腐蚀介质的腐蚀性、有无内保护层、阴极保护状况、防腐层状况、土壤的腐蚀性、保护涂层已使用的年限等因素，总分在 0 ~ 100 分之间。

设计因素要考虑到管道安全系数的大小、安全系统的状况、水击潜在的可能性大小、土壤移动的概率大小等诸多因素，其综合评分在 0 ~ 100 分之间。

操作因素包括设计、施工、运营和维护等四个方面的不正确操作。其中设计方面的不正确操作包括对危险认识不足、选材不当、安全系数考虑不周等因素；施工方面指环焊口质量、回填状况、防腐涂层施工状况以及检验状况等因素；运营方面要考虑 SCADA 通信系统故障、操作人员培训状况等；维护方面指定期维护的状况等。以上综合评分在 0～100 分之间。

泄漏影响系数主要由介质危害、泄漏量、扩散系数以及承受对象几个方面决定。

介质危害性考虑到介质的毒性、易燃性、反应特性等，承受对象包括人口密度、环境因素、高后果区等。

（2）风险评分法的基本假设和说明。

①独立性假设：影响风险的各因素是独立的，即每个因素独立影响风险的状态，总风险是各独立因素的总和。

②最坏状况假设：评估风险时要考虑到最坏的情况，例如，评估一段管道，该管道总长为 100km，其中 90km 埋深为 1.2m，另外的 10 公里埋深为 0.8m，则应按 0.8m 考虑。

③相对性假设：评估的分数只是一个相对的概念，如一条管道所评估的风险数与另外一条管道所评估的风险数相比，其分数较高，说明其安全性高于其他几条管道，即风险低于其他管道，而绝对风险是无法计算的。

④主观性：评分的方法和分数的界定虽然参考了国内外有关资料，但最终还是人为制订的，因而难免有主观性，建议更多的人参与制订规范，以减小主观性。

⑤分数界定：在各项目中所界定的分数的最高值反映了该项目在风险评估中所占位置的重要性。

⑥一致性假设：为了保证整个管道系统各段风险评价结果具有可比性，在对各评分项进行"属性"和"预防措施"划分时要求保持一致性，也即在某一管段被列为"属性"的评分项，那么该条管道的其他段也应当列入"属性"类。同样，"预防措施"也是如此。

（3）:可变因素和非可变因素。影响风险的因素大致可以分为两类，即可变因素和非可变因素。其中可变因素是指通过人的努力可以改变的因素，如通过管道的智能检测器的频度、操作人员的培训状态、施工质量等；非可变因素是指通过人的努力也不可以改变的因素，如沿线土壤的性质、气候状况和人文状况等。

在可变与不可变两因素中，有些属于中间状态的因素，如管道的埋深，对现役管道的风险评价。不可能把所有管道再加大埋深，为不可变因素；但对新管道，在建设前进行风险评价时，如资金投入有限，为减少第三方破坏，提高安全度加大埋深则是可行的，又属于可变因素，因此对于具体问题应具体分析可变因素和非可变因素。

（4）分段评估的原则。

由于管道沿线所处的各种条件不同，整条管道各段的风险程度差异很大，需要进行分段评估。分段越细，评估越精确；但成本也随之增加，评价者在进行分段时，要综合考虑评价结果的精确度与数据采集的成本。分段数过少，虽然减少了数据采集的成本，但同时也降低了评价结果的精确度；分段数过多，提高了各管段的评价精度，但会导致数据采集、处理和维护等成本的增加。最佳的分段原则是在管道上有重要变化处插入分段点，一般应根据几类环境状况变化的优先级来确定管道分段的插入点，它们的顺序是沿管道人口密度、土壤状况、管道的防腐层状况、管龄，也即沿管道走向最重要的变化是人口密度，其次是土壤状况、防腐层状况和管龄。当根据上述优先级确定的管道分段数太多时，评估者可以通过削减优先级的数目（从最低的优先级依次向高的优先级削减）反复进行分段，直到得到满意的分段数为止。

关于管道"第三方破坏"因素的评定、腐蚀方面破坏因素的评定、设计方面破坏因素的评定、操作方面破坏因素的评定以及介质危害性的评定，参见《管道风险管理手册》。

（5）相对风险数的计算与分析。

相对风险数的计算如下：

$$相对风险数 = \frac{指数和}{泄漏影响系数}$$

其中，指数和等于第三方破坏指数、腐蚀原因指数、设计原因指数和操作原因指数之和。

最坏（破坏概率最高的极端情况）和最好（破坏概率最低的极端情况）情况下的四类指数的评分见表 2-21。

表 2-21　最坏和最好情况下四类指数的评分

指 数 类 别	不同情况的评分值	
	最坏	最好
第三方破坏指数	0 分	100 分
腐蚀原因指数	0 分	100 分
设计原因指数	0 分	100 分
操作原因指数	0 分	100 分
指数和	0 分	400 分

表 2 - 21 中的腐蚀包括内腐蚀和外腐蚀，设计原因包括选材不当、疲劳破坏、水击破坏等，操作原因包括设计、施工、运营和维护等四个方面的不正确操作。

由表 2 - 21 可以看出，对于某一管段，由于"第三方破坏"、腐蚀、设计方和操作方破坏原因而造成破坏的概率由高到低，即安全程度由低到高，其指数分值在 0 ~ 100 分之间。整条被评估管道破坏的概率由高到低，即安全程度由低到高，其指数分值在 0 ~ 400 分之间。

除了以上四类主要事故模式外，在某些特殊情况下，对某条管道而言，可能还要考虑其他一些重要的附加模式来提高评价结果的准确性。因此，在不过分增加评价费用的前提下，根据特殊管道的具体情况，可以适当地扩大基本风险模型，通过附加模型对其进行修正。附加模型包括管道泄漏史、第三方的蓄意破坏、操作人员精神紧张以及人为失误、服务中断和环境风险等。

专家评分法的关键是风险因素权重的确定，不同的国家和不同的地域及环境条件，对管道的同一风险因素有着不同的权重。专家的水平也会较大地影响分析的准确性。专家的影响可通过对专家的权威性确定一个权重值来修正最后的风险度。

2）半定量风险评价方法

定量的风险评价需要大量的数据支持，资金的耗费较大。美国几家大的管线公司联合开发的 IAP（Integer Assessment Program）风险评价程序及软件，采用的就是一种半定量风险评价方法或称为相对的、以风险指数为基础的风险评价方法，能够克服定量风险评价在实施中缺少精确数据的困难，已在美国天然气和危险性液体输送管线安全管理中广泛运用。IAP 将管线的失效类型分为：

（1）外部腐蚀（EC）；

（2）内部腐蚀（IC）；

（3）外来（第三者）机械损伤（TP）；

（4）设计或材料错误（DM）；

（5）操作或输送工艺问题引起（OP）；

（6）应力腐蚀开裂（SCC）。

IPA 将失效后果分为：

（1）对居民的影响；

（2）对环境的影响；

（3）对运营的影响。

评价结果将指出高风险的区域、高失效概率区域和高失效后果区域。对于每一种失效类型和失效后果的影响因素均要进一步分析评定，并加以权重处理，得到风险指数。

3．定量风险评价方法

1）定量风险评价的目的

风险无处不在，即使很有把握的事情，也可能有意外发生，即风险具有客观存在性。定量风险评估是对危险进行识别（定量评估，做出全面的、综合的分析），借助于定量风险评估所获得的数据和结论，并综合考虑经济、环境、可靠性和安全性等因素，制订适当的风险管理程序，帮助系统操作者和管理者做出安全决策。

定量风险评估主要解决以下四个问题：

（1）可能发生什么意外事件；

（2）意外事件发生的可能性或失效频率；

（3）发生意外事件后会产生什么样的后果；

（4）这种意外事件的风险是否可以接受。

2）定量风险评价工作组

定量风险评价工作组的具体组成及人员情况见第三章第六节相关内容。

3）定量风险评价的流程

定量风险评价技术框图如图 2-9 所示，主要包括危险识别、风险分析、风险计算和风险评价。

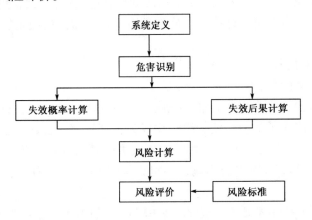

图 2-9　风险评价示意图

（1）系统定义。

管道的风险评价与其他装置风险评价的不同之处在于，整条管道长度上没有相同的危险性倾向，由于管道线路上各种条件的复杂性，整条管道各段风险程度各异。因此，需要指定一种指标将管道划分为不同管段，以便获得准确的风险形貌，提高评价精度。在进行风险分析前，需要收集相关管道的设计、施工、运行状态（内压、介质、温度）、涂层、土壤腐蚀性、维修规范和环境等资料。管段的划分应根据人口密度、土壤条件、地质情况、防腐层状况、管道使用年龄等（变化条件的重要性依次递减）。每一管段的特性要尽可能一致，并且可以当作独立单元处理。

（2）危害识别。

危险识别的作用是描述管道失效时所产生的具有对管道附近居民、环境等造成潜在伤害的各种危险物或物理状态。危险即风险来源，油气输送管道的风险来源主要是长期运行中由于腐蚀和力学作用引起的管道损伤而导致的泄漏或爆裂。在危险识别阶段，要尽可能利用工程经验进行风险分析，列出所有可能的危险源，并进行初步分析，将它们置于表示不同风险水平的概率后果表中，对风险水平较高的危险进行详细定量评价，而忽略那些风险水平较低的危险，或仅对其进行定性评估。危险识别方法除专家判断外，常用方法还有危险与可操作性研究（HAZOP）、失效模式与影响分析（FMEA）和失效模式、影响与危急分析（FMECA）等。风险来源的选择基础是该危险可信、发生概率较大、产生的后果对人身安全、环境等具有严重影响。危险识别要尽可能全面、连续和准确，如果危险识别不全面，对未识别的危险就不会采取预防或控制措施，风险评价的目的就没有达到；如果危险识别不准确，就会把时间和精力浪费在这些不正确的危险上，所做出的决定还有可能降低管道的安全性。

（3）风险分析。

①失效概率计算。

21世纪初至今全世界的石油工业取得了引人注目的进展。石油工业的发展给管道工业注入了活力，使管道运输成为包括铁路、公路、水运、航空运输在内的五大运输体系之一。使用管道不仅可以完成石油、天然气、成品油、化工产品和水等液态物质的运输，还可以运送如煤浆、面粉、水泥等固体物质。

当前全世界在用管道总长达 350×10^4 km，其中旧管道数量达一半以上，如何评价这些管道的状况，保证既安全又经济地运行，是管道完整性管理评价需要解决的主要问题。

　　世界各国管道总长度以及 2002 年美国管道的长度分布情况如图 2-10 和表 2-22 所示。在美国 100×10^4 km 在用管道中超过 50% 已使用了 40 年以上，许多油气输送管道达到设计寿命后，还可以继续使用 25 至 50 年，但是需要进行深入细致的评估。美国运输部估计今后 10 年需要新铺设 8×10^4 km 管道，但仍有 40×10^4 km 的管道将继续使用 50 年。俄罗斯的油气管道，20% 已经接近设计寿命，今后 15 年内数字将增大到 50%。2000 年，西欧 31×10^4 km 油气管道中超过 42% 已经使用了 35 年以上，只有 11% 使用低于 10 年。

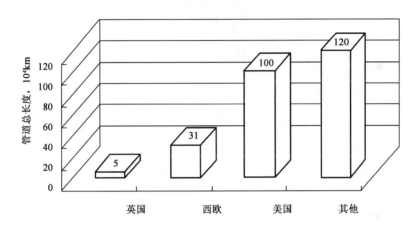

图 2-10　世界各国管道总长度

表 2-22　2002 年美国管道的长度分布

	天然气管道				液体燃料管道
	长输管道		集输管道		
	陆上	海上	陆上	海上	海上/陆上
总长	482099km	9939km	25549km	5368km	257389km
小计	492038km		30917km		
小计	525955km				
合计	783344km				

　　世界各国油气管道发生事故的原因和造成的损失如图 2-11、表 2-23 至表 2-25 所示，从表 2-23 中可以看出，第三方造成的损伤和操作错误占主要

管道事故的1/3~2/3，可见管道的完整性不仅仅是一个技术问题，更重要的是持续不断的提高整体管理水平。

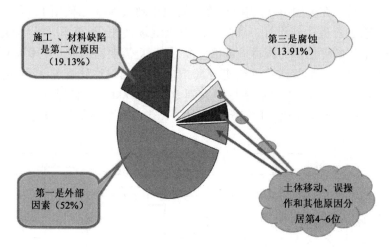

图2-11　欧洲天然气管道不同事故比例图

表2-23　各国1984—1992油气管道事故率及其原因比较

事故原因所占比例	美国输气管道	欧洲输气管道	加拿大输气管道
第三方造成损伤,%	40.4	52	12.6
腐蚀,%	20.4	13.91	11.60
材料和施工缺陷,%	12.7	19.13	34.3
操作错误,%	26.4	14.9	41.5
事故率，次/（10^3英里·年）	0.26	1.85	2.93

注：据美国天然气学会（AGA）统计（1984—1992）。

表2-24　美国运输部1996—1999年事故统计

失效原因	1996	1997	1998	1999
内腐蚀,%	8.2	23.9	14.3	18.94
外腐蚀,%	9.8	7.6	8.2	0.93
外力损伤或误操作,%	50.7	41.8	36.7	32.12
建设期损伤和材料缺陷,%	9.6	11.9	19.4	38.17
其他,%	21.9	14.9	21.4	9.82

表 2-25　1986—2003 年美国管道事故次数和造成的损失

	统计起止时间	事故次数	死亡人数	受伤人数	财产损失，万美元
输气管道	1986/1/1—2003/8/31	1371	59	224	32833
配气管网	1986/1/1—2003/8/31	2357	295	1346	29425
危险液体管道	1986/1/1—2003/8/31	3270	251	251	84549
总计	1986/1/1—2003/8/31	6998	1821	1821	145807
年平均		373.2	20.9	97.1	7776.4

世界在使用管道中普遍存在的问题为：

（a）使用的材料一般强度低、韧性差、缺陷多；

（b）当年施工技术水平较低；

（c）防腐涂层因为时间长而老化；

（d）管道质量波动较大，有些缺陷会导致腐蚀；

（e）质量文件不全或遗失，事故发生后无法追溯；

（f）缺少维护检修记录。

各国管道事故统计数据见表 2-26。

俄联邦生态、工业及核工业监督局（Ростехнадзор）2007 年 8 月对俄罗斯境内所有油气生产企业进行了检查，并将针对检查结果进一步加强油气管道的安全监督。截至 2006 年，俄罗斯干线油气管道总长度为 23.1×10^4 km，其中干线天然气管道 16.11×10^4 km，干线原油管道 4.9×10^4 km。2006 年俄罗斯境内油气田开发及干线油气管道运输领域共发生了 53 起事故，死亡 32 人，分别比 2005 年降低了 20% 和 13%。由于采取了有效措施使输气设施的事故率逐渐下降，目前的事故平均指标是 0.14 次/1000km/a，而 2002 年的数据为 0.21 次/1000km/a。

加拿大 1991—2005 管道断裂事故的统计数据如图 2-12 和表 2-27 所示。

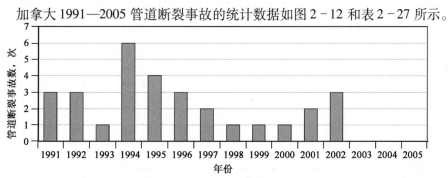

图 2-12　1991—2005 管道断裂事故数量统计

表 2 - 26   美国 1987—2006 年主要管道事故统计

年份	事故次数	死亡人数	受伤人数	经济损失，美元	总损失桶数	收回桶数	净损失桶数
1987	346	14	150	44133250	395649	82955	312694
1988	320	27	144	79543981	198111	83701	114410
1989	277	45	157	52496496	201504	78759	122745
1990	254	9	76	46034295	123827	69384	54443
1991	279	14	98	75012740	200210	144635	55575
1992	284	15	118	90266210	136769	68122	68647
1993	293	17	111	82849957	116132	58914	57218
1994	326	22	120	200158673	163920	50135	113785
1995	259	21	64	63547662	109931	56968	52963
1996	301	53	127	136917574	160188	59334	100854
1997	267	10	77	92708436	195421	82307	103114
1998	295	21	81	146608195	149348	88623	60725
1999	275	22	108	149562559	167082	62637	104445
2000	290	38	81	216460888	108614	51669	56945
2001	233	7	61	66491672	98046	20717	77329
2002	258	12	49	111606156	85663	183295	77268
2003	295	12	71	132219759	80041	29587	50454
2004	328	23	60	267703149	88145	19636	68508
2005	359	16	47	1066510874	137051	91234	45817
2006	258	19	32	118255356	136245	82475	53770
合计	5797	417	1832	3239087882	3061899	1310188	1751711
5 年平均数 （2002—2006）	300	16	52	339259059	107430	48266	59164
10 年平均数 （1997—2006）	286	18	67	236812704	125566	55728	59164
20 年平均数 （1987—2006）	290	21	92	161954394	153095	65509	69838

注：数据来源于美国管道安全办公室网站。

表 2 - 27　断裂事故主要起因

年份	金属损失	开裂	外力破坏	管材、管厂或施工缺陷	地质灾害	其他原因
1991		2		1		
1992	1	1				1
1993			1			
1994	2	1			1	2
1995	1	3				
1996	2	1				
1997	1				1	
1998						1
1999		1				
2000				1		
2001	1	1				
2002		1				2
2003						
2004						
2005						
合计	8	11	1	2	2	6

中国石油目前有在役油气长输管线 3×10^4 km 以上，20 世纪 70、80 年代投运的有约 6000 多千米，已进入服役后期，多数管道采用的石油沥青防腐层，已达到使用寿命而严重老化，加上早期材质和制造质量不佳，发生泄漏事故的风险急剧增加。2000 年以后新建的管道则普遍口径大、压力高，一旦在人口稠密区或环境敏感区发生泄漏，极易导致恶性人员伤亡或环境污染事故。

中国石油某油气田的统计数据如图 2 - 13 所示。

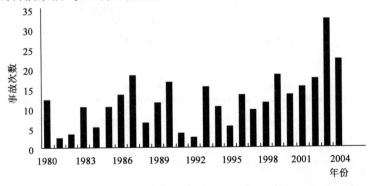

图 2 - 13　1980—2004 年中国石油某油田天然气管道失效事故统计图

对于失效事故的原因，统计分析如图 2-14 所示。

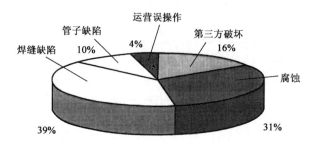

图 2-14　失效原因比例饼图

中国石油也开始建设自己的失效库，并已经收集了大量管道失效数据。中石油管道失效库如图 2-15 所示。

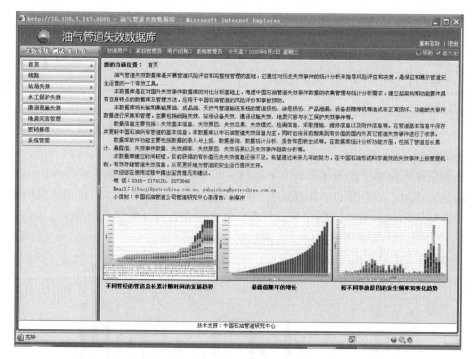

图 2-15　中国石油管道失效数据库

②失效后果计算。

失效后果值计算的概况如图 2-16 所示。

释放危险性流体的后果按以下 7 个步骤估计：

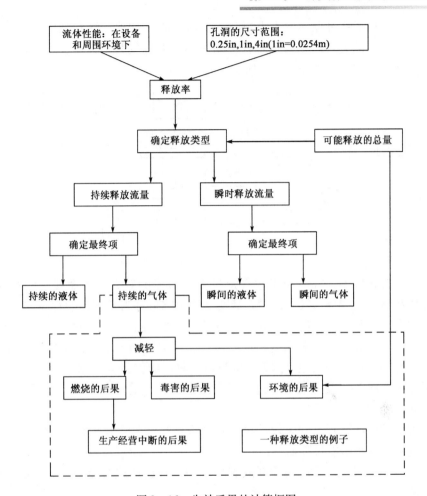

图 2-16　失效后果的计算框图

（a）确定有代表性的流体及其性质；

（b）选择一套孔洞的尺寸，得到风险计算中后果的可能范围；

（c）估计流体可能释放出的总量；

（d）估计潜在的释放速率；

（e）确定释放的类型，以确定模拟扩散和后果；

（f）确认流体的最终相，是液态还是气态；

（g）确定潜在的由于释放受影响的区域面积或泄漏的费用，即燃烧或爆炸的后果、毒害的后果、环境污染的后果及生产中断的后果等。

③输气管道的失效后果分析。

当管道由于各种原因发生失效时，输送介质（如油、气）从管道释放到环境中，产生的失效后果可用事件树来表示。对输气管道而言，气体从管道释放后所产生的后果如图2-17所示。

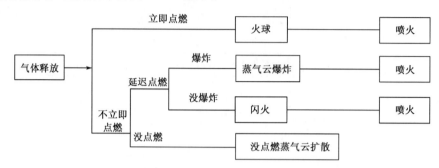

图2-17　气体释放后果事件树

管道失效后果计算主要考虑管道失效所造成的对人身生命安全的影响、对环境和财产的影响，其中，对人身安全的影响可分为长期影响和短期影响、死亡和伤害以及不同的伤害类型（烧伤程度、呼吸问题等）；对环境的影响主要考虑失效事故对表面水或地下水的污染、对空气和土壤的污染以及对生态系统的影响（如对失效地点附近植物群和动物群的破坏等）；对财产的影响主要考虑公司的各种经济损失，包括因产品损失、管道修补、财产破坏等造成的不同的经济损失。

为了准确计算管道的失效后果，必须模拟事故发生过程以及随后涉及的物理现象，一般事故过程如下：

（a）事故发生，危险物质释放到环境中，释放形式可能为气态、液态或气液两态；

（b）如果物质为液态，则液态物质可能会蒸发；

（c）如果物质易燃，则有可能立即点燃；

（d）如果物质有毒，或易燃但没有立即点燃，那么气态物质就会在空气中扩散；

（e）有毒物质会被人体吸收，如果吸收剂量超过一定界限，就有可能造成伤害甚至死亡；

（f）易燃物质易点燃，附近人群可能因着火或爆炸引起的热辐射以及过压受到影响；

（g）如果易燃物质以液态形式释放，将会形成水池；如果附近有火源存在，会形成火池。

因此，为了计算失效后果，风险分析者就必须根据特定管道的失效形式采用特定的释放模型、扩散模型、着火模型和爆炸模型等模拟上述有关现象，并要考虑危险发生时的天气情况以及失效点附近的地质形貌，计算人体所受到的热辐射强度、有毒物质危险剂量以及压力的影响等。

④输油管道失效后果分析。

输油管道与输气管道发生失效时所产生的后果有些不同，油管（主要是低蒸气压 LVP 管道）失效主要对环境造成影响，而气管及高蒸气压（HVP）管道失效则主要对人身安全和财产造成影响。当输油管道失效时，会对环境和人体造成长期的负面影响，因此需要花费大量的清洗费用对泄漏介质进行清洗；对环境影响的最终结果以有效溢出量表示。气管及高蒸气压管道释放的气体迅速扩散到大气中，对环境的影响很小，主要是着火或爆炸对人体和财产造成很大影响，最终结果以死亡率和总的经济损失表示。

（4）风险值的计算模型。

①单项事故的风险值计算。

设以 R_i 为第 i 种事故的风险值，F_i 为第 i 种事故出现的概率，C_i 为第 i 种事故的后果损失（可由人民币表示），则：

$$R_i = F_i \times C_i \qquad\qquad (2-24)$$

②某段管段的某项事故的风险值。

设整个管线系统共划分成 m 段，而第 j 段管段的第 i 项事故的风险值为 R_{ij}，则可写为：

$$R_{ij} = F_{ij} \times C_{ij} \qquad\qquad (2-25)$$

其中，F_{ij} 为第 j 段管段的第 i 项事故的失效概率，C_{ij} 为第 j 段管段的第 i 项事故的后果损失。

③整条管线系统的总风险值。

设以 R_s 代表总风险值，当管段共划分成 m 管段时，则：

$$R_s = \sum_{j=1}^{m} \sum_{i=1}^{n} R_{ij} = \sum_{j=1}^{m} \sum_{i=1}^{n} F_{ij} \times C_{ij} \qquad\qquad (2-26)$$

（5）风险值的表示方法。

目前针对管道进行的定量风险评价主要采取计算管道周边的个人风险值和社会风险值两种。社会风险值常采用 F/N 曲线来表示（图 2-18），而个人风险主要是通过对某一特定场所风险的计算来形成等高线图来表示管道周围个人风险的值（图 2-19）。

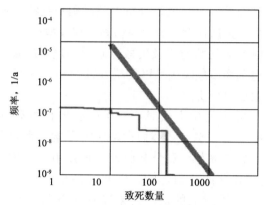

图 2 - 18   社会风险 F/N 曲线示意图

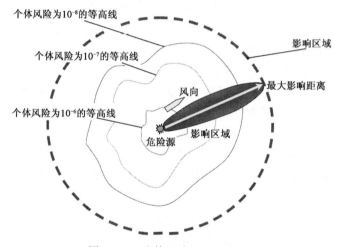

图 2 - 19   个体风险显示示意图

4. 管道风险评价软件

目前国内外比较成熟的管道风险评价软件有以下几种：

（1）基于半定量的风险评价方法的软件（采用 W. Kent Muhlbauer《Pipeline Risk Management Manual》）。长输管道的专家打分法是使用比较多的一种风险评价方法，国外公司应用此类软件进行风险评价的较多，国内已开发了相应的软件。

（2）基于定量风险评价的软件。目前国内尚没有比较成熟的软件，中国石油管道研究中心和西安管材研究所正在开发研究。国外商用软件有 Pipesafe（英国 Advantic 公司）和 Piramid（加拿大 GFER 公司）。

第四节　完整性评价技术

完整性管理的实质是评价不断变化的管道系统的风险因素，并对相应的管理与维护活动做出调整优化。管道完整性评价是管道完整性管理的核心内容，完整性评价的目的是通过完整性评价明确管道状况，制订相应计划，降低管道风险，确定管道再检测时间间隔等。

开展完整性评价，首先应确认对所评管道适用的评价方法。完整性评价方法主要有内检测评价法、压力试验、直接评价法等。完整性评价的各种方法都有一定的优点和针对性，同时也有一定的局限性，管道管理者应根据管道的状况选择合适的评价方法。

对与时间有关的管体缺陷，如内腐蚀、外腐蚀和应力腐蚀开裂，这三种方法都适用；对固有缺陷，如制造和现场施工过程中造成的管体缺陷和焊缝缺陷等，可采用内检测评价法和压力试验；对防腐层缺陷，直接评价法适用；对与时间无关的危害，如第三方破坏、自然与地质灾害，这三种方法都不适用。

一、内检测技术

内检测也称在线检测，内检测器在管道内由输送介质推动，在移动过程中检测管壁，不需要中断管线运行。

内检测是一种用于确定并描述缺陷特征的完整性评价方法，主要包括变形内检测、漏磁内检测、超声内检测等。内检测的有效性取决于所检测管段的状况和内检测器对检测要求的适用性。一般根据管体存在的缺陷类型确定合适的内检测方法，在开展完整性评价时，应优先选用内检测。制订内检测技术规格书和选择内检测承包商时推荐参考 API 1163《内检测系统评定标准》和 NACE RP 0102《管道内检测操作规程推荐标准》，内检测作业应按照 SY/T 6597—2004《钢制管道内检测技术规范》要求进行。

管道中可以被检测到的缺陷可以分为 3 个主要类型：（1）几何形状异常（凹陷、椭圆变形、位移等）；（2）金属损失（腐蚀、划伤等）；（3）裂纹（疲劳裂纹、应力腐蚀开裂等）。对应的内检测器按其功能可分为用于检测管道几何形状异常的变形检测器，用于检测管道金属损失的金属检测器，用于检测裂纹、应力腐蚀开裂检测的裂纹检测器。内检测按其原理分为：（1）漏磁法；（2）超声波法；（3）涡流法；（4）弹性波法检测。

油气长输管道广泛采用的是漏磁法检测器及超声波法检测器。两种方法都能够检测腐蚀缺陷和裂纹缺陷，但超声波检测器用于输气管道时，需要解决液体耦合的问题，因此漏磁法检测器的使用更普遍一些。

1. 内检测原理

1) 金属损失检测

(1) 漏磁通量泄漏检测技术。

漏磁（MFL）技术因其可检测出腐蚀或擦伤造成的管道金属损失缺陷，甚至能够测量到那些不足以威胁管道结果完整性的小缺陷（硬斑点、毛刺、结疤、夹杂物和各种其他异常缺陷），偶尔也可检测到裂纹缺陷、凹痕和起皱。漏磁技术应用相对较为简单，对检测环境的要求不高，具有很高的可信度，而且可兼用于输油和输气管道，所以，这种技术虽然古老，至今仍被广泛应用并在不断发展。

如果管壁没有缺陷，则磁力线封闭于管壁之内，均匀分布。如果管内壁或外壁有缺陷，磁通路变窄，磁力线发生变形，部分磁力线将穿出管壁产生漏磁。

常规分辨率分类检测缺陷；高分辨率能进行缺陷几何尺寸的详细鉴别和定位，进行分类。此外，可以使用更先进的缺陷评价方法，横向磁通泄漏（MFL）工具在圆周方向上磁化管道，对轴向缺陷较敏感。

但是，对于很浅、长且宽的金属损失缺陷，难以检测；测试精度与管壁厚有关，厚度越大，精度越低，其使用范围通常在 12mm 以下；运行速度影响检测结果的准确性。

(2) 超声检测器——超声回波技术，压缩波。

超声检测扫描管道壁厚，可得到缺陷的河床表面尺寸，容许采用先进的缺陷评价方法。

漏磁与超声检测技术比较：漏磁检测属于间接测量，对管道介质、环境等因素要求比超声波方法宽松，目前普遍采用；超声检测直接测量管道壁厚，虽然检测结果精确度较高，但其对管道的清洁度要求较高，同时还要求有耦合剂，限制了其在输气管道上的应用。

2) 裂纹检测

裂纹检测是一项挑战性的工作，超声、横向漏磁通、弹性波、超声导波、远场涡流等均被试图用于裂纹检测。

超声是唯一一种在检测管道裂纹方面取得成功的检测技术，和检测金属损失不同的是，超声采用的是45°剪切波；弹性波是从充满液体的轮子发射超声波；EMAT（电磁声能转换装置）则是根据超声导波在管壁中的传播特性检测裂纹。

裂纹缺陷的检测尽管已经成功，但检测灵敏度低、数据解释难（大量的假数据显示）、检测的费用高、可靠性有待提高。可靠地检测裂纹仍然具有挑战性。

横向磁通检测能检测一些除应力腐蚀开裂外的轴向裂纹，但不能检测裂纹尺寸，如果检测速度高，会降低尺寸测量的精度。

3）几何检测工具

几何检测为利用机械测径装置和电磁进行变形位置和变形量的确定。管子变形工具利用惯性制导提供凹坑或其他变形的时钟位置。局部变形（如凹陷）用内径与名义管径的绝对偏离的百分比度量；常规的测径器能够用于确定尺寸、壁厚变化以及其他潜在的变形限制。

2. 内检测技术特点

1）内、外腐蚀的金属损失检测器

对于这类危险，可选用下列检测器进行检测，检测效果取决于检测器所采用的技术。

（1）标准分辨率漏磁检测器：较适合于金属损失检测，但不太适合缺陷尺寸确定。确定缺陷尺寸的精度受传感器尺寸限制。对于特定金属缺陷，如孔眼、裂缝，检测灵敏度较高。除了金属缺损之外，对大多数其他类型的缺陷，不是一个可靠的检测及尺寸确定方法，也不适合于检测轴向线形金属损失缺陷，高检测速度会降低对缺陷尺寸的检测精度。

（2）高分辨率漏磁检测器：比标准分辨率漏磁检测器对尺寸确定的精度要高。对几何形状简单的缺陷尺寸具有很高的精度。存在点蚀或缺陷几何形状复杂时，其尺寸确定精度下降。除检测金属缺陷外，还可检测其他类型的缺陷，但检测能力随缺陷形状及特征不同而异，不适合检测轴向线形缺陷，高检测速度会降低缺陷尺寸确定精度。

（3）超声激波检测器：通常要求有液体耦合剂，如果反馈信号丢失，就无法检测到缺陷及其大小。通常在地形起伏较大、弯头缺陷处以及缺陷被遮盖的情况下，容易丢失信号。这类检测器对管道内壁堆积物或沉积物较敏感。高的检测速度会降低对轴向缺陷的分辨率。

（4）超声横波检测器：要求有液体耦合剂或耦合系统。对缺陷尺寸的检测精度取决于传感器数量的多少和缺陷的复杂程度。管内壁有夹杂物时，缺陷大小的检测精度会降低。高检测速度会降低缺陷大小的检测精度。

（5）横向磁通检测器：对轴向线形金属损失缺陷的检测比标准分辨率及高分辨率的漏磁检测器都更敏感。对其他类型的轴向缺陷检测也很敏感，但对环向缺陷检测的敏感性不如标准分辨率及高分辨率漏磁检测器高。对大多数几何缺陷的尺寸检测精度要低于高分辨率漏磁检测器，高检测速度会降低尺寸确定的精度。

2）应力腐蚀开裂裂纹检测器

对于应力腐蚀危险，可选用下列检测工具进行检测，检测效果取决于检测器所采用的技术：

（1）超声横波检测器：要求有液体耦合剂或轮耦合系统。对缺陷尺寸的检测精度取决于传感器数量的多少和裂纹簇的复杂程度。管内壁有夹杂物时，缺陷大小的检测精度会降低。高检测速度会降低缺陷大小的检测精度和分辨率。

（2）横向磁通检测器：能够检测除 SCC 之外的轴向裂纹，但不能确定裂纹大小。高检测速度会降低缺陷大小的检测精度。

3）第三方破坏和机械损伤引起的金属缺陷和变形检测器

凹槽和金属损失是该类危险的表现方式，内检测器可有效地检测这类缺陷及大小。

几何或变形检测器最常用于检测与管道穿越段变形有关的缺陷，包括施工损伤、管道敷设于石方段硌压造成的凹坑、第三方活动损伤以及管道由于压载荷或不均匀沉降形成的褶皱或弯曲。

最低分辨率的几何检测器是测量清管器或单通道的测径器。对于识别并定位管道穿越段的严重变形，该类检测器足以满足要求。标准测径器具有较高的分辨率，记录每个测径臂传回的数据，一般沿周向分布 10～12 个测径臂。这类检测器可用于分辨变形的严重程度及总体形貌。利用标准测径器的检测结果，可识别出变形的清晰度或进行应变估算。高分辨率检测器可提供变形的最详细资料，有些也可给出变形的坡度或坡度变化，对于辨别管道弯曲或沉降很有用。对于在管道内压作用下可能会复圆的第三方损伤，标准分辨率和高分辨率检测器都不太容易检测出来，漏磁检测器在识别第三方损伤方面不太成功，也不能用来确定变形大小。

表 2-28 列出了缺陷特征及与其相匹配的内检测工具，可以参考相关内容选择适当的内检测工具。

表2-28 内检测工具和检测类型

内检测目的	检测金属流失的工具			裂缝检测工具		内径工具	绘图工具
	磁漏（MFL）		超声波（压缩波）	超声波（横波）	横向 MFL		
	标准分辨（SR）MFL	高分辨（HR）MFL					
金属损失(腐蚀)：外部腐蚀、内部腐蚀	检测（A）、规定尺寸（B）、无ID/OD（C）区分	检测（A）、规定尺寸（B）	检测（A）、规定尺寸（B）	检测（A）、规定尺寸（B）	检测（A）、规定尺寸（B）	无检测	无检测
狭窄的、轴向的外部腐蚀	无检测（A）	无检测（A）	检测（A）、规定尺寸（B）	检测（A）、规定尺寸（B）	检测（A）、规定尺寸（B）	无检测	无检测
裂纹：裂纹性缺陷（轴向）、应力腐蚀裂纹、老化裂纹、纵向缝隙焊接缺陷、不完全溶解（缺乏溶解）、焊趾裂纹	无检测	无检测	无检测	检测（A）、规定尺寸（B）	检测（A）（D）、规定尺寸（B）	无检测	无检测
圆形裂纹	无检测	检测（D）、规定尺寸（D）	无检测	检测（A）、规定尺寸（M）、如果改变（E）	无检测	无检测	无检测
凹痕、尖锐凹痕、褶皱弯管箍	检测（F）	检测（F）、规定尺寸不可靠	检测（F）、规定尺寸不可靠	检测（F）、规定尺寸不可靠	检测（F）、规定尺寸不可靠	检测（G）、规定尺寸	检测规定尺寸不可靠
	在检测情况下，提供圆周位置						
计量	检测（A）规定尺寸（B）						无检测
分层或包合	有限检测	有限检测	检测规定尺寸（B）	检测规定尺寸（B）	有限检测	无检测	无检测
先前维修	只是钢套管和插线板的检测，其他的有亚铁记号	只是钢套管和插线板的检测，其他的有亚铁记号	只是焊接在管道的钢套管和插线板的检测	只是焊接在管道的钢套管和插线板的检测	只是钢套管和插线板的检测，其他的有亚铁记号	无检测	无检测
相关磨铣异常	有限检测	有限检测	检测	检测	有限检测	无检测	无检测
弯管	无检测	无检测	无检测	无检测	无检测	检测规定尺寸（H）	检测规定尺寸

续表

内检测目的	检测金属流失的工具			裂缝检测工具			内径工具	绘图工具
	磁漏（MFL）		超声波（压缩波）	超声波（横波）	横向 MFL			
	标准分辨（SR）MFL	高分辨（HR）MFL						
椭圆度	无检测	无检测	无检测	无检测	无检测	检测规定尺寸（B）	检测规定尺寸（B）(I)
管道协调性	无检测	无检测	无检测	无检测	无检测	无检测	检测规定尺寸

注：（A）受缺陷最小可检测的深度，长度，以及宽度限制；

（B）由工具指定的规定尺寸精确性确定；

（C）内径（ID）和外径（OD）；

（D）紧裂纹减少的检测可能性（POD）；

（E）转换器以90°旋转；

（F）依靠凹痕尺寸和形状减少可信度；

（G）依靠工具配置，也靠圆周位置；

（H）如果配以弯管测量；

（I）如果工具配以椭圆测量。

＊阴影部分表示只可以用于液体环境的内检测技术，也就是，液体管道或带有液体耦合器的气体管道。

管道运营者采用内检测技术时，应该考虑：

（1）检测灵敏度：内检测工具所能检测到的最小缺陷应小于被检测缺陷。

（2）所采用检测方法的置信度：即对缺陷检测、分类以及尺寸确定的可能性。

（3）检测方法、检测器的历史。

（4）检测成功率、失败率。

（5）类别：不同类型缺陷之间的差异。

（6）对管段整个长度和全周向的检测能力。

（7）对多种原因引起的缺陷的检测能力。

（8）缺陷大小的检测精度：应优先考虑，而且是完整性管理程序成功的关键。

（9）定位精度：能够通过开挖找到缺陷位置。

（10）缺陷评价要求：内检测必须为运营者的缺陷评价程序提供足够的数据。

一般管道运营者在答复内检测服务供应商咨询时，应提供所要检测管道的所有重要参数和特性，主要包括：

（1）管道调查表：核对管道的特性参数，包括管材等级、焊接类型、长度、直径、壁厚及高程剖面等。另外对节流装置、弯头、已知的椭圆度、阀门、打开的三通、连接器以及冷却环等资料也应要提供。

（2）收发球装置：考察收发球装置是否适应内检测要求，因为内检测器在长度、复杂程度、几何形状和可操纵性方面具有多样性。

（3）管道的清洁程度：可明显影响数据的采集。

（4）流体的类型：液体还是气体会影响技术的选择。

（5）流量、压力和温度：气流速度会影响到内检测器的运行速度。如果运行速度超过了正常范围，分辨率就要受影响。检测所需时间由检测速度决定，但是受检测器的电池容量和数据存储能力限制。高温将影响检测质量，这一点应加以考虑。

（6）产品旁通与补给：高流速的管道中，需考虑降低气体流速和检测器运行速度。相反，流速太低时就要考虑气流的补给。

总之，管道运营者的代表和检测器供应商应分析检测的目的和目标，使检测器的检测能力与已知的管道重要参数、预计的缺陷相匹配。根据具体管段和检测目的选择合适的检测器，运营者应在完整性管理计划中列出内检测的选择和应用情况。

3. 腐蚀检测设备

1）管道内壁内窥镜检查法

（1）基本原理。

内窥镜是一种利用光导玻璃纤维传输图像，使操作者在外部直接观察到中空物体内壁图像的装置。它在医学上已广泛用于人体内部器官的观察、检查，近年来也开始用于检查某些难以直接观察部位（如小管道的内壁、容器的狭小弯曲部位等）的腐蚀状态或施工质量（焊缝、涂层等）。内窥镜的形式和种类很多，其镜头可选择前视、后视、前斜视、后斜视及环视的物镜；按其所使用的光导纤维可选择柔性和刚性内窥镜。柔性内窥镜使用灵活，特别适合检查形状复杂的弯曲内腔，但得到的图像质量稍差，比刚性内窥镜得到的图像质量差。内窥镜得到的图像比例和所选用的内窥镜尺寸以及物镜与目镜距离有关。在观察时，应具有关于图像比例的知识，否则难以从所见到的不均匀尺度关系中获得真实图像的概念。

（2）应用及发展趋势。

内窥镜技术目前在我国腐蚀领域内刚刚开始应用。例如，大庆油田应用

GN-1管道内窥仪和工业电视技术检查管道内表面的金属腐蚀状况和涂层质量，从曲管外的电视屏幕上直接观察管道内壁360°环形视场的图像。

借助内窥镜物镜上附加的测量系统，通过机械操作、电磁操作或气动操作的传感器还可进一步测量腐蚀坑深及腐蚀面积。

2）在用管道管内检测技术

对现场使用中的管道在线检测方法，目前有爬行机器人方式和清管器（PlG）方式。

（1）爬行机器人。

①检测原理。

利用一种在狭小管道内爬行的机械装置，携带电视摄像镜头及腐蚀检测探针，通过在管内的爬行，将管内的腐蚀形貌以及腐蚀坑深大小分布等信息通过电缆传送给管外操作者。

②装置组成。

（a）动力电缆及驱动机构：机器人由一个外部电源供电的电动驱动器或外部气源控制的气动驱动器所推动。爬行器常设计成三轮小车型，爬行距离受动力源限制。

（b）腐蚀检测机构：目前设计的管内爬行器可携带一个商用电视摄像系统。该系统包括摄像头、图像转换器、监测器（屏幕）、字符生成键盘和录像机。可在管外操作者的监视屏幕上观察到管内壁的图像，并记录保存在磁带上。爬行器携带的另一个装置是坑深检测。该系统包括接触式探针传感器、驱动器、电缆和信号处理设备。可在管外显示管内坑深大小及分布。

（c）性能指标：适用的管直径在5cm以上；一次爬行距离不少于3m；检查角度90°以上；防水、耐温（100℃以下）。由于爬行距离限制，这种技术的应用少于下面介绍的清管器型管内检测技术。

（2）清管器型管内检测。

①检测原理。

清管器是一种利用管道内输送介质作为推动力，沿管内运动时可自动找准管中心，并用装置上硬质橡胶球或软毛刷清除管内壁沉积物的装置。为了检测管内壁缺陷（管壁腐蚀、金属损失、应力腐蚀或疲劳腐蚀等），在传统清管器的基础上，搭载了磁力检测工具、超声波检测工具、相关附属设备（如清管器跟踪、信号发送/接收和传感设备）；以及数据显示器、解释软件、自动制图和报告编制和微处理机等一系列组件）等腐蚀信号检测、记录、收发等装置，即组成管内检测器（PIG 系统）。

②装置组成。

（a）驱动头：除提供整个 PIG 的运动动力外，还可携带电池组供检测仪器使用。

（b）定位机构：一般置于整个系统尾部，含三个或多个导向轮沿管内壁运动。导向轮上附加的位置传感器还可提供管径变化的信息。

（c）测量仪器：设计成积木式，按需要组装拼接，位于 PIG 系统中段。主要测量方法有：漏磁法（MFI）、超声波法（UT）、磁涡流法（MET）等。

（d）信号记录装置：可采用磁性记录（在检查完毕后取出分析）或通过发射装置在管外接收。

（e）距离定位装置：有超声信号或放射性示踪元素定位或路径记录定位。

③国内应用情况。

近年来利用国外设备开展了一些实际管道的检测，如 1987 年利用美国 AMF 公司的漏磁检测器对我国任—京线 113km 管段进行了在线检测；1993 年利用西德 PREUSSAG 公司的 $\phi72mm$ 型管道超声波检测器对我国鲁—宁线 120km 管段进行了在线检测，共检测到缺陷 694 处，检测结果显示：对人工缺陷显示清楚、准确，对其他如夹层、焊缝、法兰、修复处、三通等的显示也都清晰可见；1994 年利用美国 VETCO 公司的漏磁检测器对我国秦—京线 114km 管段进行了在线检测。

以上实验均取得良好的结果。中国石油天然气管道局已引进超声波型的 PIG 检测系统。目前推广应用上的难点主要有两点：设备昂贵，尚未国产化；对检测管道的基础资料、设计施工规范要求高，与我国大部分管道实际状况有一定差距。

④发展趋势。

（a）目前采用的漏磁式智能清管缺陷检测技术对金属损失缺陷检测准确度高，但对管道的裂纹缺陷和焊缝缺陷检测的准确度都不高，而这又是 20 世纪 90 年代前管道存在的主要问题，有待发现新的检测方法。

（b）漏磁式智能清管缺陷检测技术在低压管线（<20MPa）检测精度低，主要是因为工具在低压天然气管道中运行十分不平稳，造成检测数据丢失。因此用于风险较大的城市输气干线的智能清管技术还需要开发。

（c）超声波检测将向高精度方向发展，并适用于不同的工作环境。由于超声波检测技术本身存在的不足，如对较浅的凹坑（其面积通常小于压电超声波探头的面积）以及较浅的陆架形或阶梯形缺陷（面积为 $0.32 \sim 6.45 \text{cm}^2$）检测时常出现误差，应利用先进的数据处理方法来弥补，使数据处理的结果更加多样化。

（d）由于施工、维修或工艺等原因，管道不可能是光滑笔直的，这就需要清管器有良好的越过障碍（如阀门、三通、弯管）的能力。对于现有的石油天然气管道运输行业而言，为适应社会发展需要，已逐步形成了城市管网、地区管网甚至是整个世界能源运输管网，因此，目前的石油天然气管道已经不是单一的一条线路。为此，要想设计出应用范围广的清管器，对在分叉点时的自选择路径的能力应进行研究。

（e）现有的清管器仍然停留在管内运动、检测等方面，而对工程有实用价值的是管内运动、检测、修复一体化作业，因此必须考虑清管器的实时检测修复功能。

（3）漏磁腐蚀在线检测设备分类

漏磁腐蚀在线检测设备一般分为三类，即标准分辨率（也称低或常规分辨率）设备、高分辨率设备和超高分辨率设备。

这些分类的区别在于传感器的数量、尺寸和定位、磁路设计以及磁化等级不同，而且每种类型的设备对所记录数据的分析手段也不同。对于一个给定尺寸的管道，标准分辨率设备相对于高分辨率和超高分辨率的设备只配备较少的漏磁传感器。每个传感器覆盖很大的检测范围，它只能给出它所探测区域漏磁的平均值。而更小更先进的霍尔传感器（用于高分辨率设备）能检测管壁外更小的区域并显示更加具体的信息。因而，高分辨率设备更加适用于检测不规则管道。相应的，高分辨率设备所需处理的数据量比较大，数据处理的过程也更为复杂，检测器如图 2－20 所示。

图 2－20　MFL 漏磁检测器

4. 裂纹检测设备

裂纹可能由于管材的缺陷、材料空隙、夹杂物或凹陷、局部脆性区域及应力、疲劳、腐蚀等造成。裂纹类缺陷是管道中存在的最为严重的缺陷，对管道的威胁极大。

最适用于检测裂纹的技术是超声波方法。经过管壁的超声波受到来自管壁的各种不同情况的影响，从而可以测量并描绘出管道的现有状况。超声波检测器的主要优点是能提供对管壁的定量检测。其提供的内监测数据精度高和置信度高。缺点是需要耦合剂，应用于输气管道时较复杂。其主要检测方法介绍如下：

（1）超声波液体耦合检测器（Ultroscan CD）。

液体耦合装置使超声脉冲通过一种液体耦合介质（油，水等）调整超声脉冲的传播角度，可以在管壁中产生剪切波。钢结构管道检测中，超声波入射角可以调整为45°的传播角，更适合于裂纹缺陷的检测，可以检测出长度大于 30 mm，深度大于 1 mm 的裂纹，如图 2 - 21 所示。

超声波液体耦合检测器的特点是只适用于液体环境；气体管道在补充液体的情况下可以进行检测；可以对管道的任何地方进行检测，没有盲区；可以区分缺陷类型；可以区分内壁缺陷、外壁缺陷和管壁内部缺陷等；可以进行实际壁厚测量。其可检测的缺陷类型包括纵向裂纹和类裂纹缺陷，前者包括应力腐蚀裂纹、疲劳裂纹、角裂纹；后者包括缺口、凹槽、划痕、缺焊和纵向不规则焊接以及与热影响区相关的缺陷。与几何尺寸相关的类型有焊接、凹痕；与安装有关的类型有阀门、T 形零件、焊接补丁；管壁中的缺陷类型有夹杂、层叠。

（2）Ematscan CD 裂纹检测器。

Ematscan CD 裂纹检测器，又名电磁声学传感器装置（EMAT）。电磁声学传感器由一个放置在管道内表面的磁场中的线圈构成，交变电流通过线

图 2 - 21　超声波液体耦合检测器

圈在管壁中产生感应电流，从而产生洛仑兹力（该力由磁场控制），它产生超声波。传感器的类型和结构决定了所产生的超声波的类型模式以及超声波在管壁中传播的特征，其检测器的探头分布如图2-22所示。

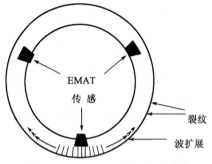

电磁声学传感器不需要耦合介质，可以稳定的应用于气体输送管道，其在在线检测设备中的应用目前还处于发展阶段。该检测器的特点是专用于输气管道，无液体耦合的要求，能实现高精度检测、定位和确定尺寸。

图2-22　EMAT检测器探头分布

（3）环形漏磁检测器（Transcan）。

检测器将管壁四周磁化，由于大部分裂纹非常紧密，因而不能改变磁力线的方向。应力集中和裂纹共同作用改变了管壁中磁场的性能，而这种磁力线传播的改变会使缺陷检出的可能性增加。在在役管道焊缝中检测出了裂纹和缺焊，在拉伸测试中检测出了应力腐蚀裂纹，如图2-23和图2-24所示。该检测器的特点是能检测窄的轴向金属缺陷，可在气体和液体管道中运行，不能区分内壁和外壁缺陷，能检测管壁金属的腐蚀。

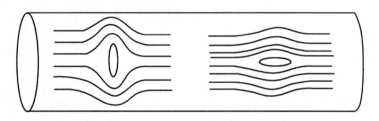

图2-23　普通漏磁检测器（MFI）对环向缺陷敏感

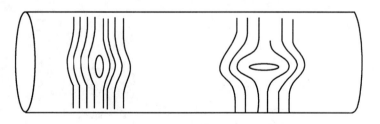

图2-24　Transcan检测器对轴向缺陷敏感

二、内检测评价技术

本部分介绍基于内检测结果实施的完整性评价的相关内容，其中内检测技术的相关内容详见第四章。

内检测评价法指通过智能内检测器在管道内运行，从而检测出管体缺陷，然后根据缺陷尺寸和其他数据对管道状况进行评价。内检测方法包括：变形内检测、漏磁内检测、超声内检测及其他智能内检测等。对所检测缺陷类型不敏感或不适合的内检测方法检查的结果不能准确的评价管道的完整性。因此，应根据风险评价的结果，针对管体存在的缺陷类型，确定合适的内检测方法。

实施内检测后，需要对检出的缺陷进行评价。内检测可以检测到的管道缺陷可以分为以下三种主要类型：

（1）几何形状异常（凹陷、椭圆变形、位移等）；

（2）金属损失（腐蚀、划伤等）；

（3）裂纹及类裂纹（疲劳裂纹、应力腐蚀开裂等）。

目前国内外已经有多种缺陷评价方法，应根据管道缺陷的特点和管材属性，选择合适的缺陷评价方法，常用的缺陷评价方法见表 2-29。

一般智能内检测器检测到的缺陷主要是腐蚀引起的金属损失缺陷，所以对腐蚀缺陷的评价是内检测评价法的主要内容。下面主要介绍针对腐蚀缺陷的各种评价方法的适用性及优缺点。

管道中实际腐蚀缺陷的形状是多种多样的，不是简单的、有规则的、均匀的形状。精确划分缺陷的形状，判断缺陷之间的影响比较困难，任何缺陷形状的描述都是基于经验的判断，是不准确的。即使是通过熟练的工程师现场测量得到的尺寸，在很大程度上也含有主观的判断。各种评估方法中对缺陷形状的考虑也是不同的，例如，ASME B31G 将缺陷考虑成为抛物线形或半椭圆形，RSTERNG 0.85dL 面积方法是介于抛物形和矩形之间的中间状态。一些评估方法简单的近似了缺陷的形状，这种简化也就使缺陷评估的结果过于保守。因此，精确地描述出缺陷的形状、充分验证缺陷之间的关系、准确测量出特征值的大小，对缺陷评估结果的精确度有很大的影响。缺陷可分为孤立的腐蚀缺陷、复杂的腐蚀缺陷及腐蚀缺陷群。评估腐蚀缺陷需要的特征参数有：缺陷的长度、缺陷的深度、缺陷的环向宽度和与邻近缺陷的间距。影响评估精确度的因素有：缺陷形状描述、缺陷深度尺寸、缺陷长度尺寸及缺陷位置。

表 2 - 29　内压载荷下推荐的缺陷评价方法

缺陷	推荐标准	缺陷	推荐标准
腐蚀	SY/T 6151—2009 SY/T 6477—2000 SY/T 10048—2003 ASME B31G、 Modified ASME B31G、RSTRENG DNV - RP - F101 BS 7910 API RP 579	划伤	BS 7910 API RP 579
凹陷[1]	—	管体制造缺陷[2]	BS 7910 API RP 579
环焊缝缺陷	BS 7910 API RP 579	直焊缝缺陷	BS 7910 API RP 579
开裂	BS 7910 API RP 579	环境开裂[3]	BS 7910 API RP 579
装配缺陷	BS 7910 API RP 579	缺陷交互作用	BS 7910 API RP 579

注：1："凹坑"包括普通凹坑、弯折凹坑、焊缝上的平滑凹坑、平滑凹坑与划伤、平滑凹坑与其他类型的缺陷等。由于国际上无成熟的凹坑评价标准，本标准参照 CAS Z662。建议：深度不超过管道直径 2% 的凹坑可继续使用；深度超过管道直径 6% 的凹坑必须修复；深度在管道直径 2% ~6% 之间的凹坑，参考 API Pub 1156、API RP 579 等相关标准和国外相关研究成果开展进一步的评价研究。

2："管体制造缺陷"涵盖的管体缺陷范围很大（夹层、夹杂物、焊缝、冷隔、擦伤、划痕、蚀坑、滚压金属小块等）。不能将所有的管体制造缺陷特征都归结为金属损失缺陷或裂纹类缺陷。

3：环境开裂缺陷的评估很复杂，不能将环境开裂缺陷特征简单归结为裂纹类缺陷，需要根据实际情况进一步研究。

1. 常用的标准和方法

（1）ASME B31G，确定腐蚀管道剩余强度手册，由美国机械工程师协会（ASME）编制（国家标准）。

（2）RSTRENG，腐蚀管道剩余强度评估方法，分为 RSTRENG 0.85dL 方法和 RSTRENG 有效面积法。由管道研究委员会（PRCI）编制（行业方法）。

（3）DNV RP F‐101，腐蚀管道评估方法，BG 技术公司（现在的 Advantica）和 DNV 联合为缺陷管道的评估开发的 DNV 指导文件，DNV 推荐方法（行业标准）。

这 3 种方法是推荐使用的常用方法。但由于在流动应力、缺陷剖面、几何形状校正等假设考虑的差异的不同，所评估的结果不同，都有各自的局限性，适用的范围也有差别。

2．对孤立缺陷的评估方法

1）ASME B31G

ASME B31G 评估方法，只使用两个缺陷参数（深度和长度）来评估在多大运行压力下，有缺陷的管道不会发生断裂。主要对孤立缺陷进行评估。适用于管材等级较低、管道服役年限长的老管道，半经验、偏保守。使用 ASME B31G 对缺陷进行评估时，它将所有的缺陷，即使是有交互影响的缺陷群，也考虑成为一个孤立的缺陷，这样评估时就忽略了很多的东西。另外，试验验证，ASME B31G 评估方法不适用于管材等级较高的高强度钢管道，例如 X70、X80 管道。

2）RSTRENG 0.85dL 方法

改进的方法，也只是需要缺陷深度和长度两个容易测量获得的参数，增加了 ASME B31G 方程定义的流动应力值，将流动应力定义为 SMYS + 68.9MPa。面积表示为 0.85dL（d 表示最大深度，L 表示缺陷总长度），0.85dL 计算得到的缺陷面积的大小介于抛物线形状面积和矩形面积之间。比 RSTERNG 有效面积方法计算简单，但是精确度也比 RSTRENG 有效面积方法低。该方法主要对孤立缺陷进行评估，得到的结果没有 ASME B31G 保守，RSTRENG 0.85dL 方法在流动应力和鼓胀系数上用的术语与 RSTRENG 有效面积方法相同。同 ASME B31G 方法一样，不适用于管材等级较高的高强度钢。

3．对复杂缺陷、交互影响缺陷评估方法

临近缺陷的交互作用产生的破坏压力低于单个缺陷产生的破坏压力。在这里，对交互作用缺陷的简单解释是，当相邻缺陷在纵向或环向上距离达到一定程度时，管道失效压力会降低。因此评估交互作用的缺陷，还需要知道缺陷轴向和环向方向的间距。而当两个缺陷之间的距离是多少时才有交互，目前没有一种合适的合并方法，不同的评估方法，有自己合并缺陷的经验准则。

1）RSTRENG 有效面积方法

RSTRENG 有效面积评估方法，除了需要缺陷深度和长度数据之外，它还要求得到一系列的沿缺陷轴向方向和缺陷环向方向的数据。对孤立缺陷、交互影响缺陷、形状复杂的缺陷进行评估，用 RSTRENG 有效面积评估时，如何确定缺陷之间的关系，有其经验性规则，推荐的判据为：当两个轴向分离的缺陷间距超过 25.4 mm 时，可以忽略缺陷间的交互作用；当两个环向方向的缺陷间距超过 6 倍的管道壁厚时，可以看做是孤立的缺陷。相对于 DNV RP F - 101，RSTRENG 有效面积评估方法评估的结果偏保守。

2）DNV RP F - 101

DNV RP F - 101，分安全系数（partials safety factor）和许用应力（allowable stress）两种方法。DNV 标准通过对含机械缺陷（包括单个缺陷、相互作用的缺陷和复杂形状缺陷）的管道，通过爆破试验，得出有关爆破的数据库和有关管道材料性质的数据库。另外，通过三维非线性有限元分析得出更为综合的数据结果，提出了预测含缺陷管道剩余强度的准则，包括缺陷管道含有单个缺陷、相互作用缺陷和复杂形状缺陷。也通过对含缺陷管道的三维非线性有限元计算，得出概率的方法修正规范并确定安全系数。它比前两种方法更先进，同时它可以对环形焊缝缺陷、打磨修复金属损失进行评估。但对于较老的管道，应该慎重选择该标准。

这几种方法都适用于对腐蚀缺陷评估，已经被多个国家作为行业标准所采用。各种不同的评估方法适用于各种不同的情况。对评估方法的选择，需要根据管道年限、管材性质、缺陷特征、检测器的分辨率及业主要求进行选择，各种方法评估出的结果也是不同的。ASME B31G 偏保守，对老管道较安全；RSTRENG 是在 ASME 的基础上改进的，有一些进步，但是也有不足之处；DNV RPF - 101 较好，但用于老管道时应慎重。但是，这些方法都不能很好地解决成片的缺陷，目前对缺陷进行分组的判据都是很保守的，这相当于降低了缺陷评估的精确度。各种评估方法都有它的不足之处，在实际使用中根据实际情况选用。

4. 各种评价方法的评价步骤

评价计算中所有的单位都采用英制单位。

1）凹坑的疲劳评价

对凹坑缺陷选用 PDAM《管道缺陷评估手册》进行评价，评价方法为（图 2 - 25）：

最大环向应力：

$$\sigma_{\max} = p_{\max} \frac{D}{2t} \qquad (2-27)$$

最小环向应力：

$$\sigma_{\min} = p_{\min} \frac{D}{2t} \qquad (2-28)$$

交替环向应力：

$$\sigma_a = \frac{\sigma_{\max} - \sigma_{\min}}{2} \qquad (2-29)$$

零压下测量的凹坑深度：

$$H_0 = 1.43 H_r \qquad (2-30)$$

应力周期中最小应力和最大应力之比：

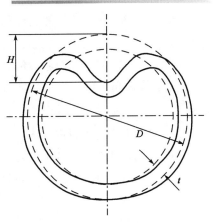

图 2-25　管道的凹坑

$$R = \frac{\sigma_{\min}}{\sigma_{\max}} = \frac{p_{\min}}{p_{\max}} \qquad (2-31)$$

名义的循环环向应力幅度：

$$2\sigma_A = \sigma_U [B(4 + B^2)^{0.5} - B^2] \qquad (2-32)$$

因子 B 为：

$$B = \frac{\dfrac{\sigma_a}{\sigma_U}}{\left[1 - \left(\dfrac{\sigma_{\max} - \sigma_a}{\sigma_U}\right)\right]^{0.5}} = \frac{\dfrac{\sigma_a}{\sigma_U}}{\left[1 - \dfrac{\sigma_a}{\sigma_U}\left(\dfrac{1+R}{1-R}\right)\right]^{0.5}} = \frac{\dfrac{\sigma_a}{\sigma_U}}{\left[1 - \dfrac{\sigma_a}{\sigma_U}\right]^{0.5}}$$

$$(2-33)$$

普通凹坑的疲劳寿命为：

$$N = 1000\left[\frac{\sigma_U - 50}{2\sigma_A K_S}\right]^{4.292} \qquad (2-34)$$

式中　　t——管壁厚度，mm；

　　　　D——管外直径，mm；

　　　　H——凹坑深度，mm；

　　　　H_0——零压下测量的凹坑深度，mm；

　　　　H_r——充压下测量的凹坑深度，mm；

　　　　N——失效的循环数；

　　　　R——应力周期中最小应力和最大应力之比（$\sigma_{\min}/\sigma_{\max}$）；

　　　　σ_u——最终抗拉强度，N/mm^2；

　　　　$2\sigma_a$——名义的循环环向应力幅度（$\Delta\sigma = \sigma_{\max} - \sigma_{\min}$），N/mm^2；

$2\sigma_A$——$R=0$ 时的等效循环环向应力幅度，N/mm^2；

σ_{max}——应力周期中最大环向应力，N/mm^2；

σ_{min}——应力周期中最小环向应力，N/mm^2。

这里假设模型不确定性因子对应95%的单侧置信区间，普通凹坑的疲劳寿命的下界估计为 $\hat{N} = N \cdot e^{-2.587}$。

2）RSTRENG 有效面积方法

最大安全压力 p_1'，不大于设计压力 p（图2-26）。

$$p_1' = p\left(1 + \frac{10000}{SMYS}\right)\left[\frac{1 - A_{eff}/A_o}{1 - (A_{eff}/A_o)M_1^{-1}}\right] \qquad (2-35)$$

$$A_o = t \cdot L_{eff}$$

式中　　$SMYS$——管材公称最小屈服强度，MPa；

A_{eff}——腐蚀缺陷轴向的金属损失有效面积，mm^2；

A_0——在有效面积区域发生金属损失前初始面积，mm^2；

t——管壁厚度，mm；

L_{eff}——腐蚀的有效轴向长度，mm；

D——管道外径，mm；

M_1——膨胀系数（Folias Factor）。

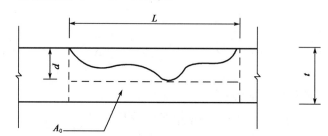

图2-26　缺陷尺寸示意图

对于 $\dfrac{L_{total}^2}{Dt} \leq 50$，$M_1 = \left(1 + \dfrac{1.255}{2}\dfrac{L_{eff}}{Dt} - \dfrac{0.0135}{4}\dfrac{L_{eff}^4}{D^2t^2}\right)^{1/2}$

对于 $\dfrac{L_{total}^2}{Dt} > 50$，$M_1 = 0.032\dfrac{L_{eff}^2}{Dt} + 3.3$

预测的爆管失效压力 p_{burst1}：

$$p_{burst1} = \left(\frac{2t}{D}\right)(SMYS + 10000)\left[\frac{1 - A_{eff}/A_0}{1 - (A_{eff}/A_o)M_1^{-1}}\right] \qquad (2-36)$$

3）RSTRENG 0. 85dL 方法

最大安全压力 p_2'，不大于设计压力 p：

$$p_2' = p\left(1 + \frac{10000}{SMYS}\right)\left[\frac{1 - 0.85\dfrac{d}{t}}{1 - \left(0.85\dfrac{d}{t}\right)M_2^{-1}}\right] \tag{2-37}$$

式中　$SMYS$——管材公称最小屈服强度，MPa；

t——管壁厚度，mm；

L_{total}——腐蚀的轴向长度，mm；

D——管道外径，mm；

M_2——膨胀系数（Folias Factor）。

对于 $\dfrac{L_{total}^2}{Dt} \leqslant 50$，$M_1 = \left[1 + \dfrac{1.255}{2}\dfrac{L_{total}^2}{Dt} - \dfrac{0.0135}{4}\dfrac{L_{total}^4}{D^2 t^2}\right]^{1/2}$

对于 $\dfrac{L_{total}^2}{Dt} > 50$，$M_2 = 0.032\dfrac{L_{total}^2}{Dt} + 3.3$

预测的爆管失效压力 p_{burst2}：

$$p_{burst2} = \left(\frac{2t}{D}\right)(SMYS + 10000)\left[\frac{1 - 0.85\dfrac{d}{t}}{1 - \left(0.85\dfrac{d}{t}\right)M_2^{-1}}\right] \tag{2-38}$$

4）ASME B31G

最大安全压力 p_3'，不大于设计压力 p：

对于 $\dfrac{L_{total}^2}{Dt} \leqslant 20$　　$p_3' = 1.1p\left[\dfrac{1 - \dfrac{2}{3}\left(\dfrac{d}{t}\right)}{1 - \dfrac{2}{3}\left(\dfrac{d}{t}\right)M_3^{-1}}\right]$ (2-39)

对于 $\dfrac{L_{total}^2}{Dt} > 20$　　　　$p_3' = 1.1p\left(1 - \dfrac{d}{t}\right)$ (2-40)

$$M_3 = \left(1 + 0.8\frac{L_{total}}{Dt}\right)^{1/2}$$

式中　L_{total}——腐蚀缺陷长度，mm；

d——腐蚀缺陷厚度，mm；

t——管壁厚度，mm；

D——管道外径，mm；

M_3——膨胀系数（Folias Factor）。

预测的爆管失效压力 p_{burst3}：

对于 $\dfrac{L_{total}^2}{Dt} \le 20$ $p_{burst3} = 1.1\left(\dfrac{2t}{D}\right)SMYS\left[\dfrac{1-\dfrac{2}{3}\left(\dfrac{d}{t}\right)}{1-\dfrac{2}{3}\left(\dfrac{d}{t}\right)M_3^{-1}}\right]$ (2-41)

对于 $\dfrac{L_{total}^2}{Dt} > 20$ $p_{burst3} = 1.1\left(\dfrac{2t}{D}\right)SMYS\left(1-\dfrac{d}{t}\right)$ (2-42)

5. 缺陷评价流程及案例

1) 凹坑的疲劳评价

以凹坑 DENT1 为例，计算过程如下：

已知 DENT1 的基本参数为：$H_r = 32.4\text{mm}$；$D = 323.9\text{mm}$；$t = 7.1\text{mm}$；$\sigma_U = 455\text{N/mm}^2$；$p_{max} = 6.059\text{MPa}$；$p_{min} = 2.389\text{MPa}$；$\Delta p = 3.67\text{MPa}$。

首先计算最大、最小和交替的环向应力。

最大环向应力：

$$\sigma_{max} = p_{max}\frac{D}{2t} = 138.202(\text{N/mm}^2)$$ (2-43)

最小环向应力：

$$\sigma_{min} = p_{min}\frac{D}{2t} = 54.498(\text{N/mm}^2)$$ (2-44)

交替环向应力：

$$\sigma_a = \frac{\sigma_{max}-\sigma_{min}}{2} = 41.852(\text{N/mm}^2)$$ (2-45)

已知充压时测量的凹坑深度 H_r，必须应用回圆修正因子确定其在零压时测量的等效凹坑深度 H_0。

零压下测量的凹坑深度：

$$H_0 = 1.43H_r = 46.332(\text{mm})$$ (2-46)

$$K_d = H_0\frac{t}{D} = 1.016$$ (2-47)

$$K_s = 2.871\sqrt{K_d} = 2.893$$ (2-48)

应力周期中最小应力和最大应力之比：

$$R = \frac{\sigma_{min}}{\sigma_{max}} = \frac{p_{min}}{p_{max}} = 0.394$$ (2-49)

因子 B 为：

$$B = \frac{\dfrac{\sigma_a}{\sigma_U}}{\left[1 - \left(\dfrac{\sigma_{max} - \sigma_a}{\sigma_U}\right)\right]^{0.5}} = \frac{\dfrac{\sigma_a}{\sigma_U}}{\left[1 - \dfrac{\sigma_a}{\sigma_U}\left(\dfrac{1+R}{1-R}\right)\right]^{0.5}} = \frac{\dfrac{\sigma_a}{\sigma_U}}{\left[1 - \dfrac{\sigma_a}{\sigma_U}\right]^{0.5}} = 0.104 \qquad (2-50)$$

名义的循环环向应力幅度:

$$2\sigma_A = \sigma_U\left[B(4 + B^2)^{0.5} - B^2\right] = 89.523(\text{N/mm}^2) \qquad (2-51)$$

普通凹坑的疲劳寿命为:

$$N = 1000\left(\frac{\sigma_U - 50}{2\sigma_A K_S}\right)^{4.292} = 6810 \qquad (2-52)$$

最后的步骤是计算普通凹坑的疲劳寿命的下界估计。在这里假设模型不确定性因子对应95%的单侧置信区间,普通凹坑的疲劳寿命的下界估计为$\hat{N}$ $= N \cdot e^{-2.587} = 512$。

2) 含腐蚀缺陷管道评价

以腐蚀 ML 1 为例,介绍在 RSTERNG 软件中进行剩余强度分析的流程。

如图 2 - 27 (a) 所示,"ML 1" 腐蚀为壁厚14%,长28mm,位于桩号 K1071 + 100 的上游1126.34英里处。

当输入管道外径、壁厚、*SMYS*(都是英制单位)后,自动弹出图 2 - 27 (b) 所示界面,其中 p 为由式(2 - 53)计算出的压力,也称设计压力。

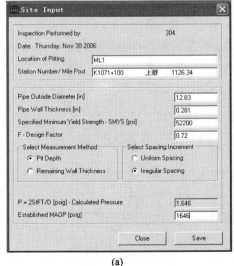

(a)

Class	Design Factor	P [psig]
	1.00	2,287
1	0.72	1,646
2	0.60	1,372
3	0.50	1,143
4	0.40	915

P = 2StFT/D [psig] - Calculated Pressure

S - SMYS [psi]

t - Pipe Wall Thickness [in]

F - Design Factor

T - Temperature Derating Factor, T = 1 for temperature 250

D - Pipe Outside Diameter [in]

NOTE: In both RSTRENG (See AGA/PRCI Research Report PR 3-805) and ASME/ANSI B31G (See PART 4, article 4.2) the maximum allowable operating pressure that should be used in the calculations is the greater of either the established MAOP or the pressure calculated by Barlow's formula including design and temperature derating factors. Same pressure can be calculated using equations from CFR Part 192 or Part 195 excluding joint factor.

(b)

图 2 - 27 腐蚀位置属性录入

$$p = 2StFT/D \qquad (2-53)$$

式中　S——$SYMS$，MPa；

　　　t——壁厚，mm；

　　　F——管道强度设计系数；

　　　T——温度折减系数；

　　　D——管道外径，mm。

输入管道的属性特征以及运行压力等信息以后，输入腐蚀区域的详细信息，包括每点的位置和腐蚀深度，如图 2-28 所示。然后进行剩余强度评估的计算，结果如图 2-29 所示。

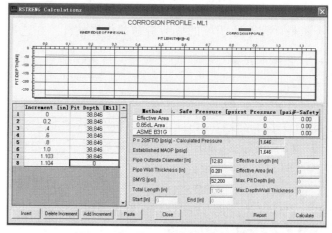

图 2-28　输入腐蚀区域特征形貌

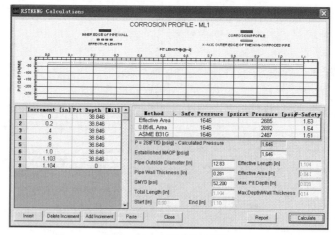

图 2-29　计算剩余强度

注意到图 2-29 中计算出了一个表格，展示了三种腐蚀评估方法的比较。其中第一列第一行是 RSTRENG 有效面积方法（也称作 Detailed RSTRENG），第二行"0.85dL Area Method"是修正的 B31G 标准方法（也称作 RSTRENG 0.85 dL 方法），第三行"ASME B31G"则是传统的 B31G 标准的方法。从表 2-30 可以看出，前两种方法都比最保守的 B31G 标准的方法预测的失效爆管压力要大，计算出的安全系数也相对高一点。对于最大安全压力，三者计算结果相同。由此可见，ASME B31G 的安全范围相对比较保守，使用改进的 B31G 方法或者 RSTRENG 方法，可以提高管输效率、优化成本效率。

表 2-30　三种腐蚀评估方法的对比

方　　法	最大安全压力，psig	爆管压力，psig	安 全 系 数
RSTRENG 有效面积法	1646	2685	1.63
RSTRENG 0.85dL	1646	2692	1.64
ASME B31 G	1646	2487	1.51

6. 含腐蚀缺陷管道剩余寿命预测

通过对含有腐蚀缺陷的管道进行无损检测，可建立起相应的腐蚀速率模型，可用于预测管线的剩余寿命，并在此基础上确定管道合理的检测和维修周期，避免过早地更换可以继续运行的管道，减少不必要的经济损失。

管道的寿命预测，国内外没有明确的标准，根据工程实践经验，得出管道寿命评估的一般性推荐做法如下：

1）基于 2 次检测数据的管道腐蚀速率和剩余寿命

在役管道由于输送的介质、周围环境以及各种载荷的不同，管道在诸多腐蚀因素下工作，其腐蚀是一个很复杂的过程，因此最终腐蚀的结果也是各种腐蚀因素综合作用的结果。测定腐蚀速度及腐蚀寿命的计算是一个很复杂的问题，带有经验性和不确定性。

从管壁的腐蚀深度考虑，可以得到一个简单的公式用于计算腐蚀速度，从而确定管道腐蚀的剩余寿命。假定管道剩余壁厚与腐蚀时间成线形关系，作出图形（图 2-30），从而得出如下计算管道的腐蚀速率和腐蚀剩余寿命预测的工程计算公式。

若最近一次的测量时间为 r_n，测得腐蚀处的管壁厚度为 t_n，上次检测时间为 r_{n-1}，管壁腐蚀处厚度为 t_{n-1}，则得到这两次测量时间之内管壁的腐蚀速度为：

$$v = \frac{t_{n-1} - t_n}{r_n - r_{n-1}} \qquad (2-54)$$

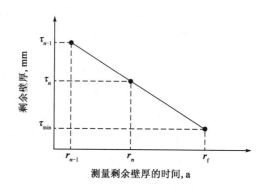

图 2-30　管壁剩余壁厚与测量时间的关系

式中　v——管壁的腐蚀速度，mm/a；

　　　t_{n-1}——钢管上次测量的壁厚，mm；

　　　t_n——钢管最近测量的壁厚，mm；

　　　r_{n-1}——上次测量的时间，a；

　　　r_n——最近测量的时间，a。

得出了腐蚀速率，下面估算该腐蚀处管道的剩余寿命。若根据强度等诸条件考虑，管壁允许的最小壁厚为 t_{min}，管壁的腐蚀速度 v 从式（2-54）得到，则可以计算出从最近一次测量到管道壁厚减小到最小壁厚 t_{min} 所需要的时间，也就是管道的剩余寿命 r：

$$r = \frac{t_n - t_{min}}{v}$$

式中　t_{min}——管壁允许的最小壁厚度，mm；

　　　r——管道的剩余腐蚀寿命，a。

2）基于多次检测数据的腐蚀速率和寿命

实际管道的腐蚀速率并不一定是均匀的，而是比较复杂的，一般腐蚀速率会随着时间有所增加。根据腐蚀深度与使用年限的关系，可以使用工程上的经验公式，类似于腐蚀时金属损失量与腐蚀时间的关系，利用一个指数函数来近似模拟腐蚀深度变化与管道使用年限的关系：

$$c = pr^q \tag{2-55}$$

式中　c——管道壁坑腐蚀深度，mm；

　　　r——使用年数，a；

　　　p、q——待定常数。

可以用如下方法确定常数 p、q。对上式两边取对数，有：

$$lgc = lgp + q \cdot lgr \tag{2-56}$$

记 $y = lgc$，$a_0 = lgp$，$q = a_1$，$x = lgr$，则式（2-56）可变为：

$$y = a_0 + a_1 x \tag{2-57}$$

根据历次实测的管道腐蚀深度数据，用最小二乘法求得待定系数 a_0 和 a_1，并可计算出常数 p 和 q，得到腐蚀深度与使用年限的关系。

对于具体的管道，根据其工作压力、管道材料及使用环境等可以确定它的最小许用壁厚，由此，可以计算出受腐蚀管道的剩余寿命。

3）利用概率统计方法预测管线的剩余寿命

管道在运行过程中由于受环境介质等因素的影响，遭受腐蚀损伤，利用计算机数据处理技术，通过引进概率统计的原理，可对管道腐蚀剩余寿命进行预测。

（1）基本理论与方法。

正如 Evans 最初指出的那样，腐蚀现象本质上具有概率的特性，尤其是孔蚀、缝隙腐蚀以及应力腐蚀破裂等局部腐蚀。管道的寿命并不取决于腐蚀的平均程度，腐蚀最大深度才是评价管线寿命的最重要指标，通常局部腐蚀进展的最大值遵循古比（Gumbel）极值分布的分布。

古比极值分布的第一渐近分布：

$$F_1(y) = \exp\{ - \exp[- (x - \lambda)/a]\} \tag{2-58}$$

其中，$F_1(y)$ 为最大腐蚀深度不超过 x 的概率；x 表示最大腐蚀深度的随机变量；λ 为统计参量，表示概率密度最大的腐蚀孔深度；a 为统计参量，物理意义为腐蚀孔深度的平均值；y 为变量代换，$y = (x - \lambda)/a$。

推测最大局部腐蚀深度的原理及方法：当腐蚀数据 x 服从极值分布 $F(x)$ 时，初次测定得到的第 N 个试样中 $x \geq a$ 的概率为 $P(N)$，且 $P(N)$ 为：

$$P(N) = [1 - F(a)]F(a)^{N-1} \tag{2-59}$$

由此求得 N 的平均值：

$$\overline{N} = \sum_{N=1}^{\infty} NP(N) = \sum_{N=1}^{\infty} N[1 - F(a)]F(a)^{N-1}$$

$$= \sum_{N=1}^{\infty} F(a)^{N-1} = \lim \frac{1 - F(a)^N}{1 - F(a)}(N \to \infty) \tag{2-60}$$

因为 $F(a) < 1$，所以：

$$\overline{N} = \frac{1}{1 - F(a)} = T(a) \tag{2-61}$$

即可以认为，通过 $\overline{N}$ 次试验测定的腐蚀量大体上是真实的。在估计试样面积 N 倍时的最大局部腐蚀深度 a 的情况下，回归期 $T = N$，表示回归期 T 的概率变量值就是所要估计的最大局部腐蚀深度。

（2）管道的剩余寿命预测。

管道的使用寿命 t_f，可用从开始使用到开始发生局部腐蚀的潜伏期时间 t_i 与开始发生局部腐蚀到贯穿管壁的进展时间 t_p 之和来表示，即：

$$t_f = t_i + t_p \qquad (2-62)$$

管材腐蚀与管材寿命之间的关系如图 2-31 所示，图中 a_0 为临界局部腐蚀深度，a_t 为管壁厚度。利用腐蚀检测仪检测出腐蚀缺陷尺寸，建立腐蚀裂纹缺陷扩展数学模型并进行求解，得到腐蚀缺陷随着时间的变化趋势，从而得到从使用到开始发生局部腐蚀的潜伏期时间 t_i 与开始发生局部腐蚀到贯穿管壁的进展时间 t_p。

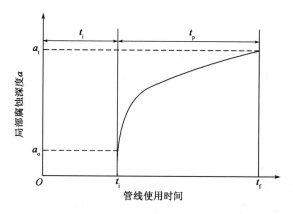

图 2-31　局部腐蚀深度与管线寿命之间的变化关系

管道管段寿命分布的密度函数一般包括指数分布、伽马分布、威布尔分布以及对数正态分布等形式。

①指数分布。

指数分布是首先得到广泛应用的寿命分布模型，这是因为对它容易得到简单的统计方法，并且指数分布适用于描述许多对象的寿命。指数分布的密度函数 $f(t)$ 由下式确定。

$$f(t) = \lambda e^{-\lambda t} = \theta e^{-t/\theta}, t \geq 0 \qquad (2-63)$$

该分布的均值和方差分别为 θ 和 θ^2，当 $\theta = 1$ 时的分布称为标准指数分布。

②威布尔分布。

威布尔分布也是最为广泛使用的寿命分布，它对许多类型的寿命数据都能给出很好的描述，其普遍的适用性还在于一定程度上其密度函数比较简单，威布尔分布的密度函数为：

$$f(t) = \lambda\beta(\lambda t)^{\beta-1}\exp[-(\lambda t)^{\beta}], t > 0 \qquad (2-64)$$

威布尔密度函数的形状依赖于 β 值，事实上，有时就称 β 为威布尔分布的形状参数。在大多数情形中，β 在 1～3 的范围内是比较合适，在式（2-64）中 λ 是一个尺度参数，只改变横轴的刻度，不会改变曲线的基本形状。

③极值分布。

极值分布与威布尔分布密切相关，该分布由 E. J. Gumel 最先使用，极值分布的密度函数见下式：

$$f(x) = b^{-1}\exp\left[\frac{x-u}{b} - \exp\left(\frac{x-u}{b}\right)\right], -\infty < x < \infty \qquad (2-65)$$

式中，b、u 均为参数，且 $b > 0$，$-\infty < x < \infty$。该分布与威布尔分布有着直接的关系。当寿命 T 服从威布尔分布且密度函数为式（2-64）时，$x = \lg T$ 就服从 $b = \beta^{-1}$，$u = -\lg\lambda$ 的极值分布。

$u = 0$，$b = 1$ 的极值分布称为"标准极值分布"，由于 u 是一个位置参数而 b 是一个尺度参数，在式（2-65）中 u 和 b 不是 0 与 1 时，极值密度函数的形状并不改变，只是改变密度函数的位置和刻度。

④伽马分布。

伽马分布的密度函数 $f(t)$ 为：

$$f(t) = \frac{\lambda(\lambda t)^{k-1}e^{-\lambda t}}{\Gamma(k)}, t > 0 \qquad (2-66)$$

式中，k、λ 分别为形状参数和尺度参数，且 $k > 0$，$\lambda > 0$。与威布尔分布一样，指数分布也是伽马分布的特殊情形（$k = 1$）。

⑤对数正态分布。

当寿命 T 取对数后 $Y = \lg T$ 服从正态分布时，就称寿命服从正态分布，它实际上是对数正态变量的对数服从正态分布，其密度函数为：

$$f(t) = \frac{1}{(2\pi)^{0.5}\sigma \cdot t}\exp\left[-0.5\left(\frac{\lg t - \mu}{\sigma}\right)^2\right], t > 0 \qquad (2-67)$$

式中，μ、σ^2 分别为 Y 的均值和方差。

4）利用改进的遗传神经网络预测管道的剩余寿命

前面介绍的是已知当前腐蚀缺陷的尺寸，建立腐蚀缺陷、腐蚀裂纹缺陷扩展数学模型并进行求解，得到腐蚀缺陷尺寸随时间的变化趋势，进而预测管道剩余寿命随着时间的变化趋势。如果没有检测到腐蚀缺陷尺寸，只知道影响腐蚀寿命的各种影响因素，如环境土壤因素和输送介质基本参数。这种情况可以采用前面介绍的改进的遗传神经网络方法预测其剩余寿命。

以华北油田集油管线为例，说明使用改进的遗传神经网络方法预测其剩余寿命的基本方法。一般情况下，剩余寿命等于使用寿命减去已投运年限。

影响使用寿命的腐蚀因素与训练集见表2-31，其中观测值为样本管线实际使用寿命，评判结果见表2-31和图2-32。

表2-31　模糊遗传神经网络评判训练集与预测结果

样本	环境土壤参数				输送介质基本参数									使用寿命年	
	电阻率 $\Omega \cdot m$	含水量 %	含盐量 %	pH	O_2 mg/L	Ca_2^+ mg/L	Mg_2^+ mg/L	Cl^- mg/L	CO_2 mg/L	H_2S mg/L	Fe mg/L	压力 MPa	温度 ℃	观测值	预测值
1	37.7	19.9	1.9	8.1	0.3	4.01	1.02	34.0	144.3	0.15	7.1	0.66	68	16.71	17.3
2	26.4	17.2	2.3	8.2	0.4	44.9	11.7	34.0	89.9	0.20	5.7	0.61	70	12.42	12.75
3	4.7	12.5	2.2	8.2	0.4	38.5	13.6	34.0	89.7	0.50	9.3	0.32	40	4.11	4.38
4	11.3	21.8	1.7	8.3	0.4	41.7	13.6	34.0	36.0	0.05	4.0	0.45	52	3.72	3.97
5	13.8	23.0	2.7	8.2	0.3	41.7	15.6	11.34	46.8	0.12	2.5	0.65	40	4.33	4.54
6	11.3	21.82	2.1	8.1	0.3	32.1	15.4	17.02	46.8	0.35	8.6	0.32	65	6.92	7.35
7	12.5	22.34	3.4	8.1	0.3	37.1	12.6	14.20	46.5	0.26	3.0	0.56	35	4.32	4.62
8	15.1	20.9	2.4	8.1	0.3	41.7	13.6	34.0	89.9	0.04	5.2	0.38	46	6.92	7.23
9	3.1	21.4	1.5	8.2	0.4	34.7	13.5	34.7	36.0	0.31	6.1	0.42	58	7.43	7.58

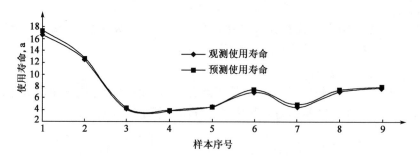

图2-32　模糊遗传神经网络预测得到的使用寿命和观测值的比较

改进的遗传神经网络采用三层神经网络结构，其输入层节点数为13个，输入参数为各影响因素，包括环境土壤因素和输送介质基本参数；隐层节点数为 27 个，输出层节点数为 1 个，即使用寿命。神经网络的各输入参数和输出参数必须进行初始化处理，这里采用改进的极差标准化方法将各输入参数和输出参数同时初始化，同时训练和测试完成后还必须对输出参数进行还原，还原方法也同样采用改进的极差标准化方法。训练误差为 0.0001。输入层和隐层之间的传递函数采用基本的 S 型传递函数，隐层和输出层之间采用加速的 S 型传递函数。

由表 2 - 31 与图 2 - 32 可知，利用模糊遗传神经网络预测得到的使用寿命预测值与样本观测值基本一致，预测值比观测值稍大一些，但误差并不大，由此可见利用模糊遗传神经网络预测油气管道的使用寿命是成功的。

7. 相关的标准规范

（1）SY/T 6151—2009《钢质管道管体腐蚀损伤评价方法》。

（2）SY/T 6477—2000《含缺陷油气输送管道剩余强度评价方法 第 1 部分：体积型缺陷》。

（3）SY/T 10048—2003《腐蚀管道评估的推荐做法》。

（4）ASME B31G《腐蚀管道剩余强度评价手册》。

（5）API 579《适用性评价》。

（6）BS 7910《金属结构缺陷可接受性评价指南》。

三、压力试验

压力试验俗称打压或水压试验（用水做试压介质时）。通过对管道进行压力试验，根据管道能够承受的最高压力或要求压力，确定管道在此压力下的完整性，暴露出不能够承受此压力的缺陷。压力试验一般在管道处于如下状况下选用：

（1）新建管道投运、换管、运行工况改变；

（2）封存管道启用；

（3）管道输送介质发生改变等。

1. 压力试验计划

压力试验介质宜用水，在特殊情况下，如缺水且人烟稀少地区，可采用油品或气体。在试压前，应编制详细的试压计划，应包括但不限于以下内容：

（1）压力控制措施：应使试压管段任一点的试验压力和静水压力之和所产生的环向应力都不能超过 90%SMYS。

（2）试压管段选择可明确如下原则：

①试压管段应根据地区等级并结合地形分段；

②壁厚不同的管道应分别试压；

③穿（跨）越大中型河流、铁路、二级及以上公路、高速公路的管段应单独进行试压；

④分段水压试验的管段长度不宜超过35km；

⑤试压管段的高差不宜超过30m，当超过30m时，应根据纵断面图计算低点的静水应力，核算管道低点试压时所承受的环向应力，其值一般不应大于管材最低屈服强度的0.9倍，对特殊地段经设计允许，其值最大不得大于0.95倍；

⑥试压现场可选在管段沿途的任何便利的区域内。

（3）水源和排水（当使用水作为试压介质时）：在试压前应选好水源和排水点，水质应符合要求。查阅国家法律法规和地方的法规以确保符合汲水和排水要求。在试压后排水过程中，要采取谨慎的措施以防损坏庄稼、过度冲刷或污染河流、水道或其他水体，包括地下水；水质应达到相应的排放要求才能排放。

（4）确定试压区段的试验压力和最短的稳压时间，相关要求见下表2-32和表2-33。

（5）试验机构中各种人员，特别是编制文件人员的职责叙述。

（6）故障处理计划。

（7）强度试验和严密性试验的验收标准。

（8）泄漏探测和定位规程与材料。

（9）一切试压工作均应考虑到人员和财产的安全，应采取安全防护措施，编制安全规程。如试验压力高于2.8MPa，则在进行水压试验过程中应采取适当保护措施，使从事试验操作的人员和试验现场隔离。

2. 试压程序

试压开始前应准备好液压试验程序并附有说明和数据。该详细程序应包括下列内容：

（1）指明试压段长度、海拔高度和位置的示意图。

（2）采用的试压介质和管线充装容积。

（3）清理和充装管线的方法。

（4）试压管段升压方法，其中应指明试压介质注入点的位置，并提供规定的最低和最高试验压力。

表 2 - 32　输油管道试验压力、稳压时间和合格标准

分　类		强度试验	严密性试验
输油管道一般地段	压力值，MPa	1.25 倍设计压力	设计压力
	稳压时间，h	4	24
输油管段大中型穿（跨）越及管道通过人口稠密区	压力值，MPa	1.5 倍设计压力	设计压力
	稳压时间，h	4	24
合格标准		无泄漏	压降不大于1%试验压力值，且不大于0.1MPa

表 2 - 33　输气管道试验压力、稳压时间和合格标准

分　类		强度试验	严密性试验
一级地区输气管道	压力值，MPa	1.1 倍设计压力	设计压力
	稳压时间，h	4	24
二级地区输气管道	压力值，MPa	1.25 倍设计压力	设计压力
	稳压时间，h	4	24
三级地区输气管道	压力值，MPa	1.4 倍设计压力	设计压力
	稳压时间，h	4	24
四级地区输气管道	压力值，MPa	1.5 倍设计压力	设计压力
	稳压时间，h	4	24
合格标准		无泄漏	压降不大于1%试验压力值，且不大于0.1MPa

（5）隔离试压管段的方法，其中应指明需装哪些盲板和需拆去哪些阀门。

（6）试压管段最低连续试压时间。

（7）排放和处理试压介质的方法。

（8）安全预防措施和步骤。

（9）试压管段内最薄弱环节或控制部件的标志及说明。

规定的试验压力是施加于试压管段中的最高点的最低试验压力。为确定在试压中形成的静压和动压，应对试压管段断面进行详细分析，以便控制在低点的管道不超压。

3. 液压试验的实施

1）升压

试压管段的升压（试压人员应对整个操作过程进行连续的监视并保证试压在严格控制下进行）速度应平缓恒定，当压力达到规定试验压力的约70%时，应调整泵送速度，使压力变化减到最低值，并保证压力增量不大于70kPa，同时能将该值准确地读出和记录下来。压力测量记录装置应与静载测试仪或与之相当的仪器并列安装，并且在试压期间每隔一定时间用静载测试仪校验，压力和温度记录装置应按当地时间设定，并且在整个升压和试压期间都是处于连接状态。压力传感和显示装置仅提供压力近似值，有助于对试验压力的连续观测，因此不必记录它的读数。在升压过程中，管子所有接头处应定期进行泄漏检查。

2）试压周期

当达到试验压力时，应及时停泵，同时检查所有的阀门及管线的连接处是否泄漏。泄漏检查完毕后，观察一段时间，在此期间试压人员应检验规定的试验压力是否保持，温度是否稳定，当这一验证程序完成后，应断开注入泵或检查注入泵与管道的连接处的泄漏情况。注入泵断开后或在检查注入泵的连接情况完成后，开始计算试压周期。试压周期的长短应符合 ASME B31.4 的有关规定［见附录A（标准 GB/T 16805—2009 的附录）］或 GB 50253—2003《输油管道工程设计规范》的规定。

在试压期间应连续地监控压力，并将所有压力读数记录下来。在试压开始和结束时，应用静载测试仪进行校验，在试压过程中也应定期进行。静载测试仪校验结果和每小时一次的温度读数应记录在合适的表格上。应记下天气的变化，如云或雨的发生，因为它们会影响压力和温度读数曲线。在评价液压试验结果时，应把增加的或减去的试压介质考虑进去。

3）液压试验记录

试压人员应保存完整的试压记录，并且应在记录中描述在试压过程中发生的故障。记录应指出每一故障的确切位置，描述故障的类型、原因及其维修的方法。故障后更换下来的管子、管件或阀应标上它们所在管道场站的位置和它们故障时的压力。适当时，这类材料应由操作者保存以用于事故分析。

按 ASME B31.4 或 GB 50253—2003 的要求，试验记录［见附录B（标准 GB/T 16805—2009 的附录）］应包括但不限于下列各点：

（1）连续的压力—时间记录卡，其上并列有相应的资料（见标准 GB/T

16805—2009 的表 C1）。

（2）连续的温度—时间记录卡，其上并列有相应的资料（见标准 GB/T 16805—2009 的表 C2）。

（3）试压仪表的标定数据。

（4）试压计划（见标准 GB/T 16805—2009 的 7）。

（5）液压试验记录和证明书（见标准 GB/T 16805—2009 表 C3），它包括下列各点：

①鉴定计算（见标准 GB/T 16805—2009 的表 C4）。

②压力和温度记录表（见标准 GB/T 16805—2009 的表 C5）。

③在试压期间发生的故障及其原因的记录（见标准 GB/T 16805—2009 的表 C6）。

若在试压管段内高差超过 30m 时，则需提供表示整个试验管段的海拔高度和试验地点的管道断面图。

这些试验记录应由责任方签字，并把这些记录保留到设施寿命终止或直到新的试验记录代替它们为止。

4. 相关的标准规范

（1）API RP 1110《液体石油管道压力试验》；

（2）GB/T 16805—2009《液体石油管道压力试验》；

（3）GB 50369—2006《油气长输管道工程施工及验收规范》；

（4）GB 50253—2003《输油管道工程设计规范》；

（5）GB 50251—2003《输气管道工程设计规范》。

四、外检测技术

外检测技术主要是通过发射机向管道上施加交流、直流信号，或者利用管道的阴保电流，同时在管道正上方检测信号的变化来评判管道管体和外覆盖层质量状况。检测的内容主要包括：

（1）检测功能；

（2）外防腐层绝缘特性；

（3）阴保状况；

（4）破损位置；

（5）破损面积（非开挖检测）。

管线腐蚀检测技术大致可分为两类，即局部开挖检测和非开挖检测技术，其中非开挖检测技术又分为管道外腐蚀非开挖检测和管道内腐蚀非开挖检测两种。

1. 管道外防腐层质量检测（局部开挖）

管道外防腐层质量常用其表面电阻指标衡量。覆盖层表面电阻越大，其缺陷越少，覆盖层质量越好，同时，在采用阴极保护时所需保护电流密度也越低。

工业上用非破坏性的电性能测量来控制和监测管道外覆盖层的质量，主要方法如下。

1）泄漏电阻测量法

泄漏电阻式单位面积防腐层涂层管道和远方大地的电阻，用负偏移电位和泄漏电流密度比指表示，参照标准 SY/T 0023—1997《埋地钢质管道阴极保护参数测试方法》。

（1）外加电流法：适合无分支无接地的涂层管道。测量长度一般为 500～1000m。需开挖，暴露管段。

（2）间歇电流法：适合无分支、无接地并两端绝缘的均值涂层管段。

下面具体介绍管道外防腐层电阻测试法。

（1）测试方法接线图：无分支、无接地装置的某一段（长度宜为 500～10000m，一般为 5000m）管道，其防腐层电阻应采用 SY/T 0023—1997 的方法测试，测试接线如图 2-33 所示。

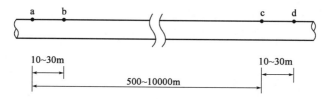

图 2-33　管道防腐层电阻测试接线示意图

（2）测试步骤：

①被测段 ac 距通电点必须不小于 πD；

②获得被测管段的长度（精确到 m）；

③若 ad 段埋有牺牲阳极，则将其与管道断开；

④在强制电流阴极保护站供电之前，测试 a、c 两点的自然电位值；阴极保护站供电 24h 后，测试 a、c 两点的保护电位值，并计算 a、c 两点的负偏移电位值；

⑤测试 ab 和 cd 两段的管内电流值。

（3）管道防腐层电阻按下式计算。

$$\rho_A = \frac{(\Delta V_a + \Delta V_c) L_{ac} \pi D}{2(I_1 - I_2)} \qquad (2-68)$$

式中　ρ_A——管道防腐层电阻，$\Omega \cdot m^2$；

　　　ΔV_a——管段首端 a 点的负偏移电位，V；

　　　ΔV_c——管段末端 c 点的负偏移电位，V；

　　　I_1——ab 段管内电流绝对值，A；

　　　I_2——cd 段管内电流绝对值，A；

　　　L_{ac}——被测管段 ac 的管道长度，m；

　　　D——管道外径，m。

（4）两端装有绝缘性良好的绝缘法兰（接头），有无其他分流支路。防腐层质量良好的管道，当其长度不超过一座阴极保护站的保护半径时，从阴极保护站通电点至末端管道的防腐层电阻可按下式计算：

$$\rho_A = \frac{(\Delta V_a + \Delta V_c) L \pi D}{2I} \qquad (2-69)$$

式中　ΔV_a——供电点管道负偏移电位值，V；

　　　ΔV_c——末端管道负偏移电位值，V；

　　　I——向被测管道提供的阴极保护电流，A；

　　　L——被测管段长度，m。

2）防腐层绝缘电阻率测量

防腐层绝缘电阻率测量方法参照标准 SY/T 0063—1999《管道防腐层检漏试验方法》。测试方法有电流—电位法、选频—变频法等。

3）涂层破损点检漏技术

一般无需开挖管道，在地面向管线输入交流或直流电、磁信号，然后检测这些信号沿管线的变化，获得涂层漏点信息。

以直流电为例，当周期向管线输送时，在涂层缺陷处有电流流入或流出管道，与此对应管线正上方距离管线一定距离处会产生电位差。

测得电位差大小和电流大小相关，可由此估计涂层缺陷大小；电位差方向代表电流流出或流入管道。因为腐蚀导致电流从缺陷处流出（阳极），而阴极保护使电流流向缺陷（阴极）。根据阴极保护通电和断电情况下分别检测出的漏点性质，分为以下四类：

（1）阴极/阴极型（C/C）：一般情况下不会发生腐蚀。

（2）阴极/中性型（C/N）：阴极保护系统不正常时，会发生腐蚀。

（3）阴极/阳极型（C/A）：阴极保护系统正常时，也可能发生腐蚀。

（4）阳极/阳极型（A/A）：不论阴极保护是否工作都不能被保护。

2. 不开挖管道防腐层质量检测技术

不开挖管道防腐层检漏技术有管中电流电位法、密间隔电位检测（CIS）、交流电流衰减测量（电磁法）、ACVG 和 DCVG 法（交流、直流电位梯度法）、Pearson 法、瞬变电磁法。

1）管中电流电位法

管中电流电位法原理是通过阴极保护电流测量电流衰减及电位偏移来计算其外防腐层的绝缘参数性能。

仪器为具有一定精度的直流电位差计，国内通常采用 UJ33a 型电位差计，只适用于有阴极保护电流的钢质管道。

管中电流电位法有衰减常数法、电流密度法两种表达形式。

2）交流电流衰减法

交流电流衰减法可以总体评价管道外覆盖层并确定外覆盖层破损点。当电流施加在管道上时，根据电流衰减变化的大小探测外覆盖层绝缘电阻、破损点，还能提供包括管道埋深、分支位置、搭接、电导系数等其他信息，也能区别单个异常点与连续的外覆盖层破损区域。适用于能传递电磁信号的任何覆土层下的金属管道，如冰，水，混凝土等，但需要管道连接点。

以电流衰减率原理开发的仪器主要有英国 RADIO DETECTION 公司开发的 RD400-PCM 和 DYNALOG 公司生产的 C-SCAN 系列仪器。RD400-PCM 的 4Hz 频率和 C-SCAN 的 973.5Hz 频率得到了标准 NACE RP0502—2002 的推荐。C-SCAN 仪器带有测量检测间距的 GPS 定位系统，能确定破损点位置。

3）Pearson 检测法

Pearson 检测法俗称铁鞋法。Pearson 检测法是一种确定埋地管线涂层漏点方位的地面测量技术。其原理为：向管线输入外加交流信号，沿管线测量两个与地面电性接触的移动电极之间电位差，通过接收器接收涂层缺陷部位漏到大地的信号（电位梯度）来确定缺陷部位。对常规涂层，例如磁漆、胶带、挤压涂层等，采用约 1000Hz 信号；对薄涂层，如熔融环氧树脂粉末，采用约 175Hz 的信号。测量时，将发射器一根导线连在管线，另一根导线连在远地点，然后由两个测量员穿上用钢夹板捆绑的靴子，沿管线中心线上方地面走动，他们距离约 6m。钢夹板同接收器相连，当前面测量者靠近漏点时，将会产生信号水平加强现象：耳机中音量变强或接收器信号电平仪读数变大。当前面测量者通过漏点后，信号将减弱。当后面测量者经过漏点时，信号又达到峰值。如果不止存在一个漏点，那么可通过一个测量者在管线正上方行走，另一个测量者在距管线 6～8m 的地方平行走动。这种测量模式中，在管线上方行走的测量者横穿涂层缺陷时每个漏点都能被指示出来。为了测量准确，钢夹板必须同管线上方土壤有良好接触。高阻抗和非常干的土壤都会影响测量准确性。测量可在外电流阴极保护系统通电情况下进行，但所有牺牲阳极或与其他构件的连接必须断开。使用管道定位器定位或在地面标记，以便准确记录测量数据。

Pearson 法测量中没有制定确定涂层漏点大小的准则，只是用来定位。测量结果与操作人员技术和经验有很大关系。Pearson 法测量中需要两人测量，还需要有个人，甚至一支队伍来定位和标识管线路径，记录漏点相对位置。该方法检测速度快、漏点定位准确，但同样不适用于柏油地面。

（1）优点：

①准确率高；

②很适合油田集输管线以及城市管网防腐层漏点的检测。

（2）缺点：

①抗干扰能力性能差；

②需要探管机及接收机配合使用，首先必须准确确定管线的位置，然后才能通过接收机接受到管线泄漏点发出的信号；

③受发射功率的限制，最多可检测 5km；

④只能检测到管线的漏点，不能对防腐层进行评级；

⑤检测结果很难用图表形式表示，缺陷的发现需要熟练的操作技艺。

4）直流电压梯度测试技术（DCVG）

当管道的防腐层存在破损时，电流通过管道破损点向土壤中流去，由于土壤电阻的存在，在破损点周围的土壤中电位梯度就随之形成，在接近破损点的部位电位梯度增大，电流密度也随之增大。一般情况下，破损面积越大，电流密度也越大，电位梯度也越大。通过测量土壤中电位梯度的变化与大小，可对防腐破损大小进行评价与估算。

DCVG 检测技术是在施加了阴极保护的埋地管道上，电流经过土壤介质流入管道防腐层破损而裸露的钢管处，在管道防腐层破损处的地面上形成一个电压梯度场，电压梯度场的变化范围将在十几米到几十米的范围变化。对于较大的涂层缺陷，电流流动会产生 200～500 mV 的电压梯度，缺陷较小时也会有 50～200 mV 的电压梯度。

DCVG 是测量电位梯度的一种电磁方法，测量时，要将两个参比电极放在管道附近的地面上。在防腐层破损的地方，电流将会增加，在土壤中形成电位梯度。这一电位梯度符合欧姆定律：

$$E = IR$$

式中 E——电位梯度；

I——增加电流；

R——土壤电阻。

防腐层破损点越大，电流增加越大，相应的电位梯度越大。

这种方法可检测大的防腐层破损，但要求检测者必须对管道，土壤电阻率，土壤含水量，阴极保护状况，阴极保护设备的位置与电压、电流输出等有一定的了解。根据欧姆定律，对于一个既定的破损点而言，土壤电阻率越低，电位梯度越小。

DCVG 的检测精度要高于 Pearson 检测技术，抗干扰的能力较强，对平行管道的检测比较适用，并无需对操作人员进行培训。操作简单、劳动强度低，可以检测出面积较小的破损点或间距较近的大破损点。

但测量速度较慢，测量过程较复杂，并不能直接显示出破损点处的管地电位，而只能利用其他值进行推算，与实际情况会有误差，因而需要进行反复测量。

5）密间隔电位检测（CIPS）

密间隔电位检测法也称管—地电位梯度法，主要用于评估管道沿线阴极保护状态与受杂散电流干扰影响区，也能发现涂层漏点。

当防腐层在某一位置上存在破损点时，破损点的电流密度会增大，在该点周围的土壤中就会产生比其他地方大的电位降，使得保护电位比正常时向正的方向漂移。当这种漂移达到一定值时，地表就可以测量到。

密间隔电位检测（CIPS）一般每隔 1～5m 测量一个点。能连续完整地评价阴极保护系统在管道上的保护效果，评价防腐层的状况及缺陷点的保护状况，评价防腐层缺陷点的严重程度，为国内外评价阴极保护系统是否达到有效保护的首选标准方法之一。

内腐蚀外检测方法对比见表 2-34。

6）变频选频法

"变频选频法"又称"选频变频法"，是我国工程技术人员开发的新方法。埋地管道防腐层质量的好坏可以通过实测绝缘电阻值做出质量评价，变频选频法通过对管段防腐绝缘层电阻（率）的测量衡量防腐层质量状况，具体依据见表 2-35。

表 2－34　内腐蚀外检测方法

检测技术名称	Person（皮尔逊）检测法	瞬变电磁法（TEM）	管内电流法（PCM）	密间隔电位测试法（CIPS）	直流电位梯度法（DCVG）	变频—选频检测法
原理	对管道施加交流电信号，检测沿线交流电位梯度。当电位梯度大于某值时，判断对应部位是否破损	根据管道金属质量损失，伴随产生钢管电导率和磁导率下降，检测这些变化，并与已知管道对比，做出评价	对管道施加交流电信号，检测沿线交流电位梯度，判断破损点位置，通过检测沿线电流，推算绝缘电阻	通过检测阴保电位沿管道的变化大小来判断外覆盖层状况，变化小表示状况好，变化大表示状况差	借助管道阴保电流，测量沿线电位梯度，分析电位梯度场的形状，判断破损点的位置，估算破损点面积和形状	向管道发射设定频率的电信号，接收其响应频率，通过频率差值计算得到外覆盖层绝缘电阻
检测内容	检测外防腐层漏点位置	检测金属管体腐蚀程度	防腐层缺陷状况	涂层缺陷和 CP 效率	涂层缺陷和破损点位置	防腐层绝缘电阻
精度	较精确定位	准确度高	配合 A 字架对大于 $6cm^2$ 破损点较准确定位	无法精确定位	定位精确	较精确定位
优点	操作简单，准确率和检测效率高，能够精确、快速定位防腐层缺陷处位置，适合野外操作	一旦发现某段管体腐蚀，准确率很高	可测量涂层电阻、涂层电导率和覆盖层深度，还能区分镀铬和连续的缺陷	可找出缺陷位置、尺寸，指示 CP 效果，能指出缺陷的严重性，可计算机化自动取样	能准确查出防腐层的破损位置，估算缺陷大小，并通过 IR 降的百分比判定缺陷的严重程度。测试过程中不受交流电干扰，不需拖拉电缆，受地貌影响小，操作简单，准确度高	方便快捷，能快速普查整条管道防腐层的综合保护性能，受地面环境影响较小

管道完整性管理技术

检测技术名称	Person（皮尔逊）检测法	瞬变电磁法（TEM）	管内电流法（PCM）	密间隔电位测试法（CIPS）	直流电位梯度法（DCVG）	变频—选频检测法
缺点	需沿全线步行检测，易受人为和外界环境影响。高阻抗和非常干的土壤都影响其准确性	很多小腐蚀点很难发现	实测时受限制条件太多	需步行整条管线检测，不能指示涂层剥离，可能受到干扰电流的影响，需拖拉电缆，使用范围受到限制	不能指示管线阴极保护效果，不能指示涂层剥离，需沿线步行检测；杂散电流、地表土壤的电阻率等环境因素会引起一定的测量误差	计算结果引入人为因素多，误差大，不能确定缺陷大小及其位置，不能判别涂层剥离，不能指示CP效果
国内应用情况	单独使用很少，常于其他方法对比时用	处于探索阶段	单独使用很少，常于其他方法对比时用	国外应用广泛，国内正在逐步推广	国内自行研制开发，应用较多	

表 2-35 管道防腐层质量分级标准

防腐层等级	优	良	可	差	劣
绝缘电阻，$\Omega \cdot m^2$	≥10000	5000～10000	3000～5000	1000～3000	<1000
损伤程度	基本无缺陷	轻微缺陷极少数破坏	较轻损伤少数破坏	较严重损伤加强检测	相当大面积损伤需检修

注：该表摘自 SY/T 0087.1—2006。

该方法利用交频信号传输的经典理论，确定了交频信号沿单线—大地回路传输的数学模型。经过大量的数学推导，得出防腐层绝缘电阻在交变信号沿单线—大地传输方程的传播常数，当防腐层材料、结构、管道材料、管子尺寸、土壤电阻率及介电常数已知时，防腐层绝缘电阻即可算出。

（1）变频选频电阻测量方法。

①测量接线。

现场测量任意长管段防腐层绝缘电阻时，仪器配置与接线如图 2-34 所示。

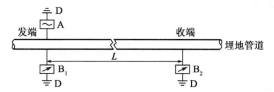

图 2-34　变频选频方法接线图

A—信号源；B_1—发端选频表；B_2—收端选频表；

D—接地端；L—被测管段长（可任意长）

发端信号源（A）输出有两个端子，一端接管道（利用检测桩或阀门），另一端接距管道20m插入地中的接地极棒；发端选频表（B_1）有两个测量端子，一端接管道（与信号源同一点），另一端接插入管道上方土壤中的接地极棒；收端选频表（B_2）设两个测量端子，一端接管道，另一端接插入管道上方土壤中的接地极棒。

针对不同的被测管段长度和不同的防腐层质量状况，应使用不同频率的信号测量，即所谓"变频"；选择正确频率信号，即所谓"选频"。

如何选择正确的测量频率值，取决于"收、发"两端选频表测量对应频率下的电平衰耗（电平差）值，要不小于23dB；在不知道被测管段防腐层质量的情况下，只需试测几个频率即可得到。

综合被测管道防腐层质量及被测管段距离，最终可以得到真实反映被测管段防腐层质量的现场实测数据是测量频率值（Hz）和电平衰耗值（dB）。试测时选择正确测量频率的基本原则为：

（a）被测管道防腐层质量差，使用测量信号频率偏低；

（b）防腐层质量好，使用测量信号频率偏高；

（c）被测管段短，使用测量信号频率偏高；

（d）被测管段长，使用测量信号频率偏低。

②管道防腐层绝缘电阻的计算。

将现场实测参数（测量信号频率值、电平差值）和管道参数（管道直径、钢管壁厚、防腐层厚、钢材及防腐层材料电参数）输入 AY508-9.1 版专用计算软件，即可求被测管段的防腐绝缘层电阻值（$\Omega \cdot m^2$）了。变频选频法在定量求被测管道防腐绝缘层电阻时，应取 A 表 2-36 中的两部分参数。

上述参数是变频选频法数学模型中所必需的，缺一不可。取得上述参数是很容易，根据变频选频法数学模型编制计算软件的任务就是将实测参数和原始参数输入计算程序，计算机瞬间即可得出定量结果。2006 年开发了

AY508—9.1 版软件，具备计算、存库、打印、查询、修改及删除等功能，操作十分方便。

表 2-36 变频选频法需确定参数表

实测参数	信号频率值（Hz）
	被测段电平差值（dB）
	被测管段距离（m）
原始参数	管道参数：金属管道外径、壁厚、防腐层厚（可以为不同结构）
	材料参数：金属管材电导率、相对磁导率、绝缘材料介电常数、损耗角正切
	环境参数：土壤介电常数、土壤电阻率（用四极法在收、发两端点测量取平均值即可，精确到小数点后位 1 位）

以 $\phi720mm$ 的 16Mn 钢石油沥青防腐层管道为例，变频选频法所需参数值见表 2-37。

表 2-37 埋地管道参数表

参 数 名 称	数 值	备 注
被测管段长，m	1000	取整数
金属管外半径，mm	360	$\phi720mm$ 管道的半径
金属管壁厚，mm	8.0	
金属管材电导率，$1/（\Omega \cdot m^2）$	4.46×10^6	16Mn 钢
金属管材料相对磁导率	150	
管道防腐层壁厚，mm	5.0	
防腐层材料介电常数	2.5	石油沥青
绝缘材料损耗角正切	0.015	石油沥青
土壤介电常数	15	农田土
土壤电阻率，$\Omega \cdot m^2$	25.0	实测几点平均值

将表中参数及实测频率值和电平差值输入计算软件，例如，测量频率为6789Hz、电平差23.0dB。表 2-37 中数据已经预置在计算软件参数表中，按软件中预置的标准数据计算一次，即可获得计算的绝缘电阻值为 $5053\Omega \cdot m^2$。

③测量结果处理。

测量结果按定量数据分为优、良、可、差、劣 5 个等级，埋地管道防腐层质量评价标准，见表2-38。

表2-38 变频选频法测量管道防腐层绝缘电阻分级标准及采取相应的措施

防腐层等级	一级（优）	二级（良）	三级（可）	四级（差）	五级（劣）
变频选频法测电阻 $\Omega \cdot m^2$	≥10000	5000~10000	3000~5000	1000~3000	<1000
老化程度及表现	基本无老化	老化轻微，无剥落	老化较轻，完整沥青发脆	老化较重，有剥离和较严重的吸水现象	老化和剥离严重
采取措施	暂不维修和补漏	每三年为一周期进行检漏和修补作业	每年进行检漏和修补	加密测点进行小区段测试，对加密测点测出的小于$1000\Omega \cdot m^2$的防腐层进行维修	大修防腐层

④变频选频法特点：

（a）测量方法简便、快捷，测量结果真实、明确、定量、重现性好；

（b）适用于不同管径、不同钢制、不同防腐绝缘材料、不同防腐层结构（包括石油沥青、三层PE、环氧煤沥青、熔结环氧粉末、聚乙烯胶带、防腐保温等）的埋地管道；

（c）可测量连续管道中的任意长管段，不受有无均压线、有无分支影响；

（d）无需开挖管道，不影响管道正常工作，测量时无需关停外加电流阴极保护；

（e）不受交流干扰影响；

（f）专用测量仪器及计算机软件全国产化、数字化，经济可靠；

（g）特别适用于长输油（气）管道、城市燃气管网、油（气）田管网防腐层质量普查，并建立"数据库"跟踪评估防腐层质量。

7）瞬变电磁检测法

（1）测试原理

利用不接地回线或接地线源向地下发射一次脉冲磁场，在一次脉冲磁场间歇期间，利用线圈或接地电极观测二次涡流场的方法。简单地说，瞬变电磁法的基本原理就是电磁感应定律。衰减过程一般分为早、中和晚期。早期的电磁场相当于频率域中的高频成分，衰减快，趋肤深度小；而晚期成分则相当于频率域中的低频成分，衰减慢，趋肤深度大。通过测量断电后各个时间段的二次场随时间变化规律，可得到不同深度的地电特征。

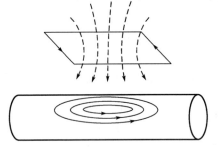

图2-35　罐壁厚度TEM评价法原理

如图2-35所示，在正方形激励线框中通过脉冲电流，激励电流将在线框周围建立水平、垂直一次场。瞬间断电后，在线框周围包括被测管道在内的有耗介质中激励起随时间衰变的涡旋电流，与涡旋电流相关的二次磁场在线框接收线圈中激起归一化电动势。

归一化的脉冲瞬变响应不仅与管体几何参量（尺寸、形状、空间位置）、管体物理性质（电导率、磁导率、介电常数）、围土物性（电导率、磁导率、介电常数）及分布有关，而且还与外观测点的位置以及管道输送物质的物理性质有关。

利用TEM手段检测评价埋地钢质管道的腐蚀程度，就是研究并辨识被检测管道的综合物理特性所发生的微小变化。但下列几个因素对瞬变响应存在一定的制约性。

①几何因素：被测管道的埋深、直径、壁厚；激励回线与接收回线的形状、尺寸、匝数以及它们相对管道的空间位置和收发距离；地表地形以及管沟回填土的横截面形状等。

②介质因素：被测管道、管道内输送介质、围土（未扰动土）、回填土的电导率、磁导率和介电常数。

③干扰因素：主要来自"天电"、雷电以及其他"非主动"瞬变电磁干扰，也包括人为干扰。

在这些因素中有些因素可确定，比如，几何参数均属可确定因素。有些因素可简化，例如，管道位于正上方的共框（回线）装置；可视为"无限长"条件的管沟形状；被测管道的规模和空间位置；围土、回填土的分布范围；可测物理参数具有连续可比性等，这些在作了适当的装置设计后就可以得到简化。显然，上述已知或可测定的参数、可确定的因素对瞬变响应的影响具有一定程度的时、空稳定性，因此在一定条件下可作为背景来处理；瞬间干扰可以通过提高信噪比的办法予以抑制。在建立数学物理模型后，现代化的数据处理与反演手段，即或是在考虑围土、回填土的几何—介质因素情况下也可以实现对电磁综合参量变异的确定，原因在于它们是可测定的或可确定的。显然其"约束条件"可以很方便地予以确定，解的非唯一性大大降低。

（2）检测仪器。

现场检测仪器可选用 GDP-32 地球物理数据处理系统。GDP-32 Ⅱ 地球物理数据处理器实际上是一个万用、多通道的接收机，其设计目的在于采集任何类型的电磁或电场数据。该仪器具有灵敏度高、测量范围大、方便灵活的特点。利用瞬变电磁法工作时，其工作频率范围从直流至 32Hz 可选，接收机最小探测信号 $\pm 0.03 \mu V$，最大输入电压 $\pm 32 V$，直流输入阻抗为 $100 M\Omega$，动态范围为 180dB；发射机采用电瓶供电，输入电压可从 $11 \sim 32 V$，输出电压电流可调，发射线圈大小可选。

（3）测量方法。

开展工作前在测定区段内进行必要的试验工作，通过试验了解当地的噪声和信噪比、异常强度、形态、范围，查明主要外来干扰源，对不同装置进行对比，在不同埋深、不同目标体上进行方法试验，以选定在该区的工作方法。

在工作中首先采用电磁勘探手段，利用 PCM（管中电流成图系统）探测仪对管线进行探测，确定管线的平面位置，测定管线埋深、管中电流，并记录。沿管线做好管线位置标志并统一编号，在此基础上利用 GDP-32 地球物理数据处理系统（TEM）探测功能，采用共框装置，首先按 20m 点距进行脉冲瞬变测量，在对探测结果做初步分析处理后，再对异常管段采用 5m 或 2m 点距进行加密测量，以便对管体做出更准确可靠和详细的评价。

每天工作结束后将现场观测结果输入计算机，在计算机上对观测值进行编辑整理，算出每个观测点最终结果并画出瞬变脉冲响应曲线，对曲线定性分析，初步判断异常点位。然后，根据管道瞬变脉冲响应表达式对每点观测值进行处理，求出各综合参数值，由此分析该参数的变化情况，对管体性能做出评价。

（4）应用情况。

胜利油田自 2004 年起，应用瞬变电磁技术对河口、孤东、胜利、东辛、滨南等采油厂的输油、输气、混输、污水等几十条埋地管线进行了不开挖、不停输的地面腐蚀检测。在胜利油田滨南采油厂某埋地稠油管道上，利用该技术在地面进行的不开挖管壁腐蚀剩余厚度检测分析结果与解剖后用超声测厚仪实测结果的误差进行了对比，从检测数据分析得出，没有干扰的地方，平均误差小于5%，只是在有干扰地方才出现较大的均方误差。

因此，瞬变电磁检测技术在分辨率和精度上基本符合使用要求，但应该注意到检测精度受平行或交叉敷设管路的影响，特别是对局部腐蚀范围较小的情况（如孔蚀、点蚀等）很难做出准确测量。为消除影响，经常需要对有影响的部分进行重复检测或缩小检测点之间的间距，导致测量效率降低和检测成本增加。

3. 内腐蚀无损检测技术

1）漏磁通法

漏磁通法检测的基本原理是建立在铁磁材料的高磁导率这一特性之上，其检测的基本原理如图2-36所示。

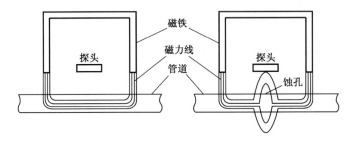

图2-36　漏磁通法检测管道

钢管中因腐蚀产生缺陷处的磁导率远小于钢管的磁导率，钢管在外加磁场作用下被磁化，当钢管中无缺陷时，磁力线绝大部分通过钢管，此时磁力线均匀分布；当钢管内部有缺陷时，磁力线发生弯曲，并且有一部分磁力线泄漏出钢管表面。检测被磁化钢管表面逸出的漏磁通，就可判断缺陷是否存在。

漏磁通法适用于检测中小型管道，可以对各种管壁缺陷进行检验，检测时不需要耦合剂，也不容易发生漏检。可是因漏磁通法只限于材料表面和近表面的检测，被测的管壁不能太厚，干扰因素多，空间分辨力低。另外，小而深的管壁缺陷处的漏磁信号要比形状平滑但很严重的缺陷处的信号大得多，所以漏磁检测数据往往需要经过校验才能使用。检测过程中当管道所用的材料混有杂质时，还会出现虚假数据。

2）超声波法

超声波检测法主要是利用超声波的脉冲反射原理来测量管壁受蚀后的厚度，其检测原理如图2-37所示。

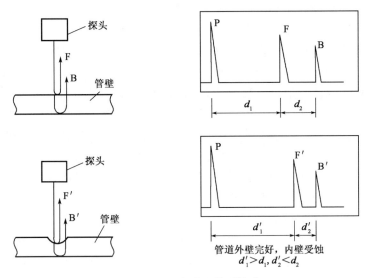

图 2-37　超声波法检测管道

　　检测时将探头垂直向管道内壁发射超声脉冲基波 P，探头首先接收到由管壁内表面反射的脉冲 F，然后超声探头又会接收到由管壁外表面反射的脉冲 B，F 与 B 之间的间距 d_2 反映了管壁的厚度，若管壁受蚀，d_2 将减小。

　　这种检测方法是管道腐蚀缺陷深度和位置的直接检测方法，检测原理简单，对管道材料的敏感性小，检测时不受管道材料杂质的影响，能够实现厚壁大管径管道的精确检测，使被测管道不受壁厚的限制。根据基波 P 与内壁反射波 F 间的间距 d_1 的变化，还能够检测出管道的变形和内外壁腐蚀。此外，超声波法的检测数据简单准确，且无需校验，检测数据非常适合作为管道最大允许输送压力的计算，为检测后确定管道的使用期限和维修方案提供了极大的方便，并能够检测出管道的应力腐蚀破裂和管壁内的缺陷，如夹杂等。

　　超声波法的不足之处就是超声波在空气中衰减很快，检测时一般要有声波的传播介质，如油或水等；超声波在空气中衰减很快，在气体管道上的应用还存在一定困难；对薄壁管道环缝缺陷的检测有一定难度。

　　另外值得一提的是超声波技术用于裂纹检测技术。

　　裂纹可能由管材的缺陷、材料空隙、夹杂物或凹陷、局部脆性区域及应力、疲劳、腐蚀等造成。裂纹类缺陷是管道中存在的最为严重的缺陷，对管道的威胁极大。最适用于检测裂纹的技术是超声波方法。经过管壁的超声波受到来自管壁的各种不同情况的影响，从而可以测量并描绘出管道的现有状况。超声波检测器的主要优点是能够提供对管壁的定量检测，其提供的内检测数据精度高和置信度高，缺点是需要耦合剂。

最近，德国 ROSEN 公司研发出了一种使用电磁声波传感检测技术（EMAT）的新型高分辨率超声波检测器，研究人员从实验室获得的大量数据，证明了 EMAT 探测管道应力腐蚀开裂和其他结构缺陷的可行性，这一新型检测器已经通过了工业试验，可以判断 SCC、涂层剥落、其他裂纹缺陷、异常沟槽、人为缺陷等。该技术的最大优点就是借助电子声波传感器，使超声波能在一种弹性导电介质中得到激励，而不需要机械接触或液体耦合。该技术利用电磁原理，以新的传感器替代了超声波检测技术中传统的压电传感器。当电磁传感器在管壁上激发出超声波时，波的传播采用以管壁内、外表面作为"波导"的方式进行。当管壁是均匀的，波沿管壁传播只会受到衰减作用。当管壁上有异常出现时，在异常边界处的声阻抗的突变产生渡的反射、折射和漫反射，接收到的波形就会发生明显的改变。由于基于电磁声波传感器的超声波检测最重要的特征是不需要液体耦合剂来确保其工作性能，因此该技术可应用于输气管道，是替代漏磁通检测的有效方法。然而，这种检测技术也同样存在着不足，检测器需距被检物体表面 1 mm，传递超声波能力相对较低。正是由于这个原因，在许多情况下是通过电磁声波来确定其动态范围，且不能使用高频。

3）涡流检测技术

涡流检测是以电磁场理论为基础的电磁无损探伤方法。该技术的基本原理是在涡流式检测器的两个初级线圈内通以微弱的电流，使钢管表面因电磁感应而产生涡流，用次级线圈进行检测。若管壁没有缺陷，每个初级线圈上的磁通量均与次级线圈上的磁通量相等；由于反相连接，次级线圈上不产生电压。若被测管道表面存在缺陷，磁通发生紊乱，磁力线扭曲，使次级线圈的磁通失去平衡而产生电压。通过对该电压的分析，获取被测管道的表面缺陷和腐蚀情况。

在实际的工业生产中，涡流检测具有可达性强、应用范围广、对表面缺陷检测灵敏度较高且易于实现自动检测等优点，适用于管道在线检测。但是常规涡流检测技术也有不足之处：检测对象必须是导电材料，只能检测管道表面或近表面缺陷；受检测器的影响，采用单一频率检测时，探伤深度和检测灵敏度之间存在矛盾；由于检测信号易受磁导率、电导率、工件的几何形状、探头与工件的位置及提离效应等因素的影响，使得信号分析存在一定难度；常规涡流检测频率较高（1 kHz 左右），检测外部缺陷非常困难。基于常规涡流检测存在以上缺点，研究人员提出了多频涡流检测技术、远场涡流检测技术和脉冲涡流检测技术等，并据此研制出了各种新型传感器。

4）射线检测技术

射线检测技术即射线照相术，它可以用来检测管道局部腐蚀，借助于标准的图像特性显示仪可以测量壁厚。该技术几乎适用于所有管道材料，对检测物体形状及表面粗糙度无严格要求，对管道焊缝中的气孔、夹渣和疏松等体积型缺陷的检测灵敏度较高，对平面缺陷的检测灵敏度较低。射线检测技术的优点是可得到永久性记录，结果比较直观，检测技术简单，辐照范围广，检测时不需去掉管道上的保温层；通常需要把射线源放在受检管道的一侧，照相底片或荧光屏放置在另一侧，故难以用于在线检测；为防止人员受到辐射，射线检测时检测人员必须采取严格的防护措施。射线测厚仪可以在线检测管道的壁厚，随时了解管道关键部位的腐蚀状况，该仪器对于保证管道安全运行是比较实用的。

射线检测技术最早采用的是胶片照相法，得到的图像质量低，而且存在检测工序多、周期长、探测效率低、耗料成本高及检测结果易受人为因素影响等缺点，限制了射线胶片照相法的应用。随着计算机技术、数字图像处理技术及电子测量技术的飞速发展，一些新的射线检测技术不断涌现，主要包括射线实时成像技术、工业计算机断层扫描成像技术（ICT）及数字化射线成像技术。近期，一种新型的 X 射线无损检测方法"X 射线工业电视"被应用到管道焊缝质量的检测中，X 射线工业电视以工业 CCD 摄像机取代原始 X 射线探伤用的胶片，并用监视器（工业电视）实时显示探伤图像。通过采用 X 射线无损探伤计算机辅助评判系统进行焊缝质量检测与分析，可使管道在线检测工作实现智能化和自动化。

5）基于光学原理的无损检测技术

基于光学原理的无损检测技术在对管道内表面腐蚀、斑点、裂纹等进行快速定位与测量过程中，具有较高的检测精度且易于实现自动化。相比其他检测方法，该方法在实际应用中有很大的优势。目前在管道内检测中采用较为普遍的光学检测技术包括 CCTV 摄像技术、工业内窥镜检测技术和激光反射测量技术。

（1）CCTV 摄像技术。

CCTV（Close‐circuit television）摄像技术在管道内检测中应用日益广泛，该技术的基本原理如图 2‐38 所示。其中，控制系统控制检测机构在管道内移动，实现对管壁的全程检测。在检测过程中，光学投影头在管壁上投射出与管道轴线正交的光圈,通过数字 CCTV 摄像头对光圈进行成像。图像保存在计算机中,借助图像处理技术可进行缺陷定量分析。该技术对管道内检测情况分析的精度取决于图像的质量及图像分析软件对缺陷的识别能力,光学投影头的引入大大提高了检测精度与自动化程度。

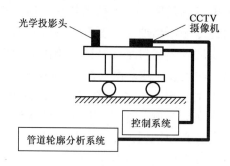

图 2-38　CCTV 摄像技术示意图

CCTV 摄像技术用于管道检测仍有很大的局限性,当管道内成像条件较差时,图像质量会大受影响,由此造成的检测误差会大大增加;同时光圈必须在成像区域内成像,这就要求数字 CCTV 摄像头视角不能太小且焦距应尽量短,但短焦镜头易引起图像成像误差,对检测精度会产生不利影响,需通过软件对结果进行校正。

(2)工业内窥镜检测技术。

内窥镜的应用从刚性内窥镜开始,经历了挠性内窥镜再到电子视频内窥镜。内窥镜技术突破了人眼观察的局限性,用于管道检测时不仅可清晰地探测到表面破损及表面裂纹等缺陷,而且操作方便、检测效率高。目前,常用的工业内窥镜有刚性内窥镜、挠性内窥镜及电子视频内窥镜。

目前,应用最广泛的是电子视频内窥镜,该技术是在电子成像技术的基础上形成的。它通过内窥镜后端的光电耦合原件 CCD 将探头前部物镜获得的光学图像转换为电信号,通过视频控制器将图像显示在屏幕上或存入计算机。电子视频内窥镜兼具刚性内窥镜成像质量高及挠性内窥镜主体可弯曲的优点,且可将图像显示在屏幕上供多人同时观察,使检测结果更加客观准确。但该技术的组成环节还存在较多不足,除内窥镜头、独立光源及传光光纤外,还需专门的视频控制器及显示单元,携带不方便。

(3)激光反射测量技术。

基于激光光学三角法原理的激光反射测量技术如图 2-39 所示。系统主要包括激光三角位移计、行走机构、运动控制系统及图像分析系统 4 部分。

图2-39中，行走小车在控制系统作用下载着激光三角位移计在管道内运动。在小车沿管壁移动的同时，三角位移计在步进电机驱动下沿管道圆周方向旋转，对管内壁进行扫查。对每一个扫查点，半导体激光器发出的准直激光束通过透镜L_1后在管道内表面发生反射，反射光通过透镜L_2后在光电探测器上成像。借助图像分析系统对这种位置改变进行分析，可实现管道内表面缺陷检测。

激光三角法具有测量系统结构简单、测量精度高和可连续测量等优点。但是该技术在成像过程中会受到各种电子噪声的干扰，这些干扰将对图像质量产生不利影响。同时，激光三角法成像仅对管道截面上某一点进行检测，要实现对整个管道内壁的扫查测量，必须使三角位移计绕管道轴线旋转，因此，该技术用于长管道内壁检测时时间较长、效率较低。

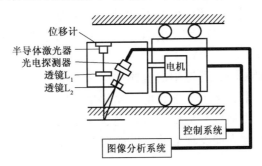

图2-39 激光反射测量技术示意图

6）超声导波技术

近年来，各国科学家投入了较大的热情研究用超声导波进行无损检测的途径，这有两方面原因，即：（1）纤维增强型复合材料的损伤与缺陷较难用超声反射方法探测到，导波有望成为单面检测这类材料与构件的良好手段；（2）用常规超声扫查方式检测大型结构件相当费时、费力，导波则为一种快速有效的无损检测技术。

实践表明，以前尽可能避免的频散现象恰恰可以作为超声导波检测的重要参数，超声导波的频散曲线对分层和脱胶等严重危害复合材料的现象较灵敏，利用若干模式超声导波频散曲线可判断被测物体的内部状况。并且，分层或弱胶将使超声波在固体声腔中传播的边界条件改变，造成其各频率分量的变化，因此超声波在波导中传播一定距离后的频谱及其变化也成为评价被测体的一个参量。采用人工神经网络技术可准确有效地对复杂的频散曲线及频谱曲线进行反演，即由获得的超声参量推算出被测体的各种状况。

目前，人们已开始用超声导波对大型固体、液体火箭壳体及若干航空结构件进行无损检测与评价，其特点是快速有效（较常规的超声检测）。管状结构是超声导波可发挥其特长的又一对象，用该技术可对各种管道进行长距离一次性检测，国外已成功地用超声导波对核工业、电力与石化等行业的管道进行检测。

7）声发射法

与采用超声探头发射超声波的主动检测不同，声发射技术是一种被动式检测技术，其超声波（或声波）是材料或构件受外力或内力等作用时自发的。

当管道发生泄漏时，流体通过裂纹或者腐蚀孔向外喷射形成声源，然后通过和管道相互作用，声源向外辐射能量形成声波，这就是管道泄漏声发射现象。对这些因泄漏引起的声发射信号进行采集和分析处理，就可以对泄漏及其位置进行判断。

当管道出现泄漏时，管道中的流体被扰动，接收换能器上的电压将发生明显变化。通过采集若干个泄漏点电压变化量，描绘出泄漏点与电压变化量的关系曲线，并求出曲线对应的方程。用这种方法，可以根据接收换能器上检测仪表电压的变化立即发现泄漏，进而根据拟合曲线或方程确定泄漏点的位置。

早在 20 世纪 60、70 年代，声发射技术就进入了应用阶段，主要领域是泄漏的监测与定位、材料与构件中裂缝扩展的监测与分析、构件在役条件下失效报警等。

常规的声发射技术在一定程度上尚不能完全被称之为无损检测技术，若干试验条件下材料与构件可能由于不可忽视的损伤产生声发射。由于压力容器，尤其是纤维增强复合材料压力容器爆破压力和强度与低压力状态下声发射信号关系复杂，目前还只能通过大量实验积累众多的数据，以达到准确预测的目的。最近，一种采用人工神经网络的声发射爆破压力与强度预测技术已被用于评估复合材料固体火箭壳体的性能，其爆破压力与强度预测的准确性达 ±5%。

8）结语

不同检测技术的结合将有力地推进内检测技术的发展，随着新技术、新工艺的不断研发，管道内检测技术手段也日趋成熟，管道内检测设备也将由单纯的漏磁腐蚀检测器向高清晰度、GPS 和 GIS 技术于一体的高智能检测器发展。目前，结合漏磁通法与超声波法已研制出了一些管内智能检测装置，并在实际应用中取得了良好的效果。

用三维图像直观显示管壁缺陷是当今国际管道内检测技术的发展趋势。随着各种内检测新技术的发展，现场工作人员希望能更直观形象地观察到管道的内部情况，了解管道内部的缺损情况并及时采取相应的措施，管内三维图像将向着更全面、更清晰、更准确的方向发展。采用超声波技术和基于光学原理的无损检测技术能较容易地实现管壁缺陷的直观显示。

4. 开挖检测

在优先级排序时应充分考虑预评价中获取的相关数据和间接评价的结果，考虑的因素应包括防腐层缺陷尺寸及大小、腐蚀状况、屏蔽情况、杂散电流、其他金属构筑物、平行管道、高压线、短接、河流与水域交叉、公路、铁路等。在数据的检测前应确定好要检测哪些数据并制成表格，标明注意事项。在检测过程中，要严格执行程序步骤，特别在标本收取时防止污染，以免得出错误的分析结果。在该阶段检测中，在去除防腐层前一般要收集的数据样品有管地电位、土壤电阻率、土壤样品、地下水样品、涂层表面液体 pH 值、现场情况照片、其他的管道完整性分析数据（如微生物腐蚀、应力裂纹腐蚀等）；关于防腐层破损及管体状况，一般要收集防腐层类型、防腐层状况、防腐层厚度、防腐层粘结性数据，绘制防腐层破损图（包括气泡、毁林为田处标记），收集腐蚀产物数据，确定腐蚀缺陷，检测并绘制腐蚀缺陷图，拍摄所需照片。

在开挖检测完成后应进行评价过程评估，通过评价间接检测数据和剩余强度评价及腐蚀原因分析的结果，确定地面检测的异常严重程度分级和其优先级排序标准的准确性，如有需要，可对异常严重性分级和优先级排序作相应调整。标准要求所有优先级排序中需立即行动的异常处要开挖直接检测，不需要立即行动的情况下至少开挖 1 处，且第一次应用 ECDA 时至少开挖 2 处。直接检测是整个直接评价过程中最困难和昂贵的一环，良好的预评价和间接检测结果可最小化开挖数量。

1）优先权等级和开挖数量

对间接检测结果指示的每个缺陷位置确定其开挖优先权，它是根据其当前严重程度、发展趋势和过去历史资料来确定其对直接检查的需求程度。优先权分为三级：立即维修（开挖）、计划维修（开挖）和监控（非开挖）。正在发生的，并判断可能对管线构成立即危险的指示应归为计划维修等级；腐蚀发生可能性很小或以往腐蚀很轻微的那些指示可归为监控等级。通用的但不是绝对的划分准则见表 2-39。

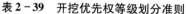

表 2 - 39   开挖优先权等级划分准则

立即维修（开挖）	计划维修（开挖）	适 当 监 控
不管以往腐蚀状况如何，出现大量密集的严重等级指示； 出现个别严重指示或大量中等指示并且以往腐蚀表现为中等以上； 中等指示，但以往腐蚀为严重	所有其余的严重指示； 所有其余的中等指示，并且以往腐蚀为中等； 大量的轻微指示，并且以往腐蚀为严重的	所有其余的指示

开挖数量的考虑如下：如果一个 ECDA 区内只出现监控等级优先权，不出现立即维修或计划维修等级，那么也应当在 ECDA 区内估计为最可能腐蚀的位置，进行至少一次直接检查。初次使用 ECDA 时，至少需要 2 次直接检查。

检测结果出现严重和中等指示，那么使用下面的准则：

（1）所有评为立即维修优先权的指示位置均需要开挖，进行直接检查。首次应用 ECDA 时，至少有 2 次直接检查。

（2）只包含计划维修指示，不包含立即维修指示的 ECDA 区，可对估计最严重的计划维修指示进行至少一次直接检查。首次应用 ECDA 时，至少需要 2 次直接检查。

（3）如果在计划维修指示处开挖结果表明腐蚀深度已超出管壁原厚度的 20%，并且比立即维修指示处更深或更严重，必须再增加 1 次以上的直接检查。首次应用 ECDA 时，必须至少增加 2 次直接检查。

（4）对监控等级为中等的缺陷可以非开挖。

2）开挖和数据收集

开挖前应当地理定位（如 GPS）开挖位置，以便今后的检查和对比。每次开挖前、开挖期间、开挖后和涂层除去前，均应测量和采集数据，并确定每个 ECDA 区内需收集的必需数据（推荐使用标准格式）。

（1）环境数据：如管—地电位的测量、土壤电阻率的测量、土壤样品的采集以及其他需要的样品采集。

（2）涂层损坏检查：如涂层类型和状况描述、涂层厚度测量、涂层附着力测量、涂层老化（砂眼、剥离等）描绘、涂层膜下液体收集和 pH 值测量。

（3）管体金属损伤检查（拆去涂层并清理管道表面后）：如腐蚀产物收集、腐蚀缺陷定位、腐蚀缺陷形貌描绘和照相、腐蚀深度和面积的测量、其他类型证据收集（如细菌腐蚀、SCC 等证据收集）和必要的其他检查（如检查裂纹的磁粉试验和检查内部缺陷的超声波试验等）。

首次应用 ECDA 时，管道操作员应当完成 SY/T 0087.1—2006《钢制管道及储罐腐蚀评价标准　埋地钢质管道外腐蚀直接评价》中列举的全部测量。如果有迹象表明在开挖区范围外存在严重涂层损坏或明显腐蚀缺陷，应增加开挖范围（长度）。

3）腐蚀缺陷剩余强度评价

应评价或计算所发现腐蚀缺陷处的剩余强度。计算剩余强度的通用方法有许多标准，如国外的 ASME B31G、RSTRENG、DNV Standard RP-F101 等及中国石油行业标准 SY/T 0087—1995、SY/T 6151—1995 等。

如果缺陷的剩余强度低于可接受水平，则需要修理或更换该位置的管段。此外应假设在 ECDA 区其位置也会存在同样缺陷，所以在发现缺陷的整个 EC-DA 区，还必须考虑其他评价方法，除非根原因分析中表明缺陷是孤立和唯一的。根原因分析是用来分析所有重要腐蚀点产生的深层原因，例如不充足的阴极保护、以前未发现的干扰源或其他原因，以便采取补救、减缓措施来排除今后来自根原因的外部腐蚀。

4）过程评价

对间接检测数据、剩余强度评价和根原因分析综合分析，应进行过程评价。评价的目的是确认管段修理的优先权准则和检测结果严重性分级准则，以便进行调整。

（1）优先权准则调整：将实际开挖后对管道维修需求等级的评定结果和原制订的开挖（修复）优先权准则预测结果相比较。两者有差异时，以实际腐蚀为基准，修正原优先权准则，重排优先次序，使之符合实际情况。

（2）检测指示分级准则调整：将实际开挖后对管道腐蚀严重性分级的评定结果和开挖前按检测指示分级准则预测结果相比较。两者有差异时，以实际腐蚀为基准，修正原优先权准则，重排优先次序，使之符合实际情况。例如，当实际腐蚀低于原估计程度，原先评为立即维修的指示，重排后通常应被放到不低于计划维修的等级。但是，首次应用 ECDA 时，最好不要将立即维修或计划维修指示降到更低等级。

（3）维修和更换后的评价：所有立即维修的检测指示必须在直接检查期间进行处理。如果开挖后对该缺陷处管段进行了管线修补、重涂涂层或更换，在完成根原因分析和实施所需缓减措施后，在以后评价中可以不再考虑该缺陷的影响。如果只进行了修补，并在随后的间接检测中发现情况有所改善，那么原先为立即维修的，可降到计划维修；原先为计划维修的，可降到监控等级。

五、直接评价技术

通过历史数据的收集整合，借助一定的间接检测方法，得出管道外腐蚀或内腐蚀状况，从而判断管体的整体状态。直接评价可以作为对管道的基础性评价或辅助性评价，直接评价只限于评价三种具有时效性的缺陷，对管道完整性威胁的风险（即外腐蚀、内腐蚀和应力腐蚀和输油管道，内腐蚀直接评价技术不常用。应力腐蚀直接评价技术目前在国内还没有开展，国际上应用也较少，还存在很多需要攻克的技术难点，本部分将主要介绍外腐蚀和内腐蚀直接评价技术。

1. 外腐蚀直接评价

管道外腐蚀直接评价方法（ECDA）是直接评价方法中较成熟的一种。ECDA方法通过评价和减轻外壁腐蚀对管道完整性的危害，达到提高管道安全性的目的。这种方法是一个不断提高的过程，通过连续应用，管道运行方能够确认和确定已经发生过的、正在发生的以及可能发生的腐蚀部位。管道外腐蚀直接评价由预评价、间接检测、直接检测、后评价四个步骤组成。

1）ECDA 的步骤

油气管线的外腐蚀直接评价包括4个关键步骤（评价流程如图2－40所示）：

（1）预评价：预评价主要是为了收集历史数据及当前数据，数据以容易得到的类型为主。其目的是确定 ECDA 是否可行、划分 ECDA 评价区段和选择间接检测的方法。

（2）间接检测：间接检测步骤主要为地面检测，目的是确定涂层缺陷严重程度、其他异常及管道上已发生或可能发生腐蚀的区域。

（3）直接检查：直接检查步骤是根据间接检测结果分析来选择开挖点位置和数量，并在开挖后对管道表面进行直接检查。直接检查得到的数据与以前得到的数据结合可用于确定评价外部腐蚀对管道的影响。

（4）再评价：再评价步骤是分析以上三步所得数据来验证 ECDA 方法的有效性并确定下一次评价的间隔时间。

2）预评价

预评价阶段的目的是确定 ECDA 的适用性，选择地面检测工具和对管道进行分段区；在该评价阶段中，评价人员需进行大量的数据收集、整合以及分析。所收集的数据应包括管道历史数据、当前数据及管道的物理信息，具体数据又可分为以下 5 类：

（1）管体相关数据：管道材质、直径、壁厚、管件生产日期、管道焊缝类型以及是否为裸管等。

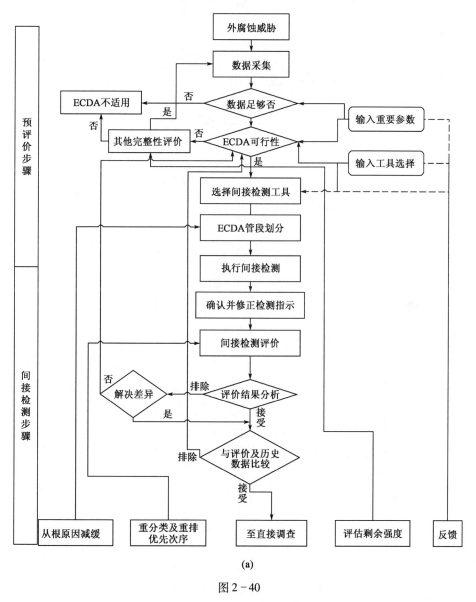

图 2 - 40

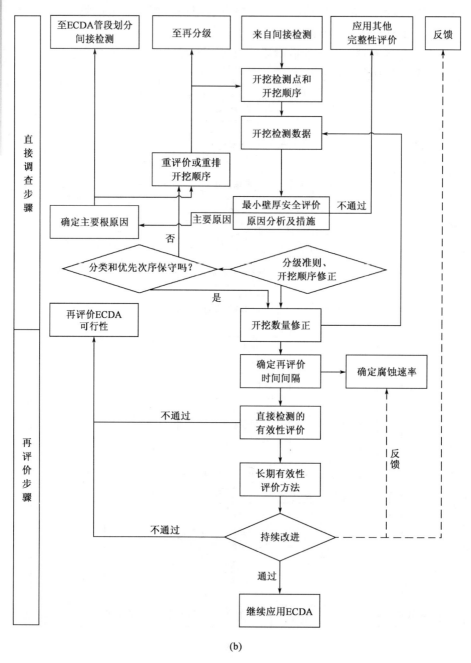

(b)

图2-40 管道外腐蚀直接评价流程图

（2）管道施工相关数据：安装日期，管线改造，管线图，施工方式，阀、支撑和绝缘法兰等附属物的位置，套管的位置与施工方法，弯管的位置，附近有无其他管道、建筑物、高压线或跨越铁路等情况。

（3）管道沿线的土壤及环境数据：土壤特征与类型、土壤排水性能、地面地质状况、土地使用情况以及是否为冻土层等。

（4）管道腐蚀控制相关数据：管道防腐层类型、管道连头处补口防护层类型、防腐层状况、阴极保护类型、阴极保护评价标准、阴极保护维护历史、阴极保护检测历史、阴极保护测试点位置、有无杂散电流源及位置等。

（5）管道运行数据：工作温度、工作压力及其波动情况、监控程序（取样、巡线、泄漏检测等）、管道开挖检测报告、管道维修历史记录、由外腐蚀引起的管道泄漏历史、微生物腐蚀的情况、非外腐蚀引起管道破坏的类型及频率、以前采用过的其他管道完整性评价方法及结果等。

对于运行时间较长的管道，数据收集与整合是一件工作量非常大的工作，且有些数据会前后矛盾，有些数据模糊不清或根本找不到，还由于种种原因，有些数据还不是管道状况的真实反映。面对这种情况，就要求数据整合与分析人员要有相当的知识与经验，并与了解管道真实情况的人员作直接的交流。如果盲目地相信一些记录上的资料可能会影响后期的评价准确性，要对所有收集的数据进行真实性检查和完整性确认。

确定 ECDA 的适用性就是通过数据分析确定 ECDA 能否用于该管道防腐层和阴极保护系统的性能评价以及管体外腐蚀相关的完整性评价。选择地面检测工具是依据腐蚀防护系统与土壤环境状况，确定哪些功能上具有互补性的地面检测仪器能够有效地应用于所测管道，这些选择主要依据所选择检测工具的性能来确定。例如，在穿越河流附近和在冻土层上使用电位梯度法及皮尔逊法的效果应该不会好，在高压交流电线下方使用电磁法及电流衰减法干扰也会较大。

预评价阶段具体的作业步骤如下：

（1）对数据的要求。

收集被评价部分管道历史数据、当前数据和基本物性，以满足开展 EDCA 所必需的最少数据需求并确定其关键数据。

表 2-40 按照 ECDA 作业内容的要求提供收集数据的五种类型（管道本身、施工、土壤/环境、腐蚀控制、操作），对具体管道并非所有项目必需。另外，根据需要也可收集表中没有列出的项目。

表 2-40　ECDA 预评价的数据要求

数据	间接检测工具选择	ECDA 区确定	结果的使用和解释
有关管道的			
材料和等级	ECDA 不适用于非铁材料	不同金属连接处要特别考虑	暴露在外部环境中会形成局部腐蚀电池
直径	可能削弱间接检测工具的检测能力		影响阴极保护电流的流动和对结果的解释
壁厚			影响临界缺陷大小和剩余寿命预测
生产日期			老管道材料强度水平普遍较低，这降低临界缺陷大小和剩余寿命预测
焊缝类型		低频电阻焊区（ERW）或火花电弧焊增强焊缝区的管道需单独 ECDA 区	焊缝强度较低的老管道会降低临界缺陷尺寸，ERW 或火花电弧焊缝比金属的腐蚀速率更高
裸管	限制 ECDA 应用，无可用工具	涂层管道上的裸管部分应单独 ECDA 区	
有关施工的			
安装日期			影响涂层老化时间，缺陷数和腐蚀速率的估计
路线改变/修复		改变需要单独 ECDA 区	
路线图/航拍照片		提供 ECDA 区选择的一般指导和信息	包含可用于 ECDA 的管道数据
施工		施工差异需要单独的 ECDA 区	意味着出现很多施工问题，如施工回填破坏涂层
阀门、紧固、支撑、龙头、连接器、膨胀节、铸铁件和绝缘接头的位置		阴极保护电流明显消耗或改变的区域应单独考虑；不同金属连接处要特别考虑	影响局部电流流动和对结果解释；不同金属接触形成局部电池；涂层降解速率不同附近区域

续表

数据	间接检测工具选择	ECDA 区确定	结果的使用和解释
有关施工的			
套管部位和施工方法	妨碍某些间接检测工具使用	需要单独的 ECDA 区	按临近区域结果推断或用其他检测、评价方法
弯头，包括斜弯头和折皱弯头的位置		有斜弯头或折皱弯头的作为单独 ECDA 区	影响涂层老化，弯头腐蚀影响局部电流流动和结果解释
埋深	限制某些间接检测技术的使用	埋深不同需要单独的 ECDA 区	可能会影响电流流动和对结果的解释
水下部分，河流穿越	明显限制很多间接检测技术的使用	需要单独的 ECDA 区	改变电流流动和对结果的解释
河水中加重物和锚定器的位置	减少了可用的间接检测工具	可能需要单独的 ECDA 区	这些位置附近可能发生局部腐蚀，影响对结果的解释
与其他管道、结构、高压线或铁路相临近	可能妨碍某些间接检测方法的使用	阴极保护电流受影响区域作为单独 ECDA 区	影响局部电流和对结果的解释
土壤/环境			
土壤性质/类型	某些土壤会降低间接检测技术的准确性	影响腐蚀发生区域；明显不同的需单独 ECDA 区	用于解释结果，影响腐蚀速率和剩余寿命估计
排水状况		影响腐蚀发生区域；明显不同的需单独 ECDA 区	用于解释结果，影响腐蚀速率和剩余寿命估计
地貌	岩区等环境影响间接检测（困难或不能用）		
土地使用情况（目前和过去）	铺过的路面等会影响间接检测工具选择	可影响 ECDA 的应用和 ECDA 区选择	
冻土	影响某些 ECDA 方法的适用性和效果	冻土区应考虑单独 ECDA 区	影响电流流动和对结果的解释
控制腐蚀			
CP 系统类型（阳极、整流器和位置）	可能影响 ECDA 工具的选择		外电流系统下局部使用牺牲阳极可能影响间接检测

管道完整性管理技术

数据	间接检测工具选择	ECDA 区确定	结果的使用和解释
控制腐蚀			
杂散电流源/位置			影响电流流动和对结果的解释
测试（评价）点位置		ECDA 分区时需输入	
阴极保护评价标准			用于后期评价分析
阴极保护维修历史		指示涂层状态	对解释结果可能有用
无阴极保护的年份		使 ECDA 使用更困难	对评价腐蚀速率和剩余寿命产生不利的影响
涂层类型—管道	高介电常数剥离涂层 EC-DA 难以使用（屏蔽）		影响腐蚀开始时间和基于管壁损失的腐蚀速率评估
涂层类型—接头	对造成屏蔽的涂层难以使用 ECDA		某些涂层造成的屏蔽可能需要其他的评价方法
涂层状态	ECDA 可能很难应用于严重老化的涂层		
电流需求			电流需求增加意味更多管道表面暴露在外环境
阴极保护测量数据/历史记录			对解释结果有用
操作数据			
管道运行温度		若有明显不同的一般需要单独 ECDA 区	局部影响涂层老化速率
操作压力和压力波动			影响缺陷临界缺陷尺寸和剩余寿命预测
监测计划（试样、巡视、检漏等）		定义 ECDA 区时可能需要输入	会影响预先制定的维修、修复和更换计划

数据	间接检测工具选择	ECDA区确定	结果的使用和解释
操作数据			
管道检查报告—开挖		定义ECDA区时可能需要输入	
维修历史/记录（钢/复合材料维修套、维修位置等）	可能影响ECDA工具选择	以前维修方法，如增加阳极等，可能产生局部差异，影响ECDA分区	为再评价提供数据，如解释最近维修数据等
泄漏/破裂历史（外部腐蚀）		说明现有管道状态	
外部的微生物腐蚀（MIC）			可能加速外部腐蚀速率
第三方破坏类型和频率			需增加涂层缺陷间接检测
地面上或地表检测得到的以往数据			对预评价和ECDA区选择是必需的
水压试验日期和压力			影响检测间隔
其他前期完整性工作，CIS、ILI运行等	影响ECDA工具选择（孤立与大面积腐蚀）		对再评价提供有用的数据

（2）ECDA的可行性。

并非所有管道都可以应用ECDA方法，当某管段缺乏基本必需的数据，并且收集困难，那么就不能用ECDA方法评价。应改用水压试验、内检测等其他方法。此外，如果根据数据分析，发现该条件下缺乏可用的间接检测工具，或存在限制使用ECDA的条件，那么也可能给ECDA应用带来困难。这些情况有：

①防腐层剥离引起的电屏蔽部位；

②石方区、沥青路面、冻结地面、钢筋混凝土地面；

③附近埋设有金属构筑物的部位；

④穿跨越地区及其他不易进行检测或检测不能实施的区域。

（3）间接检测工具的选择。

选择间接检测工具的原则是能沿管段可靠地检测到涂层缺陷和（或）可能腐蚀的部位。整条管道上至少应选择两种间接检测工具，以提高检测结果的可靠性。这两种间接检测工具应是互不相关的，也就是说，应该选择可以取长补短的间接检测工具。

表2－41给出了主要的基本间接检测工具及其使用能力。表2－41列出的并不是可以应用的全部检测工具，而是目前在ECDA过程中用过的、有代表性的方法。特殊情况或应用新技术情况下，可以并应该采用其他间接检测工具。

表2－41　ECDA间接检测工具及适用能力

环　　境	测 试 方 法			
	密间距电位测量法（CIS）	电流电位梯度法（ACVG，DCVG）	地面音频检漏法或皮尔逊法	交流电流衰减法（PCM）
带防腐层漏点的管段	2	1，2	1，2	1，2
裸管的阳极区管段	2	3	3	3
接近河流或水下穿越管段	2	3	3	2
无套管穿越的管段	2	1，2	2	1，2
带套管穿越的管段	3	3	3	3
短套管	2	2	2	2
铺砌路面下的管段	3	3	3	1，2
冻土区的管段	3	3	3	1，2
相邻金属构筑物的管段	2	1，2	3	1，2
相邻平行管段	2	1，2	3	1，2
杂散电流区的管段	2	2	2	1，2
高压交流输电线下管段	2	1，2	2	3
管道深埋区的管段	2	2	2	2
湿地区（有限的）管段	2	1，2	2	1，2
岩石带/岩礁/岩石回填区的管段	3	3	3	2

注：1—可适用于小的防腐层漏点（孤立的，一般面积小于600mm^2）和在正常运行条件下不会引起阴极保护电位波动的环境。

2—可适用于大面积的防腐层漏点（孤立或连续）和在正常运行条件下引起阴极保护电位波动的环境。

3—不能应用此方法，或在无可行措施时不能实施此方法。

（4）ECDA 分区的确定。

管道分段区是根据管道物理特征、腐蚀历史状态、土壤类型及含水量、阴极保护历史、使用的地面无损检测工具等将管道分成若干个类似的段区，这些段区可以是连续的，也可以不是连续的（图 2 - 41）。后期工作一般都会以段区为空间基础进行，这只是初步的划分，后期还可以调整。

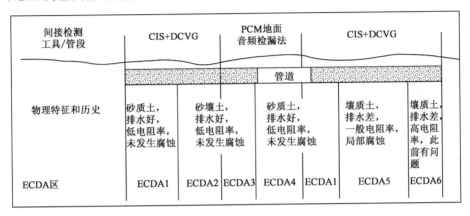

图 2 - 41　管段划分示意图

以下管段宜划分为单独管段：

①管道材质：防腐层管道的裸管段、不同焊接方法段（如低频电阻焊区）、不同金属连接处的两端。

②施工因素：影响防腐层老化和质量的共性部位（如弯头、套管、阀门、绝缘接头、联结器、进出土壤管段、固定墩等支撑）、施工质量差异段、穿（跨）越段、未施加阴极保护的管段、管道埋深差异大的管段。

③运行管理：腐蚀事故多发段、重要性强的管段、阴极保护电流明显流失和改变区域、改线或更换段、防腐层和阴极保护修复段、交（直）流电干扰段、不同管输温度段。

④环境因素：不同土壤性质和类型段、冻土段、沥青和水泥路面段、细菌腐蚀的管段。

⑤其他。

3）间接检测

间接检测是为了确定防腐层破损的严重程度、其他异常以及确定腐蚀已经发生或可能将会发生的位置，一般利用至少 2 种具有功能互补的地面检测工具进行的非开挖检测。间接检测阶段又可进一步细分为实施现场检测，确认表现异常的检测数据，对异常信号进行严重程度分级，比较该次分级结果和以前的检测结果的一致性。

在检测同一段区时应该使用相同的检测工具，本作业程序推荐的地面检测工具有密间隔法、电压梯度法（直流、交流）、皮尔逊法、电磁法和交流电流衰减法。所有间接检测方法均有局限性。对一种间接检测方法检出和评价的"严重"点应采用另一种互补的间接检测方法进行再检，加以验证。

间接检测阶段要求检测的结果可以进行比较，才能比较准确地确定异常的严重程度。由于检测技术的发展，检测精度现在一般不是问题，但在比较严重程度级别时，要注意以前的评价结果所依据的标准和现在的是否一致。如果有可能直接比较原始数据最好，但要注意检测时环境的差异。例如，一般的检测记录中，天气及环境状况都应该记录，即使在相同位置，使用密间隔和电压梯度法在干燥条件与雨后条件下检测的结果一定会有不小的差异，因此，在对比数据时就要考虑到这些差异性。现场检测时，同一段区的检测尽量不要间隔太长时间，特别是不要在检测期间有管道的改造施工及较大的土壤环境的变化，两种检测仪器检测时的环境也不应该有太大的变化，不然会造成检测数据难以比较。另外，在检测时要尽量多地参照地面长期性标志物，以确定能准确地对各检测点定位，并在对比分析检测结果时，要考虑到不同检测仪器检测结果记录中存在的位置误差，不然会给结果的分析带来极大困难。

（1）间接检测的测量。

①测量前，对确定的每个 ECDA 区边界确认并标记清楚。每个 ECDA 区的整体长度范围内应使用同一种间接检测方法。

②间接检测时选用足够小距离间隔以实现详细评价，所选距离必须小到能使检测工具发现并定位管段涂层上的可疑缺陷。

③地面测量应以精确地理位置（如使用全球定位系统 GPS）为参照，并记录在案，以便对比检测结果和用来确定开挖位置。空间误差给间接检测结果的比较带来许多困难。采用大量的地面参照点可减小误差，比如选用固定的管线特征为记号，或在地面上添加记号。

④间接检测在时间上应当紧凑，假如二次间接检测期间发生了如更换管段或安装、拆卸管线等变化，那么比较检测结果是没有意义的。

⑤整条管线上应采用具有连续性的两种以上间接检测方法。这些检测可能在相邻 ECDA 区会重叠。初次应用 ECDA 时，可考虑采用抽样检查、重复测量或其他验证方法来确保所测得数据的一致性和可比性。

（2）检测结果和指示等级划分。

得到间接检测数据后，应进行确认并从中提取所反映的指示信息。对涂层管线，这种指示信息应包括涂层缺陷的定位，但可不考虑缺陷处是否腐蚀；对无涂层管线，这种指示信息应确定管道上阳极点的位置。

表2-42列举了几种间接检测结果的等级划分准则，它们有一定通用性但不是绝对的。

表2-42　间接检测结果的评价等级

检测方法	轻	中	严　重
直流电位梯度法（DCVG）	电位梯度 $IR\%$ 较小，CP 在通/断电时均处于阴极状态	电位梯度 $IR\%$ 中等，CP 在断电时处于中性状态	电位梯度 $IR\%$ 较大，CP 在通/断电时均处于阳极状态
音频信号检漏法或交流电位梯度法（ACVG）	低电压降	中等电压降	高电压降
密间隔电位法（CIS）	通/断电电位轻微负于阴极保护电位准则	通/断电电位中等偏离并正于阴极保护电位准则	通/断电电位大幅度偏离并正于阴极保护电位准则
交流电流衰减法（PCM）	单位长度衰减量小	单位长度衰减量中等	单位长度衰减量较大

（3）检测结果确认。

应当判定检测结果的可靠性，即如果其他间接检测方法或开挖检测不能解决差异问题，应重新评价 ECDA 方法的可行性。差异问题解决后，应将每一间接检测管段的结果与预评价结果、历史腐蚀等记录进行比较，如果不一致，应重新评价 ECDA 方法的可行性、重新划分 ECDA 管段，也可选用其他管道完整性评价技术。

间接检测流程如图2-40所示。

4）直接检查

直接检查步骤是根据间接检测结果的分析来选择开挖点位置和数量，并在开挖后对管道表面直接检查。直接检查得到的数据与以前所得数据结合可用于确定评价外部腐蚀对管道的影响。具体步骤如下：

（1）开挖前环境参数的测量及收集；

（2）开挖后涂层性能参数的测量及收集；

（3）测量管体金属损失的腐蚀形貌及对腐蚀敏感的其他数据；

（4）根原因分析（如果存在的话）；

（5）直接检查后对缺陷的维修情况记录；

（6）信息反馈过程的优先权；

（7）分级等重排的描述和原因；

5）再评价

再评价步骤是分析以上三步所得数据来验证 ECDA 方法有效性并确定下一次评价的间隔时间，具体步骤如下：

（1）缺陷的剩余寿命计算和最大残余尺寸确定；

（2）腐蚀增长速率确定和评价剩余寿命的方法；

（3）再评价时间确定；

（4）评价 ECDA 有效性的准则和评价结果；

（5）各种反馈过程。

需注意的是计算剩余寿命时，所依据的腐蚀缺陷不是优先级中计划维修的异常，而是所有开挖中最严重的，或是次最严重的。且还要求至少直接开挖 1 处或初次应用时直接开挖 2 处来验证该程序是否成功，来评价 ECDA 程序的整体有效性。

（1）剩余寿命计算。

①如果没有发现腐蚀缺陷，不需要进行剩余寿命计算，剩余寿命取作新管线寿命；

②计划维修指示中最大残余缺陷尺寸看作和开挖点中最严重指示的缺陷尺寸相同；

③合理估计腐蚀增长速率，可使用实际速率或用其他快速评价方法得到；

④如缺少其他更精确估计剩余寿命的方法，可使用以下方程估计：

$$R = C \times S \times \frac{t}{G} \qquad (2-70)$$

式中　R——剩余寿命，a；

　　　C——标定参数，取 0.85；

　　　S——安全裕度，S = 失效压力比率/ 最大允许操作压力比率，失效压力比率 = 计算失效压力/屈服压力，最大允许操作压力比率 = 最大允许操作压力/屈服压力；

　　　t——正常壁厚，mm；

　　　G——增长率，mm/a 。

这种方法是基于腐蚀持续发生和缺陷为典型形状的假设，估计值是保守的。

（2）再评价时间间隔。

直接检查中如发现腐蚀缺陷，每个 ECDA 区的最大再评价时间间隔应取计算剩余寿命的一半，特定条件下还可进一步限制。由于腐蚀增长速率不同，不同 ECDA 区可以有不同的再评价时间间隔。计划维修等级的任何缺陷都应在下一次再评价时间开始前进行处理。从安全性角度分析，在本次 ECDA 评价发现可能存在的所有缺陷中，其最严重的被立即维修予以消除，残余的最大缺陷是按正常腐蚀发展速率在下一次再评价之前不足以发展成导致管道失效事故的大缺陷。

（3）ECDA 有效性评价。

ECDA 是连续提高的过程，它的有效性可通过长期跟踪来评价，其依据有以下几种：

①根据可靠性和重复性：例如跟踪 ECDA 过程中再分类和重排优先权的数目；被调整的所占百分数越来越小，表明建立的准则越来越可靠。

②根据应用程度：例如跟踪需要的开挖次数；多次间接检测的管道长度；跟踪使用每种间接方法的管道长度，找到最有效方法的使用长度等；这些数量增加，表明 ECDA 的应用越来越重视。

③根据结果：例如跟踪立即维修和计划维修指示出现的频率，频率变低表明整个管网的腐蚀管理水平在提高；或跟踪直接检查发现的腐蚀严重性，腐蚀严重性降低表明腐蚀对管道结构完整性的影响在降低；或监测沿管段阴极保护异常点的频率，异常点减少表明阴极保护系统的管理在变好等。

④根据绝对准则：例如规定在 ECDA 应用后及下次重评估前的期间内，不会发生因外腐蚀造成的泄漏和破裂；如果多次应用 ECDA，发现管道状态没有改善，应重新评价 ECDA 的适用性或考虑采用其他的评价管道完整性方法。

⑤信息反馈：应当抓住所有机会，通过反馈信息来改善 ECDA 的应用。反馈工作应当包括：对间接检测结果的指示严重性分类；直接检查中收集数据的完整性；剩余强度分析计算；根原因分析；缺陷修补准则；ECDA 长期有效性评价准则；再评价周期。

6）外腐蚀直接评价计划

外腐蚀直接评价可以得到管道外腐蚀的基本信息，包括阴极保护效果、涂层状况等。应定期开展外腐蚀直接评价工作，一般建议新建管线在投产 5 年内实施外腐蚀直接评价，后续评估的时间应参考上一次评价结果，在 5 年内实施。

7）外腐蚀直接评价效果评价

ECDA 应用的优点：（1）它可用于许多由于管道结构或运行要求，内检测和压力试验无法应用的管线；（2）它比内检测和压力试验在费用上要更经济；（3）它不仅可以被动地确定哪里已经发生了腐蚀，而且可以确定正在发生和将要发生腐蚀的位置。

ECDA 应用的局限性：（1）它需求的数据较多，而早期管道的资料流失较为严重，收集充分的真实数据具有较大难度；（2）在有些情况下它难以应用，如有电流屏蔽产生的管段、岩石回填的区域、钢筋混凝土路面及冻土地面，附近有地下金属构筑物的位置，在正常的时间段无法进行地面检测的管段等；（3）它用到的检测方法较多，检测数据多样，分析过程相对也较复杂，操作人员的主观因素太多，结果可能因人而异。

2. 内腐蚀直接评价

内腐蚀直接评价（ICDA）是操作员对管道沿线区域进行识别的工艺，管道内的液体或其他电解液是在正常的运行过程或可能滞留的干扰条件下输入的，主要对包覆段上内腐蚀最可能存在的部位进行直接检查。该工艺对由微生物或 CO_2、O_2、硫化氢等气流或其他气体中的致污物引起内腐蚀的可能性进行识别。

1）ICDA 的四个步骤

（1）预评价：搜集历史和当前数据，确定评价区，并对 ICDA 方法的可靠性进行评价。这些数据通常是从施工记录、操作和维护记录、校正表、具有覆盖厚度的高程图、检测记录以及前面完整性评价或维护操作的检测报告中得到。

（2）ICDA 区域和开挖地点识别：利用流动模拟结果识别最有可能聚集电解液位置的地点，即确定管道系统有积聚水趋势的地点。

（3）局部检测：管道开挖后，利用射线、超声波检测和腐蚀监测等多种检测方法进行详细测试，验证腐蚀情况。

（4）后评价：分析前三个阶段收集的数据，评价直接评价方法的有效性并确定再评价的时间间隔。

2）预评价

为 ICDA 搜集历史数据和当前数据，确定 ICDA 是否可行，确定评价的区域和范围。搜集的数据类型应该包括建设数据、操作和运行历史记录，高程和管道埋深图，其他地面检测记录，历史完整性评价和维护方面的检测报告。ICDA 所要求的数据和信息包括，但不限于下列内容：

（1）所有的数据单元列于 ASME/ANSI B31.8S 的附录 A2.2 中；

（2）操作员识别管道沿线内腐蚀最可能发生的区域所必须使用的模型所需的信息。这些信息包括，但不限于：管道上所有的气体输入和排出点的位置；包覆段上所有的低位点，如凹坑、滴流器、斜面、阀门、管汇、盲管及圈闭等的位置；管道垂直切面轮廓线，要求足够详细能计算出所有的管段的倾斜角；管道直径和管道内气流速度的预期范围。

（3）操作的经验数据，用于指示在气体条件下的历史扰动、这些扰动发生的方位以及这些扰动条件导致的潜在破坏。

（4）包覆段上清管器可能无法使用的或沉积电解液的部位的信息。

输气管道 ICDA 的可行性由一系列的管道特征要求所决定，进行 ICDA 是以满足这些要求为基础的。第一个要求是输送的气体必须是干气（ $<712g/m^3$ ），另外受外界扰动的液态水分都需蒸发为气相分散到干气中。这种条件允许短期的上游水积聚，但不希望水在下游积聚和析出。在这种限制条件下，如果水存在，将发生在沿着管道的孤立位置。如果这些管道没有添加缓蚀剂，没有内涂层提供腐蚀防护，不经常使用清管器清管，清管的次数少于造成腐蚀的次数，以至于水在某处积聚，形成腐蚀，这个位置即是流体模拟预测的位置。流体模型的参数来自主要的天然气输送管道，边界条件是最大的气流速度 7.6m/s，管道尺寸为 0.1～1.2m，压力为 3.4～7.6MPa，整个管段相对常温（在潮湿的地区，压缩机站出口可到54℃）。

ICDA 认为液态（游离）水是主要腐蚀源，另外电解液、乙二醇和湿气被认为是第二腐蚀源，其他腐蚀源不予考虑（如试压用水）。但液态碳氢化合物的影响，如碳氢冷凝析出物、液压油、压缩机防凝液、润滑油等对 ICDA 的影响应予考虑，因为腐蚀速率可能受这些条件影响。

一段管道强调的是它的输入条件和输出条件，ICDA 过程选取管道长度时，考虑的是针对任何长度内，可能存在的电解液、流体特性、输入和输出条件的改变。温度和压力的改变也是 ICDA 考虑的单独分段因素，这是由于局部压力、温度下凝析液的析出会影响临界倾斜角。

如果通过开展 ICDA，在全部管线上有重要的腐蚀被发现，那么对于输气管道，ICDA 是不合适的，应使用其他的完整性评价技术，例如 ILI 或水压试验。

3）ICDA 区域和开挖地点识别

在识别过程中，操作员必须使用 GRI 02—0057 "输气管道的内腐蚀直接评价——操作法"中的模型。如果操作员能够证明使用另一个模型与使用 GRI 02—0057 中模型的效果是相等的，那么也可以使用其他模型。模型必须考虑管道直径的变化，气体进入管道的位置（可能输入液体）及气体排出时气流流动的位置（气流速度减小），以对无法输送气体的水膜上的管道临界倾斜角进行定义。

ICDA 方法的第二步与 ECDA（外腐蚀直接评价）有同样的目的，ICDA 使用是流体模拟而不是地面地上检测，通常通过模拟评估最可能遭受腐蚀的位置。ECDA 局部检测使用电法地面测试的方法来确定和发现最可能有腐蚀或防腐层损伤的位置。

ICDA 方法主要通过识别最可能积聚电解液的位置，并计算腐蚀速率，确定可能的腐蚀状况。输气管道中低液量气体一般会通过薄层流动或液滴的形式向下扩散。正常情况，因为输气管道在大部分时间里运送的是干气，由于有利的质量传递条件，一般认为水滴会蒸发，其在气相中是非饱和的。由于气体流动和自身的重力而产生的剪应力由管道的倾斜角度决定，并驱使薄层沿着管道流动。当重力的作用超过剪应力作用时会发生滞留。建立一系列的稳流流体模型来预测水聚集的关键参数，推荐一个经过改进的 FROUDE 参数 F：

$$F = \frac{\rho_i - \rho_g}{\rho_g} \times \frac{g \times d_i}{v_g^2} \times \sin\theta \qquad (2-71)$$

式中，F 为重力与惯性应力作用在流体单位面积上的比值，ρ_i 和 ρ_g 分别为液体和气体密度，g 为重力，v_g 为气体速度，θ 为倾斜角，气体的密度由压力和温度确定，d_i 为管道内径。当角度小于 0.5° 时关键的 Froude 参数经计算是 0.35（有 0.07 的误差）。当角度大于 2° 时，F 等为 0.56（有 0.02 的误差）。当角度大于 0.5° 小于 2° 时，多相流为层流到紊流的转变，F 在这个转变区域内线形插值。

应准备好一个 EXCEL 文件，使用者能够输入温度、管道直径、压力和液体密度，在其他手册中，液体密度可以调整，压缩因子 Z 用来计算气体密度。

$$Z = \frac{pV}{nRT} \qquad (2-72)$$

式中，p 为压力，V 为体积，R 为常数，T 为温度。对于气体标准状态，Z 的缺省值为 0.83。

流体模拟结果可用于预测水开始积聚的位置。如果水被带入管道内部，水将在管道上坡的位置积聚，这是因为剪应力与重力达到平衡，对小范围区域管道（如穿路段）而言，水的积聚将产生在短的上坡区域段，因此这段需要检测和检查。在有大的高程起伏的区域，管道经过高山和陡坡地段，这里气体流速是变化的，在这段内确定液体积聚的位置更加困难。

倾斜角通常以角度给出，高程变化也可计算得到，倾斜角的 sin 值可通过距离和高程的变化得出：

$$\sin\theta \approx \frac{高程变压}{距离变化} \tag{2-73}$$

倾斜角可按下式计算：

$$\theta = \arcsin\theta\left(\frac{高程变压}{距离变化}\right) \tag{2-74}$$

开挖和局部检测位置的识别：操作员必须对每个 ICDA 区域上内腐蚀最可能发生的部位进行识别。在识别工程中，操作员必须对在包覆段内的每个 ICDA 区域内的两个开挖位置中的最小者进行识别，必须用超声波测厚，应用射线照相术或其他普遍认可的测量技术在每个位置开展内腐蚀的局部检测。其中一个位置必须是在包覆段内最靠近 ICDA 区域开始端的低位点（如凹坑、滴流器、阀门、管汇、盲管及圈闭）。第二个位置必须是在包覆段内接近 ICDA 区域末端的下游。如果在这两个位置中的任一个中出现腐蚀，操作员必须评价缺陷严重度（残留强度）并对缺陷进行修补。

4）局部检测

局部检测作为当前完整性评价的一部分，操作员可以在 ICDA 区域内的每个包覆段上通过超声波测厚技术开展额外的开挖和检测工作，也可以使用另一种评价方法对 ICDA 区域内的每个包覆段的管线进行内腐蚀评价。例如，腐蚀监测（挂片或电子探针）就可以作为一种局部检测方法。在操作员的管道系统内，对所有管段（包括包覆和非包覆的）潜在的内腐蚀进行评价，这与含有发现腐蚀包覆段的 ICDA 区域具有相似的特点，对操作员发现的情况应酌情进行修补。

如果最易遭受腐蚀的位置被确定没有其他损伤，已经保证了大部分管道的完整性，那么，有限的资源应利用在管道最容易遭受腐蚀的地方，当然，如果发现腐蚀，潜在影响管道完整性的问题就可被识别出来，这种方法就是成功的。

管道气流速度恒定时，第一个倾斜角比临界角大得多的位置代表水第一次积聚的位置，所有上游具有较低倾斜角的位置不会引起水积聚，从而不可能发生腐蚀，所有的下游位置或者不可能出现水（因为水会积聚在上游并呈气态存在了），或者只在上游管段已经全部充满液体沿管段流下的情况才发生腐蚀。在这种状况下，上游位置将有一段长期的暴露期，因此可能会遭受最严重的腐蚀，对于管道而言，在所有管道倾斜角小于管道内部水积聚的临界倾斜角的位置，最大倾斜角是此分析管段内需要关注的。

大多数管道有一个气流速度范围，从零到最大，这样就使这套程序变得复杂了。严格上讲，气流从任意速度到最大速度，大倾斜角的管段将积聚水，但是在上游、较低的倾斜角位置处也可能引起管道内部水的积聚。基于这一点，针对倾斜角的检查，高于临界倾斜角可用来评价下游管段的完整性。但是，上游管段的完整性仍然是未知的，如果有一段时期内管段的气体运行速度范围数据，发现气流速度的变化率较小并且表现明显，就可用工程判断法来确定。

5）ICDA 方法的步骤

ICDA 程序流程如图 2-42 所示。

（1）找出第一个管道倾斜角大于最大临界倾斜角的位置，最大临界倾斜角是由操作条件和流体模拟确定的，如果所有的倾斜角大于临界倾斜角，沿管道长度找出最大倾斜角。

（2）在目标位置实施详细的检查和检测，如果没有发现腐蚀，可得出结论：下游不可能有腐蚀。然而，如果速度范围或其他相关参数存在变化，则管段的临界角要比通常情况下小，上游的完整性不能通过下游倾斜角位置的检测确定。

（3）在上游初始、最大倾斜角位置实施详细的检查和检测，这将给下游中间倾斜角位置点提供完整性信息，同时也给下游第一个倾斜角大于最大临界倾斜角的位置提供完整性信息。

沿着管线选择大于临界倾斜角的位置，可将任何一个水积聚的地点作为检查点（如，盲管、阀门、分支等）。当气体达到倾斜角大于临界倾斜角的位置，在上游固定设备安装处（如盲管、阀门、分支）的地段能够积聚水或其他电解液，因此，应对这些固定设备地段进行检查，但这并不能代替对管体的检查，因为积聚水或其他电解液的速率取决于固定设备的几何形状。理想

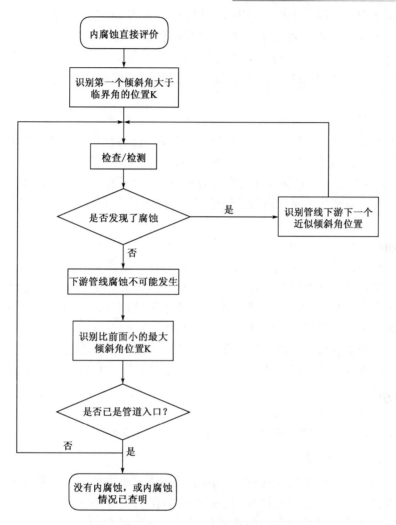

图 2－42　ICDA 程序流程图
"K"—将来按照评价结果的验证持续改进实施

状况是在管道倾斜角大于临界倾斜角的位置，水在此积聚，并在充满和被输送到下一个位置之前蒸发汽化。然而有一种情况，管道内大量的液体充满了积聚点并被输送到下一个固定接收点，如果水的蒸发率是相似的，这种情况下把 TRAP 位置确定为检测位置是可接受的，因为上游积聚点将在水中暴露很长时间（要经受很长时间的腐蚀），如果 TRAP 形状有严格限制，那么在下游的 TRAP 内腐蚀将变得更加严重。

比较水积聚临界角和管道实际的倾斜角，就可确定需要检测和检查的位置。按照这种推理，可选出多处腐蚀开挖位置，经过进一步的有效排查和使用更多的历史经验，可能要改变这些腐蚀开挖点，工业现场经验（或大量的研究）可帮助确定腐蚀点的位置和数量，并能增加识别内腐蚀的准确性。

6）后评价

后评价必须为 ICDA 工艺有效性的评价以及对已经识别出内腐蚀的包覆段进行持续监测做准备。评价和监测过程包括：

对 ICDA 作为一个内腐蚀评价方法的有效性进行评价，并决定是否应对一个包覆段在每隔很短的时间内就重新进行评价。操作员必须在开展 ICDA 的一年之内执行该评价。

使用挂片、超声波检测器或电子探针技术对已经识别出内腐蚀的每一个包覆段进行持续监测，在低位点对液体进行定期排放并对其进行化学分析以了解生成腐蚀产物的可能性，操作员必须基于已开展的所有完整性评价得到的结果和针对包覆段的风险因素决定监测频率和液体分析。如果操作员发现了在包覆段上出现腐蚀产物的任何迹象，必须及时采取措施。

操作员必须在被预测的下游水积聚点（倾斜角大于临界角）开展一个或多个额外的开挖工作，或使用另一个在分节中认可的完整性评价方法对包覆段进行评价。

7）ICDA 方法数据要求

ICDA 方法数据要求和传输条件见表 2－43 和表 2－44。

3．应力腐蚀评价

管道结构作为典型的焊接结构，由于焊接热过程的作用，焊接接头往往发生组织性能劣化并存在各种缺陷，在焊接缺陷处存在的应力集中使缺陷处成为裂纹的源头。当结构受到的外界负载较大或者材料的韧性不足时，往往会导致裂纹失稳扩展，从而使管道在接头处发生断裂，造成突发性甚至灾难性事故。

焊接管道结构中存在的缺陷并非全部都会导致结构破裂失效，从安全性和经济性角度考虑，需按某种标准评定缺陷是否允许存在。目前国际上广泛应用"合于使用"评定标准，它是基于断裂力学的研究成果，定量计算缺陷对产品使用性能的影响，最终决定带缺陷结构的最大安全承载能力或给定载荷下的最大允许裂纹尺寸。"合于使用"原则首先由英国焊接研究所所长 Edger. Fuchs 通过大量试验而提出，该原则与"完整结构"在概念上的区别是它明确地承认焊接结构具有存在构件形状、材料性能偏差和缺陷的可能性。但它又是建立在诸如断裂力学、材料试验、应力分析、质量检查或无损探伤等科学方法的基础之上。"合于使用"原则应充分保证所制造的结构不发生已知机制如脆性破坏、疲劳失效、应力腐蚀的失效事故。因此该原则为结构的设计、制造和操作提供了一个有效的手段。

表 2-43　ICDA 方法数据要求

分　类	描　述
操作历史	输气气流方向有无改变，服役年限，压力波动
定义长度	所有进气口和出气口之间的距离，出气口和进气口位置
高程	管道高程走向 GPS、埋深
特征/倾斜	穿路、河流、排污等
直径	内外径
压力	正常操作范围
流量	正常操作范围
温度	周边环境
水露点	假设小于 7 IB/mmscf
脱水剂—类型	例如，乙二淳的注入量和规律
扰动	自然的、断断续续、慢慢的
水压试压频率	是否有水存在
失效/泄漏位置	
其他数据	

表 2-44　输送条件

	气量（从 A 端到 B 端）$10^3 m^3/d$	气量（从 B-A 端）$10^3 m^3/d$	压　力	温　度
高				
平均				
低				

　　基于"合于使用"原则建立的结构完整性技术及其相应的工程安全评定规程或方法应运而生，使用越来越成熟，在一些国家的组织中已建立了用于焊接结构设计、制造和验收的标准。1980 年英国标准协会起草了 PD6493《焊

接结构缺陷验收评定方法指南》，后来于 1991 年对 PD6493 进行了进一步修订。近年来，随着工程评定领域的发展，英国标准协会制订的 BS7910《焊接结构中缺陷的可接受性评定方法》逐渐取代了 PD6493，并正式上升为英国的国家标准，同时在国际上也得到广泛的承认和使用。

1）BS7910 评定方法

BS7910 标准评定依据为由断裂力学得到的失效评估图（FAD）。失效评估图的纵轴是通过断裂分析得到的缺陷情况无量纲比值，横轴是实际载荷的无量纲值。图上有一条评估曲线。计算一具体缺陷（评定点），得到其坐标值，当评估点位于评估线内部时，该缺陷可以接受；当评定点位于评定曲线上或曲线外部时，缺陷不可以接受。BS7910 标准共有 3 个评定等级，评估级别的选定主要是根据材料的特性、可提供的相关数据的多少以及评估精度。评估级别具体分为：初级评估、常规评估和三级评估。

（1）初级评估——Level 1：初级评估作为 BS7910 中三级评定中的最初一级，是一种简化的评估方法，评定结果的保守度较大。在评定中使用对外加应力、残余应力和断裂韧性的保守估计值，用于有限的材料性能数据或外加应力存在时的情况。由于其评定本身保守度较大，因此不使用局部安全因子来进一步量化评定结果的保守度。它包括两个方法，1A 级和 1B 级。1B 级是一种手工的判断方法，不包括 FAD 图，故不考虑这种方法。一级评定流程如图 2-43 所示。

（2）普通评定——Level 2：二级评定包括两种方法 2A 级和 2B 级，2A 级评定不需要应力、应变数据。2B 级评定适用于各种类型的母材和焊缝，它一般给出较级别 2A 精确的结果，但它需要较多的数据，特别是需要应力—应变曲线，二级评定流程与一级类似。

（3）三级评定——Level 3：适用于延性材料，主要是对高应变硬化指数的材料或需要分析裂纹稳定撕裂断裂时才考虑使用此方法。对于常用的焊接结构用钢，一般不采用此程序，其本身又分为 3A、3B、3C 级评定。

2）评定曲线的确定

（1）1A 级。

1A 级评定曲线是由两条平行于坐标轴的直线组成，评定曲线具有内置的安全因子。其中一条直线和横轴 S_r 相交于 0.8 处，另一条直线和纵轴相交于 $1/\sqrt{2}$（大约 0.707）处，在构成的 FAD 图中，被坐标轴和评定曲线所包围的是长方形区域。进行评定时，如果评定点位于评定曲线所包围的区域内，那么缺陷是可以接受的；否则，缺陷不可以接受。

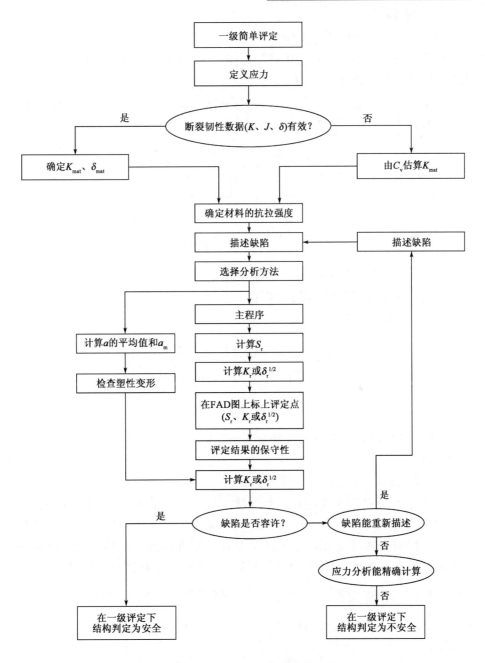

图 2－43 一级评定流程图

（2）2A 级。

2A 级不需要应力—应变数据。

对于 $L_r \leqslant L_r^{\max}$，$K_r = (1 - 0.14L_r^2) [0.3 + 0.7\exp(-0.65L_r^6)]$ (2−75)

式中，K_r 为断裂韧度比；L_r 为载荷比。

对于 $L_r > L_r^{\max}$，$\sqrt{\delta_r}$ 或 $K_r = 0$ (2−76)

FAD 当 $L_r = 1.0$ 时，通过如下方程估计，即：

$$K_r = \left[1 + \frac{E\varepsilon_L}{\sigma_y^u} + \frac{1}{2\left(1 + \frac{E\varepsilon_L}{\sigma_y^u}\right)} \right]^{-0.5}$$ (2−77)

$$\varepsilon_L = 0.0375\left(1 - \frac{\sigma_y^u}{1000}\right)$$

式中 ε_L——Luders 平台的估计长度，mm；

       σ_y^u——屈服强度的上限，MPa；

       E——弹性模量。

$$\sqrt{\delta_r}(L_r > 1) = \sqrt{\delta_r}(L_r = 1)L_r^{(N-1)/2N}$$ (2−78)

$$K_r(L_r > 1) = K_r(L_r = 1)L_r^{(N-1)/2N}$$ (2−79)

$$N = 0.3(1 - \sigma_y/\sigma_u)$$

式中，N 为应变硬化指数下限，是对屈服强度和抗拉强度的比值 σ_y/σ_u 的估计得出的。

（3）2B 级。

2B 级适用于各种类型的母材和焊缝。2B 级评定曲线的确定是从应力—应变曲线上读取相应真应力作用下产生的应变值，然后确定相应的纵坐标值，此坐标值和其对应真应力下的 L_r 组成评定曲线的坐标值，通过得到一系列的坐标点，连点成线即得到针对特定应力—应变特征材料的评定曲线。

建议工程应力—应变曲线应当在下述 $\frac{\sigma}{\sigma_s}$ 值下精确测定（间隔为 0.1 直到 σ_u），$\sigma/\sigma_y = 0.7$、0.9、0.98、1.0、1.02、1.1、1.2，定义评定曲线的方程如下：

对于 $L_r \leqslant L_r^{\max}$，$\sqrt{\delta_r}$ 或 $K_r = \left(\frac{E\varepsilon_{ref}}{L_r\sigma_y} + \frac{L_r^3\sigma_y}{2E\varepsilon_{ref}}\right)^{-0.5}$ (2−80)

对于 $\qquad$ $L_r > L_r^{max}$，$\sqrt{\delta_r}$或 $K_r = 0$ $\qquad$ (2-81)

式中，ε_{ref} 是通过单位拉伸应力—应变曲线在真应力为 $L_r\sigma_y$ 而获得的真应变。对于大多数应用场合，可以使用工程应力应变数据，但是应当注意对屈服点附近数据进行仔细计算。

六、管道的可靠性分析

管道腐蚀后，其剩余强度和剩余寿命都减小，其安全可靠性和经济运行就显得尤为重要。因此对管道，在进行剩余强度评价和剩余寿命预测的同时，有必要对其进行可靠性研究。管道可靠性是指保证管道在规定条件下（不发生断裂失效、不发生泄漏等），在规定时间内（规定的剩余寿命或者运行年限），完成规定功能（规定输送量、规定输送压力和温度）的概率。管道可靠性计算的目的主要是从管道运行安全性和经济性考虑管道的选材、运行参数等。可靠性分析、剩余强度评价、剩余寿命预测以及风险管理等共同构成整个管道的适用性评价技术。

影响管道可靠性的因素与剩余强度、剩余寿命的影响因素类似，包括腐蚀缺陷尺寸 S（缺陷深度 a 和长度 $2c$ 等）、腐蚀缺陷区域应力因素（包括内压和温度等）、材料参数（屈服应力 σ_s）、断裂韧性 S_{IC}（K_{IC}，σ_c，J_{IC}），Paris 公式中的常数 C 等三方面因素。进行可靠性计算时，需将各影响因素看成随机变量，运用概率断裂力学方法，分析管道的可靠性。

第五节　管道维抢修与风险减缓

"安全第一，预防为主"是安全生产的原则，而预防就是为了尽可能避免或减少事故和灾害的损失。应对紧急情况，就应居安思危，常备不懈，才能在事故灾害发生的紧急关头反应迅速、措施正确。要从容应付紧急情况，需要周密的应急计划、严密的应急组织、精干的应急队伍、灵敏的报警系统和完备的应急救援设施。也就是需要建立和健全事故应急体系，包括制订各级事故应急预案。预案是根据实际情况预计未来可能发生的事件及对某种事件的对策。应急救援预案是一种事故发生之前就已经预先制订好的，为保护人员和设施安全而制订的行动计划，即国外所谓的"应急响应计划"。应急救援预案是指导救援行动的依据，其目的有两个：一是采取预防措施使事故控制在局部，消除漫延条件，防止突发性重大或连锁事故发生；二是在事故发生后，迅速有效控制和处理事故，尽力减轻事故对人和财产的影响。应急措施能否有效的实施，很大程度上取决于预案与实际情况的符合程度，以及准备的充分与否。

一、管体维修技术

1. 管道传统维修方法

在管道输送公司的整个发展过程中，管道维修和修复技术一般有：实施简单的打磨，使用机械套管、涂层或切断维修等方式。到目前为止，管道保护和维修技术的发展过程可以总结如下：

（1）20 世纪 60 年代管道涂层研发。

（2）20 世纪 70 年代和 80 年代，涂层材料发展。

（3）20 世纪 90 年代，涂层和复合维修技术得到发展。

20 世纪 90 年代出现了更先进的复合涂层和复合维修技术，这种技术获得普及的关键因素是具有经济可行性、安全性、抗腐蚀性和现场实施维修的能力等。研究和测试结果取得了喜人的结果，监管机构开始批准一些新的复合维修方法作为长期使用的维修方法。现在，具有腐蚀或机械缺陷的常用维修方法无需焊接或切割管道就可以实施，这就增加了安全性和明显降低了环境影响。PRCI 文件 L5I716 阐述了不同的维修技术和方法。表 2-45 总结了上述维修技术的应用。

表 2-45　维修技术应用一览表

类　　型	表　　面	中　　度	严　　重	极 为 严 重
打磨或修整	√	√		
焊接沉积	√	√	√	
全环绕			√	√
热分接				√
切断				√

注：√表示选中，空格表示未选中。

维修技术包括：

（1）临时用卡箍堵漏。

（2）打磨或修整。

（3）焊接沉积。

（4）坑槽修补。

（5）滑动配合套管或 PetroSleeve。

（6）支架套管。

（7）热分接。

（8）塞子和旁通管。

（9）环氧树脂套管维修。

（10）Clock Spring 维修。

（11）其他复合维修。

1）临时堵漏卡箍的维修

临时堵漏卡箍的维修采用一个机械卡箍，依靠良好的密封性，可以安装在通常输送原油的管道干线和分支线上，作为临时的堵漏措施。采用这种技术，管道中的原油可以流经受影响区域，而不会再泄漏。但是，在有条件时仍需进行彻底修理。

根据具体情况，临时卡箍可以用于修理极为严重的损坏。但是，如果损坏与热影响区（HAZ）焊缝重合，则不应磨平或修整。

2）打磨或修整处理

打磨是一种极为常见的修理方式，不涉及应用管道配件。对表面沟槽、轻度缺陷、腐蚀、磨损、层压和一些断裂都可以进行打磨修理。打磨时要使用装有小型发动机的角向打磨机去除缺陷部位周围的金属，形成平滑的型面，从而消除应力点。这是一项需要较高技能的工作，必须按照严格的程序来实施，以避免去除的金属过多（壁厚的0.5%以内）。

这种修理方法是最传统的维修方法，对所有压力套管和金属补片都可使用焊接沉积。但是这种修理方法需要高度的控制能力，因此应该由技能非常娴熟的焊接工来实施，以避免焊穿。这种办法要求预热，所以对于液体管道来说不一定具备实施条件。

由于焊接沉积直接在管道上实施，因此保持管道材料的壁厚和可焊性非常重要。

3）完全环绕对开套管维修

一种常见的修理方法是采用完全环绕对开套管（图2-44），该套管在正在运行的管道周围形成一个滑合座，安装入位的对开套管可以为缺陷部位提供支持，比如凹槽和凹痕。纵向焊缝，如果需要完全密封，可以在每个末端进行角焊。有两种套管，A 类和 B 类（图 2 - 44），A 类套管适用于修理腐蚀和凹痕，B 类套管适用于修理泄漏和圆凿。

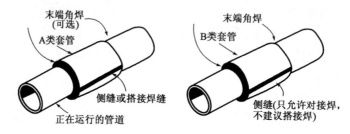

末端角焊
（可选）
A类套管
侧缝或搭接焊缝
正在运行的管道

末端角焊
B类套管
侧缝(只允许对接焊，
不建议搭接焊)

图 2 - 44　完全环绕对开套管维修

对开套管安装工作专业性很强。焊接过程中应考虑温度，以避免氢诱导裂纹。如果套管承受重大的循环压力，还应注意避免造成管道疲劳断裂。

如果修理圆凿或带有圆凿的凹痕，凹痕必须要用环氧树脂填充以防止缺陷处膨胀。

4）管道更换或切断维修

对于管道维修作业，首选的修理方法是切断管件，它将缺陷故障部分管件切除，替换新的管件。但是，对于大管径管道来说这样做的成本较高，尤其是考虑到环境、产品损失和停机时间。是否需要在大管径管道上实施切断，其依据如下：

（1）产品流的影响。

（2）减压和停运一段管道的要求。

（3）以经济高效和环保方式处理产品的需要。

但是，如果环境允许，切除对于上游管道来说是最佳的解决办法。

5）塞子和旁通管

在更换一段有缺陷管道的同时保证管道持续输送的一种方法就是使用塞子和旁通管（图 2 - 45）。对于在更换管道段同时能保持油品持续输送，这是一种非常好的方法，但是费用却非常高。当然，如果其他方法行不通，这就是最后的办法了。

塞子和旁通管方法需要将许多热分接配件连接到管道上，成本非常高。对于简单的双塞子作业，需要 9 个配件，所有配件都要焊到管道上。

确定塞子位置时必须考虑以下因素：

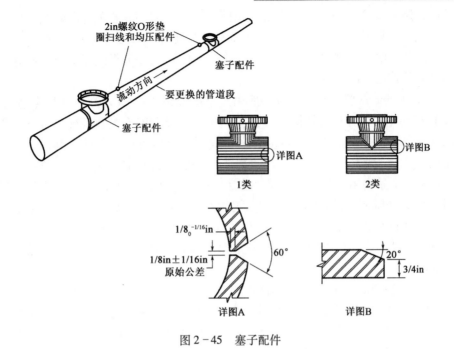

图 2-45　塞子配件

（1）入口。

（2）土壤状况。

（3）风险（气体通风或产品溢出）。

（4）风向。

（5）可能留在管道段中的爆炸混合物。

安装塞子处的管道必须打磨 3.2mm 左右。塞子不能安装在管道段受到压力的弯管、三通管处。安装塞子时，管道维护规程一般要求管道压力不超过工作压力的 65%，行业惯例要求，即使在管道作业时造成的瞬态条件下（比如液体输送管道），也不得超出这个压力。

管道输送公司通常使用两种塞子配件，即：

（1）热牵引、全支路开口滑动配合桶和法兰；

（2）润滑过的全长螺纹接套支管出口（焊接在滑动配合桶和法兰上）。

6）Clock Spring 管道加固系统的维修

Clock Spring 管道加固系统是高强度复合材料的线圈包。这个系统由玻璃纤维或聚酯复合材料用粘合剂一层层盘绕在填充料上，用来加固出现非泄漏问题的钢管。根据英国煤气研究所的测试和分析结果，当线圈包正确安装到位后，该系统可以持久恢复管道的耐压能力。粘性填充物用来填充缺陷处（腐蚀、机械损坏或凹陷等）帮助支持和负荷转移，然后再安装 Clock Spring。对于内部缺陷、尖裂纹状缺陷（由于单向结构）和环形焊缝或圆周缺陷建议不要采用管道加固系统维修。

Clock Spring 管道加固系统一般由三个部分组成：（1）高强度复合结构；（2）高性能两部分粘合结构；（3）极高抗压强度、专有的负荷转移部件。采用这种技术，可以用玻璃纤维复合强化线圈包裹后再用特制粘合剂固定即可完成。这三个部分安装到位后，就会结合起来形成非常坚固持久的修补。粘合剂是一个重要组成部分，能够使维修后的部位在各种环境下持续 50 年的时间。典型的 Clock Spring 管道加固系统的安装由 8 包完整的管子组成，形成整体的 0.50in 厚的结构。这个组合包实际上超过最初管件的屈服强度。Clock Spring 管道加固系统复合修理的强度和效力来自于耐腐蚀能力非常强的玻璃纤维部件。

7）Petro Sleeve 修理系统的修理

Petro Sleeve 修理系统于 20 世纪 90 年代开发出来，为管道输送公司提供了一种永久性修理管道缺陷的方法，如应力腐蚀开裂、凹陷、腐蚀或制造缺陷，同时可以不中断管道输送。

这种方法通过支持和降低邻近缺陷的钢体中的应力以阻止问题进一步恶化的方式来实现。安装 Petro Sleeve 修理系统降低了缺陷周围材料的应力状态，避免了裂纹的进一步扩展。

安装 Petro Sleeve 修理系统也可以消除管件材料的挠曲，而且使缺陷周围材料的应力状态加压。这两种力相作用的结果消除了管道劳损、裂纹扩展和断裂。

以下概述了 Petro Sleeve 修理系统的技术应用：

（1）场外工程设计（包括应力设计）。

（2）润滑、组装和现场安装。

（3）场外组装。

（4）灌注到管件上。

（5）在管件上安装 Petro Sleeve 修理系统。

（6）在 Petro Sleeve 修理系统上施加夹持力。

（7）加热组件。

（8）完成拉锁预部的两个角焊。

（9）取下夹钳。

（10）质量控制组装。

（11）装配应力报告。

（12）包套管和管件（涂层）。

（13）回填。

实施的大范围循环压力测试证明，在安装了压缩套管后，抑制了裂纹扩展。测试采用了在 ERW 焊缝中穿过管壁 48% 裂纹的套管，并将其置于 3650Pa 压力下（100～1168psi）循环。循环之后，金相检验发现在安装 Petro Sleeve 修理系统之后没有裂纹扩展的迹象。在 12in 长的抛物线槽上也进行了同样的循环和金相测试，ERW 接缝中穿过管壁的 70%，而且也没有发现裂纹扩展的迹象（Smyth，2000）。

截至 2002 年，共安装了约 1600 套 Petro Sleeve 修理系统来修补裂纹、腐蚀、凹陷和焊缝烧穿。

8）Strong Back 复合包修理方法

Strong Back 系统由一个交叉缠绕水布（比如玻璃纤维）组成，交叉缠绕水布采用基于液体环氧树脂聚合体和熟化剂混合物的专用负荷转移和涂层剂制成。这种交叉缠绕水布的优点是适用于能够将水从湿表面排出，以形成长久黏结的湿管线（水下）。这种交叉缠绕水布加固系统可以用于维修程度较轻的腐蚀或机械损坏。

9）Armor Plate 管道包裹维修

Armor Plate 管道包裹是另外一种结构性管道维修方法，采用多用途玻璃纤维包裹物和固化剂。由编织玻璃纤维和环氧树脂材料组成，可以形成一个整体复合管道加固。复合材料的实用性已被大量实验室试验所证实，基本材料更是经过石化和相关行业 30 多年的实地应用证实。

与 Strong Back 系统相似，它被认为是修复轻度腐蚀或机械损伤的良好加固方法，不同的是，其硬化剂是化学品而不是水。

下面着重介绍两种管道不停输修复技术，即复合材料碳纤维补强技术和环氧钢壳复合套管技术，这些技术对于节约修复成本和管道经济高效安全运行发挥着重要作用。

2. 碳纤维补强技术

碳纤维复合片材修复补强钢质管道结构是 20 世纪 90 年代发展起来的一种结构修复补强技术，该项技术在国际上深受重视，已广泛应用于化工厂、民用建筑、桥梁等特种结构，成为钢质管道结构修复补强发展的新趋势。碳纤维增强复合材料具有轻质高强度、抗腐蚀、耐久性好、施工简便、不影响结构的外观等优异特性，因此，与传统的焊接补疤方法相比具有明显的优越性（克服了焊接补疤过程中产生焊穿和产生氢脆的危险）。随着复合材料补强技术的不断应用，这一技术已逐渐趋于成熟，并开始成为管道生产管理工作中极为重要、投资量大、技术含量高的一项工作。

1）碳纤维综合补强技术的优越性与可行性

碳纤维以其强度高、弹性模量大而著称，最适合于作为补强材料所用。表2－46列出了碳纤维布、碳纤维三层树脂复合材料和X60管线钢的性能比较。

表2－46　碳纤维布、碳纤维三层树脂复合材料与X60管线钢的性能比较

种　　类	σ_b，MPa	σ_s，MPa	E，GPa	δ，%
碳纤维布（200g/m²）	3500		235	1.5
碳纤维布（300g/m²）	3500		235	1.5
碳纤维三层树脂复合材料	≥2500		≥210	≥1.4
X60管线钢		443	207	
8层单向玻璃布复合（Clock Spring公司）	414		34	1.5~2
4层玻璃布复合（Furmanite公司）	203.1~228		12~13	

由表2－46可以看出，用碳纤维作为补强材料有如下优点：

（1）碳纤维的弹性模量213GPa和钢的弹性模量207GPa十分接近，这样非常有利于碳纤维复合材料与钢的协同变形，有利于载荷在钢和碳纤维复合材料之间的均匀分布，从而有利于达到补强效果。Clock Spring公司和Furmanite公司所给的玻璃布复合材料的弹性模量比钢的弹性模量约小一个数量级，从结构强度的角度考虑，这样只有当钢管具有很大变形后才能将力传递到补强材料。所以从变形协调能力来说，使用碳纤维综合补强技术优于国外有关技术。

（2）碳纤维具有足够的变形量，大于1.4%。按照管道设计规范，对于一类地区，最大操作压力应当是屈服压力p_s的0.72倍。屈服压力对应的规定条件是0.5%或者0.2%的应变量，则最大操作压力所对应的最大应变量根据规定条件不同为0.36%和0.14%，这是碳纤维复合材料可承受变形量的1/4到1/10。也就是说，一般情况下，管体变形远小于碳纤维复合材料的变形量，使用碳纤维复合材料进行补强，从管体变形的角度来说也是足够保险的。

（3）碳纤维补强材料的强度比玻璃纤维大一个数量级，这使得较薄的碳纤维复合材料便可以达到很厚的玻璃纤维补强材料才能具有的补强效果。

2）碳纤维综合补强技术包含的主要工艺步骤

（1）用修补填平胶对缺陷进行修补；

（2）用碳纤维复合材料和树脂胶结合进行补强施工；

（3）用聚乙烯胶带对钢管剩余裸露部分和碳纤维补强层进行综合防腐。

在上述主要工艺步骤施工后，既可以保证管道具有足够的承压能力，又可以保证管道具有足够的防腐能力。

3）碳纤维补强技术的主要材料和性能

碳纤维补强技术的核心是是否具有可靠的补强材料。补强材料分为玻璃纤维短切毡、碳纤维布和相应的专用配套树脂三大类，配套树脂分为缺陷填平修补胶和粘浸胶两种。它们分别由主剂和固化剂配制而成，分为冬天使用和夏天使用的冬用型和夏用型。主剂和固化剂分别包装，在现场使用时，应按工艺要求选用适宜的碳纤维片材，并按照规定的比例对配套树脂进行混配均匀。

补强所用的缺陷填平修补胶，由有关树脂和添加剂组成，它不仅具有应力传递作用，而且还有利于现场施工。

（1）碳纤维布的规格及性能：碳纤维布的规格及性能见表2-47。

表2-47　碳纤维布的规格及性能

品　名	纤维种类	碳纤维面积重量，g/m²	设计厚度 mm	抗拉强度 MPa	弹性模量 MPa	延伸率 %
C-20	高强度碳	200	0.111	3500	2.35×10^5	1.5
C-30	高强度碳	300	0.167	3500	2.35×10^5	1.5

（2）玻璃纤维短切毡规格及性能：玻璃纤维短切毡规格及性能见表2-48。

表2-48　短切毡的规格及性能

品　名	纤维种类	面积重量 g/m²	纤维公称直径，μm	含水率 %	ReO含量 %	可燃物含量 %
GF-30	短切玻纤	300	13	<0.20	0.80	2.0-8.0

（3）配套胶粘剂的规格及性能：缺陷填平修补胶的规格及性能见表2-49。粘浸胶的规格及性能见表2-50。

表 2-49　缺陷填平修补胶的规格及性能

内　容	修 补 腻 子	
	LX200W（冬用）	LX200S（夏用）
适用温度,℃	5~15	15~35
可使用时间,min	35~170	70~180
指触干燥时间,h	4.0~12.0	6.0~18.0
形状	腻子状	
性能指标	钢钢粘结拉剪强度,MPa	钢钢粘结抗拉强度,MPa	胶体抗压强度,MPa
	≥10	—	≥50
主要用途	修补钢管表面缺陷	

表 2-50　粘浸胶的规格及性能

内　容	粘 浸 胶	
	LZ300W（冬用）	LZ300S（夏用）
适用温度,℃	5~15	15~35
可使用时间,min	35~170	70~180
指触干燥时间,h	4.0~12.0	6.0~18.0
形状	乳脂状	
性能指标	拉伸强度 MPa	弯曲强度 MPa	压缩强度 MPa	拉剪强度 MPa	弹性模量 MPa
	≥30	≥40	≥50	≥10	$\geq 2 \times 10^{3}$
主要用途	涂刷钢管表面、渗透粘贴碳纤维片				

（4）LZ10 补强碳纤维复合材料特性：LZ10 补强碳纤维复合材料性能见表 2-51。

表 2-51　LZ10 补强碳纤维复合材料性能

项目名称		指　标	测 试 方 法
机械性能	厚度,mm	0.25~0.75	GB/T 6672—2001
	抗拉强度,MPa	≥2500	
	弹性模量,MPa	$\geq 2.1 \times 10^{5}$	GB/T 3354—1999
	伸长率,%	≥1.4	
	与钢粘结抗剪强度,MPa	≥10	SY/T 0041—1997

续表

项目名称		指　标	测试方法
电气性能	阴极剥离（65℃，48h），mm	≤8	SY/T 0037—1997
	体积电阻率，Ω·m	≥1×10^{12}	GB/T 1410—2006
	电器强度，MV/m	≥5	GB/T 1408—1989
化学稳定性（浸泡7d）	10% HCl	≥85[①]	SY/T 0039—1997 SY/T 0413—2002 附录 D
	10% NaOH	≥85[①]	
	10% NaCl	≥85[①]	
耐环境稳定性	耐热老化性能[②]（65℃），%	≥90	
	紫外光老化性能[③]，%	≥90	

注：①化学稳定性性能指标为试验后拉伸强度和断裂伸长率的保持率。

②耐热老化试验是指试样在65℃的条件下，经2000h热老化后，测得拉伸强度和断裂伸长率的保持率。

③紫外光老化指标是指试样在紫外强光仪下，经2000h照射（喷射时间：18min/120min）试验后的拉伸强度和断裂伸长率的保持率。

各种纤维复合材料在63℃紫外强光仪加速照射10000h条件下抗拉强度随时间变化规律如图2－46所示。此加速试验每进行200h相当于在自然环境下暴露1年的效果，10000h相当于50年的效果。

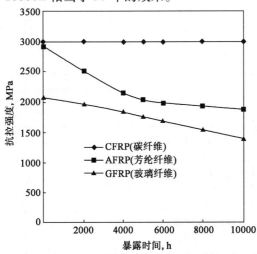

图2－46　各种纤维复合材料在加速暴露试验后的抗拉强度

补强碳纤维复合材料片材与国外补强产品性能比较见表2-52。

表2-52 不同公司的产品性能比较

项 目	北京科技大学 北京华油 LZ10	Clock Spring （CS）	Furmanite（英）	
			AP360MP	AP360ZED
树脂基体种类	环氧树脂	间苯型不饱和聚酯	环氧树脂	环氧树脂
增强体	碳纤维	E—玻璃纤维	E—玻纤	E—玻纤
层厚度，mm	单层 0.25~0.75	1.6	1.6	1.6
含胶量，%	67（wt）	60~70（wt）， 45~55（V）		
断裂伸长率，%	>1.4	1.5~2	—	—
纤维向弹性模量， MPa	>2.1×10^5	34.4×10^3	0.13×10^5	0.12×10^5
垂直纤维向弹性模量， MPa	18351MPa（1.002mm 厚）， 3250MPa（3.4mm 厚）	9.6×103		
拉伸强度，MPa	>2500	517~690	227.8	203.1
纤维向热胀系数，1/℃	0.9×10^{-5}	3.3×10^{-6}		
垂直纤维向热胀系数， 1/℃	1.3×10^{-5}	1.8×10^{-5}		
体积电阻率，Ω·m	>1.0×10^{12}			
击穿强度，MV/m	>5.0			
抗阴极剥离，mm	0.5~1mm		25.9	6.4
长期环境强度 （60℃，pH 值为 4~9.5 的盐水， 20000h）		50 年可承受 138MPa 的静载		
长期环境强度 （63℃，10000h 强紫外光环境）	抗拉强度不变 （相当于自然 环境 50 年）			
耐盐水性能 （23℃，人工 海水，3000h）	抗拉强度下降3.7%			
全尺寸爆破试验	通过	通过		

3. 环氧钢壳复合套管技术

1) 概述

对钢管上的各类缺陷，传统的修复方法是紧贴钢管外壁直接焊接钢套管对缺陷进行补强，操作困难且风险较大，对弯管和外形不规则的管段由于实施困难而只好更换。环氧钢壳复合套管完全解决了这些难题，且可有效抑制内腐蚀过程的破坏，实现了不停输情况下钢管缺陷的免维护永久性修复。

英国天然气公司于1979年开始对环氧套管的性能、安装质量和预计寿命等进行系统的开发研究。1988年将该技术成功地用于修复自己公司的天然气管道，迄今已用了14年。从1992年起，Willbors公司用英国天然气公司制造的环氧套管为阿曼的国有石油公司修复了各种类型的管线数千公里，所有管线在修复过程中都没有停输。该工程是环氧套管技术在欧洲以外地区的首次大规模应用，它预示着该项技术已走向世界。

利用环氧树脂套管（图2-47）维修管道是一种经济、高效的方式，管道不需要停运。环氧树脂填充加固套管维修与传统的修理方法相比是一种新型方法，但是，环氧套管维修已经在一些管道中应用了20多年。这种修理方法要用到两段大尺寸半圆钢壳体，将两端结合在一起，围住受损部位，形成一个圆形缺口。缺口在套管两端使用快速凝固材料密封，然后在非常低的压力下用高硬度环氧基化合物填充。

这种方法无需将套管焊到管道上。测试显示，这种方法能够对缺陷部位形成良好的膨胀限制，在内部压力负载和疲劳周期中表现良好。

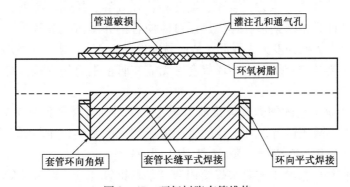

图2-47 环氧树脂套管维修

2) 环氧结构原理及特点

环氧钢壳复合套管（简称环氧套管）主要用于各类钢质管线缺陷的永

久性修复。对于此类缺陷，环氧套管的钢壳不是紧贴钢管外壁，而是很宽松地套在管道上，与管道保持一定环隙，环隙两端用胶封闭，再在此封闭空间内灌注环氧填胶，构成复合套管，对管道缺陷进行补强，如图2-48所示。

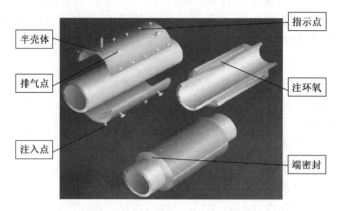

图2-48　环氧钢壳复合套管安装示意图

与传统工艺相比，该技术优点如下：

（1）传统工艺的钢套管焊接需要很高的操作技能。在运行的管线上焊接本身就是一项细致的工作，在内外腐蚀使管壁已经变薄的地方焊接就更需加倍小心，而环氧套管无需在管壁上直接焊接，操作过程不要求太高的技能。

（2）传统工艺的钢套管焊接前需进行复杂的计算和试验，通常要借助计算机，费时费力。焊接过程中的管壁温度超过熔点会发生"熔穿"，而管壁温度是管内介质种类、压力、流速、温度和管外气温、风速、湿度、气压的多元函数，其计算相当繁杂。焊接热还可能使管内介质汽化导致内压升高，加上焊接过程中管壁强度大为降低，从而易发生"爆管"。对于一些热敏介质还要严防焊接热导致介质变质。环氧套管无需在管壁上直接焊接，绝无热操作的各种风险。

（3）传统工艺的钢套管焊接前为防止发生带压流体泄漏的灾难性事故，往往要求管道减压运行，对正常的生产造成较大的影响，而环氧套管无需在管壁上直接操作，对管线正常运行基本上没有影响。

（4）传统的修复工艺要求焊接钢套管紧贴钢管外壁，对弯管等异型管段和有较高焊缝的直管上的缺陷，由于无法制备合适的钢套管而无法修复，往往只好整段更换，环氧套管钢壳与管道间的间隙可在相当大的范围内调整，且不影响其性能。

（5）对于内腐蚀造成的管壁减薄，传统工艺无法阻止继续腐蚀，有时钢套管又很快减薄，需再次修复。环氧套管在管壁腐蚀穿孔后由环氧填胶接触腐蚀介质，而环氧填胶耐化学性极好，可使腐蚀得到彻底抑制。

3）材料及机具

钢壳环氧套管所用钢壳采用比待修复钢管直径大 30mm 的钢管沿轴线方向上下平分而成，长度一般为 2m，厚度及管材均与管体相同或相近。在上片的顶部及两侧共有 3 列均匀分布的监测螺孔，每列 5 个，监测孔用来监测环氧填胶的灌注进度和控制密实度以防"鼠洞"产生，可用螺栓进行封堵，顶部靠近监测孔的一端外接有排气管。在下片底部接有注入管，由此处注入环氧填胶。钢壳片的四周均打成坡口，以便于"V"型平焊连接。在钢壳片靠近两端的左上、左下、右上和右下各有 1 个定位螺栓，用于调整钢壳与钢管间的同轴度。

环氧填胶的设计是工艺的关键，理想的填胶应具备下列特征：

（1）有足够的刚性和硬度，使其两侧的钢管与钢壳能共同承受内外作用力，不会塌陷。

（2）固化迅速，24h 后其强度应达到最终强度的 90% 以上，以减少对管道运行的影响。

（3）胶凝时间在 1h 以上，以满足施工工艺的要求。

（4）粘结力强，在因结露而潮湿的表面上也可顺利施工，固化后与钢管钢壳共同形成一个整体，且不使钢管穿孔后泄漏的介质沿钢管外壁扩散。

（5）流动性好，应保证其能顺利通过最小 3mm 间隙，以便于充满整个环隙。

（6）耐化学介质侵蚀，钢管因内腐蚀导致穿孔时，能有效抑制管内介质的泄漏。

密封胶的最主要要求是固化时间在 1h 内，固体分高，可在 15mm 宽的环隙上一次成型，与钢铁表面粘结力强。

注入机具需选用低压容积式泵，主要原因为：

（1）可提高环氧填胶的密实度。

（2）可降低对密封胶强度及粘结要求。

（3）可使用低压注入软管，增加操作的安全性。

（4）避免操作时已减薄的管壁变形或缺陷发展。

适用范围及应用环氧套管修复技术可用于下列情况：

（1）管径范围为 100～1420mm。

（2）最大承压达 10MPa。

（3）耐温 3～100℃。

（4）管道类型为石油、天然气、成品油、液化石油气输送管道、石化厂管网和近海采油平台的提升管道。

（5）可修复各类缺陷，如腐蚀、裂纹、扭曲或压痕（环向和轴向）、不规则的焊道等。

其能永久性修复缺陷的最大范围为：

（1）管壁缺损和裂纹的长度不限，平均深度达壁厚的 80%，最大深度可达 90%。

（2）扭曲变形达管径的 9%，管壁缺损和裂纹达壁厚的 12%。

（3）1999 年 4 月环氧钢壳复合套管及其应用管壁缺损和裂纹达管道周长的 60%。在实际工程中，该技术已在最大口径 1067mm 的管线上成功应用，最长的套管组在原油管线上为 14m，在天然气管线上则达 20m。实际上，填充水泥或环氧填胶的方法早有一些公司在各自公司的管道上应用过，只是这些技术都没有进行过技术和实践论证。

4）施工程序

（1）根据管内检测的缺陷调查结果进行开挖，将缺陷位置附近的涂层材料去除。管体表面用钢丝刷或喷砂彻底去除原有涂层和外缺陷处的腐蚀产物，对全部管体进行超声检测，将壁厚实测值比理论标准值低 15% 以上的区域在管外壁上标出，环氧套管应包覆所有标出区域。多数情况下，缺陷密集在一起，只需安装一副 2m 长的套管，少数情况下需要两副、三副甚至更多副套管连接在一起，以覆盖较宽的缺陷范围。在环氧套管安装前要先对缺陷处钢管进行表面处理。为保证管体外表面与套管钢壳内表面通过环氧填胶良好地粘结为一体，这两个表面都应喷砂达到 Sa2.5 级。

（2）钢壳安装环绕管体外围组焊钢壳，宽松的钢壳被对称地安置在缺陷位置，钢壳焊道焊接时与管体不要直接接触，对开套管片间的轴向焊缝采用标准的"V"型坡口焊接，如果缺陷范围较大，一副套管覆盖不住需采用多副套管时，各套管钢壳间的环向焊缝也要用标准的"V"形坡口焊接。焊接完成通过超声波检测后，仔细调整钢壳的定位螺栓，使钢壳与钢管间的环隙尽量合理。

（3）端头密封和环氧填胶注入将钢壳与管体间的环隙两端用快固聚酯胶密封。端头聚酯胶的固化时间为 1h 左右，待其固化后，就可用容积式泵和填胶混合装置注入环氧填胶，装置由便携式压缩机产生的压缩空气驱动。

注入泵的分配喷嘴用低压软管连接到钢壳底部的注入口上，填胶注入需 10～35min。注入过程中通过钢壳上的监测孔了解灌注情况和进度，当监测孔有环氧填胶流出时，即可用螺栓将该孔封堵。套管组安装时，填胶注入应通过套管组中心附近的注入口，以保证填胶用最小的距离和最短的时间通过钢壳内的间隙到达套管两端，多余的注入口应事先封死。当排气管有环氧填胶溢出时注入即告完成。

（4）外形整理填胶固化后，割掉钢壳外表面上的定位螺栓多余部分及注入口、排气口及检测孔螺帽，修整套管外表面，并对整个套管外表面喷砂后实施防腐。对于埋地管道防腐前要先将阴极保护附件焊接到钢管和钢壳上，回填前将导线连接到先前安装的阴极保护附件上，再引到地面，与最终清理后安装的接线盒或标志桩连接。

5）技术结论

环氧套管系统的优点表现在：

（1）可靠性与管体一致，完全可达到管线的设计寿命，无需再维护。

（2）可修复钢管的各种内外缺陷，包括裂纹、折皱、腐蚀、塌陷、环向和轴向焊接缺陷。

（3）操作简便，成本低，对管道正常运行基本没有影响。

（4）耐久性和长期整体性经历了高压天然气、石油和成品油管道的多年实际考验。

（5）不在受损的管壁上直接焊接，从而保证了安装过程人员和管道的安全。

（6）无论管道周向几何形状怎样不规则，都能保证缺陷被抑制。

（7）可抵御内腐蚀对管道运行的影响。环氧套管的技术可靠性已通过英国管理授权部门的严格审查，技术许可证代码为 ASME B31。

当然，该技术也有其局限性，表现为：由于密封夹具的不规格性，加上夹具上留有大量的注剂阀，所以堵漏完成后的防腐施工难度较大。同时，管道停输再启动过程中，管道内部的压力会有所变化，对于已经在密封腔内填满压实的密封剂来说，会出现松动或者流动的情况，二次少量泄漏的情况可能出现，所以需要二次补剂。由于管道泄漏缺陷的复杂多样，所以密封夹具的设计是否合理是该项技术用于堵漏能否成功的关键。由于夹具的加工一般需要 3～4 天的时间，对于已经发生的泄漏不能保证及时处理，故可根据现存在泄漏隐患的管道和管件，预制好一批夹具，以保证出现泄漏时能够尽快实施堵漏作业。但考虑到不同的泄漏点又有其特殊的情况，难免会发生预制好的夹具在安装过程中遇到一些麻烦。

6）最新进展

（1）内腐蚀原油管道。

许多中东原油管道有很强的内腐蚀，造成穿孔泄漏。对套管修复技术要求如下：

①环氧填胶的整体性可抵抗化学产品的侵蚀和溶解。

②填胶和钢管的粘结力可抵抗管壁穿孔后介质的压力。

（2）意外泄压导致低温的管道

液化石油气管道运行时，可能因意外事故需要紧急泄压，此时产品的迅速汽化可导致管道处于极低温度。为此，按照该类管道可能面临的临界条件，对固化后的环氧套管样品完成了－65℃的低温冲击试验，测试了样品的各项机械强度性能，表明环氧套管能充分满足液化石油气管道运行的工况要求。

（3）水下管道。

在海底安装环氧套管，操作时间、温度和环境都是临界的，必须进行仔细校验，以保证其可靠性。海底修复的研究内容包括：

①水下管道表面处理的工艺。

②适当的半套管联结方法。

③端口密封和环氧填胶注入的方法。

环氧套管用于水下和海底管道的试验已经开始。"拉链锁"型套管连接机构的部分性能已通过了测试，在水下进行螺栓式法兰简易连接试验取得了成功，简便的遥控操作机械的研究也已完成，海底专用环氧填胶和密封胶的研究正在进行。

二、防腐层维修技术

管道腐蚀几乎都发生在防腐层严重缺陷或破损的地方。一些管道出现阴极保护电流增大，有效保护距离缩短的现象，大多是由于防腐层质量恶化所造成的。这些都说明了防腐层维护的重要性。由于管道埋在地下，不便于直接观测和检查，加上土壤环境条件复杂多变，给防腐层管理维护带来困难。防腐层的维护主要采取以下措施：

（1）经常监测防腐层状况：通常采用定期进行防腐层缺陷检漏、防腐层绝缘电阻测量等方法，分析阴极保护参数的变化情况及原因，判定防腐层质量及损伤程度。

（2）防腐层分级管理：对不同管段、不同状况的防腐层，按其技术状况分级，分别采用不同的维护对策。目前对石油沥青防腐层是根据其绝缘电阻值从大到小分五个级别：优、良、中、差、劣。最差的一级需要更换原有的防腐层。

（3）制订、实施维修计划

对检测确定的不同级别的防腐层，分别采取定期检测、修补或更换的措施。

三、地质灾害的监测与防治技术

1. 地质灾害评价的任务与程序

油气输送管道穿越地域广阔、涉及的地域类型复杂，一旦发生爆裂破坏，就会造成人员伤亡、环境污染和油气输送中断等恶性事故。造成油气管道爆裂损坏的因素很多，其中地质灾害是主要因素之一。

工程地质灾害是指由于自然因素或者人为活动而引发的山体崩塌、滑坡、泥石流、地面塌陷、地裂缝、地面沉陷等与地质作用有关的灾害。

地质灾害评价的任务与方法：地质灾害评价的目的是查明评价区范围的地质灾害隐患，对地质灾害、管道建设可能诱发的地质灾害和管道本身可能遭受地质灾害的危险性进行评价，划分地质灾害危险区，为管道建设提供防灾、减灾依据，实现管道完整性管理。

1）地质灾害评价的基本任务

（1）查明地质灾害体的类型、规模、分布特征及其形成的地质环境条件和诱发因素，评价其稳定性与危险性，即地质灾害的现状评价；

（2）管道建设可能遭受的地质灾害的危险性，即地质灾害的预测评价；

（3）划分地质灾害危险区，提出地质灾害防治建议，即地质灾害的综合评价。

2）地质灾害评价的工作特点

（1）责任重大，直接关系到管道的经济、安全运行；

（2）具有风险性评价特征，主要受地质资料、评价方法和手段、未知影响因素的变化等影响；

（3）灾害实例具有重要意义，可为地质灾害的预测评价提供可靠依据，减少预测偏差；

（4）重视典型地质灾害点的研究，包括灾害点的结构、规模、变形迹象与发展趋势，为预测工作提供保障；

（5）对从事评价工作的地质工作者具有很高的要求，必须具有良好的职业素质和强烈的责任心。地质灾害评价的结果往往具有不确定性，具备一定工程知识和经验的地质人员在地质学方面的造诣和丰富的勘察经验可使得出的结论更为可靠。提高从业者的技能和经验是保证评价结果可靠而有效的途径。

3）地质灾害调查的方法与程序

（1）野外调查的方法。

地质灾害野外调查的主要内容有：

①地质灾害资料搜集，踏勘和勘探。

②地质灾害体调查，采用简易测量手段确定地质灾害体的形态、规模和主要影响因素。对崩塌、滑坡、地面塌陷、地裂缝等应重视变形迹象和其演变过程的调查；对泥石流应重视沟口堆积物的变化及流域内崩、滑体的发育状况的调查。采用地质历史分析法、工程地质类比法和地质环境综合判别法评价地质灾害体的稳定性和危险性。

③资料搜集、航片解译、地面测绘、勘探。地质灾害现状评价质量的优劣取决于资料的掌握程度。

（2）室内研究。

在野外调查的基础上对地质灾害进行现状、预测与综合评价。地质灾害的现状评价与预测评价主要采用地质历史分析法、工程地质类比法和地质环境条件综合判别法等。评价工作的性质是指出问题而不是解决问题，所以评价的工作方法多以定性分析或定性、半定量方法为主，而较少采用定量计算的方法。地质灾害综合评价（地质灾害危险性分区方法）多采用信息叠加法、多因素综合判别法、模糊数学评判法、层次分析法等。需要指出的是由于地质灾害评价工作开展的时间较短，地质灾害危险性分区结果多为区域的相对分区，即在某一范围内的地质灾害危险性的相对大小，而不具备不同区域的对比性，因此使得目前开展的评价工作成果应用受到限制。

管线地质灾害的监测与防治是一项系统工程，首先要重视这项工作，其防治的基本原则有以下几点：

①查清对管道有重大影响的大型地质灾害点性质、规模，分析其可能的致灾程度。对于危害严重的地质灾害点，应尽量采取绕避措施。

②对于管道线路必须通过的地质灾害点，应根据地质灾害不同的性质和

发育条件，采取适当的防治措施，并在施工阶段完成治理工程。

③对于管道施工可能引发或加剧发展的地质灾害，要从设计与施工管理方面制订方案与措施。

④黄土湿陷地段，加强疏排水设计。

2. 常见地质灾害的检测与防治

1) 断层、地裂缝防治

断层和地裂缝是在地质形成过程中由于地壳的相互挤压、造山运动、火山、地震和人类活动等而引起地层断裂和错动而形成的。

断层描述包括：断层类型（正断层、逆断层和平移断层）、断层走向和倾向、断距。

断层对管道的危害：断层滑动导致管道变形（包括拉伸变形和挤压变形）和剪切破坏；断层容易引发山体崩塌和滑坡。

危害程度：通过地质调查确定断层的大小和性质（人工方法和勘探方法），计算断层可能导致的地层变形移动规律和规模，确定其对管道的危害程度。

防治：对于较大的活动断层，应采取避让措施或对管道加固和增强，对地裂缝地段地层进行填埋加固处理。

2) 滑坡的防治

斜坡上的岩体或土体，由于地下水和地表水的影响，在重力作用下，可能沿着滑动面作整体下滑运动（图2-49、图2-50）。

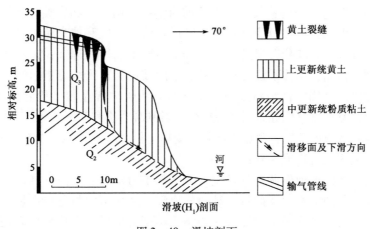

图2-49 滑坡剖面

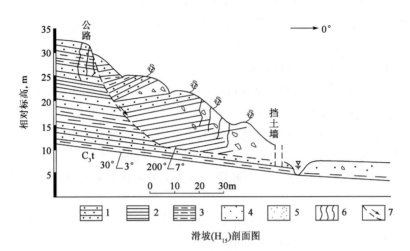

滑坡(H₁₅)剖面图

图 2-50　滑坡剖面层

1—砂岩；2—页岩；3—混岩；4—砂卵石；5—滑体松散物；6—张裂缝；7—滑移面及下滑方向

　　滑坡分类：（1）根据物质可分为黄土、粘土、碎屑和基岩滑坡；（2）根据岩性和构造可分为顺层面、构造面和不整合面滑坡等；（3）根据滑坡体厚度可分为浅层（数米）、中层（数米到20m）和深层（数十米以上）滑坡；（4）根据触发原因可分为人工切滑、冲刷、超载、饱水、潜蚀和地震滑坡等；（5）根据年代可分为新、老、古滑坡；（6）根据运动形式可分为牵引和推动滑坡。

　　滑坡的形式主要包括两方面的因素，即滑坡岩体结构和外部诱因。岩体结构包括岩性组成和构造裂隙；外部诱因包括降雨、雪和人类活动等。滑坡的形成、发展，大致可分为蠕动变形阶段、滑动阶段和停息阶段，掌握其形态特征、发生发展和分布规律，滑坡是可以判别、预报和防治的。

　　滑坡的检测：用井眼位移计检测小量滑坡位移；用水位指示器对地下水位进行监测，以确定滑坡可能发生的部位；用管体焊接装置检测地表滑动；用应变仪监测地层移动导致的管道应变，目测观察法和航测法等。

　　滑坡对管道的危害：滑坡引起管道变形（图2-51），甚至导致管道破坏，或造成一段埋地管道成为悬管。

　　防治：在滑坡地质调查的基础上，基于土力学、岩石力学和动力学，建立滑坡位移与地下水、降雨量的动力学模型，从而可定量分析滑坡发生的条件和规模。对大型滑坡，采取绕避措施；小型滑坡可以采取深埋管道、沿滑体外侧修建排水沟、修建挡土墙和加固滑坡体等措施。

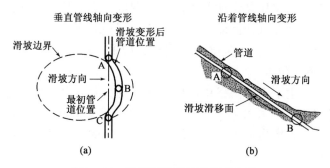

图 2-51　地质滑坡引起的管道变形

对于大型滑坡，路线应采取绕避措施，在确需通过时，尽量避免在滑坡体前缘深挖土方。与管线关系密切，有可能产生整体或局部复活的滑坡，应根据滑坡的类型、规模、主要影响因素，采取相应的治理措施，具体包括：

（1）设置地表，地下截排水措施，以消除水对滑坡稳定性的影响；

（2）采取支挡措施，包括挡墙、抗滑桩、锚固工程措施等；

（3）改变滑坡体的几何形态，在滑坡的主滑段清方减载或抗滑段填土反压，以达到稳定滑坡体的目的。

3）黄土湿陷及冲沟的防治

黄土湿陷是黄土遇水浸湿后，突然发生沉陷的性质。

黄土的化学成分以 SiO_2 为主，其次为 Al_2O_3、CaO 和 Fe_2O_3 等。黄土的物理性质表现为疏松、多孔隙、垂直节理发育、极易渗水，且有许多可溶性物质，很容易被流水侵蚀形成沟谷，也易造成沉陷和崩塌。黄土颗粒之间结合不紧，孔隙度一般为40%～50%。

黄土湿陷及冲沟发生，主要是在水力作用下黄土失去自承力，并在重力作用下形成陷落洞，在水力冲刷作用下形成冲沟。

分析模型：室内利用浸水侧限压缩试验来测定黄土的湿陷能力和湿陷等级，并通过物理化学实验，建立黄土化学组成、粒度组成、力学性质等与水饱和度之间的关系，定量分析黄土湿陷等级。

对管道的危害性：黄土湿陷容易造成管道悬空，当悬空长度超过允许长度可造成管道断裂破坏；黄土冲沟可造成管道暴露、悬空和损伤。

防治：对黄土湿陷性的治理，主要采用土质改良方式和采取防（排）水措施。灰土垫层，这一简单易行的古老地基改良加固方法，我国已有成熟的经验和良好的工程效果。一般可采用黄土掺和一定量的石灰（采用三七灰土或三八灰土）夯实固化，用以消除黄土湿陷性，加固管道管底黄土地基是可行的。土质改良的实质是增加黄土的密实程度，降低其渗透性，提高黄土的湿化性、力学强度和抗冲蚀能力。黄土冲沟可采取导流排水、工程加固和水工保护等综合治理方法。对冲沟不同部位，应采取不同治理措施。

4）泥石流的防治

泥石流是产生于山区沟谷中或山坡地上的，含有大量松散固体碎屑、不均质的特殊洪流。具有突然爆发、历时短暂、来势凶猛、破坏力大等特点，是山区常见的一种地质灾害。根据固体物质成分的不同可分为泥流、泥石流和水石流三种。

泥石流的形成必须同时具备 3 个条件：（1）流域内有丰富的、松散的固体物质；（2）流域内谷坡陡、沟床比降大；（3）沟谷中、上游区有暴雨洪水或冰雪水和湖泊、水库决溃等提供充分的水源。在断裂构造发育、地震频发、降水集中、水土流失严重的山区，以及古冰川发育、现代冰川活跃的高山地区易形成泥石流。

在时间上，泥石流多产生于数年干旱后，或人类不合理开发山地后的多雨暴雨年份，气候转暖、冰川衰退、积雪消融、冻土解冻的年份。泥石流是高浓度的固、液两相流。固体物质含 30% ~ 80%，流体容重 1.5 ~ 2.3 t/m³。固体物质的多少、成分、补给方式决定了泥石流的性质、类型和规模。

泥石流分类：（1）按形成特点可分为冰川型、降雨型泥石流；（2）按沟谷形态分为沟谷型、山坡型泥石流；（3）按物质组成分为泥石流、泥流、水石流；（4）按结构—流变分类，可分为稀性泥石流（容重 1.5 ~ 1.8 t/m³，含沙量 800 ~ 1200 kg/m³），紊动强；粘性泥石流（容重大于 2.0 t/m³，含沙量大于 1600 kg/m³），以层流为主；过渡性泥石流，介于以上两者之间；（5）按规模可分为小型（一次物质总方量小于 $10 \times 10^4 m^3$）、中型 [一次物质总方量 $(10 ~ 50) \times 10^4 m^3$]、大型 [一次物质总方量 $(50 ~ 100) \times 10^4 m^3$] 和特大型（一次物质总方量大于 $100 \times 10^4 m^3$）。

对管道危害：泥石流对管道具有很大的破坏性（图 2 - 52），可以冲刷覆盖层而使管道暴露，对管道产生很大的冲击力，造成管道变形破损。

防治：对于爆发频率高，流域面积大于 5km² 和虽然频率不高，但流域面积大于 10km² 的泥石流沟谷，应采取绕避，堆积区深埋管道；上游设置拦截和滞流设施，降低泥石流动能缓和刨蚀强度，具体措施包括：

（1）生物防治措施：指在影响路线区域采用封山育林与合理耕牧相结合的方法，通过防止坡面侵蚀，控制地表径流，以减轻泥石流的危害。

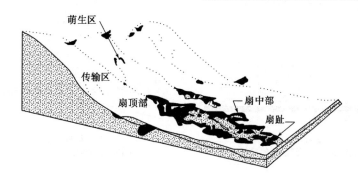

萌生区

传输区

扇顶部　　　扇中部

扇趾

图 2-52　泥石流结构图

（2）工程治理措施：因地制宜，上、中、地、下游相结合，选用固稳、拦截、排导、蓄水、分水等措施，减少泥石流的物质来源，降低其发生频率。

（3）对于工程在沟谷中的弃土、弃渣场应做好排洪设计，临空坡面过高时采取护面墙、挡土墙等护挡措施。位于沟口或沟谷内的大型弃土场，应考虑泥石流的淤积危害。

（4）对于采矿场的弃渣应与有关部门协调，做好统一规划，并采取必要的防护措施，以防止其形成泥石流物源，威胁管道安全。

5）地表冲蚀的防治

地表冲蚀包括侧向和垂向的河床冲刷，以及管道通过带的地表冲蚀和塌陷（图 2-53）。

地表冲蚀可以造成管道出露和架空。我国某管线曾由于河床冲刷暴露，在洪水的涡击振动下导致振动疲劳断裂。

6）地震土壤液化的防治

地震对管道的影响主要是造成地层断裂和土壤液化（引起地层塌陷和大滑坡）。1976 年，我国秦京线就由于唐山大地震造成地层错动而导致管道断裂失效。

地震造成土壤液化是由于在振动状态下，孔隙水压力不断上升，有效应力下降，直至为零，土壤表现为完全的液体行为所造成的。（图 2-54）。

地层液化的判别方法：

首先确定地下水位和地层岩性，然后采用标准贯入法对地下水位以下的地层进行液化判别。

当饱和土标贯实测值 $N_{63.5}$ 小于标贯临界值 N_{cr} 时可判为液化，反之为不液

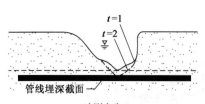

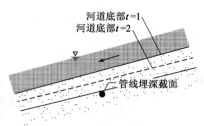

(a)冲刷灾害:
在河流穿越处河道底部的局部深挖

(b)河道埋深降级:
河流穿越处河道底部的一般降低

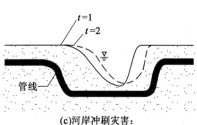

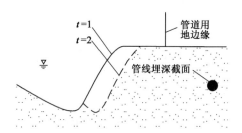

(c)河岸冲刷灾害:
河流穿越处河岸向一个或两个下垂变曲处运动

(d)侵蚀灾害:
河岸向管线非穿越处部位的运动

图 2-53　管道的地质灾害变化

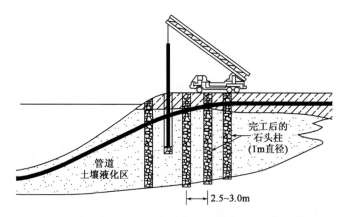

图 2-54　利用地基锚固桩防治地震土壤液化导致的边坡滑移

化。其判别式如下:

$$N_{cr} = N_o [0.9 + 0.1(d_s - d_w)] \sqrt{3/\rho_c} \qquad (2-82)$$

式中　N_{cr}——液化判别标贯锤击临界值;

$N_{63.5}$——饱和土标贯锤击实测值；

N_o——液化判别标贯击数基准值；

d_s——饱和土标贯点深度，m；

d_w——地下水位，m；

ρ_c——粘粒含量，当小于 3 或为砂土时，均采用 3。

震陷是地震引起的土地竖向残余变形。因形成的机制不同，可以分为构造震陷、液化震陷、软土震陷、黄土震陷及其他震陷。

震动作用下的主要效果是使土层变软，模量降低，因而产生震陷。

设震动前的土模量为 E_i，与震动作用相应的割线模量定义为 $E_p = \sigma_d / \sum_p$，σ_d 表示动应力，$\sum_p$ 表示残余应变。

这样就可得到软化粘土的模量 E_{ip}：

$$E_{ip} = 1/(1/E_i + 1/E_p) \tag{2-83}$$

进行两次静力学分析，第一次用 E_i，第二次用 E_{ip}，两次静力学分析求得的位移之差，即为待求的震陷值。

7）采空区的监测与防治

采煤后，采空区上覆岩支发生跨落、裂隙和沉降，当采厚大采深小时，波及地表使地表产生移动、下沉、裂缝和塌陷（图 2-55）。一般情况，采深 H 与煤层总采厚 M 之比 $H/M \leqslant 20$ 或 H 小于 $100 \sim 150m$ 时，地表将可能发生塌陷或裂缝。

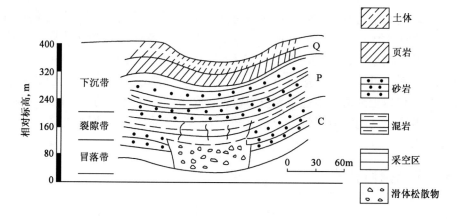

图 2-55　采空区剖面图

根据国内外采矿经验，一般情况 $H/M > 30$。地层中没有较大的地质破坏情况下，煤采出一定面积后，会引起岩层移动并波及地表，其地表沉陷和变形在空间和时间上都有明显的不连续性特征，常表现为地面裂缝和塌陷。

统计资料表明，地面塌陷面积与井下煤层开采面积之比平均值为1.2，塌陷容积与开采体积之比平均值为0.6～0.7，缓倾斜和倾斜煤层，地表最大塌陷深度一般为煤层开采总厚度的70%。

为了探明采空区的具体位置，一般可采用物探方法，如地质雷达法、瞬变电磁法、浅震反射法和瞬态瑞雷波法等，可根据需要选择。采空区对管道的危害主要是引起地面沉降后，导致管道弯曲下沉或悬空，造成管道一些部位应力集中，当应力超过管道强度极限后，管道就会发生破裂。另外，采空区还可能导致地裂缝和滑坡等灾害，影响管道安全。

煤矿采空后，地表变形是一个比较复杂的过程，它与采深、采厚、构造、顶板岩性、采煤方法、机械化程度、回采率大小有密切关系。

对于已知采煤高度、地层厚度和采煤方法的工作面，可通过理论计算的方法得出地表的沉降量和范围。另外，可以利用全站仪对地表下沉量进行监测。

防治：对于地表已发生沉降、裂缝或塌陷的采空区，选线时，首先采用避绕方式。不能避绕的情况，可采用回填或压力灌浆的方法进行处理。对于正在开采的矿区，应与采矿单位协调，采煤时在线路下方应留足保安煤柱，确保管道安全。

8）崩塌防治措施

崩塌落石常具有突发性，在工程施工及管道管理阶段常会造成管道损伤事故。对于山体不稳定，可能崩塌的落石方量大于 $500~m^3$、破坏力强、难以处理的严重崩塌区，路线应绕避，确无绕避可能时，必须采取切实可靠的防护措施；对于可能崩塌的落石方量小于 $500~m^3$、破坏力小、易于处理的轻微崩塌区，应以全部清除不稳定岩块为原则；介于上述两类之间的一般崩塌区，若坡脚与管道之间没有保证安全的足够距离时，必须对可能崩塌的岩体进行加固处理。

四、应急抢修技术

1. 国际标准中关于管道维修方法和步骤的授权和批准

在所有情况下，管道维修和任何更改必须满足 ASME B31.3 的要求，所有的维修和变更必须由一个有资质的维修公司或组织实施，在开始之前必须有监理授权，对于任何变更改造之前，也必须由资质管道工程师认可，在管道维修和更改过程中，监理可以指出存在的要点，并要求有充分的时间检查。

另外还有以下要求：

（1）监理或管道工程师必须同意设计、执行、焊接、检查、试压的全过程。

（2）业主和用户必须批准在管道上作业维护。

（3）在修理和维护任何缺陷之前必须咨询有资质的管道力学专家，目的是识别缺陷产生的原因和找出合理的方法整改。

（4）监理必须同意批准在指定位置进行的所有维修和更改，并且决定现场工作的开始和竣工。

2. 管道抢修应急措施

作为一种管道维护的特殊工作，应急抢修对减少管道泄漏造成的损失很重要。下面介绍几种应急抢修的方法。

1）木塞堵漏

木塞的形状、规格，根据需要预先制作。一旦管道出现穿孔泄漏，用预制好的木塞打紧即可。此法简单、效果好、操作迅速。

2）堵漏栓

堵漏栓是用于抢修管道穿孔时的一种简便方法。堵漏栓的结构如图 2 - 56 所示，它制作简单，携带方便，效果好。当管道出现穿孔泄漏时，可根据孔洞的大小，选择合适的堵漏栓。使用时先使活动杆和螺杆平行，穿入洞内，然后慢慢拉动螺杆，使活动杆和螺杆垂直并紧贴在管子内壁，接着拧动元宝螺母，将密封胶垫压紧即可。

3）环箍堵漏

当管道受腐蚀穿孔泄漏，孔洞周围的管壁也已很薄，强度也较低，这时采用环箍堵漏比较好。环箍的结构如图 2 - 57 所示，它既可作管道单面穿孔堵漏，也可作双面穿孔堵漏。使用时用适当大小的橡胶垫片贴在漏处，套上弧形铁板拧紧即可。

3. 应急情况下管道抢修的程序

1）管道最大悬空长度

在重新修订的 SY/T 5918—2004《埋地钢制管道防腐层大修技术规定》

（代替《SY/T 5018—1994，SY/T 6063—1994 标准》）中，对于输油管道最大允许悬空长度见表 2-53。

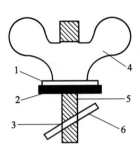

图 2-56　堵漏栓

1—金属垫片；2—橡胶密封垫；

3—活动轴；4—元宝螺母；

5—螺杆；6—活动杆

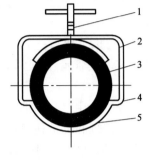

图 2-57　堵漏环箍

1—转动螺栓；2—支架；

3—油管；4—搽胶垫片；

5—弧形铁板

表 2-53　管径、材质与允许悬空长度

管径，mm	$\phi720 \times 8$	$\phi529 \times 7$	$\phi426 \times 7$	$\phi377 \times 7$	$\phi377 \times 7$
材质	16Mn	16Mn	16Mn	16Mn	20
允许悬空长度，m	<20	<18	<15	<15	<9

对于天然气管道，中国石油天然气集团公司管道工程有限公司得出管道的最大允许悬空跨距为 45.2m，安全跨距为 25m，这一结果是在不考虑内压载荷的情况下计算得出的。因此，有必要对其重新计算，内压按设计压力 6.4MPa，外径 660mm，管材弹性模量 2.1×10^5 MPa，屈服应力为 413MPa，断裂应力为 530MPa，考虑第一类安全地区，设计系数 0.72，求最大跨距。如图 2-58 所示，两端简化为固定支撑，计算得出最大悬空长度为 35.5m，安全跨距（允许悬空长度为）20m。

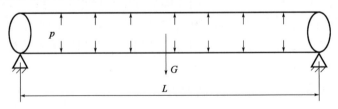

图 2-58　跨距受力图

2）停气与降压的规定

停气与降压前的准备工作应符合下列规定：

（1）停气与降压作业应事前通知用户；

（2）停气与降压作业时间应避开用气高峰和雷雨天气；

（3）停气与降压作业中，当采用旁通管供气时，应在作业前接装好并按有关规定检验；

（4）当采用关闭阀门停气时，应事前进行启闭试验。

停气与降压作业应符合下列规定：

（1）停气作业时应能可靠地切断气源，并将作业管段内的燃气安全排放；

（2）降压作业应有专人控制压力，管内燃气压力不应小于 500Pa，严禁管内产生负压。

4. 几种常见应急抢修程序

1）悬管抢修

在悬空高度较大时（一般大于 3m），应采取如下措施：

（1）根据实际情况，确定悬管的长度，立即向上级汇报，如果超过安全跨度和极限跨度，上级部门应立即组织进行管道相关计算和安全评价，现场考虑是否需要天然气管道降压输送，考虑工作压力降低到什么范围，并组织采取相关安全措施，保证悬管长度在安全范围内。

（2）根据实际情况立即用四脚架、吊链及绳套将管线吊起，即在悬空管线两端各设立一钢结构支架，以钢丝绳作为拉索，以手拉葫芦和吊带作为吊索，以减小管线跨越的挠度，防止管线因受应力集中的影响而产生屈服变形甚至断裂。

在悬空下有河流时，应采取如下措施：

（1）管线与河道平行（或接近于平行）时：在河道内无水的情况下，悬空段的上游（指水流方向）约 15m 处做浆砌石顺坝（在河道内有水的情况下，应在悬空段的上游约 15m 处用装土草袋做顺坝，并在顺坝两侧打钢桩加固），使水流人为改道，避免河水继续掏蚀管道下部土质，从而造成钢结构支架及悬空长度增大。

（2）管线与河道垂直（或接近于垂直）时，应在结构支架处砌石或装土草袋护坡，以避免钢结构支架倒塌及悬空长度增大。然后，在条件允许的情况下，对管道防腐层进行检漏和补伤，并做相应的保护措施，如用 5 mm 厚的橡胶板全圆包敷管道等。

在悬空高度较小（一般指小于3m）时，应采取如下方案：立即用编织袋或草袋装素土（或三七灰土）或用钢结构支架做管线支墩，支墩间距不能大于15m，并在支墩两侧打钢桩加固，间距以300mm为宜。

2）输油管道事故的抢修

发现输油管道事故险情后，应立即上报上级主管部门，启动管道事故应急预案，进行事故地点的查找落实，安排抢险工作，在事故现场的抢修工作中应注意防止事故进一步扩大与抢修施工的安全。

（1）事故发生后及时划定警戒区。对原油管道在距事故中心50m以外设立警戒线，划定警戒区，设立明显的警示标志，有人监控整个事故现场。成品油管道需检测事故区的油气浓度，在爆炸浓度边缘100m以外设立警戒线。如果离居民区较近应酌情通知禁火或疏散，事态严重的需请公安部门或部队协助。例如，某成品油管道被打孔盗油，大量汽油泄漏，事故上报国务院、铁道部、公安部后，下令火车停运、公路封闭、居民疏散。

（2）根据管道泄漏情况，决定管道停输还是降压运行。

（3）消防人员和消防器材到位待命。

（4）暂时收集泄出油品的集油池应开挖在事故点的下风方向，以免集油池内散出的油气会顺风飘至事故的动火地点而引发火灾、爆炸。

（5）开挖埋地管道抢修用的工作坑，根据施工需要确定工作坑的位置和尺寸。工作坑应有上、下通道，便于施工人员进入和撤出。

（6）从输油管道上切除管段时，要等管内泄压完成后才能进行。应采用割管机进行机械切割，不能用火焊切。

（7）泄放出的原油，油品应排至临时的集油池内，尽快回收。

（8）检测动火处的油气浓度，确保其浓度在允许的安全范围内并检查无误后才能动火。

（9）管段焊接作业结束并检查合格后，对补焊或更新处进行防腐补口。

3）管线洪水漂移

根据实际情况，现场测量并确定漂管的横向位移、纵向位移、垂直向上的漂起位移以及水位与管道的关系，立即将上述数据一并向上级汇报，上级部门必须立即组织进行管道相关计算和安全评价，考虑是否天然气管道降压，确定工作压力降到何种程度，并组织采取相关安全措施和稳管措施，保证漂管停止。

（1）漂管不严重时，首先采取打桩法（一般用钢柱）使管线固定，然后掏空管线底部多余土等物质，使管线复位，并在管线上方压盖软土（避免造成管线及防腐层损伤），最后加盖装土草袋，使管线达到埋深要求。

（2）漂管较严重时，可采用"一打，二堵，三抽空"的方法。具体操作为：首先在保护管道及防腐层的前提下，压住管线，例如，采用石笼或机械的方法；然后堵住水源，及时导流围堰，断绝进入管线的水流；最后分段开挖抽水坑，降低管线下部水位，使管线达到复位的位置。

4）管道位移

根据实际情况，现场测量并确定管道的横向位移、纵向位移及垂直位移，立即将上述数据一并向上级汇报，上级部门必须立即组织进行管道相关计算和安全评价，考虑天然气管道是否降压，确定工作压力降到何种程度，并组织采取相关安全措施和稳管措施，保证漂管停止。

（1）沙漠段的位移主要是沙丘流动所致。施工时，首先在管线原位置挖好管沟，在不破坏管道及其防腐层的情况下，用机械缓移管线至原位置，然后在管道两侧打木桩或钢桩，最后回填移位处管沟，防止位移事故再次发生。

（2）河床内的管线位移：首先在管线原位置挖好管沟，采取"一压、二堵、三抽空"的方法，在保护管道及其防腐层的前提下压住管线，例如，采用石笼或机械的方法；然后堵住水源，及时导流围堰，断绝进入管线的水流；最后分段开挖抽水坑，降低管线下部水位，使管线达到复位位置；并且做好善后事宜，新建相应的水工保护，如压配重块或做浆砌石淤土坝等稳管措施。

第六节　监 测 技 术

风险管理的功能监测，一方面是为了使工业部门、政府管理部门和公众能够知道在改进油气输送管道安全性方面所取得的进展，即管道的运行者必须要向政府和公众说明风险管理计划的执行情况和为提高管道安全性所采取的措施。另一方面，如果风险管理计划是成功的，管道失效的倾向就会减少，这有利于进一步反馈到风险管理体系，优化风险管理计划。但是目前风险管理的功能监测办法还处于研究和发展阶段，因为管道的失效是很少的。为此，美国运输部建立了进行风险管理每4年为一个周期的功能监测框架，各公司以此为依据检验其风险管理的有效性。

一、泄漏监测技术

输送石油、天然气的管线泄漏会引起输送参数的变化和泄漏处周围环境的声、光、电、温度等物理参数的变化。输送参数的变化主要指流量的变化，流量的变化可以根据质量平衡原理检漏。压力的变化根据压力波的传播速度检漏，原油中的压力波传播速度一般为 1000~1200m/s，天然气中的压力波传播速度为 300m/s。基于输送参数变化的检漏方法就是间接检漏法，适用于在线连续检测，可以实现对管线的实时监测。

直接检漏也称为间断性泄漏检测法。优点是敏感性好、定位精度高。直接检漏法有人工检漏、可燃性气体检漏、声波检漏、红外热像检漏、示踪剂检漏等。涉及的仪器有声波检漏仪、红外热像仪、金属磁记忆仪、外防腐层检漏仪、示踪剂检漏仪等。

检漏监测主要分为三大类：一是人工现场沿线巡查，二是在线检漏系统，还有一类是直接检漏线缆，但较少使用。在实际应用中，一般都是人工与在线两类方法必须结合使用，取长补短，才能取得更好的效果。

1. 直接检漏

1）直接检漏方法简介

（1）人工检漏。

人工检漏是管道管理一项必不可少的项目。即使在科技发达的国家，大部分泄漏也是首先由过路人发现报告的。为提高效率，发达国家已开始用直升机携带摄像设备来巡线。

人工检漏是采用人工分段巡视的方法，适用于两种情况。一是当泄漏处地表面出现油迹或空气中散发石油天然气味，甚至草木枯萎。靠嗅觉发现天然气泄漏必须给天然气中添加味觉剂，感觉的极限约为 1%。二是发现第三方破坏和管线在出没地表位置的腐蚀可能造成管线泄漏的情况，可以对泄漏的可能性作出评估并加强管理和修复。

对海底输油管道，检漏要求更严格。北海、墨西哥湾、巴西等油田的海底管道维护中将荧光染料注入石油中，据说能检测到海水中 1ppm 浓度的漏油。

（2）声波检漏法。

声波检漏法即超声波检漏法。流体泄漏时，由于内外压差，使流体通过漏点时产生涡流，这个涡流产生振荡变化的声波，其频率在 6~80kHz 之间。该声源发出超声波的物理参数，利用压电传感器在 20m 以外可以检测到漏点。

（3）可燃性气体检漏法。

用于天然气管线泄漏和含有较多轻烃的原油管线泄漏的检漏。气体检测法有火焰电离检测法和可燃性气体检测法。

火焰电离检测器的定位精度高，响应时间为 2s，抗干扰能力强，检测速度约为 30km/h（车载）。

可燃性气体检测器通过扩散作用从空气中取样，利用催化氧化原理产生一种与可燃性气体浓度成比例的信号，一旦可燃性气体浓度超过爆炸下限的 20% 时仪器报警。

（4）红外热像法。

泄漏会引起周围土壤或空气环境的温度变化。利用红外热像仪扫描该环境可发现泄漏。

（5）示踪剂法。

在输送流体中掺入液体示踪剂，当管线泄漏时，流体从管中流出，流体中的示踪剂挥发，并扩散弥漫到周围的土壤中，检测示踪剂的气体分子就能准确检出泄漏位置。

2）泄漏检测应用实例

目前，国内埋地油气管道泄漏检测技术应用仍属于试验阶段，检测方法尚未标准化，尚没有比较成熟的埋地管道泄漏检测试验方法。下面列举胜利油田腐蚀与防护研究所对胜利油田部分埋地管道泄漏检测的应用实例，以使读者初步了解部分埋地管道泄漏检测技术的应用情况以及其对指导油田埋地管道泄漏事故快速抢险发挥的作用。

（1）输油管道泄漏检测实例。

胜利采油厂 102 标定站——东营原油库外输管线黄河路段腐蚀穿孔事故泄漏检测。检测步骤方法如下：

①利用雷迪 RD-PCM 结合雷迪 RD-4000 确定管道具体位置；

②利用电流梯度法和电位梯度法在原油泄漏点前后检测管道防腐层破损点；

③运用燃气检漏仪和声波检漏仪参与检测操作。

通过多种检测技术的综合应用，在 12h 内检测出管道泄漏点为一直角弯头处，因年久腐蚀严重以及弯头处介质流态变化引起的冲刷腐蚀，造成管线穿孔泄漏。

（2）输气管道泄漏检测实例。

某输气管线泄漏检测步骤方法如下：

①管线普查：使用手推式燃气泄漏检测仪快速对管线进行大面积的泄漏普查，找出泄漏管段，确定异常部位。

②管道定位：对普查中发现的重点部位对管道进行准确定位，使用地下管线探测仪探测以便进一步检测，确定异常点。

③异常确认：对于硬化路面，在异常点处使用路面钻孔机、液压破路锤等设备，按 3～5m 的间距，在异常点处钻足够数量的探孔，对每个探孔采用燃气泄漏检测仪探测孔中可燃气体的浓度，浓度最高点距管道泄漏点最近，由此对泄漏点进行精确定位，确认泄漏点。

2. 在线检漏

在线检漏是指通过安装在管道上的自动化系统实时监测因泄漏而引起的数据变化来实现检漏，即判断是否发生泄漏并给出漏点位置。

1）压力检测法

在管道的两端分别安装压力变送器，管道发生泄漏时，泄漏处的压力发生急剧变化，产生一个压力波，在管道内向两端传播，该压力波传播速度为当地声速，也跟水击波相同，所以俗称"压力波"或"负压波"。泄漏点离哪个站更近，压力降就会先传播到哪里，根据两端采集到的压力变化时间的不同，可以计算出破裂处的位置。

原油含水会增加压力波传播速度，但是增加不大。一般压力波在原油中传播速度约 1100m/s，在水中约 1500m/s。

这种方法能够定位，但是误报较多。只能检测正在开始发生的泄漏，但是不能检测已经存在的稳态泄漏。

2）流量检测法

由质量守恒可知，进出输油管道的瞬时质量流量相等。在输油管道的两端分别安装流量变送器，当输油管道发生泄漏时，两端的流量计可检测到流量的变化，从而判断是否有泄漏现象发生。但输油管道两端流量计多为容积式流量计，沿输油管道温度发生变化，造成两端监测到的瞬时体积流量产生输差；另一方面，温度变化也使管道内存量不断变化。

这种方法只能计算一段时间段内进入和流出管道的流量，当输差超过报警限值时，就会报警。短时间如几十分钟的平衡对较大的泄漏反应快，达到 3～6h 长时间累积能检测到更小的泄漏量。常用累积的时间有：1min、15min、1h、24h 乃至 1 个月内的流量差。

传统的输差对比不能定位，主要有两个原因：一是采集到的瞬时流量数据波动太大，小量泄漏被淹没；二是小量泄漏时末端进站流量变化较大，但出站流量变化不大甚至不变，也就不能定位了。

美国康创超声波流量计首先用流量实现了泄漏定位，但是由于超声波计量计用于原油计量的波动很大，计量误差也较大，限制了它的应用。

3）动态模拟计算

动态模拟计算又称实时模拟法，是利用质量、动量、能量守恒方程和流体的状态方程等，考虑管道内流体的速度、压力、密度及粘度等参数的变化，建立管内流体流动的动态模拟。在一定的边界条件下求解管内流场，然后将计算值与管端的实测值相比较。当实测值与计算值的偏差大于一定范围时，即认为发生了泄漏。在泄漏定位中使用稳态模型，根据管道内的压力梯度变化可确定泄漏点的位置。该方法定位难度大，误报率高。

4）声学法

根据声音传感器检测沿管道传播的泄漏点噪声进行泄漏监测和定位。管内介质泄漏时，管道内外压力差使泄漏流体在通过泄漏点到达管道外部时形成涡流，涡流产生振荡变化的压力或声波。这个声波可以传播扩散返回泄漏点并在管道内建立声场。其产生的声场具有很高的频谱，分布在 6～80kHz 之间。该方法是将泄漏产生的噪声作为信号源，由传感器或成本更低检测能力更强的光纤接受这一信号，以确定泄漏位置和程度。

3. 检漏线缆

检漏线缆是指一些特殊制作的线缆（如聚合物电缆、特种光缆等），沿管道敷设来检测，直接感知泄漏原油，而非靠推测，故不受管线运行状态影响，灵敏度也很高，能够检测到微量的泄漏。

但由于线缆需要开沟施工安装，对现有管线施工难度较大，而且如聚合物电缆这种特殊制作的线缆价格昂贵，长期使用性能会变差。另外，它还有一个缺点，如果泄漏原油接触不到或者温度场等影响不到，线缆也不会报警。

二、安全预警技术

目前，国内外与长输管道安全预警相关的技术主要有两种：基于分布式光纤传感器技术的管道泄漏监测和基于声波传感器技术的管道测漏技术。但是这两种技术都是针对由于挖土施工、人为破坏等引起管道泄漏的报警技术，不是针对由于地下水、土壤等物质引起的管道自然腐蚀、穿孔的预警。事实上，地下管道由于腐蚀引起的危害远比人为破坏引起的危害大。

1. 基于分布式光纤传感器技术的管道泄漏监测

分布式光纤传感器是一种传感型光纤传感器，它具有同时获取随时间和空间变化的，在传感光纤区域内的被测量分布信息情况。光波在光纤中传播时，其特征参量（如振幅、相位、偏振态、波长等）在外界因素（如压力、振动、位移、温度等）的作用下会发生变化，利用这一特性，在油气管线铺设的同时，铺设一条或几条光缆，利用光纤作为传感器，拾取管线周围的压力和振动信号。通过对信号的分析和处理，对管线油气泄漏、管线附近的机械施工和人为破坏等事件进行迅速判断和准确定位，以提高油气管线的监测水平。

当油气管线发生泄漏时，泄漏出的高温高压石油和天然气会对附近的光纤施加作用力，使光纤发生弯曲和抖动，导致辐射模的增大或减小。同时，当油气管线附近有机械施工或人为破坏时，也会对光纤施加作用力，使光纤的损耗和输出光功率发生变化。利用这一特性，通过对光纤输出光功率频谱的分析，判定油气管线是否有泄漏等事件的发生，并通过对背向散射光的测量，完成泄漏等事件的定位。

但是，这种技术需要开挖土方、破坏现有管道的保温层，把光纤埋入到管道表面，施工量大、成本高而且影响石油、天然气等的管道输送。因此从施工和成本角度分析，都不太适合。

2. 基于声波检测技术的长输管道安全预警技术

1）声波检测防盗基本原理

众所周知，物体间的相互碰撞均会产生振动，发出声音，形成声波，声波不但能在空气中传播，而且能在液体和固体中传播。声波在空气中传播时，空气阻力使声波急剧衰减，其传播速度仅为 340 m/s，而声波在钢管中传播时，由于受到极小的阻力，其传播速度高达 5000 m/s 以上。

打孔盗油时产生的声波沿着钢管高速传播，安装在钢管外壁上的高灵敏度声学传感器接受到该声波后，对信号进行放大、滤波、一线判别，然后传输给总站主机。主机对接收到的信号进行特殊的数字信号检测和二线判别，获得正确的报警信号。由于各分站以编码发送信号，主机定位接收信号，定位显示报警位置，同时记录报警时间，因此，一旦发现盗油打孔，主控计算机立刻自动启动报警系统，发出报警信号。

2）声波检测技术存在的问题

传感器的安装需要破坏管道的保温层，需要开挖土方和影响生产。此外，它成本高，1km 造价在 1×10^4 美元以上，而且，信号的传输采用中继通信方式，一旦某个点的通信设备出现故障，将影响整条管道的安全运行监测。国际上主要是美国和法国使用声波技术。因其造价昂贵和使用不方便，我国较少采用。

3. 基于雷达测漏技术的长输管道安全预警技术

1）基于雷达测漏的基本原理

油气管道雷达预警测漏系统将埋入地下的金属输油气管道视为一根特殊的导线，并在其上加高频脉冲信号，这时脉冲信号就会沿着管道传播。根据雷达和传输线理论可知，有破损的管道对高频信号可等效为不连续的传输线或者有障碍物的空间。当高频脉冲信号在传输过程中遇到介质变化处（管道破损点）必然会产生波的反射。这时，雷达测距组合机就可采用先进的计算机技术和信号高速采集处理技术，将反射波及时记录存储，并通过分析、比较、判断，及时报警。同时，对油气管道运行产生的老化、疲劳和腐蚀等做到及早发现、适时提示、准确定位，以便迅速采取措施。

2）精确定位的基本原理

根据距离、速度、时间关系方程式 $S = (1/2)vt$，只要雷达测距组合机能够准确地获得反射波的延时时间 t 和在油气管道上的反射波传输速度 v，就可以计算出油气管道破损点距中心基站的精确距离，并显现在显示组合机上，从而达到准确定位的目的。中心基站与油气管线上的 N 个监控站的双向通信，主要采用 GSM、GPRS 通信模式。其主要优点是克服了自建无线通信网受距离、地形、地物等方面影响，仪表运行更加及时、准确、稳定、可靠。

但是，要确定"目标"的距离 S，必须测定反射波的延迟时间 t 和反射波的传输速度 v。由于管道不是完全均匀的媒质，因此在传输过程中，波的传输速度也是不同的。t 是反射脉冲对于发射脉冲的延迟时间，比较容易确定；而 v 的误差将对定位的准确性有很大的影响。必须通过实践找到一种测定 v 的有效办法，才能较好地解决"目标"的定位。目前油气管道雷达警测漏技术正处在实验阶段，经现场试验，达到技术指标所规定的要求后，才可投入试运行。

4. 基于阴极保护技术的长输管道安全预警技术

阴极保护是电化学保护方法的一种，它通过对被保护金属体施加足够的阴极电流，使其电极电位负移，使金属减弱由原子态自发变为离子态的趋势，从而使金属腐蚀的阳极溶解速度大幅度减小，甚至完全停止，从而根本上抑制了腐蚀的发生。

根据提供电流的方式不同，对埋地管线的阴极保护通常可分为两种形式：采用具有较负电位的金属阳极与被保护管道连接，即牺牲阳极法；使用外加电源对被保护管道施以负电流，即强制电流法。

不管是采用强制电流法还是牺牲阳极法，为便于长输管道投入运行后对阴极保护系统的检测，在管道边相隔一定距离处都设置了保护电位测试桩。正常情况下，测试桩上的保护电位维持在工程设计时的电位值，当管道腐蚀严重时，会引起保温层剥离和防腐层脱落，导致保护电位异常。因此，只要监测管道测试桩的保护电位，通过对阴极保护电位分布模型的研究，建立一种通过监测保护电位来确定管道覆盖层质量的评价方法，就可以知道管道的某个位置是否发生了异常，从而起到对长输管道的安全预警。

三、地质灾害监测技术

灾害地质条件下，管道可能变形、断裂和大范围破坏，从而导致油气泄漏、管线停输，带来巨大经济损失，还有可能引发火灾、爆炸等事故，给生命财产、自然环境和社会安定带来严重后果和恶劣影响。

如何对地质灾害进行监测、评估和防治，直接关系到油气管道的安全。在大量地质灾害调查的基础上，根据地质灾害发生的特点，以及国家相关的地质灾害防治原则，建立油气管道防治地质灾害的完整性管理系统。

地质灾害识别与探讨：包括地质灾害发生的机理、描述参数、主要影响因素、分析模型、监测方法（监测项目、仪器和数据整理分析）、危害性分析、预防和治理方法。

地质灾害预测预警：根据地质灾害的区域规律以及与控制因素（工程地质岩组、水文地质条件、地质构造、地形地貌、植被等）和主要影响因素（降雨、人类工程活动等）的关系，采用信息量模型、专家评分模型、人工神经网络模型、层次分析模型等，预测地质灾害易发生的空间范围，圈定地质灾害易发区（敏感区），为实时预警预报提供明确的位置和灾害规模，同时为管道地质灾害的管理和规划提供科学依据。

灾害地质条件下管道的完整性评价：通过现场地质调查，按照不同类型地质灾害（滑坡、泥石流、崩塌、黄土湿陷、煤矿采空区和地震等）的发生频率、规模，评价管道地质灾害完整性。

1. 滑坡

滑坡的监测：井眼位移计监测小量滑坡位移；水位指标器对地下水位进行监测，以确定滑坡可能发生的部位；管体焊接装置监测地表滑动；应变仪监测地层移动导致的管道应变；同时还有目测观察法和航测法。

1）滑坡和崩塌的监测技术分类

（1）宏观地质观测法：人工观测地表裂缝。地面鼓胀、沉降、坍塌、建筑物变形特征（发生、发展的位置、规模、形态、时间等）及地下水异变，动物异常等现象。

（2）简易观测法：设置跨缝式简易测桩和标尺、简易玻璃条和水泥砂浆带，用钢卷尺等量具直接测量裂缝相对张开、闭合、下沉、位错变化。

（3）设站观测法：设置观测点、站、线、网，常采用大地测量法（交会法，几何水准法、小角法、测距法、视准线法）、近景摄影法与全球定位系统（GPS）法等监测危岩、滑坡地面的变形和位移。

（4）仪表观测法（机测、电测）：主要有测缝法，测斜法，重锤法，沉降观测法，电感、电阻式位移法，电桥测量法，压磁电感法，应力应变测量法，地声法，声波法，电测仪表，监测危岩滑坡的变形位移，应力应变，地声变化等。

（5）自动遥测法：采用自动化程度高的远距离遥控监测警报系统或空间技术——卫星遥测，自动采集、存储、打印和显示危岩滑坡变形观测数据，绘制各种变化曲线、图表。

2）常用滑坡监测方法

（1）深部监测：采用钻孔测斜仪对滑坡不同深度的变形特征进行监测，确定滑坡体是否存在新的变形面（带），已有的变形面（带）或滑动面（带），以及在防治工程实施后是否继续变形或发展。

（2）地表变形监测：地表变形是对地表变形迹象，如滑坡的裂缝、位移、地表建筑物的变形等，采用各种成熟仪器定时监测，及时预报变形破坏情况。

（3）倾斜仪观测：在滑坡岩体或构筑物上建立观测点，用倾斜仪监测是否发生倾斜变形。

（4）次声报警仪监测：该仪器是通过对岩体或构筑物发生破坏时发出的

次声信号远程监测滑坡的破坏，并报警。该仪器用于监测滑坡已发生明显变形的破坏坡体。

2. 山洪、泥石流的监测

1）山洪

我国大部分山区主要以暴雨型山洪为主，监测任务是对暴雨进行预报，主要方法有：雷达暴雨监视、卫星云图暴雨监视、天气图暴雨监测、雨量自动监测系统。这些工作主要由气象部门负责。

2）泥石流

泥石流常发生在山区小流域，是一种饱含大量泥沙、石块和巨砾的固液两相流体，呈粘性层流或稀性紊流等运动状态。

泥石流的形成必须同时具备3个条件：（1）流域内有丰富、松散的固体物质；（2）流域内谷坡陡、沟床比降大；（3）沟谷中、上游区有暴雨洪水或冰雪水和湖泊、水库决溃等提供充分的水源。泥石流的触发条件主要有降雨量及雨量的强度，且与地方小气候的关系很大。根据泥石流形成的条件，泥石流成灾前监测的物理量应包括：土壤含水率、降雨量、土壤剪切力、松散固体物质应变、地表位移等。

所以泥石流监测可以综合山洪和滑坡监测技术，重点是对降雨量进行监测。泥石流的监测系统既应该有区域降雨监测（类似山洪），也应该建立局部重点区、沟谷的降雨监测点，以及形成区域滑坡的位移监测点。除了山洪、滑坡监测方法外，泥石流监测报警方法还有：遥测地声警报器、超声波泥位警报器、地震式震动警报器。

3. 采空区和地面沉降的监测

地面沉降是在自然因素和人为因素影响下形成的地表垂直下降现象。导致地面沉降的自然因素主要是构造升降运动以及地震、火山活动等，人为因素主要是开采地下水或煤矿和油气资源以及局部性增加荷载。

地面沉降从几何变化看，需要监测的物理量就是地表的垂直位移。利用全站仪对地表下沉量进行监测。对于煤矿已知采煤高度、地层厚度和采煤方法的工作面，可通过理论计算得出地表的沉降量和范围，如概率积分法，剖面函数法，典型曲线法等。

4. 测量仪器

（1）测位移类仪器有：多点位移计、伸长计、收敛计、短基线、下沉仪、水平位错仪、增量式位移计、三向测缝计及附壁计等。

（2）测倾斜类仪器主要有：钻孔倾斜仪（活动式与固定式）、Sinco 盘式倾斜测量仪、T 字形倾斜仪、杆式倾斜仪及倒垂线倾斜仪。目前，国内使用的钻孔倾斜仪以美国 Sinco 公司产品为主。T 字形、杆式倾斜仪及倒垂线多由监测单位自行设计安装调试。

（3）测应力仪器主要有：压应力计和锚索锚杆测力计等，如国内丹东三达测试仪器厂生产的 GMS 型锚索测力计。

（4）测环境因素仪器主要有：雨量计、地下水位自记仪、孔隙水压计、河水位量测仪、温度记录仪及地震仪等。

四、内腐蚀监测技术

1. 腐蚀监测方法介绍

腐蚀监控技术，即在管道正常运行条件下测量管道内壁腐蚀的变化。按照所依据的原理和提供信息参数的性质，可将腐蚀监测方法分为物理方法、无损检测方法和电化学—化学方法三大类。

1）物理方法

（1）警戒孔法。

警戒孔法又称腐蚀裕量检测法（图 2 - 59），在容器或器壁上钻出一些精确深度的小孔，通过监视警戒孔处泄漏的出现，掌握设备或管道剩余腐蚀裕量的一种方法。给定的腐蚀裕量消耗完即报警，测量的信息为管道设备的剩余壁厚。要点是正确地决定钻孔位置，应选择在预期会产生强

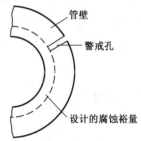

图 2 - 59　监视管壁腐蚀的
警戒孔法

腐蚀的部位。一般用于监视装载液体介质或气体介质的容器或管道，应用较广泛。

警戒孔法适用于无规律的腐蚀状态及多层衬里结构的内壁，无环境要求，有一定的可靠性；但只是维持设备装置安全性的一个附加措施，往往与其他监测技术联合使用，测试速度相对迟缓。

（2）挂片监测法。

挂片监测法是应用最广泛的方法之一。将装有试片的腐蚀结垢检测装置固定在管道内，管道运行一段时间后，取出挂片，对试样进行外观形貌（如点蚀时采用最大点蚀深度和点蚀系数判定）和失重检查，以判断管道设备的腐蚀状况；如采用专门支架，使试样处于一定的应力状态下，还可考察其应

力腐蚀倾向。可将试片插入设备或旁路短管，通过目视、显微检验和力学检验等方法对试片检验。

试片材料、表面状态及加工过程要与管道或设备一致。试片形状和尺寸应使其比表面积尽可能大，以利于提高灵敏度。

（3）氢压法。

检测由腐蚀生成的氢或介质中所含的氢向设备构件中的渗入倾向，用压力测量装置（图2-60）测量渗透的氢气压力，检测由腐蚀生成的氢，或用探针测量氢原子离子化的反应电流，计算出外壁析氢腐蚀速度。

适用于析氢腐蚀和触氢环境，特别对氢脆敏感的某些生产过程的设备较为适用，但响应速度较慢。

（4）电阻法。

金属受腐蚀变薄或变细，电阻增加。若腐蚀均匀，则根据电阻增加可计算出腐蚀速度。

在运转的设备中插入装有与待测设备结构材料完全相同的测试原件所构成的探针（图2-61），周期地测量探针的电阻变化，监测设备的腐蚀情况。常采用惠斯登电桥或凯尔文电桥测量电阻的变化。要将温度补偿试片与测量试片构成电桥两臂进行平衡测量，过程简单迅速。

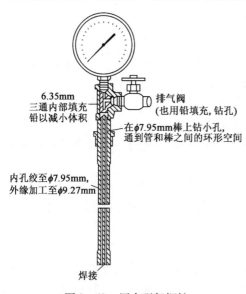

图2-60　压力型氢探针

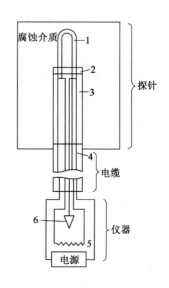

图2-61　电阻探针结构示意图

1—测量试片；2—点击密封；3—参考试片；

4—探针密封；5—表盘指示；6—放大器

适用于均匀腐蚀环境，测量过程基本连续，操作简便，要注意补偿温度的影响；但响应速度慢。

2）无损检测方法

本部分已在本章第一节外检测技术中的内腐蚀无损检测技术部分提及，下面作简单介绍：

（1）涡流法；

（2）超声波法；

（3）声发射法；

（4）磁通量法；

（5）射线照相法；

（6）超声导波技术；

（7）基于光学原理的无损检测技术。

3）电化学和化学方法

目前，在线腐蚀监测技术一般有线性极化电阻法（LPR）、电阻法（ER）、渗氢监测法、失重法等。

（1）线性极化电阻法。

电阻法测量的是暴露在气液流介质中、处于腐蚀状态下探头金属元件电阻值的变化。金属元件表面由于腐蚀作用导致金属横截面减小，从而使电阻相应增加。电阻增加与金属损耗有直接关系，而金属损耗作为时间的函数，被称为腐蚀速率。虽然测量的是一个时间平均值，但是电阻探头监测的响应时间要比试样称重法的响应时间短。通过在探针电极加载一低电压，使探针的电极电位发生偏移，测量其电流而计算其腐蚀速率，较其他方法更有效。适用于导电介质腐蚀体系快速腐蚀监测。典型的三电极型极化阻力探针如图2－62所示。

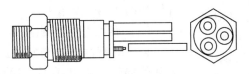

图2－62　典型的三电极型极化阻力探针

电阻探针灵敏探头的电阻由探头的几何尺寸（长度和截面积）以及探头材料的电阻率决定。在所有影响探头电阻的因素中，如果探头长度和材料的电阻率保持不变，那么探头电阻的变化就只能是由于横截面积的变化引起的。电阻探针应用此原理测定金属探头的腐蚀率。在实际应用中，探针电阻的变化与两个因素有关：腐蚀和温度。电阻探针由暴露在腐蚀介质中的测量元件和不与腐蚀介质接触的参考元件组成。参考元件起温度补偿作用，从而消除了温度变化对测量的影响。当由温度变化引起的电阻变化被补偿以后，探针电阻的变化只与腐蚀有关。

通过计算机对每个监测点的相关数据（如腐蚀探针、腐蚀挂片的取样时间、取样位置、探针和挂片的原始状态等）进行综合管理，形成一个腐蚀监测网络，再对采集的腐蚀数据与气质、工艺措施、缓蚀剂加注情况等综合分析，根据腐蚀状态和变化提出相应的防腐措施，同时建立有效的缓蚀剂加注方案，对缓蚀剂的类型、加注位置、加注速度等进行系统的规划，从而实现：①对腐蚀数据的计算机管理，对管网的有效监测；②对该网络系统不同部位的腐蚀情况进行评价、对比；③腐蚀控制技术的进一步评估和优化。

（2）渗氢监测法。

在酸性环境中，腐蚀的产生往往伴随有原子氢，当阴极反应是析氢反应的时候，可以用这个现象来测量腐蚀速度。此外，阴极反应产生的氢本身能引起生产设备破坏。吸氢产生的问题包括氢脆、应力破裂和氢鼓泡，在集输管线以及某些化工过程装置会发生这类问题。这三种破坏都是由于钢构件吸收了腐蚀产生的原子氢或在高温下吸收了工艺介质中的氢原子。氢监测所测量的是生成氢的渗入倾向，从而表明结构材料的危险趋势。

常见的氢探针是金属棒，其中心钻有一个小而深的孔。把这个金属棒插

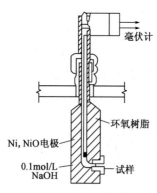

图 2-63　基于电化学原理
的氢探针

入设备中，氢原子渗过金属棒壁，进入圆形空间，在这里形成氢分子。连接在这个圆形空间的压力表反映了此空间内氢气压力变化情况。氢气压力变化速率反映了材料对渗氢的敏感性和腐蚀反应的剧烈程度。基于电化学原理的氢探针如图 2-63 所示。

（3）腐蚀电位监测法。

金属的腐蚀电位与它的腐蚀状态之间存在着某种特殊的相互关系。活化—钝化转变、孔蚀、缝隙腐蚀、应力腐蚀破裂以及某些选择性腐蚀都存在各自的临界电位。它们可以用来作为是否产生这些类型腐蚀的判据。广泛应用的阴极保护和阳极保护便是电位监测方法控制腐蚀的典型例子。

腐蚀电位监测方法就是用一个高阻（$R_内 > 10^7 \Omega$）伏特计测量设备金属材

料相对于某参比电极的电位。参比电极不仅应当电位稳定，而且要坚实耐用。最常用的 Ag/AgCl 电极，它适用于允许有限量氯离子存在的大多数电解质溶液体系。此外，用铅丝或银丝作参比电极也很方便；在某些情况下，还可以直接使用不锈钢零件作为参比电极。参比电极的形式可以根据腐蚀探针的结构专门设计。

腐蚀电位监测法的优点是可以直接从设备本身获取腐蚀状态的信息，而无需另外设置测量元件。同时其测量过程不改变金属的表面状态，对设备的正常运行过程没有影响。但是这种方法仅能给出定性的指示，而不能得到定量的腐蚀速度值。与其他电化学测量方法一样，它只适用于电解质体系，并且要求介质有良好的分散能力，以便探测到的是整个装置全面的电位状态。为有效实施电位监测，要求被监测体系不同腐蚀状态的特征电位之间的间隔要足够大，例如 100mV 或更大，以避免由于温度、流速或浓度微小波动引起电位振荡所产生的干扰。

（4）电偶法。

电偶法是一种很简单的电化学方法，只需一台零阻电流表就可以测量浸于同一电解质溶液中的两种金属电极之间流过的电偶电流，从而可以求出电位较负金属的腐蚀程度。电偶探针一般由两支不同金属的电极制成。它不需外加电流，设备简单，可以测定瞬时腐蚀速度的变化，以及介质组成、流速或温度等环境因素变化所造成的影响。缺点是测量结果一般只能作相对的定性比较。

（5）介质分析法。

介质分析法实际上是化学分析方法在腐蚀监测领域中的应用。它包括输送介质中腐蚀性组分的分析、受腐蚀金属离子浓度的分析和缓蚀剂的浓度分析等。作为一种腐蚀监测技术，它通常是以离子选择电极的方式应用。其基本原理为：将溶液中某一离子的含量转换成相应的电位，这样测读电位便可获得离子含量。常用的 pH 玻璃电极便是使用最早的一种离子（氢离子）选择电极。目前已有数十种阳离子和阴离子选择电极，如用以检测氯离子、氰根离子、硫离子的选择电极。

检测介质中金属离子浓度的变化，可以粗略估计设备的腐蚀浓度。但是，这种方法有许多局限性，例如，往往由于不能设立足够的取样点，无法辨别设备中正在发生腐蚀的确切部位，也不能肯定所发生的腐蚀是均匀腐蚀、点蚀或缝隙腐蚀。尽管如此，经过一定时期的经验积累，还是能找出这些数据与设备腐蚀行为之间的关系，并且可用于判断生产条件是否符合技术要求。

（6）交流阻抗法。

金属腐蚀的电极过程涉及反应物的迁移、扩散、电极表面吸附和脱附以及电极反应一系列历程。通过全频谱阻抗特性的研究，可以全面了解电极过

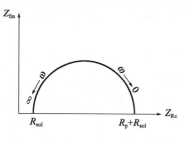

图2-64　等效电路的交流阻抗曲线

程各阻抗分量，但是全频谱测量很费时。为了适应工业设备在线实时监测的要求，发展出一种基于交流阻抗原理，又有自动测量计求金属瞬时腐蚀速率的腐蚀监测装置，即交流阻抗探针。例如，对一个受活化控制（即受电极反应传递电阻控制）电极体系，其典型的阻抗曲线为半圆环，如图2-64所示。阻抗曲线高频段、横坐

标的截距 R_{sol} 代表了介质的电阻，而阻抗曲线低频段与横坐标的截距 R_T 代表了介质电阻与极化电阻之和。这样，在高频（如10kHz）和低频各做一次交流阻抗测量，便可求得体系的极化电阻 $R_p = R_T - R_{sol}$，将 R_p 代入线性极化公式便可方便求得金属的腐蚀速度。这就是交流阻抗探针的测试原理，实际上它是线性极化方法的拓展。

由这种探针测得的腐蚀速率不包含溶液电阻带来的误差，可适用于高溶液电阻率体系，腐蚀速度的测量范围较宽。

另外，交流阻抗法还可以用于监测局部腐蚀，可以将它制成多通道和遥测形式的仪器。这是一种很有发展前途的腐蚀监测技术。

2. 腐蚀监测方法综述

管道设备腐蚀监测技术是在现场腐蚀检验方法与实验室的腐蚀试验方法互相结合的基础上，吸收新的检测技术和数据处理技术而发展和充实起来的。按照所依据的原理和提供的信息参数的性质，可将腐蚀监测方法分为物理方法、无损检测方法和电化学—化学方法。为了便于比较各种方法的特点和差异，表2-54综合列出了主要腐蚀监测方法的基本特性。

3. 油气管道设备监测方法的选择、布点及监测准确性

1）油气管道设备腐蚀监测方法的选择

腐蚀监测的方法很多，每一种方法都有其长处和局限性，腐蚀监测的效果如何，首先取决于正确选择监测方法。监测方法的选择又以需要什么样的信息和数据为先决条件，但是腐蚀本身是一个复杂的过程，不论是腐蚀速率，还是破坏的形式，往往都受许多因素影响。

表 2 - 54　腐蚀监测方法综述

类别	方法	监测原理及信息	探测手段及与设备联系	适用性及限制
物理方法	警戒孔法	给定的腐蚀裕度消耗完即报警； 管道设备的剩余壁厚（$\delta_{残余}$）	报警装置在设备或旁路短管有代表性的位置钻警戒孔	适用于无规律的腐蚀状态以及多层衬里结构的内壁；任意环境均可；手段简单，相应速度迟钝
	挂片监测法	$\bar{v}_F \propto \pm \Delta D$ 目视，显微检验，力性检测； （$\bar{v}_F$——平均腐蚀速率）	挂片：插入设备或旁路短管	稳速腐蚀的任意环境，手段简单，适应性强；挂片的处理、装取较烦，响应速度慢，测试周期长，挂片不等同设备本身
	氢压法	氢对金属的渗透，测量渗透的氢气压力（p_{H_2}），由 p_{H_2} 判断腐蚀程度及腐蚀断裂发生的倾向	氢探针，压力测量装置	适用于析氢腐蚀和触氢的环境，特别是对氢脆比较敏感的某些生产过程的有关设备，响应速度较慢
	电阻法	$\bar{v}_F \propto \Delta D$ $R = \rho \dfrac{1}{S}$ $R \propto \dfrac{1}{D}$ （D——检测用电阻丝的直径）	电阻探针及测量电桥	适用于均匀腐蚀的任意环境；测试过程基本连续，操作简便；要注意补偿温度的影响，响应速度慢
无损检测法	超声波法	超声波在缺陷（裂纹、孔洞）和器壁的内表面上的反射波的射程差引起脉冲信号；检测裂纹和孔洞的深度或器壁的剩余厚度	超声波探头，超声波探伤仪，超声波测厚仪或超声波数据采集和分析系统	可用于全面腐蚀、局部腐蚀或腐蚀断裂的监测，有系列的专门仪器，响应不很灵敏，技术要求相对较简单
	涡流法	交流电磁感应在表面产生涡流，在裂纹或蚀坑处涡流受干扰，使激励线圈产生反电势，从而检测裂纹和蚀坑深度	感应线圈探头及涡流检测仪	可用于铁磁性材料表面腐蚀及开裂过程的监测，以及表面非金属涂层厚度的检测，对于非铁磁性材料，可在设备外壁对内壁表面腐蚀情况进行检测。灵敏度取决于金属的电阻率、磁导率以及所用的激励交流电频率

管道完整性管理技术

类别	方法	监测原理及信息	探测手段及与设备联系	适用性及限制
无损检测法	声发射法	开裂及裂纹扩展伴有声能的释放 $d_a \sim E_声, \dfrac{d_a}{d_t} \sim \Delta E_声$ ($E_声$——声能)	探头（声能→电信号的压电晶体转换器），单路或多路缺陷定位系统	适用于腐蚀断裂（应力腐蚀开裂、氢脆开裂、腐蚀疲劳、磨损腐蚀、气蚀等）和泄漏过程的监测响应灵敏，有先进的仪器，需要专门的监测仪器和一定的专门技术素养
	热像显示法	通过构件表面温度的图像反映其物理状态	热敏笔，红外摄像机或红外遥感记录和显示装置	可用于传热及热能转换设备的"热"腐蚀情况，显示腐蚀的分布和状况，而不是腐蚀的速度，有专门的先进仪器，测量和显示方便，对腐蚀过程的响应不是很灵敏，并受表面腐蚀产物影响
	射线照射法	γ 射线、X 射线的穿透作用	射线源，感光胶片或图像显示装置	被检构件的两侧需可触及，不适于在线监测，需要专门的设备和知识，要注意辐射的防护； 对腐蚀过程的响应较慢
电化学和化学方法	线性极化法	电化学极化阻力原理 $i_{corr} = \dfrac{B}{R_p}$ $R_p = \left(\dfrac{\Delta E}{\Delta i}\right)_{\Delta E \to 0}$	电化学探针及腐蚀速率测试仪	适用于电解质介质中的全面腐蚀。 可直接求出腐蚀速率 v_{corr}，响应灵敏，测试方法较简便； 受探针的代表性的影响，因此探针的设计、加工及安装至关重要； 在低导电性介质中，测量的误差较大
	交流阻抗法	电化学电极反应阻抗原理： $i_{corr} = \dfrac{B}{R_p}$ $R_p = R_T - R_{sol}$	电化学探针，电化学测试仪/锁相放大器，或其他阻抗测试系统	适用于电解质介质中的全面腐蚀和局部腐蚀，信息丰富，响应灵敏，精度较高，尤其适用于低导电性介质中的腐蚀监测； 需要有专门的知识及一定的技术素养

续表

类别	方法	监测原理及信息	探测手段及与设备联系	适用性及限制
电化学和化学方法	电位监测法	测量被监测装置或探针相对于参比电极的电位变化，根据其电位特性，说明生产装置所处的腐蚀状态（如活态、钝态、孔蚀或应力腐蚀开裂）	电位测量仪器，电化学探针或利用被监测设备本身	适用于电解质介质中的全面腐蚀或局部腐蚀，响应灵敏，结果解释明确；需要有专门的知识，只能反映设备的运行状态，而不反映腐蚀速度
	电偶法	$\bar{v}_F \propto i_{corr}$；测定电偶原电池的电流 i_{corr}	电化学探针及零电阻电流表或腐蚀电流测量仪	适用于电解质介质中的全面腐蚀和电偶腐蚀，响应灵敏，需要有一定的专门知识
	氢渗透监测法	氢对金属的渗透，测量渗透的氢电流（i_H），由 i_H 判断腐蚀程度及腐蚀断裂发生的倾向	氢探针，渗透电流测量装置	适用于析氢腐蚀和触氢的环境，特别是对氢脆比较敏感的某些生产过程的有关设备，响应速度较慢
	介质分析法	测量介质中被腐蚀的金属离子浓度，测量工艺物流中的 pH 值、氧浓度或有害离子浓度	离子选择电极及离子计，或分析化学仪器	适用于全面腐蚀，对检测结果的分析需要有生产工艺和分析方面的专门知识；对腐蚀过程的反映较灵敏，但易受腐蚀产物特性的影响

（1）对被监测系统腐蚀行为的认识及其监测的对策。

正确选择适用的监测方法，需要确切了解所拟监测系统的状况。从腐蚀监测角度来看，系统的宏观状况可以分为以下两种基本类型：

①腐蚀行为特性为已知的系统。

这种情况或是对系统的腐蚀行为作了确切的诊断，或是所拟监测的对象与某个已成功地实施监测的系统相类似。这样根据诊断的结果或凭已有的经验便可以选择监测的方法，对监测的结果也容易分析和作出正确的解释。

②腐蚀行为特性不甚明了的系统。

这种情况下要确定最适当的腐蚀监测方法是很困难的。对此有两个办法可采用：一是开展实验室研究，确定哪些参数是重要的，从而决定在生产装置上应采用哪种监测方法，并帮助分析来自生产装置的检测结果；二是参考其他系统的经验，选取多种监测方法直接在生产装置上进行工业监测。对于一个具体系统，在不能确切地决定实行监测需要哪一类信息时，使用一种以上的监测技术常常是必要的。以上两种办法究竟采用哪一种，取决于是否具备合适的实验室设施，是否拥有具备必要经验的工作人员以及对设备的腐蚀问题了解的程度如何。

（2）腐蚀监测方法技术适用性评判。

就腐蚀监测方法本身来说，评判其技术的适用性应当从以下 8 个方面来考察：

①所得信息的类型：某些监测方法测量的是腐蚀速率，另外一些方法则测量的是总的腐蚀量或剩余厚度，这两者未必相当。还有一些监测方法能提供有关环境介质特性，或有关腐蚀分布及腐蚀形态方面的信息。

②测量所需的时间：有些监测方法完成一次检测所需周期较长，而有的监测方法瞬时即可获得检测的信息。

③对腐蚀过程变化的响应速度：不能迅速完成一次测量的监测方法显然不适用于那些需要快速响应的情况。然而，并非所有能有效地提供瞬时信息的技术都具有快速响应的能力。当测量值属于腐蚀速度或腐蚀形态时，有可能得到快速响应，但如果测量值属于总腐蚀量、剩余厚度或者腐蚀分布时，响应速度就受到该技术对两次有效读数的分辨能力的限制了。

④探针与生产设备腐蚀行为的对应关系：许多腐蚀监测方法是通过测量插入生产设备内探针的腐蚀行为而获取信息。在对监测结果分析时，必须进一步考察其与生产设备本身的腐蚀行为的关系。通过探针监测，通常只能提供总的腐蚀情况，而很少反映设备的腐蚀分布状况。

⑤对环境介质的适用性：显然电化学监测方法只有在介质是电解质溶液时才适合。而非电化学测量的监测方法，则可以用于气态环境或非导电性液体中，也可用于电解质溶液中。

⑥可以监测和评定的腐蚀类型：大多数腐蚀监测方法适用于全面腐蚀，但有些监测方法能灵敏地反映局部腐蚀的有用信息。

⑦对监测结果解释的难易：各种监测方法所依据的原理不同，检测的手段也不一样，这样对监测结果的解释也有难易之分。

⑧技术要求的复杂程度：有些监测方法因其技术复杂性或是采用了复杂的仪器，对使用者技术素质要求较高，而有的监测方法在技术上则比较简单容易。

根据设备腐蚀行为的状况，按照上述技术适用性的各项原则对各种监测方法进行比较，可以帮助选择最适用的监测方法。选择监测方法及对监测结果的分析，既需要熟悉被监测的生产设备和生产工艺，还需要有监测技术和腐蚀科学的专门知识。

2）油气管道设备腐蚀监测的布点

各种腐蚀监测方法的有效性与监测点的设置有密切关系。一个生产设备各处的腐蚀状况难以完全相同，而腐蚀监测时的测量，则是局限在探针上，或者局限在进行无损检测所测定的表面区域，或者局限于采样点和参比电极所覆盖的区域。显然正确而合理的监测布点，对于获得有效的监测信息是极为重要的。

腐蚀监测的布点需要考虑各方面的因素，包括设备的几何结构（例如设备有无可使用的开口、探头可安装和触及的部位）、生产的工艺流程、介质的组成和环境因素（如温度、流速等）以及设备结构各部位使用的材料等。监测布点中最主要的是要找出设备中承受最高腐蚀速率的位置。根据监测目的，有时还应找出某些有代表性的位置，例如预期具有中等或最低腐蚀速率的部位。然而，这些部位并不一定就是腐蚀最严重的部位。许多情况下，由于塔内物料化学挥发性的变化，引起腐蚀的物质可能集中在塔的中部。因此在设备腐蚀行为不十分清楚的情况下，采取多位布点是十分必要的。当然一旦腐蚀性最强的区域被鉴别出来，则监测布点可集中于这个区域。

设备中下列各部位在监测布点时需要特别重视：

（1）管道设备中存在的气相、液相和固相等不同物相的交界区，或由于进料、冷凝等原因而引起环境变化的区域。

（2）介质流动方向突然发生变化的地方，如弯头、三通以及管道尺寸发生变化的部位。这些地方会产生涡流或流速的变化。

（3）死角、缝隙或其他呈异突状态部位。在这些部位往往容易成为介质的静滞区，或者由于腐蚀产物的积聚而形成闭塞电池。

（4）应力集中区，如焊接接头、铆接处、温度或压力循环变化的部位。

（5）设备中异种金属接触的部位。

3）影响设备腐蚀监测准确性的因素

正确地确定了腐蚀监测方法及监测布点之后，影响设备腐蚀监测准确性的因素，主要与监测所用的装置有关。腐蚀监测装置的种类很多，它通常由探针、测量仪器及相应电缆等几部分组成。监测结果的测试准确性取决于探针的准确性以及仪器使用时所达到的精度。对于无损监测方法，其探头是仪器不可分割的组成部分。下面所叙述的探针是指插入设备内部的非无损监测方法所使用的探针。

人们常常假设探针的腐蚀行为模拟了生产设备的腐蚀行为。但是此两者腐蚀行为的一致性常受许多因素影响，这在实施监测时必须充分估计，并采取必要的措施尽可能地消除这种影响。

（1）探针中测量元件的材质与设备构件的材质应完全相同，不仅牌号一样，其加工过程也应该一样。

（2）探针的工况应与设备的工况一致，要避免由于插入探针而改变介质的流动状态，为此应尽可能采用"齐平型"探针，使探头的测量元件与设备工作表面贴平。

（3）设备表面通常都有一层表面膜，或者是锈层或沉积层，这是设备服役历史经历所形成的。在设备运行一段时期之后装入的探针，起初往往没有代表性，必须经过一段时间之后，在探针测量元件表面生成与生产设备类似的表面膜之后，其测量结果才有效。

（4）探针与生产设备传热状态差异的影响，也应该予以考虑，如有可能应设计出结合传热的特殊探针供某些监测技术使用。

一支完整的探针包括测量电极（测量元件）、壳体、密封和绝缘材料以及安装在设备上的紧固机构。设计探头时，壳体材料的选择应考虑设备压力和温度的要求，还要考虑壳体材料与腐蚀介质的相容性以及结构密封的要求。密封材料不仅要保证腐蚀介质不会渗漏入探针内，而且要保证能够承受生产过程的最高工作温度和压力。可供选用的密封填料有环氧树脂、陶瓷、聚四氟乙烯和玻璃等。探针的紧固机构常通过法兰连接或螺纹连接，而固定在设备上的固定型探针，其缺点是只能在设备停车时才能装取电极；另一种更为常用的结构是可伸缩型探针，它是将一个标准阀门通过螺纹连接或法兰连接固定在设备上，可以经过阀门自由地装取探针，因此便可以在设备运转时经常检查或随时更换测量电极。这些探针结构常用于电阻探针、线性极化探针和氢探针等。

腐蚀监测技术是从实验室试验方法和现场检测技术发展而来的。现代腐蚀监测使用的仪器从便携式单一仪器到包括自动扫描测量、多路自动记录和数字显示以及报警和控制等功能在内的腐蚀自动监控系统。

各类仪器的精度各不相同，但是需要注意的是要将仪器的精度和在设备上所做的腐蚀监测的测量精度加以区别。例如，电化学腐蚀监测方法的检测结果中除了有关的腐蚀参量外，还可能受到其他的电化学反应的影响。又如，电阻探头的灵敏度与其测量元件（电极）的形状和尺寸有很大关系。当采用截面积较大的丝状电极时，探头的灵敏度较低，则整个测量的精度便受探头限制，而不取决于测量仪器。另外，所监测体系的稳定性也有很大的影响，如果体系的腐蚀速度变化很快，仪器跟不上，也就达不到应有的精度。类似许多情况都会影响腐蚀监测的测量精度，在应用各种腐蚀监测方法时，对可能影响监测准确性的各种因素必须予以充分注意。

五、其他维抢修与风险减缓措施

国内外油气管道目前采用的维护维修技术发展是不均衡的，采取的方法可主要归纳为以下几类。

1. 夹具注环氧

夹具注环氧可达到修复强度，其施工工艺复杂，只有外方公司可施工，维修费用较高，一般夹具内部填充环氧树脂剂，注环氧的夹具（图2-65）可分为有螺栓夹具（图2-66）和无螺栓两半（焊接）夹具。

图2-65　夹具注环氧

图2-66　有螺栓夹具注环氧

2. 夹具

夹具适合于石油、天然气管道的临时抢修（图2-67），工艺简单，不需降压，只需表面清理干净，但其造价较高，主要是针对管道发生了泄漏，并且考虑天然气管道抢修时必须考虑将管道内的压气降到管道设计压力的1/3以下，可以考虑：

（1）管道机械损伤，出现凹坑，在确认没有裂纹产生的情况下使用。

（2）管道单点腐蚀严重，超过管道壁厚2/3以上。

（3）管道的临时维修和抢修。

图2-67 天然气管道抢修夹具

3. 堆焊（补疤）

堆焊主要应用于输油管道中，适合于单点金属损失，包括机械损伤和腐蚀损伤。

（1）堆焊必须满足输油管道内承受的压力为设计压力1/3以下，天然气管道必须停气泄压后进行，在英国TRANSCO公司，美国、加拿大管道公司，抢修中都规定天然气管道的堆焊的条件，主要针对非干线管道进行。

（2）先应考察缺陷的类型，对于单个缺陷、金属损失型缺陷、裂纹型缺陷，不适用于堆焊。

（3）考察缺陷的深度大小，超过1/2壁厚的缺陷，不能使用堆焊的方法，原因为：首先缺陷需要打磨，缺陷底部平缓过度，如果超过1/2壁厚的缺陷存在，再加上打磨的深度，剩余母材可能会很少，可能会引起金属熔合的焊穿，并在焊接区域产生大的热影响区，产生较大的应力集中，国内施工队伍在高压天然气管道上没有实施过。

（4）按照《焊接规程》，应采用适合于母材的焊接材料，同时焊机的电流、电压应前期试验后确定。

4. 打补丁

按照补片修理的要求，输油管道可以应用该方法，适用于小面积多点腐蚀的维修，维修时需降低压力为设计压力的1/3，对于天然气管道必须停气泄压进行。由于天然气管道气体中酸性气体的存在，在焊接热影响区内容易产生氢脆，加拿大就发生了这样的事故，一条输气管道打补丁后，产生了脆断，一般此类方法在欧洲、北美禁止使用。

（1）焊接的补片应为足圆角，补片材料等级应与所修理的管子材料等级类似或更高一些，厚度也应与管子壁厚相同。应采用填角焊将补片焊牢。禁止用插入对接焊补片。应特别注意尽可能减小由于修理所造成的应力集中。

（2）为修理泄漏或其他缺陷而安装的全包式焊接拼合套筒，其设计内压应不小于所修理管子的设计内压，并应沿圆周方向和纵向全面焊接。如果全包式拼合套筒仅为补强修理而装，且不承受内压，则圆周上的焊缝并不是必需的。应特别注意尽可能减少由于维修所造成的应力集中。

（3）对只使用填充熔敷金属的修理工作，焊接工艺应符合所修管子材料标准的等级和类型的有关要求。

（4）在有涂层的管子上进行修理时，应先除去所有受损涂层，并涂敷新的防腐涂层。对于修理中采用的更新管段，焊接补片及全包式焊接拼台套筒在涂有防腐层的管线上安装完结之后也应涂敷防腐层。

（5）修理在役管道，应先进行检查，以确定管材是否可靠，即在经过打磨、焊接、切割或带压开孔处理过的部位是否还有足够的壁厚。

（6）如果管线不停输，则应将管线的工作压力降低到能保证安全维修作业的水平。

5. 打套袖方法

打套袖方法主要用于输油管道的维修，适合于大面积腐蚀，需要降压至管道的设计压力1/3后焊接。其服役寿命可永久，但如果修理段其他部位发生腐蚀，则存在后续维修的问题。对于天然气管道必须停气泄压后进行，管道中存在酸性物质和焊接热影响区，有产生氢脆的潜在危险。打套袖方法步骤如下：

（1）半包式全焊接半圆补强板只用于补管子上的腐蚀区域，而不得用于修补泄漏点凿痕、凹痕或其他缺陷。

①这种半圆补强板材应具有与所修补管子相似或更高的等级，其壁厚不应小于所修管子壁厚的87.5%，不应大于125%。

②半圆补强板应为足圆角，而且沿管子轴向的最大长度为3m。

③半圆补强板不应横跨环焊缝，而且两半圆补强件的端面间或在半圆补强处：端面和环形焊缝间的最小间距应为5cm。

④在给定的同一圆周上不应同时使用平行排列的半圆补强板和补片。

⑤为确保半圆补强板的最佳效果，可采用类似环氧树脂那样的可变硬填充材料注入腐蚀的管子和半圆补强板间的环状空间。

⑥应特别注意半圆补强板的边缘与所修补管子间的紧密贴合以及尽量降低由于修补所致的应力集中。

（2）操作环向应力大于管子规定最低屈服强度的20%的管线修理后的试验。

（3）更换管段的试压：当切割掉一段管子，并用管子替换的方法修理管线时，应对替换的管段进行压力试验。此种试压可在安装前完成，但在安装后要用射线照相或其他可在行的无损检测法。

（4）修理焊缝的检查：在管线修理期间完成焊缝检验，需由有资质的检验师进行目视检查，或者采用其他可行的无损检测法进行检验。

6. 碳纤维复合材料、PE涂层修复

图2-68　碳纤维补强方法

用纤维复合材料进行管道补强（图2-68）是近年来国际上发展起来的最具生命力的管道补强技术之一。最早用聚酯玻璃纤维增强复合材料修复压力容器和管道的研究始于20世纪70年代，90年代以前就将其用于修复CO_2输送管线、轻型气瓶和消防队员的呼吸气瓶等方面。据国外有关文献报道，从1991年开始，美国管道安全机构专门变更其条理，批准此项技术用于修复输油管线。1997年4月，加拿大国家能源局（NEB）也颁布条例，允许各油气输送管道公司采用玻璃钢补强套袖修复和加固带缺陷管道，如1996年颁布的加拿大Z662—96标准，就是关于玻璃钢修复套袖的应用标准。到目前为止，国外已有很多油气输送管道公司采用诸如"特牢固"等专利品牌的玻璃钢增强材料

修复含缺陷的在役管道。截至 1998 年，用该方法修复油气输送管道已达 9000 多例，且无一失效。

近几年来，随着碳纤维材料价格的不断降低，有关碳纤维复合材料用于管道补强的案例也在不断增加，这种材料与玻璃纤维复合材料相比，不仅弹性模量更接近于钢材，而且强度也远远高于玻璃纤维复合材料，这就使得缺陷修复补强时，无需缠绕过厚的补强层。

碳纤维增强复合材料在施工过程中不需降压，只需表面清理干净，工艺简单，具有轻质高强、抗腐蚀、耐久性好、施工简便、不影响结构的外观等优异特性，因此，与传统的焊接补疤方法相比具有明显的优越性（克服了焊接补疤过程中产生焊穿和产生氢脆的危险）。随着复合材料补强技术的不断应用，这一技术已逐渐趋于成熟，并开始成为管道生产管理工作中重要的、投资量大、技术含量高的一项工作。国内在利用玻璃纤维进行补强维修的基础上，又开发出了碳纤维复合材料综合补强技术，这种方法利用碳纤维的高弹性模量、高强度和高许可变形量，具有很好的补强效果。

第七节　效能管理技术

近年来，随着国家、社会对管道安全要求的日益提高，如何采用新的理念和新的技术保障管道运行的安全日益受到人们的重视。在国外开展完整性管理保障管道运行安全得到了普遍认可，目前也正作为国内石油管道公司保证管道运行本质安全、预防和控制大型事故的发生、实现公司的HSE 目标的一项重要手段逐步得到推广应用。但必须看到，开展完整性管理需要大量的资金投入，同时，完整性管理的长期性及系统性使得完整性实施的效果难以及时和直观的体现，其主要制约因素在于缺乏有效的审核和效能评价方法。

管道完整性管理是一个不断更新完善和持续循环的管理过程，不仅需要持续管理、跟踪，而且必须建立管理审核、效能评价机制，对管道完整性系统进行定期审核和效能评价，分析其有效性和时效性，确保管道完整性管理系统始终高于法规的要求，并在"最佳执行标准"和"最佳实践方法"下运行，使公司的完整性管理水平达到国际一流水准。

一、完整性管理审核

国外管道开展完整性管理审核没有建立统一的审核标准，虽然在 2001 年 ASMEB31.8S—2001 标准中提出审核要素，但有的国家结合 HSE 审核，大多数国家没有强制执行，主要取决于公司内部的管理理念来确定是否需要审核，审核的要点也是根据完整性管理发展的情况逐步实施，并且最重要的是是否与 ASMEB31.8S 和 API1160 保持一致，在探索中，需要经过长期的实践才能给出审核评估的准确性。不同国家和地区的管道公司的完整性审核执行情况存在较大的差别。在美国境内的完整性管理审核均由美国安全运输部（DOT）的 OPS（美国管道安全办公室）强制执行，只涉及高后果区削减和完整性评估的完成情况，内部审核只是在个别大公司自己内部执行，小管道公司内部不审核。加拿大管道公司没有外部强制审核，采取自身审核的方法，但大管道公司实力强的自己采取内部审核，而小公司则自愿由管道完整性的中介公司实施审核。欧洲管道公司对完整性管理审核没有硬性要求，但均采取与 HSE 审核相结合的方式，审核其若干要素，中介公司如 DNV 等均以 HSE 审核为主，完整性管理的审核也处于研究阶段。PII 公司开展过 100 条管道的对比评审，确定了不同要素的权重，已经开展了多年，具有较丰富的经验。

1. 管道完整性管理审核流程

目前，管道完整性审核方法基于外部或第三方的管理系统。它的其中一个特点就是系统的、不受约束的获得审核结果，我们需要用客观的评估来确定审核标准的适用范围。图 2-69 说明了一般的审核过程和与它相关的活动、目的、方法和流程。

图 2-69　一般的审核流程

我们对图 2-69 中的各步骤作以下说明：

采集：包括识别与审核与主体有关的信息来源，并搜集相关信息，例如管辖范围、程序、标准等。

提取：确定数据的范围，由于我们不可能分析所有能找到的信息。应用统计学的技巧取样（比如随机取、分层取、连续取等）是必须的和重要的步骤，这样才能获得可靠和经得起考验的结论。

校核：校核是通过文件资源或其他的直接观察方法来完成，其中的数据和信息被验证或被确认有效，这些数据和信息作为审核的依据。

评估：审核任何与预期相背离的信息，将数据和信息代入合适的框架，或推断已知。可以应用图解、数字和比较法等方法。比较法包括基准和最佳实践。

复查：审核结果、结论和任何建议都有正式的书面报告，这个报告提交给决策者，以便他们能够获得潜在发现和可行性建议。

在审核过程中包括不同的内在审核、账目审核、步骤审核、审核调整和其他的系统管理审核，例如环境、健康、安全审核。这些不仅在目的上不同，在研究的深度上也各不相同。典型的审核包括特征诊断性的、全面的和聚焦性的审核。诊断性的审核完全是针对一个短时间的，对象是具体事件，诊断性审核能够指导全面的和聚焦性的审核。全面的审核针对大量的过程、系统或运行。聚焦性的审核更多的是针对具体事件或过程。全面的和聚焦性的审核需要更多的数据和时间，可以得出细节性的可操作建议。

2. 管道完整性管理审核原则

审核原则与审核员及审核工作密切相关，遵循这些原则可使审核结论更加准确、充分，也有助于提高审核员作出审核结论的一致性。

1）道德行为：职业的基础

合乎道德的行为是审核员职业的基础，主要指审核员应正直和诚信，保守受审核方的秘密，谨慎工作，对第三方审核而言，正直才能得出公正的结论，从而给受审核方以诚信。审核员会接触很多企业文件，保守企业的商业、技术秘密是基本的职业要求，谨慎工作、深入审核是得出可靠审核结论的前提之一，反之会使审核结论失去真实性，从而影响认证机构的信誉。

2）公正表达：真实、准确地报告的义务

公正表达原则要求，审核发现、审核结论和审核报告应真实和准确地反映审核活动，并报告在审核过程中遇到的重大障碍以及审核组和受审核方之间没有解决的分歧意见。审核发现的真实和准确是审核结论、审核报告真实准确的前提。在审核中，审核组与受审核方有一些意见分歧是正常的，审核组应有能力解决。当双方不能统一时，应在审核报告中加以描述，并向受审核方说明投诉和申诉的渠道。

3）职业素养：审核中勤奋并具有判断力

职业素养原则要求审核员珍惜审核委托方和相关方对自己的信任。审核员的审核结果应对受审核方负责，给受审核方信服的结论，同时也要为所代表的认证机构提供信任，降低审核的风险。作为第三方认证，认证的结果更要对顾客及相关方负责。

勤奋是审核员作出准确审核结论的基本条件之一，而必要的能力是一个重要因素。这里的能力包括审核员应具备的个人素质、知识和技能，以及教育经历、工作经历、审核经历。具备了必要的能力，才能对体系做出果断、准确的判断。

4）独立性：审核的公正性和审核结论的客观性是基础

独立性原则要求审核员独立于受审核活动，并且不带偏见，没有利益上的冲突。审核员在审核过程中保持客观的心态，保证审核发现和结论仅是建立在审核证据的基础上。独立性是审核的公正性和获取准确审核证据的基础。

审核发现是指将收集到的审核证据对照审核准则进行评价的结果，而审核结论指审核组考虑了审核目的和所有的审核发现后得出的审核结果，二者只能建立在审核证据的基础上，而不是其他。

5）基于证据的方法：在一个系统的审核过程中，得出可信的和可重现的审核结论的合理方法

审核证据是指与审核准则有关并能够证实的记录、事实陈述或其他信息。对审核准则的理解，不仅是对照标准开具几个不合格项的问题，关键是对照标准去搜集证据。审核证据应是可证实的，并具有再现性或可追溯性。

审核是在有限时间内进行的抽样活动，审核证据是在抽样活动中得到的。这就要求抽样准确，除了独立、随机、分层抽样外，还应具备一定的抽样量。这种情形下的审核证据才有较高的置信度。

3. 管道完整性管理审核员要求

审核员要全权负责审核和掌控审核的具体过程，下面给出了一些内部审核或第三方的审核员所应该遵守的职责：

（1）独立并公正地审核。

（2）诚实并精确的报告。

（3）客观并合理的结论。

（4）可行并科学的建议。

（5）公平并完整的总结。

审核员应该具备的一些能力和技能包括：

（1）任何个人和组织的信任。

（2）得出正确判断所需的经验和教育背景。

（3）分析性和批判性的思维方法。

（4）审核证明的选择和保留方法，包括使用统计学和非统计学归纳。

（5）理解过程和系统运行的能力。

（6）应用合理的方法找到可靠的和可复制的结论。

（7）了解个体和系统的风险所带来的损失。

（8）审核过程认真细致的态度。

为了给机构和投资者带来更大的收益，要认识到在完成任务过程中扩大审核范围的重要性，并需要保障这种审核行为。对此，一些公司增加内审人员，还有一些用第三方人员来补充他们的内审工作，还有的委托外部单位进行审核。外部单位能够确保审核的独立性和客观性。

4. 管道完整性管理审核方法

管道完整性管理程序是管理审核系统中的一个分支，所有的管道完整性管理程序是不断更新和改进的。输气管道的完整性管理思想也在不断更新和改进，因为我们很难获得例如审核控制，这需要付出更多精力和智慧来跟上这种发展趋势，并赶上技术更新。管道完整性管理程序的审核内容和目标包括：

（1）针对不同需求进行变换更正。

（2）确认数据和信息所支持的过程和活动。

（3）用一连串的方法评估政策、程序和实践活动等的应用性和全面性。

（4）评估为满足项目目标所实施措施的有效性。

（5）改进潜在风险的识别能力。

审核要边进行边改进，它是一个决策过程，对于具体的需求是直截了当的。然而，为了连续改进，我们需要查看管道完整性管理系统的各个过程，例如，数据分析，校正工作、预防性工作、缓和性工作、质量保证和通信过程。不论程序如何细致，只有改进系统流程才能够得到我们想要的结果。

管道完整性管理方面的其中一个审核技术是 ACDP 模型。它是 PDCA（规划、实施、检查和行动）模型在质量管理方面的一个变形。图 2-70 描述了 ACDP 模型。第一步是分析问题的过程数据；第二步是说明程序改变后，并使这种改变生效；第三步是程序有利后续工作。其目标是改进，而不只是完完全全的履行（A→C→D→P）。

另外三种有用的工具常常和 ACDP 一起使用：

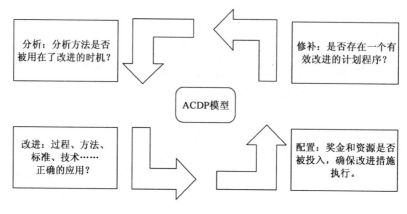

图 2 - 70　ACDP 模型

（1）Ishikawa 鱼骨图（图 2 - 71）。

（2）削减分析。

（3）计算基准。

Ishikawa 鱼骨图（图 2 - 71）在审核结果的分类中很重要，这些图表常常被用作系统地区别不同的成因，这将有助于找到根成因。鱼骨图是由日本管理大师石川馨（Kaoru Ishikawa）先生发展出来的，故又名石川图。鱼骨图是一种发现问题"根本原因"的方法，它也可以称之为"因果图"。鱼骨图原本用于质量管理。这个 Ishikawa 鱼骨图可以用作分析事故成因或结果（不管是正面结果还是反面结果）。

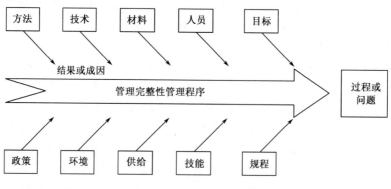

图 2 - 71　Ishikawa 鱼骨图

削减分析原则可用来识别结果或是原因，并能够诱导出过程的改进，这个工具还可以评估问题后面的因素。

计算基准是另一种预先频繁更新的审核依据。计算基准是频繁更新审核的一个完整部分，它也应该是管道完整性管理的一个完整的部分。

改进和更新需要大量管理工作的实施，因此连续更新审核必须评估管理的范围，一个可行的工作是有组织性的调查。这种调查可以针对企业文化的审核、人员的能力、领导能力、股东的资源分配、预防性的实践和持续改进。最后需要说明的是，我们不是为了改变而改变，而是应用这种改变来改进程序，使之更加有组织性和有效性，但不是所有的改变都能达到预期改进的效果，但持续的改进可以影响到管道完整性管理的程序。

再强调一次，由于管道完整性管理审核是一个系统和有序的过程，为了获得审核结果，得到应该履行的程序标准，不论是个人、公司内审员还有是第三方审核员都应该是独立和客观的，并且在完整性管理、审核技能和实践应用中具有很扎实的知识和经验。

连续的审核不仅仅是简单地对照规律，这一切都是为了系统的更新和改变，没有改变就没有进步。审核对于管道完整性管理程序来说，是一个很重要的试金石。

5. 管道完整性管理的审核方案

1）总则

本章为管道完整性审核方案一部分审核活动的策划与实施提供了指南。本章的适用程度取决于特定审核的范围和复杂程度以及审核结论的预期用途。

2）管道完整性审核的启动

（1）指定审核组长。

负责管道完整性管理审核方案的人员应当为特定的审核指定审核组长。

在进行联合审核时，各审核组织在审核开始前就各自的职责特别是审核组长的 权限达成一致，这一点非常重要。

（2）确定管道完整性审核目的、范围和准则。

在管道完整性审核方案总体目的内，一次具体的审核应当基于形成文件的目的、范围和准则。

管道完整性审核目的确定审核要完成的事项，可包括：

①确定受审核方管理体系或其一部分管理体系与审核准则的符合程度；

②评价完整性管理体系确保满足法律法规和合同要求的能力；

③评价完整性管理体系实现规定目标的有效性；

④识别完整性管理体系潜在的改进方面。

管道完整性审核范围描述了审核的内容和界限，例如，实际位置、地区公司单元、受审核的活动和过程以及审核所覆盖的时期。

管道完整性审核准则用作确定符合性的依据，可以包括所适用的方针、程序、标准、法律法规、管理体系要求、合同要求或行业规范。

管道完整性审核目的应当由审核委托方确定，审核范围和准则应当由审核委托方和审核组长根据审核方案程序确定。审核目的、范围和准则的任何变化应当征得原各方同意。

当实施管道完整性审核时，重要的是审核组长确保审核目的、范围和准则适合于审核的性质。

（3）确定管道完整性审核的可行性。

应当确定管道完整性审核的可行性，同时考虑诸如下列因素的可获得性：

①策划审核所需的充分和适当的信息；

②受审核方的充分合作；

③充分的时间和资源。

当审核不可行时，应当在与受审核方协商后向审核委托方建议替代方案。

（4）选择管道完整性审核组。

当已明确审核可行时，应当选择审核组，同时考虑实现管道完整性审核目的所需的能力。审核组的人员组成至少包括一名审核员和一名审核组长，但此时必须另聘一名完整性管理专家，当只有一名审核员时，审核员应承担审核组长全部职责。当决定审核组的规模和组成时，应当考虑下列因素：

①审核目的、范围、准则以及预计的审核时间；

②是否结合审核或联合审核；

③为达到审核目的，审核组所需的整体能力；

④法律法规、合同和认证认可的要求；

⑤确保审核组独立于受审核活动并避免利益冲突；

⑥审核组成员与受审核方的有效协作能力以及审核组成员之间共同工作的能力；

⑦审核所用语言以及对受审核方社会和文化特点的理解，这些方面可以通过审核员自身的技能或技术专家的支持予以解决。

保证审核组整体能力的过程应当包括下列步骤：

①识别为达到审核目的所需的知识和技能；

②选择审核组成员以使审核组具备所有必要的知识和技能。

若管道完整性审核组中的审核员没有完全具备审核所需的知识和技能，可通过技术专家予以满足。技术专家应当在审核员的指导下进行工作。

管道完整性审核组可以包括实习审核员，但实习审核员不应当在没有指导或帮助的情况下进行审核。

在描述的审核原则的基础上，管道完整性审核委托方和受审核方均可依据合理的理由申请更换审核组的具体成员。合理的理由包括利益冲突（例如：审核组成员是受审核方的前雇员或曾经向受审核方提供过咨询服务）和以前缺乏职业道德的行为等。这些理由应当与审核组长和管理审核方案的人员沟通，在决定更换审核组成员之前，他们应当与审核委托方和受审核方一起解决有关问题。

（5）与受审核方的初始接触。

与受审核方就审核的事宜建立初步联系可以是正式或非正式的，但应当由负责管理管道完整性审核方案的人员或审核组长进行。初步联系的目的为：

①与受审核方的代表建立沟通渠道；

②确认实施审核的权限；

③提供有关建议的时间安排和审核组组成的信息；

④要求获得相关文件、记录；

⑤确定适用的现场安全规则；

⑥对审核做出安排；

⑦就观察员的参与和审核组向导的需求达成一致意见。

3）文件评审

在现场审核前应当评审受审核方的文件，以确定文件所述的体系与审核准则的符合性。文件可包括管理体系的相关文件和记录及以前的审核报告。评审应当考虑地区公司的规模、性质和复杂程度以及审核的目的和范围。在有些情况下，如果不影响审核实施的有效性，文件评审可以推迟至现场审核开始时。在其他情况下，为获得对可获得信息的适当了解，可以进行现场初访。

如果发现文件未使用、不充分，审核组长应当通知审核委托方和负责管理审核方案的人员以及受审核方。应当决定审核是否继续进行或暂停直至有关文件的问题得到解决。

4）现场管道完整性审核的准备

（1）编制审核计划。

审核组长应当编制一份审核计划，为审核委托方、审核组和受审核方之间就审核的实施达成一致提供依据。审核计划应当便于审核活动的日程安排和协调。

审核计划的详细程度应当反映审核的范围和复杂程度。例如，初次审核和监督审核以及内部和外部审核，内容的详细程度可以有所不同。审核计划应当有充分的灵活性，以允许更改，例如随着现场审核活动的进展，审核范围的更改可能是必要的。

审核计划应当包括：

①审核目的；

②审核准则和引用文件；

③审核范围，包括确定受审核的地区公司单元和职能单元及过程；

④进行现场审核活动的日期和地点；

⑤现场审核活动预期的时间和期限，包括与受审核方管理层的会议及审核组会议；

⑥审核组成员和向导的作用和职责；

⑦向审核的关键区域配置适当的资源。

适当时，审核计划还应当包括：

①确定受审核方的代表；

②当审核工作和审核报告所用语言与审核员和（或）受审核方的语言不同时，审核工作和审核报告所用的语言；

③审核报告的主题；

④后勤安排（交通、现场设施等）；

⑤保密事宜；

⑥审核后续活动。

在现场审核活动开始前，审核计划应当经审核委托方评审和接受，并提交给受审核方。

受审核方的任何异议应当在审核组长、受审核方和审核委托方之间予以解决。任何经修改的审核计划应当在继续审核前征得各方的同意。

（2）审核组工作分配。

审核组长应当与审核组协商，将具体的过程、职能、场所、区域或活动的审核职责分配给审核组每位成员。审核组工作的分配应当考虑审核员的独立性和能力的需要、资源的有效利用以及审核员、实习审核员和技术专家的不同作用和职责。为确保实现审核目的，可随着审核的进展调整所分配的工作。

（3）准备工作文件。

审核组成员应当评审与其所承担的审核工作有关的信息，并准备必要的工作文件，用于审核过程的参考和记录。这些工作文件可以包括：

①检查表和审核抽样计划；

②记录信息（例如：支持性证据，审核发现和会议的记录）的表格。

检查表和表格的使用不应当限制审核活动的内容，审核活动的内容可随着审核中收集信息的结果而发生变化。

工作文件，包括其使用后形成的记录，应至少保存到审核结束。审核组成员在任何时候都应当妥善保管涉及保密或知识产权信息的工作文件。

5）现场管道完整性审核的实施过程

（1）举行首次会议。

应当与受审核方管理层，或者（适当时）与受审核的职能或过程的负责人召开首次会议。首次会议的目的：

①确认审核计划；

②简要介绍审核活动如何实施；

③确认沟通渠道；

④向受审方提供询问的机会。

实用帮助——首次会议：

在许多情况下，例如小型地区公司中的内部审核，首次会议可简单包括对即将实施审核的沟通和对审核性质的解释。

对于其他审核情况，会议应当是正式的，并保存出席人员的记录。会议应当由审核组长主持。适当时，首次会议应当包括以下内容：

①介绍与会者，包括概述其职责；

②确认审核目的，范围和准则；

③与受审核方确认审核日程以及相关的其他安排，例如，末次会议的日期和时间，审核组和受审核方管理层之间的中间会议以及任何新的变动；

④实施审核所用的方法和程序，包括告知受审核方审核证据只是基于可获得的信息样本，因此，在审核中存在不确定因素；

⑤确认审核组和受审核方之间的正式沟通渠道；

⑥确认审核所使用的语言；

⑦确认在审核中将及时向受审核方通报审核进展情况；

⑧确认已具备审核组所需的资源和设施；

⑨确认有关保密事宜；

⑩确认审核组工作时的安全事项、应急和安全程序；

⑪确认向导的安排、作用和身份；

⑫报告的方法，包括不符合的分级；

⑬有关审核可能被终止的条件的信息；

⑭对于审核的实施或结论的申诉系统的信息。

（2）审核中的沟通。

根据审核的范围和复杂程度，在审核中可能有必要对审核组内部以及审核组与受审核方之间的沟通作出正式安排。

审核组应当定期讨论以交换信息，评定审核进展情况，以及需要时重新分派审核组成员的工作。

在审核中，适当时，审核组长应当定期向受审核方和审核委托方通报审核进展及相关情况。在审核中收集的证据显示有即将发生的和重大的风险（如安全、环境、质量方面）可能时，应当立即报告受审核方，适当时向审核委托方报告。对于超出审核范围之外的引起关注的问题，应当指出并向审核组长报告，可能时，向审核委托方和受审核方通报。

当获得的审核证据表明不能达到审核目的时，审核组长应当向审核委托方和受审核方报告理由以确定适当的措施。这样的措施可以包括重新确认或修改审核计划、改变审核目的、审核范围或终止审核。

随着现场审核的进展，若出现需要改变审核范围的任何情况，应当经审核委托方和（适当时）受审核方的评审和批准。

（3）向导和观察员的作用和职责。

向导和观察员可以与审核组随行，但不是审核组成员，不应当影响或干扰审核的实施。

受审核方指派的向导应当协助审核组并且根据审核组长的要求行动。他们的职责可包括：

①建立联系并安排面谈时间；

②安排对场所或地区公司的特定部分的访问；

③确保审核组成员了解和遵守有关场所的安全规则和安全程序；

④代表受审核方对审核进行见证；

⑤在收集信息的过程中，作出澄清或提供帮助。

（4）信息的收集和验证。

在审核中，与审核目的、范围和准则有关的信息，包括与职能、活动和过程间接有关的信息。

从收集信息到得出审核结论的过程概述的信息，应当通过适当的抽样进行收集并验证。只有可证实的信息方可作为审核证据。审核证据应当予以记录。

审核证据基于可获得的信息样本。因此，在审核中存在不确定因素，依据审核结论采取措施的人员应当意识到这种不确定性。

收集信息的方法包括：

①面谈；

②对活动的观察；

③文件评审。

实用帮助——信息源：

所选择的信息源可以根据审核的范围和复杂程度而不同，可包括：

①与员工及其他人员的面谈；

②对活动、周围工作环境和条件的观察；

③文件，例如方针、目标、计划、程序、标准、指导书、执照和许可证、规范、图样、合同和订单；

④记录，例如检验记录、会议纪要、审核报告、方案监视的记录和测量结果；

⑤数据的汇总、分析和绩效指标；

⑥受审核方抽样方案的信息，抽样和测量过程控制程序的信息；

⑦其他方面的报告，例如顾客反馈、来自外部和供方等级的相关信息；

⑧计算机数据库和网站。

实用帮助——面谈：

面谈是收集信息的一个重要手段，应当在条件许可并以适合于被面谈人的方式进行。但审核员应当考虑：

①面谈人员应当来自审核范围内实施活动或任务的适当层次和职能；

②面谈应当在被面谈人正常工作时间和（可行时）正常工作地点进行；

③在面谈前和面谈过程中应当努力使被面谈人放松；

④应当解释面谈和记录的原因；

⑤面谈可通过请对方描述其工作开始；

⑥应当避免提出有倾向性答案的问题（如引导性提问）；

⑦应当与对方总结和评审面谈的结果；

⑧应当感谢对方的参与和合作。

（5）量化审核。

完整性管理审核是对被审核单位完整性管理实施情况的整体描述，也是对完整性管理实施情况的整体评价，主要依据 ASMEB31.8S—2001《输气管道系统完整性管理》和 API 1160—2001《液体管道完整性管理系统》，对完整性管理的各个要素实施情况进行量化描述。

完整性管理可以开展量化审核和定性审核，量化审核就是对完整性管理作出具体打分，找出不足之处；定性审核与 HSE 审核类型基本一致，对照程序文件和作业文件及实际做法进行分析判断，找出不足。

完整性管理审核出发点为"是否确保了管道的本质安全"，在确保安全的情况下，对管道完整性管理的要素实施情况从实施计划和投入、解决问题的技术路线、进度、实施和质量，四个方面进行评价。实施计划和投入主要是考察立项情况以及领导重视情况等；解决问题的技术路线是对完整性管理内容所使用技术的可行性进行评估，是否能够很好的解决问题；进度是按照实施要求开展完成各项工作；实施和质量主要依据中国石油企业标准和所属地区公司企业标准的要求。

（6）业绩完成率的审核。

量化审核是对地区公司进行完整性管理情况进行深入和细致的审核，业绩考核指标以分级形式给出，涉及完整性管理的各个领域，比较全面，公司内部日常审核，上述指标必须形成软件系统。还有一种是以完成率为考核的业绩指标，具有简单的特点，但同时具有片面性，不同管道公司、新旧管道、十年以上、三十年以上的管道业绩完成率相互之间不具备可比性，以单个管道公司自我比较的方式，确定业绩进展。业绩率指标如下：

①完整性管理实施方案落实与计划情况的比率。

（a）已检测的里程与完整性管理程序要求比率；

（b）已完成完整性检测数量与总数量比率；

（c）管理部门要求变更完整性管理程序的次数；

（d）单位时间内报告的与事故（安全）相关的法律纠纷；

（e）完整性管理程序要求评价完成的工作量；

（f）已削减的影响安全的活动次数；

（g）已发现需修补或减缓的缺陷数量；

（h）已修补的缺陷数量与全部需要修复缺陷的比率；

（i）修复的数量占当年计划修复数量的比率；

（j）已发现需修补或减缓的缺陷占全部缺陷的比率；

（k）第三方损坏事件、接近失效及检测到的缺陷的数量；

（l）实施完整性管理程序后削减的量化风险；

（m）未经许可的施工次数；

（n）检测出的事故前兆数量。

②地质、第三方破坏或周边环境管理控制率。

（a）地质灾害及自然灾害损害管道次数；

（b）第三方未遂事故占总事故的比率；

（c）历史同期相比管道地质、第三方破坏事故所占总事故的比率；

（d）因未按要求发布通知，第三方的非法开挖次数；

（e）空中或地面巡线检查发现非法开挖的次数；

（f）收到开挖通知后安排的开挖次数；

（g）发布公告的次数和方式；

（h）内部和外部联络的有效性考察比率；

（i）管道公众警示程序在分公司建立的比率；

（j）非法开挖所占比率。

③高后果区和风险评价完成率。

（a）高后果区识别与未识别的比率；

（b）高后果区总长占线路总长的比率；

（c）高后果区采取削减措施与总高后果区的比率；

（d）高后果区开展风险评价的比率；

（e）高后果区完成完整性评价的比率；

（f）高后果区已修复缺陷占总高后果区应修缺陷数量的比率；

（g）高后果区应修缺陷占总缺陷的比重。

④其他方面的评价。

（a）公众对完整性管理程序的信心摸底调查比率；

（b）事件反馈过程的有效性比率；

（c）完整性管理程序的费用投入占总投资的比率；

（d）新技术的使用对管道系统完整性的改进的比率；

（e）对用户的计划外停气及其影响比率。

（7）形成审核发现。

应当对照审核准则评价审核证据以形成审核发现。审核发现能表明符合或不符合审核准则。当审核目的有规定时，审核发现能识别改进的机会。

审核组应当根据需要在审核的适当阶段共同评审审核发现。

应当汇总与审核准则的符合情况，指明所审核的场所、职能或过程。如果审核计划有规定，还应当记录具体的审核发现及其支持的审核证据。

应当记录不符合及其支持的审核证据。可以对不符合进行分级。应当与受审核方一起评审不符合，以确认审核证据的准确性，并使受审核方理解不符合。应当努力解决对审核证据和（或）审核发现有分歧的问题，并记录尚未解决的问题。

（8）准备审核结论。

在末次会议前，审核组应当讨论以下内容：

①审核目的、评审审核发现以及在审核过程中所收集的其他适当信息；

②考虑审核过程中固有的不确定因素，对审核结论达成一致；

③如果审核目的有规定，准备建议性的意见；

④如果审核计划有规定，讨论审核后续活动。

实用帮助——审核结论：

审核结论可陈述诸如以下内容：

①管理体系与审核准则的符合程度；

②管理体系的有效实施、保持和改进；

③管理评审过程确保管理体系持续的适宜性、充分性、有效性和改进方面的能力。

如果审核目的有规定，审核结论可能导致有关改进、商务关系、认证或注册或未来审核活动的建议。

（9）举行末次会议。

末次会议应当由审核组长主持，并以受审核方能够理解和认同的方式提出审核发现和结论，适当时，双方就受审核方提出的纠正和预防措施计划的时间表达成共识。参加末次会议的人员应当包括受审核方，也可包括审核委托方和其他方。必要时，审核组长应当告知受审核方在审核过程中遇到的可能降低审核结论可信程度的情况。

在许多情况下，如在地区公司的内部审核中，末次会议可以只包括沟通审核发现和结论。

审核组和受审核方应当就有关审核发现和结论的不同意见进行讨论，并尽可能予以解决。如果未能解决，应当记录所有的意见。

如果审核目的有规定，应当提出改进的建议，并强调该建议没有约束性。

6）管道完整性审核报告的编制、批准和分发

（1）审核报告的编制。

审核组长应当对审核报告的编制和内容负责。

审核报告应当提供完整、准确和清晰的审核记录，并包括或引用以下内容：

①审核目的；

②审核范围，尤其是应当明确受审核的组织单元和职能的单元或过程以及审核所覆盖的时期；

③明确审核委托方；

④明确审核组长和成员；

⑤现场审核活动实施的日期和地点；

⑥审核准则；

⑦审核发现；

⑧审核结论。

适当时，审核报告还应包括或引用以下内容：

①审核计划；

②受审核方代表名单；

③审核过程综述，包括所遇到的降低审核结论可靠性的不确定因素和（或）障碍；

④确认在审核范围内，已按审核计划达到审核目的；

⑤尽管在审核范围内，但没有覆盖到的区域；

⑥审核组和受审核方之间没有解决的分歧意见；

⑦如果审核目的有规定，对改进的建议；

⑧商定的审核后续活动计划（如果有）；

⑨关于内容保密的声明；

⑩审核报告的分发清单。

（2）审核报告的批准和分发。

审核报告应当在商定的时间期限内提交。如果不能完成，应当向审核委托方通报延误的理由，并就新的提交日期达成一致。

审核报告应当根据审核方案程序的规定注明日期，并经评审和批准。

经批准的审核报告应当分发给审核委托方指定的接受者。

审核报告属审核委托方所有，审核组成员和审核报告的所有接受者都应当尊重并保持审核的保密性。

7）管道完整性审核的完成

当审核计划中的所有活动已完成，并分发了经过批准的审核报告时，审核即告结束。

审核的相关文件应当根据参与各方的协议，并按照审核方案程序、适用的法律法规和合同要求予以保存或销毁。

除非法律要求，审核组和负责审核方案管理的人员若没有得到审核委托方和（适当时）受审核方明确批准，不应当向任何其他方泄漏文件内容以及审核中获得的其他信息或审核报告。如果需要披露审核文件的内容，应当尽快通知审核委托方和受审核方。

8）审核后续活动的实施

适用时，审核结论可以指出采取纠正、预防和改进措施的需要。此类措施通常由受审核方确定并在商定的期限内实施，不视为审核的一部分。受审核方应当将这些措施的状态告知审核委托方。

应当对纠正措施的完成情况及有效性进行验证。验证可以是随后审核活动的一部分。

审核方案可规定由审核组成员进行审核后续活动，通过发挥审核组成员的专长实现增值。在这种情况下，应当注意在随后审核活动中保持独立性。

9）审核跟踪和再审核的周期

地区公司内部审核，在地区公司完整性管理体系建立的第一年内开展第一次内审工作，完整性管理的内审工作由地区公司负责完整性管理部门组织实施，由相应地区公司所属的完整性管理内审员执行，内部审核的周期建议为一年一次。

第二方审核，股份公司完整性管理的审核周期建议每年一次，由股份公司管道完整性负责部门组织，组织各地区公司的完整性管理内审员开展，由地区公司配合。

第三方外部审核，建议以两年为周期，由第三方机构对地区公司组织的管道完整性体系进行的监督审核，第三方机构必须在管道完整性管理方面具有权威的指导性和10年完整性管理的经验，真正从事过完整性管理的工作。

完整性管理审核后的跟踪由地区公司负责完整性管理部门组织实施，跟踪包括内审和股份公司审核以及第三方审核机构审核中发现的问题跟踪和处理。

二、效能评价

通过对管道完整性管理系统进行效能评价，分析管道完整性管理现状，发现管道完整性管理过程中的不足，明确改进方向，不断提高管道完整性系统的有效性和时效性。

1. 效能评价原则

（1）完整性效能评价应科学、公正的自主开展，效能评价对象是完整性管理体系以及完整性管理体系中的各个环节，评价标准应具有一致性，评价过程应具有可重复性；

（2）效能评价可以是某一单项的评价，也可以是系统的评价，系统的效能不是系统各个部分效能的简单总和而是有机综合；

（3）完整性管理系统是一个复杂的系统，严格意义上的系统最优概念是不存在的，只能获得满意度、可行度和可靠度，完整性管理系统的优劣是相对于目标和准则而言的；

（4）应根据管道完整性管理系统现状开展效能评价，并且根据评估结果制定系统的效能改进计划、持续效能评价内容和效能评价周期。

2. 效能评价方法

效能评价方法主要包括调查问卷、检查列表、人员访谈、对比法、打分法等，这些方法可以单独使用，也可以综合起来使用。

3. 效能评价内容

效能评价一般由五大要素组成，包括效能评价主体、效能评价对象、效能评价目标、效能评价手段（准则、方法、工具）、效能评价实施。

效能评价主体一般是效能评价专业人员或具有相关经验的人员。效能评价对象是完整性管理体系以及完整性管理体系中的各个环节。

4. 效能评价指标

通过对比系统过去的效能指标和当前的效能指标，评价系统当前的效能，评价是否提高了系统的有效性和时效性。通过比较同行业间的效能指标，评价系统的哪些方面需要加强改进、采取的哪些措施有效提高了系统的效能，以及评价还需要采用何种措施能有效地提高系统的效能。效能评价指标主要包括：

（1）管理指标；

（2）技术指标；

（3）安全效益指标；

（4）投入指标。

对于完整性管理系统的整体效能评价，通过完整性管理效能值表现出来，数值越大表明完整性管理效能越好。

$$完整性管理效能值 = \frac{管理指标 + 技术指标 + 安全效益指标}{投入指标}$$

这些效能指标并不是孤立的，它们之间是相互关联、相互影响的，但是它们同时又是相对独立的。对于一个系统来说，从一个效能指标结果并不能判断出系统的效能是否获得了提高改进，而是要全面综合考虑所有的效能指标，来衡量系统的效能优劣。单独考虑一个效能指标虽然不能判断出整个系统的效能变化情况，但是可以通过对这一效能指标的分析来确定影响原因。例如，对于两管段同一年的经济投入有所不同，通过对于投资方向的分析可以找出原因，可能是投资高的管段所处的地理环境要比投资低的管段恶劣等原因。

不同层次的工作人员，对系统效能指标的侧重程度是不一样的。工作人员主要分为：第一，管理层次；第二，系统管理者层次；第三，用户层次。不同层次的工作人员可以根据现实的需要对整个体系进行效能评价，也可以对每个单项进行效能评价。在效能评价过程中并不需要均等地考虑每一项效能指标，可以根据需有侧重的考虑，甚至可以不考虑那些单项效能指标所包含的部分内容。对于整个系统，要全面并且有重点地考虑系统效能指标，合理分配系统效能指标权重，进行分析总结，以得出真实的、可靠的效能评价结果；对于系统的组成部分或运行中采用的设备，可以根据所制定的单项效能评价目标，着重考虑与目标相一致的效能指标。

5. 效能评价实施

完整性管理活动不是一个一次就可以完成的过程，它是一个循环和渐进的过程，是一个检测和监测管道状态、识别和评估风险、采取措施预防和最小化风险、保证管道安全运行的循环。完整性管理的效能评价主要考察系统的有效性和时效性，而系统的有效性和时效性主要表现在两个方面，即全面性和应用性。全面性就是系统的完备性、一致性和正确性，也就是内容完备，内容与目标保持一致，在实践中应该是正确合理的。系统的全面性还表现为它的持续性，即随着科学技术的发展，系统需要不断完善和改进。应用性就是系统的可靠性和可行性，也就是系统可靠实用、操作可行。系统只有考虑全面、应用性强，才能获得好的有效性和时效性。

1）管理指标

（1）是否建立了完整性管理组织机构；

（2）是否制订了组织人员管理办法要求；

（3）是否提出了完整性管理构架；

（4）是否制订了完整性管理规划；

（5）是否制订了高后果区识别计划；

（6）是否制订了基线评价计划；

（7）是否制订了风险评价计划；

（8）是否制订了直接评价计划；

（9）是否制订了内检测计划；

（10）是否制订了打压试验计划；

（11）是否制订了维修计划；

（12）是否制订了持续评价计划；

（13）是否提出了预防和缓解措施；

（14）是否提出了记录保存要求；

（15）针对变更是否给出了处理办法和程序；

（16）对于质量是否提出了质量保证要求；

（17）是否制订了沟通计划；

（18）是否制订了程序文件提交流程；

（19）是否提出了数据要求；

（20）面向不同的人员是否制订了详细的培训计划；

（21）是否提出了明确的安全管理目标；

（22）是否制订了检测计划；

（23）是否有监测措施；

（24）是否制订了针对环境保护的计划；

（25）是否制订了应对紧急事件的计划；

（26）是否制订了针对第三方破坏的措施；

（27）是否制订了经济投入计划；

（28）其他。

2）技术指标

（1）完整性管理组织机构是否健全，组织机构运转是否顺畅合理，组织机构的岗位设置是否满足完整性管理的需要，等等；

（2）完整性管理组织人员配备是否齐备，员工对于自身的职责是否明确，员工是否具有能力去完成自身岗位的工作，从事完整性管理工作的年限以及是否接受过相应的培训，是否获取过与完整性管理相关的资格（例如安全工程师、风险评价工程师等），等等；

（3）完整性管理构架内容是否全面，构架是否合理，等等；

（4）完整性管理规划是否含有管道标准规范和体系文件，是否有详细的管道完整性管理文件，是否提出了详细的数据管理规划，是否提出了详细的管道完整性管理活动实施计划，是否提出了完整性管理支持技术应用计划，规划内容是否包括了健康和安全的内容，是否包括了环境保护的内容，是否包括了人员组织的内容，是否包括了信息管理的内容，是否包括了运营管理的内容，等等；

（5）针对完整性管理高后果区识别是否制订了高后果区规范或指导文件，是否应用了这些规范或指导文件，这些规范或指导文件是否适用于实际情况，是否制订了高后果区程序步骤，是否采用先进的高后果区分析工具，这些工具在实际应用过程中是否有效，是否定期对管道沿线高后果区进行了分析，是否识别出了所有的高后果区，识别过程中考虑的因素是否齐全，针对高后果区潜在影响半径是否提出了处理措施，管段所使用的处理方法是否被完整的记录，记录数据是否被入库，等等；

（6）针对完整性管理基线评价计划是否制订了评价程序，对于基线数据是否建立了完整管理办法，是否对基线评价计划进行及时更新，是否考虑了环境和风险的影响，对于新的信息是否进行了随时更新，等等；

（7）针对完整性管理风险评价是否进行了影响管道的危险识别，是否识别出了影响管道的危险因素，在管道风险评价过程中是否制订了详细的风险评价计划，计划是否有针对性及充分的依据，评价周期是否合理，评价人员是否具备相应的专业知识和技能，评价方法是否合适，评价范围是否适当，评价所需信息是否准确、完备，是否制订了风险评价判据，判据是否合理，评价结论是否与实际相符，等等；

（8）针对完整性管理直接评价计划是否提出了外腐蚀直接评估程序要求，是否制订了外腐蚀预评价计划和提出了外腐蚀预评价要求，是否制订了外腐蚀直接评价的间接检查计划和要求，是否制订了外腐蚀直接评价的直接检查计划和要求，是否制订了外腐蚀直接评价的后评价计划，是否制订了气体内腐蚀程序要求，是否制订了气体内腐蚀预评价计划和提出了内腐蚀预评价要求，是否制订了气体内腐蚀直接评价的直接检查计划和要求，是否制订了气体内腐蚀直接评价的后评价计划，是否提出了数据收集和整理要求，是否对于数据进行了入库，等等；

（9）针对内检测是否明确了内检测方法，内检测精度是否符合要求，是否有提供模拟信号及读取软件，等等；

（10）针对打压试验是否明确了打压介质，是否明确了打压压力，等等；

（11）针对维修计划，是否规定了所发现异常情况的实际数据记录要求，是否制订了修复日程，是否制订了修复相应的措施，是否提出了异常情况分类和分级标准，是否制订了针对不同介质的管道的维护和修复方法，是否制订了针对泄漏的维护和修复方法，是否制订了针对断裂的维护和修复方法，是否采用了合理的维护和修复方法，是否制订了针对紧急情况的维护和修复计划，等等；

（12）针对持续评价计划是否制订了定期评价计划，是否明确了再评价所采取的措施，是否明确了再评价时间间隔，是否针考虑了环境和风险，等等；

（13）针对预防和缓解措施是否制订了检测和监测计划，是否采取了检测和监测手段，检测周期是多久，监测方法是什么，采用的检测和监测手段是否有效，是否制订了针对内腐蚀的预防和缓解措施，是否制订了针对外腐蚀的预防和缓解措施，是否制订了针对应力腐蚀开裂的预防和缓解措施，是否制订了针对制造缺陷的预防和缓解措施，是否制订了针对机械损伤的预防和缓解措施，是否制订了针对自然外力的预防和缓解措施，是否制订了针对地震的预防和缓解措施，是否制订了针对第三方破坏的预防和缓解措施，是否制定了针对误操作的预防和缓解措施，等等；

（14）针对记录保存要求是否明确了记录保存格式，是否制订了维护记录的方法和计划，等等；

（15）针对变更是否给出了处理办法和程序，是否对变更过程进行了性质分析，是否制订了变更审查程序，等等；

（16）针对质量保证要求，是否提出了质量保证过程的程序要求，是否明确完整性管理程序责任和权利，是否提出了质量验收标准，等等；

（17）针对沟通计划，是否建立了内部和外部沟通要求，是否明确需要沟通的部门和人员，是否明确了本地和区域性的应急反应者，等等；

（18）针对程序文件提交流程，是否有详细的管道标准规范和体系文件，是否有详细的管道完整性管理文件，是否提出了详细的数据管理规划，是否提出了详细的管道完整性管理活动实施计划，是否提出了完整性管理支持技术应用计划，规划内容是否包括了健康和安全的内容，是否包括了环境保护的内容，是否包括了人员组织的内容，是否包括了信息管理的内容，是否包括了运营管理的内容，等等；

（19）针对数据管理，是否建立了符合本企业的数据模型，是否建立了符合本企业的数据库，数据库是否应用到现实完整性管理工作中，是否开发了符合本企业的数据分析工具，数据分析工具是否应用到实际工作中，是否对管道历史数据进行了整理，历史数据是否准确，是否对历史数据进行了分析，分析结果是否有效，是否对现实数据进行了采集和整合，数据采集工具是否可行可靠，是否对现实数据进行了入库，是否对数据进行了分析，分析结果是否应用到实际中，分析结果是否有效可靠，等等；

（20）针对培训，是否制定了长期的培训计划，是否明确不同对象所应该接受的培训内容，是否有明确的培训内容；

（21）其他相关技术指标。

3）安全效益指标

（1）是否降低了管道泄漏事件，降低了多少；

（2）是否降低了管道失效事件数；

（3）是否降低了管道腐蚀率；

（4）是否降低了机械损伤数；

（5）是否降低了制造缺陷数；

（6）是否降低了人员伤亡数；

（7）是否降低了由于地质灾害引起的事件数；

（8）是否降低了第三方破坏率；

（9）是否提高了社会效益；

（10）是否提高了经济效益；

（11）是否提高了管理能力；

（12）是否提高了管道运行寿命；

（13）是否减少了维护次数和费用；

（14）是否减少了修复次数和费用；

（15）其他。

4）投入指标

系统投入总额，主要包括：

（1）管理投入；

（2）人员投入；

（3）维护投入；

（4）修复投入；

（5）预防缓解措施投入；

（6）检测投入；

（7）监测投入；

（8）评价投入；

（9）新技术引进投入；

（10）培训投入；

（11）其他。

6. 效能评价程序

效能评价程序（图2-72），第一，明确了效能评价的对象是什么；第二，针对效能评价对象制订效能评价目标；第三，明确效能评价的主体，有效能评价能力的组织可以自行开展效能评价，没有效能评价能力的组织可以委托有效能评价的组织开展效能评价；第四，选择合适的效能评价手段；第五，根据效能评价的对象和效能评价的目标确定效能指标；第六，分析和确定效能评价指标的权重，效能指标组成部分的权重；第七，进行效能评价，可以把多种方法结合起来用于效能评价过程；第八，对效能评价的结果进行分析；

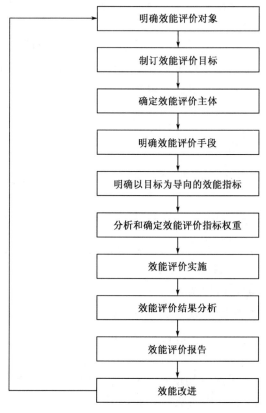

图2-72　效能评价程序

第九，给出效能评价报告；第十，根据评价报告所给出的结果和建议，结合实际需求，开展效能改进；最后，根据需要，确定效能评价周期，进行下一轮效能评价。

7. 效能评价改进

完整性管理系统应是不断改进完善的，应利用效能测试和审核的结果对其进行分析和改进，相应的引入新的效能改进措施，如新的管理理念、先进的科学技术等。在效能改进措施实行一年的时候，各分公司应重新组织效能评价小组对完整性管理进行效能评价，评价这些改进措施的效果。该情况下效能评价小组的人员应尽量选择那些提出效能改进措施的人员，以使相关专家的经验得以延续。

在完整性管理体系效能评价过程中，对于期间分析的结果，提出的建议，以及对于管道完整性管理系统程序所做的相应改进应记录下来，并且整理成文，以备后续的使用。

完整性管理体系效能是否得到了改进是需要事实验证的，通过再次对系统进行效能评价，比较相应的效能指标来确定效能改进措施是否取得了效果，是否发挥了作用，从而不断改进效能措施，同时也在不断地完善完整性管理系统。

8. 效能评价周期

效能评价周期的界定要根据企业管道的实际情况和完整性管理系统的实际情况来确定，对于现有的实际情况效能评价周期初步定为一年，以衡量完整性管理活动有效性。

9. 完整性管理效能评价结论

列出评价结果，指出完整性管理效能指标值和完整性管理效能值，明确是否达到了完整性管理目标，明确应开展对应的完整性管理效能改进措施，明确完整性管理效能评价周期。

10. 编写完整性管理效能评价报告

完整性管理效能评价报告应包括如下重点内容：

（1）概述。

①完整性管理效能评价的依据：有关完整性管理效能评价的法律、法规及技术标准，相关文件，参看资料和委托书。

②管道及管道完整性管理概况：管道基本情况和管道完整性管理基本情况概述。

（2）完整性管理效能评价基础数据分析。

（3）完整性管理效能评价方法简介。

（4）完整性管理效能评价内容。

（5）完整性管理效能评价改进措施及建议。

（6）完整性管理效能评价结论。

11. 效能评价报告的审查与管理

管道公司应将效能评价报告组织管道运行管理者和具备完整性管理效能评价能力的专家进行技术评审，并给出评审意见。

评价单位根据评审意见修改、完善完整性管理效能评价报告后，由管道公司规定备案，相关部门根据报告结果制订计划实施。

第八节　建设期管道完整性管理

在役管道完整性管理的研究和实践使管道管理者深刻认识到在建设期开展完整性管理的重要性，明显地感觉到如果在建设期就进行数据管理、进行高后果区分析和风险评价等完整性管理与评价，不仅能够使运行期能准确的使用管道数据，而且可以从设计阶段就避免一些可规避的风险因素，从本质上保证安全；特别是认识到开展新建管道完整性管理的核心是在管道设计、施工等过程中贯彻完整性的理念，充分识别出管道的高后果区、高风险因素，并根据高后果区分析结果、风险分析结果，更改设计、施工方法或增加风险减缓措施，从本质上规避风险或减缓风险。

一、建设期管道完整性管理的原则

（1）建设期管道完整性管理应贯穿预可行性研究、可行性研究、初步设计、施工图设计、施工、投产试运、竣工验收的全过程；

（2）应把完整性管理的理念、要求作为管道建设各阶段技术方案优化、决策的依据之一；

（3）风险评价应是建设期管道完整性管理的重要环节；

（4）应保证建设期管道数据的真实、准确、完整。

二、建设期管道完整性管理的内容

1. 预可行性研究阶段和可行性研究阶段

（1）在预可行性研究和可行性研究阶段应在水土保持方案报告、环境影响评价、地震安全性评估、安全性预评价、职业病危害评价、地质灾害危险性评价和矿产压覆七大报告的基础上，识别出管线路由地区安全等级、管道沿线的高后果区和可能发生的危害，特别是大中型河流穿跨越、地质灾害多发区、特殊土壤等重点地段应结合现场勘测结果合理选择线路走向及纵断面、三穿位置、工艺站场位置及敷设方式。

（2）在预可行性研究和可行性研究阶段还应根据国家有关规定提出相关的审查文件，列表如下：

①国家发改委核准文件；

②管道沿线建设规划管理部门对本管道工程建设规划选址的审查意见；

③管道沿线国土资源管理部门对本管线工程建设项目用地规划的预审查意见；

④环保管理部门对本管道工程环境影响评价报告审查意见；

⑤地震管理部门对本管线工程场地地震安全性评价报告审查意见；

⑥相关管理部门对本管道工程安全预评价报告审查意见；

⑦相关管理部门对本管道工程地质灾害评价报告审查意见；

⑧水利行政主管部门与地方对本管道水土保持评价报告审查意见；

⑨相关管理部门对本管道职业病危害预评价的审查意见；

⑩管道沿线矿区管理部门对矿产压覆评价报告审查意见；

⑪自然保护区管理部门对管线通过各类保护区区域的处理意见；

⑫文物管理部门对管线通过文物保护区区域的处理意见；

⑬管道沿线军事管理部门对管道经过军事区域的处理意见；

⑭林业管理部门对管线通过林区的处理意见。

2. 初步设计阶段

（1）初步设计前应收集类似管道发生的事故以及存在的缺陷，分析类似管道在运行过程中可能发生的风险，作为管道工程可能发生的风险进行分析，依据分析结果，在设计过程中应采取技术措施尽量预防发生上述类似风险。

（2）初步设计应采用管道成熟、适用、先进的标准。

（3）初步设计阶段应符合预可行性研究和可行性研究阶段的批复文件要求，应对线路工程进行高后果区识别，进一步识别出管道沿线的高后果区段，把高后果区分析结果作为线路走向优选的一项重要条件。

（4）初步设计阶段应对线路工程进行风险评价，并根据风险评价结果，设计单位应采取有效的措施，规避风险。

（5）初步设计阶段应尽量减少管道高后果区段，尽量规避风险，对于无法通过设计规避的高后果区管段应根据所处高后果区情况和存在的风险，除对所采取的安全技术措施提出设计，还有必要对那些存在风险的重点管段增加监测、检测和后果控制等的设施提出设计，并提出运行维护建议、注意事项和应对措施等。

（6）初步设计阶段应比选管道平面走向、纵断面、大中型河流穿跨断面及方案，并根据线路阀室、工艺站场、特殊地段等的具体情况，分别进行埋地管道设计、穿跨越工程设计、防腐蚀工程设计及附属工程设计。

（7）初步设计阶段应识别出在运行过程中可能出现的风险源、可能发生事故的后果、发生事故的可能性和在这些威胁存在情况下可能采取的措施需要的安全投入成本，并通过分析，对可能发生的运行风险提出预防技术措施。

（8）初步设计阶段按可行性研究阶段要求，初步设计内容应考虑完整性管理要求，提出重点管段现场检测或在线检测方案，并考虑管道线路交通情况以保证管道维护及抢修。

（9）采用新技术、新方法进行的设计，应有详细的施工、质量、检测等要求。

（10）初步设计阶段应考虑施工阶段可能对周围环境和地形、地貌造成的挠动和破坏，从而使管道工程发生衍生灾害，并在初步设计中提出相应的预防措施。

（11）初步设计阶段应提出事故工况下的安全措施，包括应急措施、维抢修措施等。

（12）初步设计阶段应充分考虑管道预可行性研究、初步设计、施工图设计、施工、投产试运各阶段的数据要求和规范，以及应该提交给运行管理者的数据，应为运行的管道完整性管理基础数据提出要求，以便施工图设计中进一步落实。

3. 施工图设计阶段

（1）施工图设计应为管道运行中完整性管理所需检测、监测等风险减缓措施提供详细设计。

（2）施工图设计应按初步设计要求，以便对重点管段现场或在线检测设施提供设计。

（3）施工图设计应提出穿跨越、水利环境保护等特殊工序的施工要求，包括质量、尺寸、检测等。

（4）较大线路设计变更应考虑对高后果区的再分析和风险的再评价，并提出相应预案。

（5）施工图设计阶段，设计部门应向建设单位提供 AutoCAD 的 DWG 格式的设计成果文件。

4. 施工阶段

（1）建设单位或监理单位应组织设计、施工等参加的施工图设计交底及图纸会审会议，相关的会议纪要、记录、设计变更单等应及时存入数据管理系统。

（2）在施工阶段应对施工过程进行风险识别，识别出由于施工缺陷以及对今后运行可能产生的危害，并提出消除缺陷和预防风险的措施。

（3）在施工阶段还应识别出在施工过程中所采用的方法、设备对今后管道运行可能产生的风险或威胁，并提出相应预案。

（4）施工阶段的工程变更应进行变更风险识别，识别出由于变更对今后运行可能产生的危害，并提出消除危害和预防风险的措施。

（5）施工阶段应加强施工工序质量控制，搞好施工现场管理。

（6）施工阶段应对施工过程中的环境保护提出要求。

（7）建设单位应对建成管道进行线路复测，以保证管道位置、焊接、补口、埋深、阴极保护、防腐绝缘层和三桩等资料准确。

（8）施工阶段应制订合理试压方案，避免由于试验压力不足或超压、稳压时间过短等情况发生，从而给运行带来隐患，试压记录应录入数据管理系统。

（9）施工阶段应保证单机调试和系统调试合格，其记录应录入数据管理系统。

5. 试运行阶段

（1）认真编制试运投产方案，对试运投产过程可能出现的风险进行识别分析，并制订应急预案。

（2）试运投产前应按照要求做好试运投产前检查，消除可能给试运投产带来的安全隐患。

（3）试运行阶段应对处于高后果区管段重点检查和调整，做好安全保护工作。

（4）试运行应在安全可靠的前提下进行，不能超过厂家提供的设备正常运行工况，应按设备使用说明书进行操作，防止长时间超负荷运行。

（5）试运投产过程中，加强管线巡视，预防事故对环境的污染和破坏。

（6）试运行应尽量减少对生态环境的影响，并提出相应的安全环境保护措施。

（7）试运行到竣工验收前，建设单位应组织对管道进行内检测。

（8）加强对系统的管理和操作人员的培训，避免操作失误而发生事故。

6. 建设期常用的风险评价方法

设计阶段是控制管道风险，提高管道本质安全性的最佳阶段，针对不同的对象，有不同的风险评价方法用于识别管道系统的危害、评价管道系统的风险，从而提出风险减缓建议措施，提高设计质量、保证管道运行安全。

建设期管道线路的风险评价，可参照运行期管道的风险评价方法，如kent打分法、量化风险评价、故障树等。

设计期间有必要对管道沿线的高后果区进行识别，高后果区识别同运行期管道。对识别出的高后果区，应合理选择避让，或采取额外的保护措施。

线路的设计审核非常关键，要取得良好的效果，应结合以下内容进行：

（1）专家经验；

（2）同类管道失效历史；

（3）同类管道运行维护历史；

（4）同类管道大修历史；

（5）国外一些先进做法。

建设期场站的总体风险评价，主要采用 HAZOP 和 QRA 两种方法，通过 HAZOP 进行危害识别，通过 QRA 进行风险可接受性分析。

对场站的安全仪表系统，设计期间需要采用进行 SIL 评估。

SIL 评估、场站 QRA 以及 HAZOP 方法的具体介绍见第三章相关节内容。

小　　结

本章通过对管道完整性管理六步循环的进一步分析探讨，全面介绍了适合管道完整性管理的技术——数据采集技术、高后果区识别技术、风险评价技术、完整性评价技术、管道维抢修技术、效能评价技术以及建设期的管道完整性管理技术。这些技术必将在管道完整性管道中发挥重要的作用。

本章介绍的技术涵盖了线路完整性管理的各个方面，也包括了建设期管道完整性的管理。在了解本章各项技术的同时，还需要了解各项技术之间的相互关系，它们之间不是相互独立的，而是紧密联系在一起的。完整性管理六步循环是一个有机的整体，是持续进行的，覆盖了整个管道的生命周期。

在完整性管理六步循环中，数据采集是基础，它能为后面的各项技术提供数据支持。数据采集的准确性直接决定了后面各项技术所获得结果的精度；高后果区识别能丰富数据采集的内容，同时能为风险评价提供基础数据和帮助制订风险评价计划；风险评价是基于数据采集和高后果区识别而进行的，能够为完整性评价和维护维修提供有效的指导和数据支持；完整性评价为维护维修提供依据，能从本质上改善管道的运行状况；维护维修计划的制订受约于高后果区识别、风险评价和完整性评价的结果，前三项技术的实施能为维护维修提供有效的指导；效能评价技术是完整性管理活动中的"自我批评"过程，通过对现状的分析，发现不足，明确改进的方向，不断提高完整性管理的有效性和时效性。

第三章　站场完整性管理技术

欧洲近年来提出了资产管理的概念，英国在 2004 年颁布了管理标准 PAS 55《资产管理（Asset Management）》，其内涵包括了化工厂、炼油厂等相关的危险工业资产的完整性管理，在油气管道领域，英国的 JPKENNY 公司开发有自己的资产完整性管理系统。挪威船级社（DNV）将有关设备的风险管理标准（API 580、API 581、SAE JA1011、SAE JA 1012、ABS 121、ABS 132 IEC 61511、ISA TR84.00.02 等）纳入资产完整性管理（AIM）标准体系的范畴，并尝试应用于油气站场设备的完整性管理过程。这些标准的基本内容：针对站场不同特性的设备开展 RBI（基于风险的检测）、RCM（以可靠性为中心的维护）和 SIL（安全完整性等级）的完整性评价和维护管理。具体来说就是对储罐等静设备的分析方法中主要考虑腐蚀的因素，输出的结果是检测计划；对压缩机等动设备采用可靠性分析方法，输出的是维护任务包；对安全仪表是考虑其安全等级的划分和维护。

由于站场完整性管理正处于研究阶段，许多研究成果正处于试验性应用阶段，因此本章主要介绍一些已经成熟应用在站场设备设施上的组成站场完整性管理的评价技术和检测技术。

第一节　站场评价技术和检测技术概述

一、站场完整性管理评价技术

站场的设施包括压缩机、泵、加热炉、阀门、工艺管道、储罐和仪表等，都属于资产的范畴，所以采用资产完整性管理的方法来进行站场完整性管理。资产完整性管理的总体目标就是为了实施全寿命周期的完整性管理，保证管道系统安全、可靠、受控，避免重大安全、环境责任事故，主要包括以下几个方面：（1）建立职责清晰的完整性管理体系，并持续改进；（2）不断识别和控制管道风险,使其保持在可接受的范围内;(3)通过科学维护延长管道寿命;(4)防止出现由于操作和管理不当引起的泄漏或断裂;(5)持续提升关键性资产的可靠性和可用率。

当前,采用的站场资产完整性管理的主要流程如图3-1所示,主要包含数据收集与整理,RBM(基于风险的维护)分析,检测、维护与资产状态评估,效能评价。

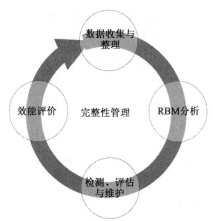

图3-1 站场资产的完整性管理流程

站场资产完整性管理是一个持续循环和不断改进的过程,应根据不同的资产类型和状态,采用系统的、基于风险的方法,制订资产完整性管理计划。通过RBM分析(RBM的分析流程如图3-2所示),可以对站场资产进行风险排序,了解和掌握关键性资产,明确造成风险的原因和薄弱环节,及时制定和采取预防和减缓风险的措施。推荐采用的方法如下:

(1)HAZOP分析,通过对整个工厂的因果分析来确定新的或者已有的工程方案、设备操作和功能存在的危险。

(2)站内管线与所有承压静设备,采用基于风险的检验(RBI)技术,建立检验计划,预防风险的发生;

(3)储罐,采用储罐的基于风险的检验(AST RBI)技术,建立检验计划,预防风险的发生;

(4)压缩机、泵、电动机等转动设备以及静设备维护,采用以可靠性为中心的维护(RCM)技术,建立预防性的主动维护策略,防止风险的发生;

(5)保护装置、安全控制系统,采用安全完整性等级评估(SIL)技术,建立测试计划,减缓风险发生的程度。

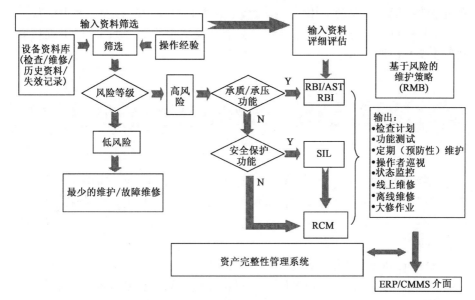

图 3-2　RBM 的分析流程

（6）定量风险评价（QRA）的方法不是简单地设置防护带，而是采用系统的风险分析来识别站场设施潜在的危害。定量描述事故发生的可能性和后果（如财产损失、环境破坏、人员伤亡等），计算总的风险水平，评估风险的可接受性，对站场设施的设计和运行操作进行修改或完善，从而更科学有效地消除或减小重大危害产生的影响。

二、超声导波检测技术

超声导波检测技术常用于快速检测难以进行内检测管道的内部和外部腐蚀及其他缺陷。在直径不小于 25.4mm 的管道中，超声导波检测系统使用轻型环状传感器发射超声导波，传播距离可达 100m。软件程序可分辨管道交叉部分反射波的变化，可对从传感器安装位置的全管体进行 100% 检测，导波系统发射扭转波和纵波，使用时只需清除很小区域即可完成对输气和输油管道的检测，而不用将管道全部挖开。

超声导波检测系统可以检测长距离管道的腐蚀或裂纹，而常规的超声波探伤装置只能测到传感器下管壁的厚度，在大范围检测管道时速度很慢，而且常常需要找到有代表性的特征点进行检测。在遇到埋地管道或绝缘管道时，这种方式效率较低。超声导波技术的应用使仅用一种传感器来进行大范围的

测量成为可能。该系统适用于穿路套管、围墙；直管段；各种支架下的管道；架空工程管道；防腐层下腐蚀检测（只需清除很小绝缘层）；低温工程管道；球形支架和护坡管道。

第二节　HAZOP 分析技术

危险与可操作性研究（HAZOP，Hazard and Operability Analysis）是一种定性的风险评价方法，基本过程是以引导词为引导，找出过程或工艺状态中可能出现的偏差，针对这些偏差，找出原因，分析后果，并提出安全对策措施。

HAZOP 分析既适用于设计阶段，又适用于现有的生产装置。对现有的生产装置分析时，如能吸收有操作经验和管理经验的人员共同参加，会起到很好的效果。

同时，对于连续生产过程和间歇生产过程都可以采用 HAZOP 分析。在连续过程中，管道内物料工艺参数的变化反映了各单元设备的状况，因此在连续过程中分析的对象确定为管道，通过对管道内输送状态及工艺参数产生偏差的分析，查找系统存在的危险，对所有管道分析之后，整个系统存在的危险也就一目了然。在间歇过程中，分析的对象不再是管道，而应该是主体设备，如反应器等。根据间歇生产的特点，分成三个阶段（即进料、反应和出料）对反应器加以分析。同时，在这三个阶段内，不仅要按照关键词来确定工艺状态及参数可能产生的偏差，还要考虑操作顺序等因素可能出现的偏差，这样才可以对间歇过程做出全面、系统地评估。

通过 HAZOP 分析，能够发现装置中存在的危险，根据危险带来的后果明确系统中的主要危害。如果需要，可利用故障树对主要危害继续分析。因此，这又是确定故障树"顶上事件"的一种方法，可以与故障树配合使用。同时，针对装置存在的主要危险，可以对其进行进一步的定量风险评估，量化装置中主要危险带来的风险，所以，HAZOP 又是定量风险评估中危险辨识的方法之一。

通过 HAZOP 分析，对于在装置的工艺过程及设备中存在的危险及应采取的措施会有透彻的认识，实践证明，HAZOP 分析已经被证明是过程工业中安全保障的有效方法，这一点已经在世界范围内得到了承认。

HAZOP 分析的目的是识别工艺或者操作过程中存在的危害，识别不可接受的风险状况。其作用主要表现在以下两个方面：

（1）识别设计、操作程序和设备中的潜在危险，将项目中的危险尽可能消灭在项目实施的早期阶段，节省投资。

HAZOP 分析组应包括设计者和操作人员等，采用系统分析的研究方法，以便能够识别出设计中存在的潜在危险。虽然最初的 HAZOP 研究是针对连续生产的装置，但是该技术通过部分修改，可以应用于间歇的工艺过程及工厂操作程序和设备。同样，HAZOP 既适用于新建装置，也适用于在役装置。

HAZOP 生成的记录，为企业提供危险分析证明，并应用于项目实施过程。HAZOP 提供早期的措施与实际采取措施偏差之间的因果关系，以消除或降低风险。必须记住，HAZOP 只是识别技术，不是解决问题的方法。HAZOP 实质上是定性的技术，但是通过简单的风险排序，它也可以用于复杂定量分析领域，当作定量技术的一部分。

HAZOP 不能看作纯粹的设计功能检查。正常的设计应确保质量而不应该考虑是否采用 HAZOP。也就是说，即使采用 HAZOP 分析，对于过程工业安全，做好基础设计和应用适当的设计规范依然是非常重要的。HAZOP 的优点是系统检查整套装置，而不是像设计人员那样只检查他们自己感兴趣的领域。

在项目的基础设计阶段采用 HAZOP，意味着能够识别基础设计及其存在的问题，并能够在详细设计阶段得到纠正。这样做可以节省投资，因为装置建成后的修改比设计阶段的修改昂贵得多。

（2）为操作指导提供有用的参考资料。HAZOP 分析为企业提供系统危险程度证明，并应用于项目实施过程。对许多操作，HAZOP 分析可提供满足法规要求的安全保障。HAZOP 分析确定需采取的措施，以消除或降低风险。HAZOP 能够为包括操作指导在内的文件提供大量有用的参考资料，因此应将 HAZOP 的结果全部告知操作人员和安全管理人员。从图 3－3 中可以看出，HAZOP 可以减少 29% 设计原因的事故和 6% 操作原因的事故，比安全检查表、可靠性检查等分析技术更为有效。

一、HAZOP 方法应用现状

HAZOP 方法是由 ICI 公司于 20 世纪 70 年代早期提出的，这种方法以其分析全面、系统、细致等突出优势成为目前危险性分析领域最盛行的分析方法之一。

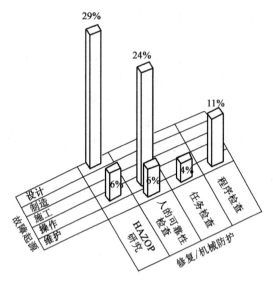

图 3 - 3　HAZOP 分析示例

在国外，HAZOP 方法是许多安全规范中推荐使用的危险辨识方法。英国石化有限公司制订的《健康、安全和环境标准与程序》（HSE8）中明确规定在项目设计阶段必须进行设计方案的 HAZOP 分析；德国拜尔公司 1997 年制订《过程与工厂安全指导》中规定，其所属工厂必须进行 HAZOP 分析并形成安全评估报告；美国政府颁布的《高度危险化学品处理过程的安全管理》（PSM）法规中也建议采用 HAZOP 方法对石油化工装置进行危险评估。

在我国，对国内首次采用新技术、新工艺的危化品建设项目，政府也在积极倡导采用 HAZOP 方法进行工艺安全分析；危化品建设项目的验收评价，建议以安全检查表的方法为主，尽可能以危险和可操作性研究法（HAZOP）为辅。

HAZOP 分析方法不仅适合于对石油、化工过程进行危险性分析，对其他过程（如机械、航天、兵器、国防、核工业等）稍加修改也可使用。

二、实施方法

1. 基本原理

HAZOP 分析是一种用于辨识设计缺陷、工艺过程危害及操作性问题的结构化分析方法，其本质就是通过系列的会议对工艺图纸和操作规程进行分析。在这个过程中，由各专业人员组成的分析组按规定的方式系统地研究每一个单元（即分析节点），分析偏离设计工艺条件的偏差所导致的危险和可操作性问题。HAZOP 分析组分析每个工艺单元或操作步骤，识别出那些具有潜在危险的偏差，这些偏差通过引导词引出，使用引导词的一个目的就是为了保证对所有工艺参数的偏差都进行分析。分析组对每个有意义的偏差都进行分析，并分析它们的可能原因、后果和已有安全保护等，同时提出应该采取的措施。HAZOP 分析方法明显不同于其他分析方法，是一个系统工程，如图 3-4 所示。HAZOP 分析必须由不同专业组成的分析组来完成。HAZOP 分析的这种群体方式的主要优点在于能相互促进、开拓思路。这就是 HAZOP 分析的核心内容。

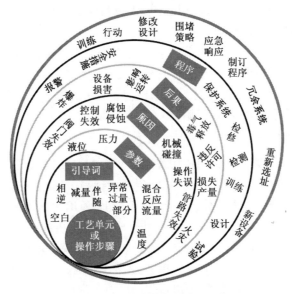

图 3-4　HAZOP 分析图

HAZOP 术语：

（1）分析节点：或称工艺单元，指具有确定边界的设备（如两容器之间的管线）单元，对单元内工艺参数的偏差进行分析。

（2）操作步骤：间歇过程的不连续动作，或者由 HAZOP 分析组分析的操作步骤；可能是手动、自动或计算机自动控制的操作，间歇过程每一步使用的偏差可能与连续过程不同。

（3）引导词：用于定性或定量设计工艺指标的简单词语，引导识别工艺过程的危险。

（4）工艺参数：与过程有关的物理和化学特性，包括概念性的项目如反应、混合、浓度、pH 值及具体项目如温度、压力、相数及流量等。

（5）工艺指标：确定装置如何按照希望的操作而不发生偏差，即工艺过程的正常操作条件。

（6）偏差：分析组使用引导词系统地对每个分析节点的工艺参数（如流量、压力等）进行分析发现的系列偏离工艺指标的情况；偏差的形式通常是"引导词＋工艺参数"。

（7）原因：发生偏差的原因。一旦找到发生偏差的原因，就意味着找到了对付偏差的方法和手段，这些原因可能是设备故障、人为失误、不可预料的工艺状态（如组成改变）、外界干扰（如电源故障）等。

（8）后果：偏差所造成的结果。后果分析时假定发生偏差时已有安全保护系统失效；不考虑那些细小的与安全无关的后果。

（9）安全措施：指设计的工程系统或调节控制系统，用以避免或减轻偏差发生时所造成的后果（如报警、连锁、操作规程等）。

（10）补充措施：修改设计、操作规程，或者进一步进行分析研究（如增加压力报警、改变操作步骤的顺序）的建议。

2. 实施过程

HAZOP 分析需要将工艺图或操作程序划分为分析节点或者操作步骤，然后用引导词找出过程的危险，识别出那些具有潜在危险的偏差，并对偏差原因、后果及控制措施等进行分析，图 3 - 5 为 HAZOP 分析的流程图。

其具体工作程序为：（1）归纳可用于 HAZOP 分析的工艺资料，包括化学品的处理、工艺条件以及详细的流程资料如 MID 和设备说明书。（2）根据已经划分的操作单元，写出每个操作单元的操作目的，对于每个操作单元应说明如何操作及相关的流程参数（如温度、压力、进料速度、时间等）。完全确定设计意图，尽可能多地标识出偏差是非常重要的。（3）召集多专业的队伍进行 HAZOP 分析，这个队伍中必须包括了解工厂 HAZOP 方法的人员，以及有直接操作经验的人员。业主代表的作用通常可以由项目中的工艺工程师代替，由工艺工程师准备工艺说明和流程文件。其他参加人员包括化学工程师、操作班班长、工业卫生人员、过程控制工程师或者任何其他有利于项目组的流程专家。小组最少的成员数量为 3 人，最多为 12 人，最理想的人数为 5～7人。（4）小组审查流程说明和流程图，并确认按照该意图操作是安全的。（5）用偏差描述故障，偏差采用准则词和流程参数来说明，准则词可以采用：无、更少、与…一样、部分、相反、…比…。参数包括流量、温度、压力、时间、液位、pH 值、混合物、数量和顺序。也可以采用其他适合的参数。小

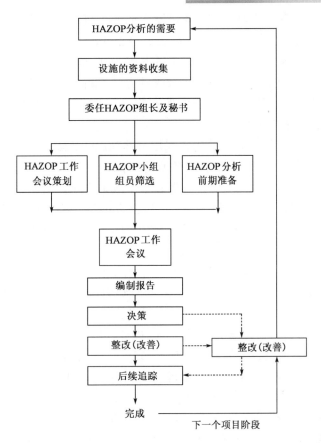

图 3-5 HAZOP 分析的流程图

组可以针对设计意图来找偏差。（6）标识出偏差原因并列表。偏差原因包括：操作偏差；仪表、控制系统故障；设备故障；公用工程问题；其他（例如：现场有关问题）。原因可以是确定的，例如：忘记关阀门，当识别到操作偏差时，小组可以寻找引起偏差的各种条件的可能性，这可以找出引起偏差的根本原因。（7）确定偏差的后果。假设没有采用安全保护措施，每个原因可以有不同的后果或多个后果，可以对相应的原因和后果进行编号。偏差可以对下游设备造成后果，或对下游多个单元造成影响，后果必须按照没有任何保护措施来考虑其影响。例如，如果在高压联锁停车不工作时，则容器高压爆炸是一个潜在后果。（8）列出已经采取的保护措施，如工程设计措施、行政管理措施和减小后果的措施。工程设计措施有联锁、爆破膜、安全阀、防火系统等。行政管理措施有操作程序、防护维护等。降低后果的措施有堤防、喷淋系统、紧急响应计划等，以降低发生偏差的概率或后果的严重程度。保护措施也可以编号以便于有关的原因与后果相匹配。（9）必须评估可容忍的风险。风险是预期后果的严重程度和发生偏差概率的函数，一般可以由 HAZOP 小组根据有关的经验采用数量级的方法来确定。（10）记录有关的意见或建议。HAZOP 应标识出主要的偏差项目，并对有关建议进行专门分析，以得到一个推荐措施汇总表。

典型的 HAZOP 方法可以合理地采用带准则词的故障类型和影响（FMFA）来描述。HAZOP 的目的等价于 FMEA 的功能定义，偏差相当于功能故障，HAZOP 的原因相当于故障类型，后果相当于故障影响。准则词有助于将分析的精力高度集中在整个流程的水平上，以确保能够恰当地探索系统内部的作用。HAZOP 与 FMEA 这种一致性是非常有用的，它是能够进行危险与可靠性分析的基础。

HAZOP 分析的组织者把握分析会议上所提出的问题的解决程度很重要，为尽量减少那些悬而未决的问题，一般的原则为：（1）每个偏差的分析及建议措施完成之后再进行下一偏差的分析；（2）在考虑采取某种措施以提高安全性之前应对与分析节点有关的所有危险进行分析。

HAZOP 分析涉及过程的各个方面，包括工艺、设备、仪表、控制、环境等，HAZOP 分析人员的知识及可获得的资料总是与 HAZOP 分析方法的要求有距离，因此，对某些具体问题可听取专家的意见，必要时对某些部分的分析可延期进行，在获得更多的资料后再进行分析。

整个 HAZOP 的实施过程包括以下几个方面：（1）分析的准备；（2）HAZOP 分析；（3）编制结果分析报告；（4）行动方案落实。

1）HAZOP 分析的准备

为了有效地进行 HAZOP 分析，准备工作包括以下内容：

（1）确定目标和范围。

清楚地理解 HAZOP 分析目标和范围是进行分析的重要前提。在开始 HAZOP 分析前，确定研究的范围和目标是极其关键的。定义 HAZOP 的研究目标应包括以下内容：①评估节点最好在 PID 图上定义；②评估时的设计状态，用定义 PID 版次状态来表示；③影响程度和应考虑的临近工厂；④评估程序包括采取的行动和最终的报告；⑤涉及对邻近或相关工厂的整体评估的准备。

HAZOP 分析的进度表对 HAZOP 分析的成功往往起着决定性作用，进度表依赖于：①项目执行的日期；②可用的文件；③可用的人力资源。

像前面指出的那样，在工艺设计完成时执行 HAZOP 分析是最理想的时间。许多公司将完成 HAZOP 分析作为 PID 设计得到审批的标志。在这个阶段，可以采用大量早期的工艺设计信息与资料来进行分析。HAZOP 分析必须成为项目计划的一个组成部分，将进度表和人工时消耗纳入项目管理范围。

（2）选择分析小组。

HAZOP 分析小组的知识、技术与经验对确保分析结果的可信度和深度至关重要，这就要求分析组的组织者应当负责组成有适当人数且有经验的 HAZOP 分析组。对于大型的、复杂的工艺过程，分析组一般由 5～7 人组成比较理想，包括设计、工艺或工程、操作、维修、仪表、电器、公用工程等。若小组太小，则可能由于参加人员的知识和经验的限制而得不到高质量的分析结果。HAZOP 分析组的组长应是具有丰富的 HAZOP 分析经验、具有独立的工作能力、且接受过 HAZOP 分析专业训练的工程师，最重要的是要对分析研究提供一定的权威性，且能保证该分析集中力量进行。对相对较小的工艺过程，3～4 人的分析组就可以了，但都应富有经验。下面主要列举一下 HAZOP 组长、工艺技术人员和设备技术人员的职责。

①HAZOP 组长。HAZOP 组长应是全职的小组成员，并是所分析装置（设备）的管理者。小组领导的职责包括：明确组员的职责；与工厂其他相关部门进行协调；保持小组的分析工作的方向；控制工作进度、实施质量检查和数据的审核；停止和提交已完成的项目。②工艺技术人员的职责有：装置 HAZOP 分析节点的划分；确定系统和设备的工艺操作条件；根据设备的工艺条件、环境、材质和使用年限等评价失效机理的类型、敏感性和对设备的破坏程度。③设备技术人员。设备技术人员的职责是确定设备的条件数据和历史数据。条件数据包括设计的条件和现在的条件，这些信息通常在设备检测和维护文件中，如果不能获得这些条件数据，检测员（检测专家）、材料和防腐专家共同预测现在的条件。提供所需的装置和设备的设计数据和规范；提供对必要的历史检测数据的比较；对发生偏差的设备进行原因、后果和措施等研究。

（3）获取必要的资料。

HAZOP 分析就是对装置工艺过程本身进行非常精确的描述，对所有相关数据的收集，使分析尽可能建立在准确的基础上，同时也对评估的边界进行了限定。重要的图纸和数据应当在分析会议之前发到每个分析人员手中。资料的准备包括以下两个方面：

一是准备用于控制 HAZOP 项目实施的项目管理资料，包括：①项目工作计划；②HAZOP 分析项目的目标和策略；③项目管理实施细则；④HAZOP 分析项目实施程序；⑤培训材料、会议记录管理、资料管理等。

二是需要企业提供的技术资料：工艺仪表流程图（PID）；工艺流程图（PFD）；装置设计工艺包；装置工艺技术规程；装置安全技术规程；装置岗位操作规程；平面布置图；工艺介质数据表；设备数据表；管道数据表；安全附件资料；装置操作与维护手册；历次事故记录；当地天气状况数据。

当所有的资料准备好时，就可以开始 HAZOP 分析。如果资料不够，会造成 HAZOP 进度拖延，同时不可避免地影响 HAZOP 研究结果的可信性。HAZOP 分析小组领导或协调者必须确保所有的资料文件在开始 HAZOP 分析前一周准备好，所有的文件需经过校核，并具备进行 HAZOP 分析的条件。一般采用 A_0 图纸作为 HAZOP 记录版，A_3 图可供小组中的其他成员使用，打印出 PFD 的 A_0 图可以挂在会议室的墙上，其他文件有一份复印件就足够了。

（4）将资料变成适当的表格并拟定分析顺序。

这个阶段所需要的时间与过程的类型有关。对于连续过程而言，准备工作较小。在分析会议之前使用已更新的图纸（如果对设计进行过修改）确定分析节点，保证每一位分析人员在会议上都有这些图纸。

有时，组织者也可事先提出一个初步的偏差目录提交会议讨论，并准备一份工作表作分析记录用。但这个初步的偏差目录不能作为"唯一"进行分析的内容，必须经过 HAZOP 小组讨论后，再补充或修改，只有这样才符合 HAZOP 分析的要求，即发挥集体的智慧。对于间歇过程而言，准备工作量通常更多些，主要因为操作过程更加复杂。

为了让分析过程有条不紊，分析组组织者应该在分析会议开始之前制订详细的计划，花一定的时间根据特定的分析对象确定最佳的分析程序。

（5）安排会议。

一旦资料收集齐全，小组领导就负责组织会议，合理制订会议计划。通常需要估算整个过程所需的时间，然后组织者可以开始安排会议的次数和时间，保证会议高效率。应注意的是，分析会议应连续举行，每次应讨论完一个独立的区域，避免间隔时间太长。

对于大型装置或项目而言，为避免出现一个小组不能在规定的时间内完成所有分析内容或出现拖延时间太长的情况，有必要划分多个独立的小组同时进行。

（6）HAZOP 分析培训。

在项目的准备阶段还包括培训工作，培训不仅是为了使工作人员具备实施 HAZOP 项目所需要的能力，使之能担负责任，而且还是一个企业与 HAZOP 技术服务商进一步沟通的机会。

培训可以分为两个阶段，第一阶段培训的对象是企业的管理层和参与 HAZOP 项目的有关部门和人员，第二阶段的培训主要是面向 HAZOP 项目的具体参与者，即 HAZOP 工作组的人员。这两个阶段的培训内容根据不同的目的也应各有侧重，第一阶段的培训内容主要在对 HAZOP 方法的理解和项目的管理和控制方面，希望使企业的管理层和各职能部门能够认可 HAZOP 方法和了解自己在整个项目中的职责；第二阶段的培训主要是具体的 HAZOP 的工作要求和流程，明确 HAZOP 小组成员在这个团队中的角色，培训完成指定工作所需要的技能。

培训的内容可以包括：HAZOP 原理；HAZOP 风险评估的原理及所采用 HAZOP 方法的介绍；HAZOP 工作组的组成和职责；数据的采集；数据的审核和缺失数据的处理。

2）HAZOP 分析

准备工作做好之后，小组分析工作即可开始，以下内容是小组会议中进行的工作。在开始 HAZOP 分析时，对上面几点多花点时间进行研究，有助于节省整个 HAZOP 分析过程中的时间，HAZOP 分析小组组长使所有的组员完全理解评估的目的是特别重要的，因为部分组员可能在此前没有参加过类似的工作，要努力将该技术传授给更多持有怀疑态度的人。

HAZOP 分析需要将工艺图或操作程序划分为若干分析节点或工艺单元，分析组对每个节点使用所有引导词依次进行分析，得到一系列结果：

（1）偏差原因、后果、保护装置、建议措施。

（2）需要更多的资料，才能对偏差进行进一步的分析。

当发现危险情况后，组织者应当让每一位分析人员都明白问题所在。 HAZOP 分析的组织者把握分析会议上所提出问题的解决程度很重要，尽量减少那些悬而未决的问题。

HAZOP 分析过程中重要操作如下：

（1）划分节点。

对于连续的工艺操作过程，HAZOP 分析节点为工艺单元；而对于间歇操作过程来说，HAZOP 分析节点为操作步骤。工艺单元是指具有确定边界的设备（如两容器之间的管线）单元；操作步骤是指间歇过程的不连续动作，或者是由 HAZOP 分析组分析的操作步骤。

为了有效地进行 HAZOP 分析，首先要将工艺图或操作程序划分为分析节点或操作步骤。如果分析节点分得太小，会增大工作负荷，导致大量的重复工作；如果分析节点分得太大，会使 HAZOP 的结果产生重大的偏差，甚至会遗漏部分结果。对于连续工艺过程，分析节点划分的基本原则如下：

一般按照工艺流程进行，从进入的 PID 管线开始，继续直至设计意图的改变，或继续直至下一个设备。

上述状况的改变作为一个节点的结束，另一个节点的开始，常见节点类型见表 3-1。

表 3-1　常见节点类型表

序　号	节 点 类 型	序　号	节 点 类 型
1	管线	10	热交换器
2	泵	11	软管
3	分批反应器	12	步骤（八关键词法）
4	连续反应器	13	步骤（三关键词法）
5	罐、槽、容器	14	作业详细分析
6	塔	15	公用工程和服务设施
7	压缩机	16	其他
8	鼓风机	17	以上基本节点的合理组合
9	熔炉、炉子		

根据节点的划分原则，在划分节点时应注意以下因素：①单元的目的与功能；②单元的物料（体积或质量）；③合理的隔离或切断点；④划分方法的一致性。

在选择分析节点以后，分析组组长应确认该分析节点的关键参数，如设备的设计能力、温度和压力、结构规格等，并确保小组中的每一个成员都知道设计意图。如果有可能，最好由工艺专家做一次讲解与解释。

（2）解释工艺指标或操作步骤。

在选择分析节点以后，分析组组长应确认该分析节点的关键参数，如设备的设计能力、温度和压力、结构规格等，并确保小组中的每一个成员都知道设计意图。如果有可能最好由工艺专家做一次讲解与解释。

（3）确定有意义的偏差。

根据引导词法、基于偏差库的方法和基于知识的方法等三种偏差确定方法，结合具体的分析设备确定出有实际意义的分析偏差。

下面就这三种偏差方法进行具体介绍。

第一种是引导词法。对于每一个节点，HAZOP 分析组以正常操作运行的工艺参数为标准值，分析运行过程中工艺参数的变动（即偏差），这些偏差通过引导词和工艺参数引出。确定偏差最常用的方法是引导词法，即：偏差＝引导词＋工艺参数。

①通用的引导词。HAZOP 常用引导词及其意义见表 3－2。

表 3－2　HAZOP 常用引导词表

引　导　词	含　义	说　明
No（空白）	对设计意图的定义	设计或操作要求的指标或事件完全不发生
Less（减量）	数量减少	同标准值相比较，数值偏小
More（过量）	数量增加	同标准值相比较，数值偏大
Part of（部分）	质的减少	只完成既定功能的一部分
As Well As（伴随）	质的增加	在完成既定功能的同时，伴随多余事件发生
Reverse（相逆）	设计意图的逻辑反面	出现和设计要求完全相反的事或物
Other Than（异常）	完全代替	出现和设计要求不相同的事或物

②常用的 HAZOP 分析工艺参数。流量；温度；时间；pH 值；频率；电压；混合；分离；压力；液位；组成；速度；粘度；信号；添加剂；反应。

③偏差的构成。偏差为引导词与工艺参数的组合，一般表示如下：

引导词＋工艺参数＝偏差

工艺参数分为两类，一类是概念性的参数（如反应、转化）；另一类是具体（专业）参数（如温度、压力）。对于概念性的工艺参数，当与引导词组合成偏差时，常发生歧义，如"过量＋反应"可能是指反应速度过快，或者说是指生成了大量的产品。对具体的工艺参数，有必要对一些引导词进行修改，因为有些引导词与工艺参数组合后可能无意义或者不能称之为"偏差"，如"伴随＋压力"，或者有些偏差的物理意义不明确，应拓展引导词的外延和内涵。如：对"时间＋异常"，引导词"异常"就是指"快"或"慢"；对"位置"、"来源"、"目的"而言，引导词"异常"就是指"另一个"；对"液位"、"温度"、"压力"而言，引导词"过量"就是指"高"。

应注意的是，当工艺参数包括一系列的相互联系的工艺参数时（如温度、压力、反应速度、组成等），最好是对每一个工艺参数顺序使用所有的关键词，即"｛引导词｝＋工艺参数"方式，而不是每个引导词用于工艺参数组，即"引导词＋｛工艺参数｝"。并且，当将引导词用于对操作规程进行分析时也应按照这种规则。

用引导词来描述要分析的问题可以确保 HAZOP 方法的统一性，同时能够将要分析的问题系统化，应用一套完整的引导词，可以导出每个具有实际意义的偏差，而不致被遗漏。

第二种是基于偏差库的方法。基于偏差库的方法非常类似于基于引导词的方法。一般是在 HAZOP 分析会议之前，由 HAZOP 组织者或记录员对标准偏差库进行调查，以确定每个节点或者操作步骤的哪些偏差是适当的，形成要进行分析的偏差库。

第三种是基于知识的方法。基于知识的方法是一种特殊的基于引导词的 HAZOP 分析，但所使用的引导词部分或全部来自分析组的知识和特殊的检查表。这种分析的前提是分析组成员对大量设计标准非常熟悉。

后两种方法都是为了提高分析会议的效率，尽量减少分析那些明显不产生什么影响的偏差。

（4）对偏差进行分析。

确定了每个分析节点的偏差以后，需要对每个偏差进行分析。分析的内容包括原因、结果、保护措施、建议措施。

①原因是指引起偏差发生的原因，一旦找到发生偏差的原因，就意味着找到了对付偏差的方法和手段，这些原因可能是设备故障、人为失误、不可预见的工作状态（如组成改变）、来自外部的破坏（如电源故障）等。

②后果是指偏差造成的结果，分析中假定发生偏差时已有保护措施失效、造成的后果（事故），而不考虑那些细小的、与安全无关的后果。

③保护措施是指设计的工程系统或调节控制系统，用以避免或减轻偏差发生时所造成的后果，如报警、连锁、操作规程等。

④建议措施是指修改设计、操作规程，或者进一步进行分析研究（如增加压力报警、改变操作步骤的顺序）的建议等。

分析组按确定的程序对每个节点或操作步骤的偏差进行分析。分析得到一系列的结果：偏差的原因、后果、保护装置、建议措施等。图 3-6 为基于引导词法的 HAZOP 分析流程图。

HAZOP 分析流程图的意义：①一次选择一个节点进行分析；②选择该节点的一个工艺参数；③使用引导词建立有意义的偏差；④分析偏差后果、列出可能的原因、提出措施。

根据以上步骤先选择一个节点进行，选择一个工艺参数，选择一个引导词，向下进行，完成循环后，再选择另一个引导词，重复第（3）、（4）条，直到所有引导词循环完之后，再进入该节点的下一工艺参数，即进入（2），

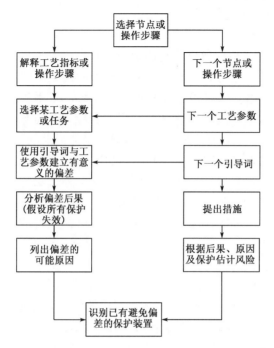

图 3 - 6　基于引导词法的 HAZOP 分析流程图

继续向下循环。当该节点中的工艺参数均分析完之后，再进入下一个节点如上重复进行。如此一直分析下去，直到所有节点都进行了分析。

　　HAZOP 分析的组织者把握分析会议上所提出的问题的解决程度很重要，为尽量减少那些悬而未决的问题，一般的原则为：①每个偏差的分析及建议措施完成之后再进行下一偏差的分析；②在考虑采取某种措施以提高安全性之前应对与分析节点有关的所有危险进行分析。

　　在分析过程中，对偏差或危险应当主要考虑易于实现的解决方法，而不是花费大量时间去"设计解决方案"。若解决方法是明确而简单的，应当作为意见或建议记录下来，为以后研究形成企业标准提供推荐方法。反之若不能直接得到问题的回答，应参考会议外的信息。因为 HAZOP 分析的主要目的是发现危险或问题，而不是解决危险或问题。

　　HAZOP 分析涉及过程的各个方面，包括工艺、设备、仪表、控制、环境等，HAZOP 分析人员的知识及可获得的资料可能与 HAZOP 分析方法的要求有距离，因此，对某些具体问题可听取专家的意见，必要时对某些部分的分析可延期进行，在获得更多的资料后再进行分析。

3）编制分析结果文件

（1）HAZOP 会议记录。

HAZOP 分析结果应由秘书精确地记录下来。负责人应确保有时间讨论汇总结果，应确保所有的成员知道并且采取有关的措施形成一致意见。HAZOP分析使用许多的表格，可以采用计算机化的系统产生报告。应在研究的过程中完成记录表，第二天发布推荐措施。记录表应书写清楚，如果可能，应坚持采用打字的表格，采用 A3 的表格能够确保全部记录的信息是清楚易读的，预先做好带空白的表格可用于回答问题与填写审查者意见，这样可以很快完成 HAZOP 记录全过程。为了保持对评估对象的跟踪，必须将它们标识在组长保存的 PID 复印件上，当每一个部分完成后，则用清楚的标识符标识出来。采用这种方式，可通过检查流程图的准确性按已经执行的研究顺序，清楚地标出任何分支、放空、排放等可能被评估的因素。最终报告包括参考术语、工作范围、记录表，确认已经完成的所有分析，并由组长做出最终结论、完整的分析报告和其他用于研究的图纸，文件应保留备份文件。

会议记录是 HAZOP 分析的一个重要组成部分，会议记录人员将分析讨论过程中所有重要的内容精确地记录在事先设计好的工作表内。HAZOP 会议分析记录表格式见表 3-3。

表 3-3 　 HAZOP 会议记录表

分析人员：　　　　图纸号：
会议日期：　　　　版本号：

序号	偏差	原因	后果	安全保护	建议措施
分析节点或操作步骤说明，确定设计工艺指标					

（2）HAZOP 分析报告。

分析记录是 HAZOP 分析的一个重要组成部分，负责会议记录的人员应根据分析讨论过程提炼出恰当的结果，不可能把会议上说的每一句话都记录下来（也没有这个必要），但是必须记录所有重要的信息。有些分析人员为了减少编制分析文件的精力，对那些不会产生严重后果的偏差不予深究或者不写入文件中，但一定要慎重。也可以举行分析报告审核会，让分析组对最终报告进行审核和补充。通常 HAZOP 分析会议以表格形式记录，见表 3-3。

从本质上说，HAZOP 分析是用于工艺过程危险识别的行动，这就决定了其内涵是一致的。但从分析结果的表现形式上，HAZOP 分析可以分为以下四种方法：

①原因到原因分析法。在原因到原因的方法中，原因、后果、安全保护、建议措施之间有准确的对应关系。分析组可以找出某一偏差的各种原因，每种原因对应着某个（或几个）后果及其相应的保护措施，见表 3-4。特点：分析准确，减少歧义。

表 3-4　HAZOP 原因分析表

偏　差	原　因	后　果	安全保护	建议措施
偏差 1	原因 1	后果 1 后果 2	安全保护 1 安全保护 2 安全保护 3	不需要
	原因 2	后果 1	安全保护 1	措施 1
	原因 3	后果 2	无	措施 2

②偏差到偏差分析法。在偏差到偏差的方法中，所有的原因、后果、安全保护、建议措施都与一个特定的偏差联系在一起，但该偏差下单个的原因、后果、保护装置之间没有关系，因此，对某个偏差所列出的所有原因并不一定产生所列出的所有后果，即某偏差的原因、后果、保护设施之间没有对应关系（表 3-5）。

表 3-5　HAZOP 偏差分析表

偏　差	原　因	后　果	安 全 保 护	建 议 措 施
偏差 1	原因 1 原因 2 原因 3	后果 1 后果 2	安全保护 1 安全保护 2 安全保护 3	措施 1 措施 2

用偏差到偏差的方法得到的 HAZOP 分析文件表需要阅读者自己推断原因、后果、保护设施及建议措施之间的关系。特点是省时、文件简短。

③只有异常情况的 HAZOP 分析表。在这种方法中，表中包含那些分析组认为原因可靠、后果严重的偏差。优点是分析时间及表格长度大大缩短，缺点是分析不完整。

④只有建议措施的 HAZOP 分析表。只记录分析组做出的提高安全的建议措施，这些建议措施可供风险管理决策使用。这种方法能最大地减少 HAZOP 分析文件的长度，节省大量时间，但无法显示分析的质量。

在上述工作的基础上，将会议记录结果进行整理、汇总、提炼出恰当的结果，形成 HAZOP 分析报告文件，可能的话，可以举行分析报告审核会，让小组成员对最终报告进行评议。

4）行动方案的落实

通过 HAZOP 分析可以提出一些装置改进的安全措施。跟踪 HAZOP 进行整改是不可避免的。在某些适当的阶段，应对项目进行进一步的审查，最好由原来的负责人负责进一步的审查工作。这种审查有三个目标：

（1）确保所有的整改不损害原来的评估；

（2）审查资料，特别是制造商的数据；

（3）确保已经执行了所有提出的推荐措施。

大型的评估可以建立上百个措施实施方案，本质上是建立一些监视表格和控制系统，确保所有的措施方案得到实施或答复。在这个阶段有部分措施方案是不可能实施的，需要得到制造商的数据或尚未完成的文件完成后才能实施，因此应生成一个未完成实践的文件，以便在预开车安全审查阶段完成这些未完成的审查。

有部分措施是不能采取定量风险分析、成本效益分析和应用 ALARP（最低合理可行）原理等方法来解决的，尽管 HAZOP 小组不直接参与这部分内容的研究，但是毫无疑问，应将这部分措施的有关情况通知 HAZOP 小组，以使 HAZOP 小组跟踪审查报告中已经实施的条目和未完成的条目，对 HAZOP 是有利的。

第三节　基于风险的检验

基于风险的检验（RBI）是英文"RISK BASED INSPECTION"的缩写，我国翻译过来为"风险评估"。在 API580 中 RBI 定义为：一种风险评估和管理的过程，重点放在压力容器和工业管道由于材料退化导致的介质泄漏。

RBI 技术是对炼油、化工等工厂的设备、管线进行风险管理及分析。根据分析的结果制订设备检测计划，其中包括：会出现何种破坏事故；哪些地方存在着潜在的破坏可能；可能出现破坏的频率；应采用什么正确的测试方法进行检测等。并对现场人员进行培训，正确地实施、完成这些检测工作。

RBI 技术既可用于整个工厂，也可用于某套装置或单台设备及部件、某些操作及操作的某些特定环节。通过 RBI 分析，可区分出哪些设备对造成灾难性事故是重要的，应该包括在整体化规范适用的范围内，而哪些设备不重要，可不必列入整体化管理范围。这就简化了工作，提高了效率，降低了成本。

RBI 方法所要解决的最主要问题是将安全性等级和采用该等级而带来的费用或利益综合起来进行评估。

（1）在检测中，当系统运行人员对涉及经济性和安全性做出运行决定时，RBI 可为运行人员提供更加精确的评估，并且还能利用风险指标作为影响市场行为的价格信号。

（2）在检测活动中，RBI 是一个动态的循环过程，从初始定性评价开始，依次进行到评价总结，完成了第一次循环。第二次半定量评价是在第一次循环的基础上开始，高于第一次循环的起点线。而第三次定量评价的初始状态评定又高于第二次循环的起点线，所以 RBI 可以为确定这些设备的分析等级提供决策依据，实现了逐次提高，持续改进。

（3）有时为了处理一些较少涉及的问题，就需要获取大量的数据，而RBI 可以在数据搜集之前就能决定获取数据所能带来的收益是否超过获取数据本身所需要的费用，从而决定是否进行数据采集活动，同时 RBI 每次也会自动为数据库添加大量的数据，显著降低以后的数据收集成本。

一、RBI 方法应用现状

现代化大型化工设备往往在十分复杂及苛刻的条件下工作，如何确保其长周期安全运行，一直是国内外同行极为关注的重大技术课题。传统的基于时间或环境的设备检测方法曾经有很广泛的应用，这些方法虽然在前期的分析上投入较少，然而却不能使有限的资源得到最优的回报，也往往不能保证最危险的受压设备得到足够的重视，从而无法获得较高的可靠等级。因此，国外大多数石油化工企业正在用各种基于风险的检测方法逐步取代传统方法。

风险存在于工业领域的方方面面，人们将"能导致伤害的灾害可能性和这种伤害的严重程度"定义为"风险（Risk）"。另外，欧洲机器安全规范标准（ENS on safety of machinery）还把"风险评估（Risk Assessment）"定义为："采用一系列的逻辑步骤，使设计人员和安全工程师能够以一种系统的方式检查由于机器的使用而产生的灾害，从而可以选择合适的安全措施"。

RBI 是一种针对石油天然气工业装置的评价技术，由 API（美国石油学会）在总结石油天然气工业多年的经验和好的做法的基础上研发，以 APIPubl 581：2000《基于风险检验的基础方法》首先提出，它以风险分析为基础，结合失效概率分析和后果分析，进行设备风险排序，管理设备检验计划。通过 RBI 的输出结果，使用者可以设计合理的检验计划对设备失效的风险进行管理和维护。

RBI 技术是在设备检验技术、材料失效机理研究、失效分析技术、风险管理技术和计算机等技术的基础上发展产生的。通过长期对这些技术的研究和应用，人们发现：（1）绝大部分的承压设备都存在缺陷；（2）大部分的缺陷是无害的，不会导致设备的失效；（3）极少数的缺陷会导致灾难性的失效；（4）对于高风险设备必须通过检验来发现其关键缺陷。

20 世纪 90 年代初，RBI 开始在美国石化企业开展。在英国、法国和德国等国家，也相继开始在石油天然气工业装置上实施 RBI 技术。在亚洲、韩国和日本也采用了与其相似的一些技术。目前，RBI 技术在世界上已经得到了广发的应用。

国内在 90 年代就已经开始了 RBI 的研究与试点，并一直跟踪国际上最先进的 RBI 研究成果，如天津石化公司与中石化上海失效分析与预防研究中心合作引进了挪威船级社（DNV）的 RBI 技术并在大芳烃加氢装置上进行了试点，茂名乙烯引进了法国船级社（BV）的 RBI 技术在合肥通用机械研究所的配合下进行了试点，青岛安全工程研究院引进了英国 TISCHUK 公司的 RBI 技术在齐鲁炼厂进行试点等。这些工作为推行 RBI 技术积累了宝贵的经验。基于这些经验，国内炼化企业开始了推广应用。2006 年 4 月，国家质检总局下文在国内主要炼化企业推广使用 RBI，并对 RBI 的分析结果表示认可，这将大大地促进 RBI 技术的推广使用。

中国石油天然气集团公司（以下简称中石油）出于油气管道站场完整性管理工作的需要，对站场重要设备的评价需要采用科学的程序和方法，RBI 就是目前通用的一种评价方法。目前中石油管道板块中，陕京线最先做了有益的尝试，随后兰成渝管道兰州首站、西气东输靖边首站、大港储气库也相继开展 RBI。

1. RBI 的优点

传统的检测方法包括两种：基于时间的检测方法，也就是制定固定的时间间隔来检测的方法；基于环境的检测方法，也就是根据设备工作环境制定检测的方法。这类传统的检测方法在石化工业发展阶段有其成功之处，符合一般的逻辑规律而且前期需要的分析和研究也要求不高。但随着企业规模的日益扩大，重大危险设备数量逐渐增多，弱点日益明显，主要表现在：（1）基于时间的检测很容易出现两种极端情况，一种是少检或不检，当承压设备泄漏或者失效时就替换，这一方法难以接受。另一种就是对所有受压设备频繁并彻底地检测，这样难以赢得市场竞争，而且经常的启动和关闭也会带来风险。（2）每次对所有的设备进行检修，耗费大量的人力物力，造成企业开工时间的损失，而且也不一定就带来较高的安全等级，无法使有限的资源集中到风险较高的设备上。（3）检测方法和计划自身的改进余地不大，由于对每次检测结果的分析和研究不足，下次的检测也是完全原套照搬，缺乏创新，效率很低，不符合市场经济规律。

作为风险评价法，RBI（ASME RBI）较早是由 ASME（American Society of Mechanical Engineer）为核电厂开发的。1990 年石油炼制业界把 RBI 技术引入本系统，在 ASME RBI 基础上，改造成为 APIRBI，主要有以下优点：（1）RBI 是一个综合的评价方法，将危险因素融合进检测计划并具有一定的决策功能。RBI 从质量和数量上将失效的可能性和失效的后果系统地综合到一个完全根据风险程度确定受压设备的检测优先表。在系统中优化风险等级从而使用户可以把更多的资源集中到高风险设备，既提高了高风险设备的安全等级又没有显著降低风险设备的安全等级，从而提高了整个系统的可靠性。（2）API RBI 还有一个重要方面是经济性分析。通过经济性分析让用户将风险转换到与之相关的总成本中，包括与伤亡、维护、替换、所损失的产量相关的成本，便于管理层讨论降低继续运行高风险设备需要的资源、维护或替换的费用。（3）由于 RBI 检测计划要做大量的前期准备工作和后期检测结果分析，因此应用 RBI 的企业一般会建立大型数据库，这有利于 RBI 用户的相互学习和交流，从而使 RBI 检测计划更加细致、科学。例如，BSP（Bmnei Shell Petroleum）公司从 1989 年起对管线检测和修复的相关数据都进行了分析，建立了数据库。通过 RBI 调用这些数据，不但大大提高了检测效率，节省费用，设备的可靠性也得到了明显的提高。（4）RBI 有很强的灵活性，由于是基于风险的，在确定了设备的风险等级优先表后，就可以修正检测的频率，而且也可以改变检测的方法和工具，甚至检测的范围、质量和程度以及数据采集都可修正，这在传统的检测方法中是难以做到的。（5）RBI 的分析和计算机技术结合紧密，无论是数据的采集或细致的评估，还是智能化的自我学习过程等都是通过相应的软件模块来实现的，节省了人力物力资源，并能很好的保证一致性和连贯性。

2. RBI 存在问题

1）RBI 方法与我国法规及技术规范的关系

API 580 或 API 581 控制风险时，需要一系列的检测规范与适合于使用的完整性评估标准来支撑，这些支撑是各种具体的检验、检测、维修技术的要求，如 API 750、API 510、API 570 等。

API 581 与 API 580 在我国实践时，它也需要一系列的技术支撑。国家质检总局颁布的"在用压力容器定期检验规则"、"在用工业管道定期检验规程"，既是强制性的技术规范，也是适合中国国情的具体检验维修技术的方法。在 RBI 活动中，它们与含缺陷完整性评定规范如 CVDA—1984 或 GB/ T 19624—2004 等技术标准一起构成了风险控制的支撑体系。

我国的法规及技术规范是近 30 年来承压设备治理整顿的宝贵经验总结，它不仅适合中国国情，而且在检验方法、缺陷容限等方面有很多独到之处，因此必须结合放入 RBI 检验策略中。"传统检验"是不区分重点盲目认为检验力度越大越安全的理念。我国的法规及技术规范并不是这个思想，因此把法规及技术规范当作"传统检验"的代表与 RBI 对立起来是错误的。例如，在确定检验项目时，技术规范要求以宏观检测、测厚、表面无损检测为主，必要时辅以其他方法检查，这是与 RBI 精神相一致的。只不过原来没有采用 RBI 手段时，这个"必要时"难以确定，在经验不足时往往容易造成检验不足或过度检验。而采用 RBI 方法时，这个"必要时"的目标部位、检验方法十分明确。可见 RBI 方法可以帮助检验人员更好地理解执行法规及技术规范。因此，RBI 与法规及技术规范是相互依存相互支持的关系，RBI 活动必须在法规允许的框架下进行。

为便于 RBI 技术的推广应用，在法规与技术规范中，应有相关条款为 RBI 工作留有接口。例如，法国政府在 2000 年对法令 NO.99—1046 进行补充，使得法国石油工业协会（UFIP）颁发的"针对炼油厂基于风险分析改变停产大修周期与耐压试验周期制订的检验计划的导则"就获得了政府的批准。

2）关于检验周期的合理性问题

有人认为我国技术规范关于检验周期的规定不合理，影响长周期运行，而 RBI 方法可以使检验周期延长。表 3－6 是现行欧洲各国关于承压设备检验周期的一些规定，从表中可以看出欧洲各国关于承压设备法定检验的规定与中国法规的检验周期规定基本一致，可见我国法规关于检验周期确定原则是合理并具有科学依据的。过去使用单位反映检验周期过短是由于一些检验单位对设备的风险状况了解过少及经验差异而导致执行偏差所引起。开展 RBI 工作恰恰可以避免某些偏差，合理确定检验周期。

表3-6　现行欧洲各国关于承压设备检验周期的规定

国别	设备	法定设备		延长可能性
		检验	水压试验	
比利时	锅炉	2 年	—	可延长到 4 年，特殊情况下，检验频次为 13 个月
	蒸汽容器	3 年	—	可延长
	其他压力容器	5~10 年	—	根据炼油厂规定的运行期限可以大于 10 年（非腐蚀性应用）
	常压储罐	20 年	—	可延长
	管道	无	—	—
法国	压力容器	5~10 年	10 年	5~10 年检验间隔时间，工厂决定运行期限，并向地区环境和工业研究办公室申报批准
	锅炉（厂区外）	3 年	10 年	—
	炉子	3 年	5 年	地区环境和工业研究办公室检验组的认证允许延长到 5 年（检验）和 10 年（水压试验）。如上次试验是在 2 倍设计压力下进行的，水压试验可不做
	常压储罐	10 年（粗品和洁净产品）；20 年（热产品）	—	根据声发射检测，可进行一些延长
	管道	无	—	—
德国	压力容器（Ⅳ、Ⅴ、Ⅶ>1000L），包括蒸汽	内部 5 年；外部 2 年	10 年	可以为 6 个月，无需批准
	压力容器（Ⅰ、Ⅱ、Ⅲ、Ⅶ<1000L），包括受火加热器	基于经验（无法定检验）	基于经验（无法定检验）	—
	受火蒸汽锅炉	3 年	9 年	—
	蒸汽裂化装置	3 年	9 年	—
	常压储罐	5 年	—	根据检验级别可延长到 10 年
	管道	5 年	—	—
意大利	锅炉和蒸汽容器	2 年或大修后 1 年	10 年	可以 2 个月，无需批准
	其他压力容器	10 年	10 年（若不能进行内部检验）	有些灵活性，但如有条件规定，则可能短一些

续表

国别	设备	法定设备		延长可能性
		检验	水压试验	
意大利	炉子	4 年	4 年	—
	常压储罐	仅沥青应用环境 15 年进行校定	—	—
	管道	无	无	—
荷兰	压力容器	4 或 6 年（根据容器类型）	仅当内部检验不可能时要求	达到 12 年（仅对于内部检验）
	锅炉、炉子	2 年	仅当内部检验不可能时要求	4 年（仅对于内部检验）
	常压储罐	12 年	—	达到 18 年
	管道	与相邻容器相同（内部或无损检测）	作为内部检验的替代措施	延长以便与相邻压力容器匹配
挪威	锅炉和蒸汽容器 >1bar 空气容器	3 年	8 年	—
	其他压力容器（包括球罐）	用户规定	无	—
	储罐	无		—
	管道	用户规定	无	—
瑞典	锅炉	1 年		可以有些放宽（达到 4 年）
	压力容器	3 年	—	—
	低温容器（＜-10℃）	6 年	—	—
英国爱尔兰	锅炉和蒸汽容器	在压力系统规程中，没有针对压力部件的规定性检验间隔时间。"用户"必须指定编制设备"书面检查方案"的"合格人员"		—
	压力容器			
	常压容器			
	管道			

　　石化企业中炼油装置连续运行在国外一般不会超过 6 年，乙烯装置虽然国外有少数连续运行达到 8 年，但一般也在 6 年以下，因此我国技术规范规定承压设备的检验周期以 6 年为基准，并允许根据一些条件缩短或适当延长，

总体是合理的，不会影响石化企业的长周期运行。

需要强调的是 RBI 方法并不主张仅通过延长检验周期来实现经济性，而是通过制订优化的检验策略来实现安全和经济性的统一，那些认为 RBI 工作的主要目的就是要"延长检验周期"的观点也是错误的。RBI 检验周期的确定一方面要尽可能满足装置长周期运行的要求，另一方面又要求确保本质安全。因此在建立确定检验周期的一般原则时，我们至少考虑了以下五方面因素：一是我国法规规范的要求；二是设备的风险等级与检验历史；三是同类设备在国内外使用的历史经验；四是含缺陷设备完整性评估与寿命预测结果；五是国内外权威机构的指导建议。

3）关于在线检验问题

是否允许在线检验调整风险实际上是对检验有效性概念的理解问题，RBI 允许通过在线检验调整风险是合理的，一是因为并非所有的设备都要求进行高度有效的检测，二是对于特定失效模式与损伤机理，先进的检验技术装备与科学的缺陷容限使得在线检验完全能保证设备的本质安全。例如，常温下使用的某些盛装非危害性介质的设备没有材质劣化问题，也没有萌生缺陷问题，仅有壁厚不均匀减薄现象，停机测厚与在线测厚是同样有效的检验；又如高温超声波检测方法的成功应用与断裂力学方法确定合理的裂纹容限相结合，使得催化再生器的在线检测成为长周期安全运行的一个安全保障。

4）关于高风险设备的范围问题

在 API 581 中，国外风险分析统计表明，石化企业的风险分布范围有一个所谓的"二八"现象，即"80%的风险是由20%的设备引起"，中高风险以上的设备范围一般在20%左右。但我国十套装置风险分析结果发现，这个结论在我国并不适用，我国中高风险设备往往在40%左右。导致这一现象发生的原因主要有四个方面：（1）部分静设备和管道先天不足，存在较多的设计、制造缺陷，如选材不合理、焊接接头超标缺陷多等导致失效可能性上升；（2）以往的检验中，未能充分考虑设备的损伤机理和损伤部位，检验有效性不足、针对性不强，容易出现"检验不足"和"过度检验"现象；（3）有部分设备和管道处于超期服役状态，并缺乏有效检验；（4）管理水平与国外有差距。可见中国承压设备使用状况对风险分布范围的影响还是较大的。

此外，因为国情差异，一些损伤机理在国外可能形成条件不存在，所以API 581 未予考虑，但在我国可能具备形成条件则必须考虑，这就需要专家组对风险进行调整。例如，在国外由于在正常使用年限内的设计应力状态下服役，石化装置使用温度范围不超过530℃，一般不考虑蠕变机制。但在国内，由于超期服役与缺陷引起的应力集中，使得由于蠕变起始条件降低引起的设备蠕变开裂问题就不得不考虑。

5）RBI 方法本身有尚待完善之处

目前我们在石化企业进行 RBI 工作主要手段是借助 API 580 和 API 581，但是方法本身也有许多需要改进与完善之处，仅举两例说明。其一是数据库中基础数据的差异对风险有较大影响，API 581 对于炼油系统的全部装置及化工系统的乙烯装置有较好的支撑数据，但对于化工系统的其他装置物性及腐蚀数据可能不够全面，不得不依赖于各种商业软件积累的经验。在风险分析过程中，要完善和积累足够的数据才能进行有效的分析。其二是在失效可能性分析中，虽然很重视泄漏穿孔的概率分析，但是对整体（大面积）减薄与局部减薄如何区分，它们与实测厚度的关联却没有很好地分析，现行 RBI 方法主要针对局部减薄有效，因此在针对局部凹坑时，当我们输入局部减薄的剩余厚度时，失效可能性计算是较为科学的，而当在大面积减薄我们输入最小测厚点时，则有可能得出不合理的结果。

6）关于实施 RBI 的经济性考虑

一般认为实施 RBI 可以为承压设备使用单位节约可观的维修费用，西方发达国家的事实也的确如此。国外发达国家的石化企业由于实施了 RBI，不仅降低了检测与维修的直接费用，而且更重要的是由于保障了长周期安全运行而减少了停产损失及事故引发的间接损失。西方国家由于采用了 RBI 减少的直接成本约占检修费用的 30% 左右。

在我国实施 RBI 过程中，当前不一定追求检验费用的直接降低。因为我国承压设备安全状况与西方发达国家相比本身先天不足，又对介质环境腐蚀性加剧、装置大型化带来新问题认识不足，再加上超期服役，所以欠账太多，一旦开展 RBI 工作，往往会发现很多隐患需要治理，短期内反而要增加安全投入，这就是我国一些企业开展 RBI 工作后检验费用不降反升现象的原因。不过从追求本质安全就是最大的经济性这个角度看，这种现象也是一件利国利民利己的好事，况且整改后的装置长期运行费用还是要降低的。当然，对于我国一些管理水平较高、设备初始状况较好的装置，在实施 RBI 后，直接检验费用还是有明显的降低。

无论如何，我国石化企业开展 RBI 工作，使得设备安全性大大提高，长期运行费用必将明显降低，有利于提高我国石化产品在国际市场上的竞争力，百利无一害。所以，鉴于此，我国石油企业开展 RBI 工作也是必要的。

3. 关于 RBI 的几点建议

（1）中国的法规与技术规范在理念上与 RBI 方法是一致的，RBI 活动必须在法规允许的框架下开展，并应在政府的宏观监督之下健康发展；

（2）现行的法规与技术规范关于特种设备检验周期的规定与国外发达国家的法规规定基本一致，这样的规定总体合理，并不影响长周期运行。开展 RBI 工作可以使承压设备的检验周期更加合理，而不能仅通过延长检验周期达到提高经济性的目的；

（3）建议政府有关部门进一步关注 RBI 技术的推广应用，像法国等政府那样在相关法规与技术规范中为 RBI 工作留有接口；

（4）适当的条件下，应当允许在线检测方法替代停车检测方法；

（5）在应用 API 方法进行 RBI 工作时，一定要结合我国承压设备的使用状况调整风险，如先天缺陷、超期服役、管理水平差异等都会对风险大小及分布范围有较大的影响；

（6）尽管风险分析的方法是一个通用原则，但 API 581 和 API 580 文件的适用范围是有限的，在石化装置中，除去炼油厂装置与乙烯装置外，其他化工装置如合成氨系统等进行风险分析时，一定要补充相应的基础数据库，不可仅仅直接使用 API 581 中的数据库；

（7）在我国很多企业开展 RBI，不能盲目追求短期直接经济效益，而应当立足本质安全与中长期的运行费用降低。采用 RBI 方法对于中国石化企业保障承压设备安全，减少维修费用，提高石化产品国际竞争力很有益处，应予以推广。

二、实施方法

1. RBI 的基本原理

RBI 的工作原理如下：

（1）针对每一部件分别评估其失效后果（COF）和失效概率（POF）；

（2）COF 和 POF 的乘积给出风险评估的内容如下：①安全——针对人员的死亡和伤害；②经济——针对财物损失；③环境——针对环境破坏。

（3）根据失效概率（POF）评估指示出破坏机理、典型位置和发展速率；

（4）破坏机理指示出应该采用什么样的检查技术。

RBI 根据其评估的复杂程度可以分为定性评估和定量评估。

定性评估的优点是快捷——初始成本低、初始数据少；定性评估的缺点是主观性强——难以更新、难以利用检查数据、难以计算时间、与风险极限不相关联。

定量评估的优点是可以重复——可以计算风险极限、可以计算时间、可以用检查数据更新、系统化的方法、文件化；定量评估的缺点是初始成本高——大量的数据，需要计算机。

针对这两种方法的特点，可以用定性方法作为筛选工具，用定量方法对筛选出的具有较高风险的设备或部件进行详尽的评估。

RBI 工作原理如图 3-7 所示。

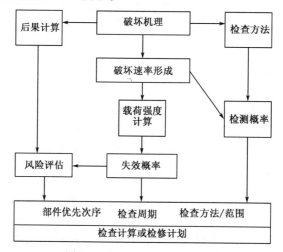

图 3-7　RBI 工作原理示意图

2．实施过程

1）RBI 评估提供的检查计划内容

RBI 评估提供的检查计划内容如图 3-8 所示。

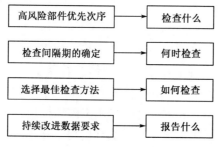

图 3-8　RBI 评估提供的检查计划内容

2）RBI 的实施要求

RBI 项目需要成立专门的工作组。RBI 需要从很多方面收集数据，专门分析和做出风险管理的决定。一般来说，一个人不会有单独完成整个研究的背景知识和技术，通常由一个工作小组来有效实施 RBI 评价。RBI 工作组由企业和负责 RBI 项目的技术服务商双方共同组成，其成员应该包括设备专家、检验工程师、工艺操作员、工艺工程师、化学工程师、防腐工程师、材料工程师、无损检测专家、安全环境工程师和技术员等。

资料的准备包括两方面，一是准备用于控制 RBI 项目实施的项目管理资料，包括：（1）项目工作计划；（2）RBI 项目的目标和策略；（3）项目管理实施细则；（4）RBI 小组工作职责表；（5）RBI 项目配置、规则和规范；（6）RBI 项目实施程序；（7）培训材料、会议记录管理、材料管理等。

需要企业提供的技术资料包括：（1）工艺仪表流程图（P&ID）；（2）工艺流程图（PFD）；（3）平面布置图；（4）管道单线图；（5）装置设备设计、制造、采购、安装、竣工验收资料；（6）工艺介质数据表；（7）设备数据表；（8）管道数据表；（9）安全附件资料；（10）装置操作与维护手册；（11）历次检验维修记录。

3）RBI 的实施流程

RBI 技术在工厂的应用有一套标准的方法或体系，实施过程应遵循一定的步骤，RBI 实施流程如图 3-9 所示。

主要步骤描述如下：

（1）RBI 实施的设备，确定评价的目标和范围、采用的方法和所需要的资源。实施 RBI 应有明确的目标，这个目标应被 RBI 小组和管理人员理解。评价应建立在一定的物理边界和运行边界上，通过装置、工艺单元和系统的筛选建立物理边界，为了识别那些影响装置退化的关键工艺参数，需要考虑正常运行和异常情况，以及开工和停车。

（2）识别设备的失效机理和失效模式。识别设备在所处的环境中会产生的退化机理、敏感性和失效模式，这对 RBI 评价很有帮助。

（3）评价数据的采集。采集风险评价设备的数据，包括设计数据、工艺数据、检验数据、维护和改造、设备失效等数据。

（4）评估失效概率。评估设备在工艺环境下每一种失效机理的失效概率，失效概率评价的最小单位是按失效机理不同划分出的设备部件。失效概率评估包括确定材料退化的敏感性、速率和失效模式，量化过去检验程序的有效性，计算出失效的概率。

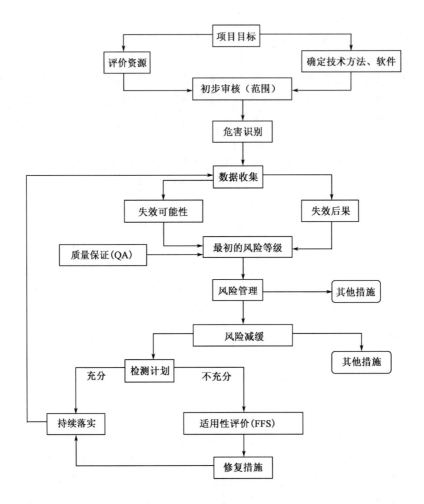

图 3-9 RBI 实施流程图

（5）评估失效后果。评估设备发生失效后对经济、生产、安全和环境造成的影响。

（6）风险评价。根据评估的失效概率和后果，计算出设备失效的风险，并进行排序。根据指定的风险接受准则（如 ALARP 原则），将风险划分为可接受、不可接受和合理施加控制三个部分。

（7）风险管理。制订有效的检验计划，控制失效发生的概率，将风险降低到可接受的程度，促进检验资源的合理分配，降低检验的时间和费用。对通过检验无法降低的风险，采取其他的风险减缓措施。

（8）风险再评价和 RBI 评价的更新。RBI 是个动态的工具，可以对设备现在和将来的风险进行评估。然而，这些评估是基于当时的数据和认识，随着时间的推移，不可避免会有改变。有些失效机理随时间发生变化；适当的检验活动可以增加设备的可信度；工艺条件和设备的改变，通常可带来设备风险的变化；RBI 评价的前提也可能发生变化；减缓策略的应用也可能改变风险，所以必须进行 RBI 再评价，对这些变化进行有效的管理。

4）RBI 对其他风险管理方法的补充

其他风险评估方法的结果可以为 RBI 提供有用的数据，RBI 的结果可以用来改进工厂已经实施的安全和风险管理。

（1）RBI 与过程危险分析（PHA）。

过程危险性分析使用了系统化的方法识别和分析过程单元的危险性。RBI 分析可以包括已进行 PHA 分析单元的所有评估内容。

（2）RBI 与过程安全管理（PSM）。

PSM 可以显著降低过程装置的风险水平，一个好的 PSM 项目可以给 RBI 研究提供信息。RBI 也可以在机械完整性方面改进 PSM 项目。一个有效的 PSM 程序应当包括一个完备的设备检测计划。RBI 系统将改进检测计划的重点，从而加强了 PSM 项目。

（3）RBI 与设备的可靠性。

设备的可靠性可以为 RBI 程序的概率分析提供部分信息。可靠性记录可以用来确定设备的失效概率和泄漏频率。以可靠性为中心的维护（RCM），可以与 RBI 相关联，形成一个减少运行单元停车时间的完整程序。

5）RBI 项目成功的关键要素、失败的主要原因

RBI 项目成功实施受到多方面因素的影响，关键要素总结如下：

（1）要得到管理层对 RBI 项目的支持。制定 RBI 策略的内容包括实施小组及成员、实施对象和实施计划等。最重要的是要有实施的目标，用于确定希望的结果、工作内容和工作指标。

（2）根据实施的目标、需要和资源，选择适当的 RBI 方法。

（3）先用定性方法或定性定量相结合的方法获得初步的结果，对高风险的设备部件再作精确分析。

（4）RBI 应与其他可靠性评价结果和完整性管理系统相结合。

（5）RBI 小组组成应保证装置的各个方面人员都包含在内。指定 RBI 小组的领导，明确他的职责和权利。保证 RBI 小组成员都明白自己的任务。

（6）对 RBI 小组进行培训。

（7）制定实施控制计划并逐步落实这个计划。

（8）一定时间内完成一步工作。选择一个有完整历史数据的、具有代表性的例子作指导，根据获得的经验和教训来实施 RBI。

（9）选择能满足要求和目标的软件。

（10）制定整体程序，保证 RBI 开始之前所有数据是最新的且容易获得。

RBI 项目失败的主要原因有以下几点：

（1）装置的原始设计资料或维修资料丢失，不能提供必需的数据。

（2）评价过程中做了不合理的假设。

（3）与装置的工程师没有很好的交流，因而得不到有效的信息。

（4）RBI 小组缺乏合作沟通，对实施过程没有很好地管理。

（5）对评价结果没有作及时的检查和校正。

6）RBI 的作用

（1）RBI 在检查管理中的作用。

①减少检查的范围——更少的检查点，更长的检查周期；②缩短准备时间——计划、搭脚手架、安全作业；③减少需要的检查人员；④减小启动作业和作业完毕撤离的工作量。

（2）RBI 在安全管理中的作用。

①风险被量化，在企业和政府可接受的标准内得到主动管理；②注意力可优先给予风险驱动因素——失效概率驱动因素（POF）、失效后果驱动因素（COF）；③风险水平可以展示给政府部门。

（3）RBI 在运行中的作用。

①延长了装置在计划停车之间的运行周期，意味着获得了更多的生产时间；②提高了装置的可靠性，减少了非计划停车次数，意味着获得了更多的生产时间；③优化了备件持有量；④审查破坏机理意味着有可能用监测方法替代检查。

（4）优化程序。

当与单个设备项相关的风险被确定并且降低风险中的不同检测技术的相对有效性被量化时，就可为计划和实施基于风险的检测开发优化工具提供足够信息。

图 3-10 为随着检测的程度和频率增加，可预期的风险降低的模拟曲线。凡没有检测的地方，就可能存在一个较高水平的风险。通过在检测活动中首次投资，风险大大下降。达到附加检测活动开始显示反射减弱的一个点，并

最终可能产生很小的附加风险降低。

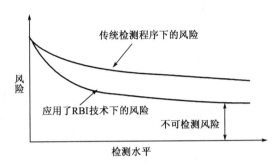

图 3 - 10　使用 RBI 的风险管理

　　并不是所有的检测程序在检测在用退化和降低风险中都同样起作用，但是，通常可提供各种检测方法来检测任意给定的破坏机理。并且每一方法将具有不同的成本和有效性。图 3 - 10 中的上部曲线代表一个典型的检测程序。实现了风险降低，但并不是在最佳效率。迄今为止，还没有成本合理的方法来确定图 3 - 10 中的下部曲线代表的检测方法和频率的组合。

　　RBI 为确定方法和频率的最佳组合提供了一种方法，可以分析每一种可用的检测方法及其在降低所估计的失效频率中的相对有效性。给定该信息和每一方法的成本，则可开发一个最佳程序。对优化其他领域的检测工作可提供类似的程序。开发这类程序的关键是对每一项设备相关风险进行量化，然后为该项设备确定最合适检测方法。

　　通过检测识别问题区后所采取的纠正和预防措施来降低以后的失效频率，增加检测来降低风险。检测不改变风险的另一个组成单元后果。后果通过变更设计或其他纠正措施进行改变。但是，RBI 方法可识别由系统变更或减缓方法来降低可能的失效事件后果的区域。

　　如图 3 - 10 所示，风险不能仅通过检测工作降低到零。密闭容器的不可检测因素包括但不限于以下因素：①人为失误；②自然灾害；③外部事件（如碰撞或物体掉下）；④附近装置的二次效应；⑤故意行为（如人为破坏）；⑥检测方法的基础性限制；⑦设计误差；⑧以前未知的退化机理。

　　这些因素中的许多都受到设施现场工艺安全管理（PSM）系统很强的影响。RBI 程序还可考虑管理系统的有效性。

　　（5）数据库改进。

　　如果具体的工艺失效数据可用的话，则可提高风险研究的精确性和实用性。加工工业开发这种数据库的初期工作包括以下方面：①一个在北海作业的近海勘探和产油公司联合体已经支持近海可靠性数据库（OREDA），这个设备数据库已经运行十年以上。②英国作业者勘探和产油论坛在 1993 年始创了一个烃泄漏和点火数据库，目的是创建一个用于近海风险评估的高质量泄漏和点火数据源。③美国化学工程师协会化工工艺安全中心已经发起了一个先导性项目，目的是评估现有的数据和数据采集系统，以支持以 OREDA 为范型的工业范围的设备可靠性数据库。④材料性能委员会已经提出一个对因轻质液烃的自动制冷而导致低温脆性失效潜在因素的具体问题的失效历史进行量化的程序。⑤美国石油学会关于基于风险检测项目的以后阶段正在考虑之中，打算建立支持该 BRD 中所述的方法论的、具有高质量数据的设备失效数据库。

当工艺具体的失效数据可从工业团体或公司内部获得时，基于风险的检测应结合这些数据。

（6）RBI 的其他用途。

密闭容器损失风险与可能引起失效的各种类别的联系见表3-7。密闭容器损失仅发生在压力边界被打破的时候。但是，任一设备类型或人为因素的失效都可能引起压力边界失效。动力故障或仪表失灵可能导致工艺破坏。如果工艺操作者不采取恰当的措施，则可能达到导致压力壳破坏或失效的条件。因此得出应在这些领域协调破坏预防的努力。

表 3-7　密闭容器损失的基本元素

种　　类	前　　兆	密闭容器损失
压力边界	×	×
机械设备	×	
电气设备	×	
仪表和控制	×	
安全系统	×	
人为因素	×	

本综合方法将在加工工业内需要一个重要范例转移。首先，优先权应基于风险，而不是基于今天促成许多检测决定的失效可能性。其次，组织机构方法将需要重新检查。当前的做法通常根据设备种类来分派维护和检测责任：电气、仪表和控制、静设备和动设备。一般的，环境、安全、风险和工艺责任还分派专门的小组，每个小组在机构的不同部门，并且与负责设备运行的

部门不同。有些公司已经开始组织成立技术小组，小组中具有这些专家背景的人员可集中精力来连续地改进工艺的可靠性。基于风险的检测从广义上讲，可能成为集合、指导和估量这些专家的活动的一个平台。

RBI 分析的结果还可用于检测计划之外的降低风险的努力。传统的检测活动可能受风险方程的失效可能性部分驱动，而不是根据失效后果来进行的。高后果的风险可通过提供隔离能力或其他减缓方法得到降低。当根据后果排序时，RBI 分析的结果可为这类努力提供优先排序清单。

7）石油工业引入 RBI 的意义

RBI 在国外大型石化公司中得到初步应用，通过对设备或部件的风险分析，确定关键设备和部件的破坏机理和检查技术，优化设备检查计划和备件计划，为延长装置运行周期、缩短检修工期提供了科学的决策支持。根据国外大型石化公司的应用经验，采用 RBI 技术后，一般可减少设备检修和维护费用15% ~ 40%。目前该技术主要应用于压力容器和工业管道等特种设备上。

（1）中国石油公司采用现代企业管理制度既是股东和相关方的要求，也是公司内部降本增效、保持和提高市场竞争力的需要。RBI 是一种在保证生产装置完整性与可靠性的前提下，延长装置运行周期，增加生产量，提高经济附加值的有效手段。

（2）随着公司实施减员增效的政策，一批年龄较大、有经验的员工离开或即将离开工作岗位，如何让员工个人对装置运行与维护的工作经验及数据得到有效的积累，在目前来说尤为重要。RBI 就是这样一种技术，它可以积累各种设备从安装建设到运行与维护的经验和数据，科学合理地制订设备维护与检查计划，而且全部过程得以文件化，可以追踪审查。

（3）当前在开展 RBI 工作方面已经具备一定的基础。近几年我们推行了质量管理体系、环境管理体系和 HSE 管理体系以及设备在使用中的安全评价等，目前也在推行公司财务和经营方面的内部控制管理体系。系统管理的理念在公司内部已经得到认同和实践。

现代石化工业设备检测的基本要求是在一个可以接受的安全等级下，以尽可能低的成本完成检测计划。但这两方面常常是互相冲突的，并使石化企业的管理人员、规划人员和运行人员面临诸多具有挑战性的难题。因此要回答"为什么在石化工业中采用 RBI"这个问题，就必须深入了解传统检测方法的不足和 RBI 的优点。

第四节　以可靠性为中心的维护

以可靠性为中心的维修（Reliability centered maintenance，简称 RCM）是目前国际上通用的、用以确定资产预防性维修需求、优化维修制度的一种系统工程方法。其最初的思想产生于 20 世纪 60 年代，美国航空维修的维修费用剧增，维修费用已经占到了航空公司总费用的 30%，形成了"买得起，用不起"的现象，使人们对多做维修工作或定期维修的维修体制能预防故障的效果产生了怀疑，于是如何权衡维修费用与效果成为人们迫切需要解决的问题。70 年代初，人们将各种从可靠性大纲中所学到的东西综合起来，出现了"MSG－1 手册（Maintenance Steering Group，简称 MSG）：维修的鉴定与大纲的制定"，"MSG－2：航空公司、制造公司的维修大纲制定书"，并用于民航维修，使维修费用下降了 30%。而没有采用 RCM 维修概念的其他军事装备的维修费用却以相当惊人的幅度增长。1978 年美联航空公司发表了专著《以可靠性为中心的维修》，其理论得到进一步完善，以后人们就把制订预防性维修大纲的逻辑决断分析方法统称为 RCM。进入 80 年代后，RCM 在航空工业之外的其他工业领域也得到了广泛应用。

按国家军用标准 GJB1378—92，RCM 可以定义为：按照以最少的资源消耗保持设备固有可靠性和安全性的原则，应用逻辑决断的方法确定设备预防性维修要求的过程或方法。

可靠性是指产品在规定的条件下和规定的时间内完成规定功能的能力，以可靠性为中心的维修是新一代的维修方法，在这种确定维修需求的方法中体现了以可靠性为中心，因此而得名。因为传统的确定维修需求的方法主要是基于相似设备的经验和现场数据统计，并没有从功能出发对可能发生的故障做出预计。应用 RCM，可以系统地分析出设备的故障模式、原因与影响，然后对每一故障原因，有针对性地确定出预防性维修工作的类型，最后形成设备的预防性维修计划。

1991 年英国 Aladon 维修咨询有限公司的创始人 John Moubray 出版了一本系统阐述 RCM 的专著《以可靠性为中心的维修》。书中给出了 RCM 的定义：一种用于确保任一设施在现行使用环境下保持实现其设计功能的状态所必需的活动的方法。

通过将 RCM 的新观念与传统维修观念对比，可以让我们更加了解 RCM。对比结果见表 3-8。

表 3-8　RCM 新观念与传统维修观念对比一览表

序号	传统维修观念	RCM 的新观念	备注
1	设备故障的发生和发展与使用时间有直接关系，定时计划拆修普遍采用	设备故障与使用时间一般没有直接关系，定时计划维修不一定好	复杂与简单设备有很大的选择性
2	没有潜在故障的概念	许多故障具有一定潜伏期，可通过现代各种手段检测到，从而安全、经济的决策维修	潜在故障概念适用于部分机件
3	无隐蔽故障和多重故障的概念	从可靠性原理及实践寻找或消除隐蔽故障，可以预防多重故障的严重后果	可靠性理论是这一新观念的基础
4	预防性维修能提高固有可靠度	预防性维修不能提高固有可靠度	可靠度是设计所赋予的
5	预防性维修能避免故障的发生，能改变故障的后果	预防性维修难以避免故障的发生，不能改变故障的后果	设计与故障后果有关
6	能做预防性维修的都尽量做预防性维修	采用不同的维修策略和方式，可以大大减少维修费用	根据故障的分布规律
7	完善的预防性维修计划由维修部门的维修人员制定	完善的预防性维修计划由使用人员与维修人员共同加以完善	重视使用人员的作用
8	通过更新改造来提高设备的性能	通过改进使用和维修方式，也能得到一些良好的效果	多从经济性后果考虑
9	维修是维持有形资产	维修是维持有形资产的功能（质量、售后服务、运行效益、操作控制、安全性等）	资产能做什么比财产保护更重要
10	希望找到一种能快速、有效的解决所有维修效率问题的方法	首先改变人们的思维方式，以新观念不断渗透，其次再解决技术和方法问题	没有一药治百病的"神丹妙药"
11	维修的目标是以最低费用优化设备可靠度	维修不仅影响可靠度和费用，还有环境保护、能源效率、质量和售后服务等风险	现代维修功能有了更广泛的目标

RCM 最初应用于飞机及其航空设备，后应用于军用系统与设备，现已广泛用于其他各个行业，如核电企业、电力公司、汽车制造厂等，逐渐扩展到企业的生产设备与民用设施。为了更准确地反映 RCM 的应用对象与范围，《RCM Ⅱ》中认为 RCM 是确定有形资产在其使用背景下维修需求的一种过程。可以看出 RCM 的适用对象为有形资产，而不仅仅是传统 RCM 规定的大型复杂系统或设备。这里有形资产主要是相对于无形资产（资金或软件）而言，它可以是军用设备、生产设备，也可以是民用设施。这样的定义使 RCM 的适用范围大大扩展。

Aladon 公司公布了已推广应用 RCM 的行业清单：目前的 RCM 应用领域已涵盖了航空、武器系统、核设施、铁路、石油化工、生产制造、甚至大众房产等各行各业。

一、RCM 方法应用现状

20 世纪 60 年代末，美国航空界开始 RCM 理论的研究，首次应用 RCM 制定维修计划的是波音 747 飞机。美国航空界应用 RCM 制订飞机维修计划的指导性文件从 1968 年的 MSG‐1 到 1993 年的 MSG‐3 多次修订，前后共有 5 个版本。70 年代后期，RCM 引起美国军方的重视，进行了大量的理论与应用研究。到 80 年代中期，美国陆、海、空三军分别颁布了其应用 RCM 的标准。例如，1985 年 2 月美空军颁布的 MIL‐STD‐1843，1985 年 7 月美陆军颁布的 AMCP750‐2，1986 年 1 月美海军颁布的 MIL‐STD‐2173 等都是关于 RCM 应用的指导性标准或文件。美国国防部指令和后勤保障分析标准中，也明确把 RCM 分析作为要求的计划预防性维修计划的方法。目前，美军几乎所有重要的军事设备（包括现役与新研设备）的预防性维修计划都是应用 RCM 方法制订的。1991 年英国 Aladon 维修咨询有限公司的创始人 John Moubray 在多年实践 RCM 的基础上出版了系统阐述 RCM 的专著《以可靠性为中心的维修》，由于这本专著与以往的 RCM 标准、文件有较大区别，John Moubray 又把这本书称为《RCM Ⅱ》。1997 年《RCM Ⅱ》第二版出版发行。

80 年代中后期，我国军事科研部门开始跟踪研究 RCM 理论和应用。1992 年国防科工委颁布了由军械工程学院为主编单位编制的我国第一部 RCM 国家军用标准 GJB1378《装备预防性维修大纲的制定要求与方法》，该标准在海军、空军及二炮部队主战设备上的应用取得了显著的军事、经济效益。1997 年该标准成果曾荣获国家科技进步二等奖。

RCM 方法，国外大型石油公司如 Exxon Mobil、ConocoPhillips 等都已成功应用，并引入到欧盟的 RIMAP 工作标准手册中（RIMAP 是 "Risk Based Inspection and Maintenance Procedures for European Industry" 的简称，即欧洲工业基于风险的检验和维修程序，该研究项目为欧盟资助项目，总预算为 360 万欧元，其中欧盟资助了 170 万欧元的研究项目，其目的是为研究得出一种统一的基于风险方法，为检验和维修做决策）。英国最大的天然气输送公司 UK Gas 从 1995 年就开始采用 RCM 方法制定维修策略，现已取得良好的成果。国外在站场上采用了 RCM 方法的还有北美 NOVA 天然气输送公司等。

二、实施方法

1. 基本原理

不管是什么样的 RCM 实现方式，也不管是在什么领域实现 RCM，都要首先回答下面七个问题：功能与性能标准（设备的各功能标准是什么？）；故障模式（在什么情况下设备无法实现其功能？）；故障原因（正常磨损、人为失误、设计错误和管理失误等原因）；故障影响（各故障发生时，都会出现什么情况？）；故障后果（隐蔽性、安全性、环境性、使用性以及非使用性后果）；主动性维修（视情维修、预定翻修和预定报废）；被动性维修（故障检查、重新设计和无预定维修）。

（1）只有损耗性故障才与时间有关，而随机性故障是与时间无关的，再多的定期维修也无济于事，而可靠性是设备设计后所具有的固有特性；

（2）复杂设备和系统（除某些主导性损耗故障外）多属于随机性，浴盆曲线对此类产品不适用；

（3）在采用冗余技术进行可靠性设计的情况下，一个元器件、零部件、设备成分系统的故障不一定造成整个系统的故障；

（4）定期维修是不能预防早期故障和随机故障的，应该采用保护、监测和自诊断等方法来消除或减弱故障后果；

（5）提出了潜在故障、隐蔽故障、多重故障的概念，使维修工作更具有理论性和科学性；

（6）定期维修并不是"预防维修"的唯一方式。

2. 实施过程

1）RCM 实施过程

SAE 标准 JA 1011 的第五部分"对 RCM 过程的评价准则"中,对任何 RCM 过程的关键属性总结如下。任何 RCM 过程,应该确保下述七个问题按照规定的顺序全部得到满意的回答。

为了满意地回答上述问题,需要收集相应的信息,制定出相应的决策。所有的信息和决策都应该文件化,以使这些信息和决策能被装备的所有者或用户得到并被接受。

在 1999 年国际(美国)汽车工程师协会(SAE)颁布的 RCM 标准 SAE JA1011《以可靠性为中心的维修过程的评审准则》中规定,只有保证按顺序回答了上述七个问题的过程,才能称之为 RCM 过程。

RCM 的一般步骤如下:

(1)筛选出重要功能产品(FSI—Functionally Significant Item),回答上述问题 1;

(2)进行故障模式及影响分析(FMEA),回答上述问题 2~4;

(3)应用逻辑决断图确定预防性维修工作类型,回答上述问题 5~7;

(4)系统综合,形成维修计划。

而且其中两个重要的步骤就是 FEMA(或 FEMCA)和逻辑决断。

实施 RCM 的基本工作流程如图 3-11 所示。

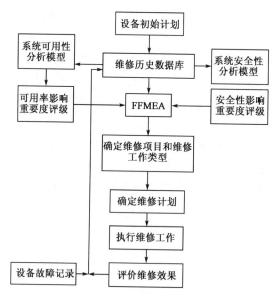

图 3-11　实施 RCM 的基本工作流程图

2）RCM 分析程序功能

RCM 分析程序功能包括：

（1）确定系统的操作关系，包括系统的功能描述和系统中的设备清单；

（2）确定系统的所有功能，包括主要功能、辅助功能（如容积、支撑、外形、环境）和保护特性（如报警、联锁、非正常条件排放）；

（3）识别功能故障，如：系统是如何不能执行要求的功能的；

（4）列出所有的故障类型；

（5）列出每个故障的影响；

（6）用决策图帮助决策（有时可以称为任务分析）：如何最好地保持设备的功能。

维护措施不仅依赖于设备的类型和每个故障类型中的故障机械原理，还依赖于故障的成本、安全和环境影响的后果，以及设备的故障是显性的还是隐性的（设备隐性故障是指在没有要求设备执行要求的功能时，不可能发现设备的故障）典型的隐性故障包括：高—高液位开关（流程一般达不到高—高液位，不测试液位开关无法知道其是否能正常工作）；油压低跳车（油压正常时不会低，因此必须测试压力开关并确认它是否工作）。

根据 RCM 分析的结果，如果设备故障的影响不一样的话，可以对同一个系统中的不同元件采用不同的维护方法。RCM 成功的关键在于：对功能进行描述（功能描述恰当等于成功了一半）；了解故障类型；对确定的故障类型进行可靠性的逻辑分析。

3）RCM 的实施要求

为进行以可靠性为中心的维修，需要收集的信息有：

（1）设备概况，如设备的构成、功能（含隐蔽功能）、冗余等；

（2）设备的故障信息，如设备的功能故障模式、故障原因和故障影响，设备可靠性与使用时间的关系，预计的故障率，潜在故障判据，设备由潜在故障发展到功能故障的时间，功能故障或潜在故障可能的检测方法；

（3）设备的维修保障信息，如维修的方法和所需的人力、设备、工具、备件等；

（4）费用信息，包括设备预计或计划的研制费用、预防性维修和修复性维修的费用，以及进行维修所需保障设备的研制和维修费用；

（5）同类设备的相关信息。

以上信息中设备的概况、故障模式、故障原因和故障影响信息用于故障模式和影响分析 FMEA，其他信息则主要用于 RCM 逻辑决断过程。根据分析对象的具体情况，对于这些信息的需求可以增减。这些信息在国外先进的企业和部门中通常储存在计算机维修管理系统（CMMS）中，并通过系统进行管理，这套系统不仅包括处理以上信息的功能，还包含其他管理信息，不但对维修部门有用，对于其他部门也有很大的参考价值。借助于统一的计算机系统，信息的收集、保存以及信息的形式都以规范化的形式进行，可以确保信息质量。

鉴于目前我国绝大部分企业或部门还没有采用此类系统，可以考虑采取以下措施保证信息质量：分析中的名词及用语要采取规范化的语言，有标准或规范的要严格按照标准或规范叙述，没有标准或规范的要按照普遍的用法叙述，避免产生歧义或误解。对于维修方法等叙述自由度较大的内容，至少要形成行业（专业或部门）内部的统一认识，避免给执行人员带来错误信息。

各类定量的数据，如平均故障间隔时间，应该尽可能找到权威的出处，对于主观的信息需要达成一致意见后才可记录。

做 FMEA 或 FMECA，在完成后填写都需要填写分析结果表格（表3-9），下面给出了某 FMECA 表格的参考模板，当没有做危害性分析时，去掉危害性一栏：

表3-9　FMECA 结果文档

失效模式、影响和危害性分析（FMECA）				第　　页				
系统		填表人		日期				
子系统模块（项目）号	失效模式	判定原因	影响		检测方法	危害性分析	改进措施	备注
			本单元	系统				

逻辑决断过程是依据一定的决断图进行的，RCM 逻辑决断如图3-12所示。

4）维护策略的制定

（1）确定原因和根本原因。

在完成 FMEA 和风险分析后，下一步是制定基于风险维护的策略。对所有中到高风险的项目确定其失效原因，以及相关的根本原因。ORBIT RCM 带有失效原因数据库，也可以采用现场和供应商经验以及相关专家经验分析。所识别的失效原因是制定任务包的基础。

对常用的典型的设备类型，DNV 的数据库中包含有失效模式、失效原因及维护任务数据库。该数据库是集合世界上维护及执行 RCM 的经验所得。失效原因的层次关系如图3-13所示。

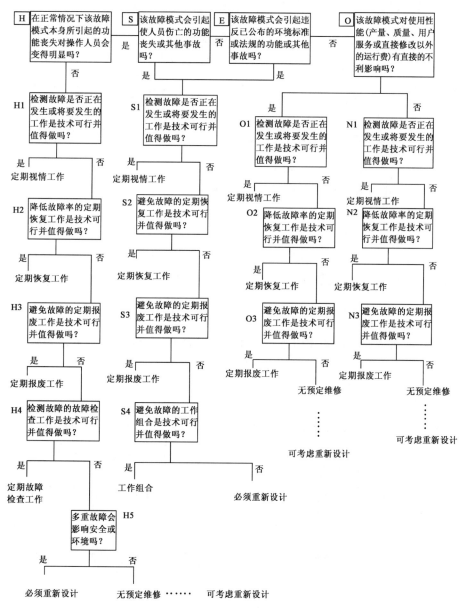

图 3 - 12　RCM 逻辑决断图

对每一种失效模式识别出所有可能的失效原因。同时对部件故障历时及以前针对失效原因的分析报告也进行相应的分析。失效（故障）可能已包含在当前的维护计划中，是历史失效或可能的失效。最严重的失效往往是没有

管道完整性管理技术

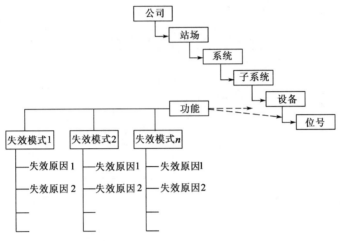

图 3 - 13 失效原因的层次分析

准备的失效。RCM 方法的目的就是为了防止这类失效的发生以及降低其发生所带来的后果。

（2）制定和优化维护策略

采用 DNV 任务决策逻辑来确定任务，以降低失效原因，从而使装置风险降低到可接受的等级下。维护任务可分为以下几类：

① 基于状态的维护。

该种维护策略是用在可以观察到故障发生的情况下，基于对使用状态的观察来决定是接续运转还是执行额外的维护任务，如更换损害部件等。通过持续监控或固定时间监控可以在一定的时间间隔对使用状态进行评估。

② 基于时间的维护。

不管使用状态如何，都是在固定的时间内进行维护。时间间隔可以是日历小时或设备的运转小时。

③ 功能测试。

该种策略多用在安全联锁及控制系统。工作只是进行系统测试并观察其是否工作。

④ 纠正维护。

即运转到坏再进行维修（维护）。

⑤ 一线维护（操作工巡检任务）。

正常运转情况下进行的维护活动。

⑥ 设计和操作更改。

如果失效是因为错误的设计或操作引起的，则更改设计和操作。

维护策略的制定是建立在风险分析和失效根本原因分析的基础上，优化和有针对性地选择上述各种不同类型的维护策略，以达到维护优化和提前预防。

第五节　安全完整性等级评估

安全完整性水平是衡量一个安全仪表系统可靠性的指标。安全完整性水平是指在一定时间、一定条件下，安全相关系统实现其安全功能的概率。它代表着安全相关系统使过程风险降低的数量级。

安全完整性等级（Safety Integrity Level，SIL），国内又翻译为安全完善度等级、安全度等级等，是衡量安全仪表系统的定量指标，表示在规定的时间周期内的所有规定条件下，安全仪表系统成功地完成所需安全功能的概率。作为 SIS 的主要性能指标之一，SIL 是 SIS 的使用者和操作者对 SIS 的制造商提出的定量要求，最后的 SIS 必须达到规定的 SIL。

安全仪表系统（Safety Instrumented System，SIS）是能够按照一定的 SIL 实现一个或多个安全功能（Safety Instrumented Function，SIF）的系统，它是生产过程中的一种自动安全保护系统。安全仪表系统包括传感器、逻辑运算器和最终执行元件。SIS 系统能够降低的整个系统的风险水平采用安全完整性水平（Safety Integrity Level，SIL）来衡量。

安全仪表系统由现场传感器/变送器（如温度变送器、压力变送器等）、控制器（如 PLC 可编程逻辑解算器、现场总线等）、输入/输出模块和现场执行机构（如电磁阀、电动调节阀等）组成，并与相应输入/输出接口（如隔离式安全栅）及相关软件一起构成的。传感器检测过程中检测出异常并将其送到逻辑运算器，逻辑运算器按照设定的逻辑产生控制信号，最终执行元件得到从逻辑运行器来的控制信号并产生相应的动作从而达到消除过程隐患的目的。

根据不同行业、不同的生产过程对象，安全仪表系统又称为安全连锁系统（Safety Interlocks）、紧急关断系统（Emergency Shutdown System，ESD）、安全关联系统（Safety Related System）、安全关断系统（Safety Shutdown System）、紧急及过程关断系统（Emergency and Process Shutdown，PSD）、仪表保

护系统（Instrumented Protective System，IPS）等。安全仪表系统对生产装置或设备可能发生的危险采取紧急措施，对继续恶化的状态进行及时响应，使其进入一个预定义的安全停车工况，从而使危险和损失降到最低程度，保证生产、设备、环境和人员安全。

一般情况下，对于重要的生产设备或者生产过程，会同时应用安全仪表系统和过程控制系统。两个系统作用于同一个对象，仪表安全系统与过程控制系统既有区别又有联系。两者的区别主要表现在：过程控制是主动的动态行为，控制回路是反馈回路，系统的输入输出多是模拟量，控制器根据系统误差，按照给定的控制算法来调节过程变量。同时在系统运行过程中，需要根据生产情况经常对系统的一些参数（如液位、温度的设定值等）做出调整。相反，安全系统则相对处于一种被动、静态的状态。

安全仪表系统多是简单的传感器—逻辑控制器—执行元件的开环回路。正常情况下，安全系统不产生任何动作，只有当安全回路的传感器的测量值达到设定的动作条件时，才能激活回路动作。

过程控制系统的主要目标是保证生产过程的连续性，而安全仪表系统则提高了生产过程的可靠性。虽然功能有所区别，但服务于同一个对象，两个系统之间也有一定的联系。

安全仪表系统需要与 DCS 系统进行通信，将自身的相关数据传输给 DCS 系统，以便 DCS 系统对安全仪表系统的当前状态、动作条件、连锁结果等进行监视。早期采用以继电器为主的安全仪表系统，这一功能很难实现。大规模集成电路及通讯技术的发展，现在的仪表安全系统采用了基于 PLC 的系统架构，能够满足多种通讯协议的要求，使得实现这一功能变得十分容易。安全仪表系统与 DCS 系统共同作用，保障生产过程的安全可靠运行。安全仪表系统提供的安全保护功能不是对 DCS 系统的简单重复，它有助于提高系统的整体水平。

一套合理的 SIS 系统能够有效降低整个系统的风险，能够提高系统装置的可用性，从而大大提升整个系统的可靠性。因此，SIS 系统受到越来越多的重视，尤其是存在易燃易爆的能源、石化等行业，SIS 系统已经成为保障企业安全可靠运行的必备方法之一。安全仪表系统也因其可靠性和灵活性在发电、交通运输、航空航天、核能和医药等领域得到广泛应用，并取得良好的效果。

随着应用范围不断扩大，应用场合大多数是系统结构复杂、容易爆炸、操作自动化程度较高、生产产品质量要求很高的场合。同时，用户对使用要求不断提高，尤其是对受控设备功能安全性上提出了更高的要求。根据用户的这种要求和实际需要以及科学技术的发展，近几年来，SIS 也得到了飞速发展，从第一代模拟式仪表系统（基于电子机械技术），经过第二代智能仪表系统（基于电子/固态技术），发展到现在的第三代数字智能式仪表系统（基于可编程电子技术）。

一、SIL 方法应用现状

过去的几十年里，社会经济的不断发展使得过程工业的规模越来越大，整个系统所面临的风险也随之增加。系统设计、实施和操作过程中任何一个小的失误，都有可能给企业带来严重的后果，造成巨大的经济损失，更为甚者，将会给周围的环境带来灾难性的后果。例如，1984 年发生的印度博帕尔农药厂毒气泄漏事件；1986 年前苏联切尔诺贝利核电站泄漏事件；1988 年北海阿尔法油田爆炸事件；2006 发生的吉化爆炸事件等，至今还让人们心有余悸。上述重大事故的发生纵然存在一定的人为因素，但是，与整个系统的安全保障措施也有很大关系。如何确保整个系统的安全可靠的运行成为人们极为关注的问题。

为了防止事故的发生，减少由此带来的损失，保证企业稳定运转，一套能够检测装置的异常动作，并对可能发生的潜在危害做出相应动作的系统是必不可少的。安全仪表系统正是基于该目的被提出来的。认识到安全仪表系统对提升装置的可靠性和安全运行贡献有很大帮助，因此企业在其关键装置上大都安装了 SIS。

安全仪表系统的特殊性使其设计、安装与维护有别于一般的过程控制系统。1996 年，美国仪表协会制定完成了第一个关于仪表安全系统的美国标准-ISA S8401—1996，该标准对安全仪表系统应用过程中涉及设计、安装、应用与维护、停用等方面做出了全面的规定。

为了对受控设备及其安全系统的功能安全进行研究，国外首先在电气、电子、可编程电子相关系统（即 E/ E/PES）开展了功能安全的研究，特别是欧共体国家已制定了许多功能安全领域的标准（如 EU61508 等），1998 年国际电工委员会（IEC）颁发了国际标准 IEC61508 - 1 - 7《电气/电子/可编程电子安全相关系统的功能安全》，日本已经率先将此标准转化为 JIS - C - 0508 日本国家标准，我国于 2005 年开始翻译该标准，已经等同采用该标准 GB/TXXX（报批稿）。2003 年国际电工委员会（IEC）针对过程工业领域测控仪表及其系统又颁发了国际标准 IEC61511 - 1 - 3《过程工业部门仪表型安全系统的功能安全》。石油天然气行业将美国仪表协会标准 ISA—S84.01，转化为行业标准 SY/T 10045—2003《工业生产过程中安全仪表系统的应用》。目前国内尚无国家标准，石化行业有相关的设计导则：SHB‑Z06—1999《石油化工紧急停车及安全联锁系统设计导则》。这些标准的建立，为过程工业领域 SIS 在各种应用场合的可靠、安全使用打下了良好基础。目前，欧共体的主要发达国家不但对自身产品提出了功能安全要求，而且，对进入欧共体国家的产品也已提出了功能安全性方面的要求。

安全仪表系统经历了从气动系统、继电器系统、固态继电器系统到 PLC 系统几个发展阶段。虽然这些系统现在仍在应用，但正在被越来越先进的智能型安全仪表系统所取代。随着科学技术的不断发展，出现了一些新型的安全仪表系统，如 Emerson 推出的 PlantWeb Smart SIS 智能安全仪表管理方案、ABB 公司的 800xA High Integrity 系统、西门子推出的 SIMATIC PCS7 安全一体化系统等，从这些新推出的安全系统可以看出，安全仪表系统呈现出以下的发展趋势。

1. 与基本过程控制系统的集成

通讯接口与通讯网络标准的统一为安全仪表控制系统与基本过程控制系统的集成带来极大的便利，对于一些要求较低、规模较小的生产过程可以采用集成的方法来减少投资，同时减少由基本过程控制系统和安全仪表系统不同的实现方式带来的问题。安全仪表系统和基本过程控制系统的集成目前主要有 3 种方式：Interfaces、Integrated 和 Common。Interfaces 方式为基本过程控制系统与安全仪表系统各自采用独立的网络和工程师站，两个系统之间通过网关进行通信。Integrated 模型中两个系统采用通用的网络连接，并共用工程师站，但两者的职能有明确的划分。Common 模式为两个系统的完全整合，采用基本过程控制系统来完成安全仪表系统的功能。

2. 安全仪表系统向智能化方向发展

智能安全仪表系统采用智能型传感器和数字阀门定位器，传感器、数字阀门与逻辑控制器之间采用数字通信。智能型终端设备不仅可以检测过程变量、接受控制信号，同时还可以提供包括关于设备自身、相关设备甚至周围过程的信息，供逻辑控制器的安全决策使用。数字通信网络使信息可以进行双向流动，在传递控制信号的同时，也可以传递逻辑控制器对终端设备的组态或标定数据。智能型的逻辑控制器能够对现场设备的数据进行备份、归档和分析，也可以对设备和诊断数据进行分析，以鉴别出现的问题，并提供一些更正建议。

3. 现场总线在安全仪表系统中的应用

随着现场总线技术在工业控制领域得到越来越多的应用和推广，它也在向安全相关系统领域延伸，发展成为安全总线。目前已经有包括 InterBusSafety、EsaLAN、DeviceNet Safety 等在内超过 10 种的安全总线类型。安全总线能够检测到通信错误并进入安全状态，它的引入能够实现安全仪表系统的柔性设计，能够加强对现场设备的管理。从长远来看，还能够降低投资成本。

4. 具备更高的过程可用性及更低的维护成本

作为一个系统，本身也存在出现故障的可能性，但是未来的安全仪表系统将借助自身的故障诊断系统在线监视设备及过程状态，并同时能够向操作人员发出包括可能或适当应对措施在内的警报，从而提高系统的可用率。智能安全仪表系统的诊断功能还可以通过避免派遣维护技工去现场进行例行设备检查达到节省成本的目的。同时，安全仪表系统自动实施的部分行程测试也可以节省大量的由于减少停车所带来的成本。

二、实施方法

1. 基本原理

1）名词解释

（1）电气/电子/可编程电子系统（electrical/electronic/programmable electronic systems，E/E/PES）。

电气指用机电技术实现逻辑功能（例如，机电继电器、电驱动定时器等）；电子指用电子技术实现逻辑功能（例如，故态逻辑、故态继电器等）；可编程电子系统指可编程或可组态设备完成逻辑功能［例如，可编程逻辑控制器（PLC）、单回路数字控制器（SLDC）］，现场设备不包括在 E/E/PES 内。

（2）诊断覆盖率（diagnostic coverage，DC）。

SIS 实时故障检测能力，检测到的故障与全部故障的比率。

（3）期望故障率（probability of failure on demand，PFD）。

期望故障率为指示系统停止响应指令的概率值。系统在一定时间间隔内停止响应指令的平均概率称为平均故障率（PFDavg）。

（4）危险性故障（dangerous failure）。

可能导致安全仪表系统不能正常工作的故障。

（5）工业生产过程部门（process industry sector）。

包括但不限于下列过程：生产、加工、制造和（或）油气处理、木材、金属、食品、塑料、石油化学制品、化工、蒸汽、电力、医药、废料。

（6）保护层（protection layer）。

设计的安全特性或保护系统或保护层，通常包括特殊过程设计、处理设备、管理步骤、基础过程控制系统（BPCS）和（或）对迫近危险有计划的做出反应，反应可以是自动或手动启动。

（7）安全仪表系统（safety instrumented system，SIS）

由传感器、逻辑控制器和终端元件组成的系统，其目的是出现故障时，将过程处于安全状态，即实现安全仪表功能。使用的其他术语包括紧急关断系统（ESD，ESS）、安全关断系统（SSD）及安全联锁系统。典型的安全仪表系统结构如图3-14所示。

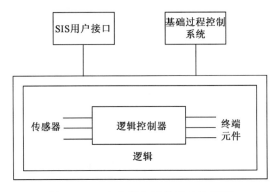

图3-14　安全仪表系统的结构示例

（8）安全功能（safety function）。

由安全仪表系统、其他技术实现的安全相关系统或外部风险减缓设施完成的功能，主要是针对特定的危害事件，实现或保持工业生产过程的安全状态。

（9）安全仪表功能（safety instrumented function，SIF）。

特定安全完整性等级下的安全功能，能实现功能性安全。可以是安全仪表保护功能，也可以是安全仪表控制功能。

（10）基础过程控制系统（basic process control system，BPCS）。

对来自控制设备和（或）操作员的输入信号进行响应并产生输出信号，使控制设备按所设定的方式运行的系统。例如，放热反应的控制、压缩机的防喘振控制、加热炉的燃料（空气）的控制，也称作过程控制系统。

（11）安全完整性（safety integrity）。

在固定时间段内和给定的条件下，安全仪表系统能完成规定的安全仪表功能的概率。安全完整性等级越高，能完成规定的安全仪表功能的概率越大。在 IEC61511 中安全仪表功能有四个安全完整性等级。为确定安全完整性，所有导致不安全状态的故障（包括随机硬件失效、系统失效）原因都应该考虑到。例如，硬件失效、软件引发的失效和电子接口导致的失效。这些类型中的一些失效，特别是随机硬件失效，通过一些测量计算方法可以量化，得到安全仪表系统不能正常工作的概率。但是，安全仪表功能的安全完整性与很多因素有关，这些因素不能全部被量化。

（12）安全完整性等级、安全完整性级别、安全完整性水平（safety integrity level，SIL）。

用来指定分配给安全仪表系统的安全仪表功能的安全完整性要求的不连续的等级（IEC 61511 中是从 1 到 4）。SIL4 是最高的安全完整性等级，SIL1 最低。

有可能用几个低安全完整性等级的系统来完成高水平功能需求，例如，用一个 SIL2 系统和一个 SIL1 系统一起来完成 SIL3 功能要求。

（13）安全生命周期（safety life cycle）。

实施安全仪表功能中涉及所有必要的活动，从安全仪表系统的概念设计到退役的全过程。

（14）危险性故障、失效（dangerous failure）。

有可能导致安全仪表系统功能瘫痪的故障和失效。

（15）需求模式安全仪表功能（demand mode safety instrumented function）。

根据生产过程情况或其他要求，执行某个特定的动作（如某个阀门的关断）。如果安全仪表系统出现了危险性故障，潜在的危害只会在 BPCS 过程故障时发生。

2）安全仪表系统生命周期

安全仪表系统的设计有自己独立的流程，遵循严格的程序。图 3－15 给出了 ISA/S84.01 描述的生命周期。安全系统的生命周期不是一成不变的，在设计过程中，可以根据自己的特殊要求，建立各种不同的周期循环。安全仪表设计过程中，最重要的两个方面是风险及危害的评价及 SIL 的确定。

在安全仪表系统进行设计之前需要明白一个原则：安全系统的设计并不是可靠性越高越好，而是应该寻求系统可靠性与经济性的平衡，即在达到系

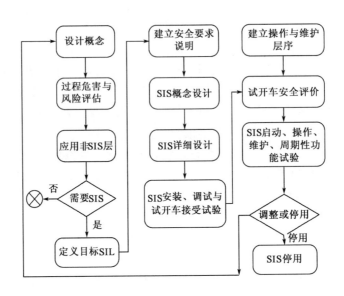

图 3-15　安全仪表系统设计生命周期

统安全要求的条件下，选择既经济又可靠的安全方案。作为一个系统性的工程，安全仪表系统设计往往需要多个专业的共同合作才能完成。设计过程是在对过程对象充分了解的条件下，对过程中可能出现的风险及危害进行分析和评估，以确定是否需要安全仪表系统来提供对系统的安全保护。

当风险水平不能被控制在可接受的水平范围，要求使用安全仪表系统时，便进入了安全仪表系统的设计阶段。

一旦确定使用仪表安全系统，面临的第一个问题便是安全完整性水平的选择。安全完整性等级的选择与系统风险和危害程度紧密相关，所选择的安全完整性水平应与风险水平相匹配。安全完整性等级的确定往往是安全仪表设计过程中最难的一个环节。

确定安全完整性等级后，下一步便是建立安全要求说明（Safety Requirement Specification，SRS）。该说明分为两个部分：功能需求说明及完整度要求说明。

从图 3-16 可以看出，大约有一半左右的安全系统的失灵来自于设计上的失误及欠周全的考虑，因此，安全要求说明的建立往往是一个不断迭代的过程。在该过程中，系统潜在的风险与危害被逐步了解与掌握，使得安全系统的功能设计不断完善，整个系统的可靠得到增强。

安全仪表系统概念设计的主要目的是选择建立安全仪表系统的方案，确

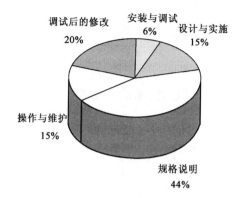

图 3 - 16 安全仪表事故原因图

定关键参数以满足安全要求及安全完整性水平要求。详细设计是在概念设计的基础上，对选定方案的细化及最终完成相关文档。安全仪表系统经过安装与调试正式运行后，随着过程条件的变化，有时要对安全系统做必要的修改，需要注意的是任何一项修改要求提出时，都应回到安全生命周期的相应阶段，对其加以重新评估。一个小的改动可能会对整个过程产生巨大的影响。许多事故的发生往往是因为对这些小的改动没有进行全面详细的再评估造成的。

当通过全面评估并确定安全系统的停用不会影响到生产过程和周围环境的相关单元时，可以停止安全仪表系统的使用。至此完成了整个安全生命周期。

3）风险分析与安全完整性水平

整个安全仪表系统的设计生命周期是紧紧围绕着风险与危害分析及安全完整度的确定来进行的。两个部分相辅相成，安全完整度的确定是风险与危害分析的目标，风险与危害分析是确定安全完整度的前提基础，风险与危害分析是过程，安全完整度的确定是结果。

风险与安全始终是相对的，IEC61508 中对安全的定义：安全就是不存在不可接受的风险。该定义包括两层含义：

一是指安全并不是要求零风险，绝对的零风险是不存在的；

二是当一个系统存在的风险处于一个可以接受或可以容忍的范围时，便认为这个系统是安全的。

风险通常定义为非预期的系统失效与其所造成的后果严重性的乘积。现在衡量后果的严重性时，不仅要看财产损失、人员伤亡等具体的数字量，还应该包括由此产生的对企业形象和对周围环境的影响，因为各方面受到的影响，往往在短时间内难以恢复，给企业造成的远期损失要远远大于事故所带来的直接损失。

　　风险评价是对生产过程中的风险进行识别、评估和处理的系统过程，如图3-17所示，它主要包括：建立风险标准、风险确认、风险评估和风险处理4个部分。它的主要目的是建立风险标准，鉴定风险源及它们的影响范围，并决定风险是否可以容忍，风险控制措施是否合适，以及如何通过工程或非工程措施减少风险。

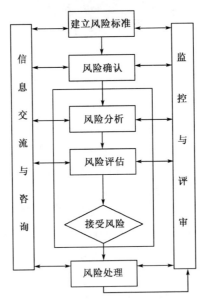

图3-17　风险评价基本流程图

　　风险评价中被广泛接受和采用确定风险接受原则是最低合理可行原则（As Low As Reasonably Practical，ALARP）。ALARP原则的意义：任何工业系统都是存在风险的，不可能通过预防措施来彻底消除风险。系统的风险水平越低，进一步降低就越困难，其成本往往呈指数曲线上升。也可以这样说，安全改进措施投资的边际效益递减，最终趋于零，甚至为负值。因此，必须在工业系统的风险水平和成本之间做出一个折中。

　　如图3-18所示，按照ALARP原则，风险可以划分为3个等级水平：（1）可以忽略的风险，这一类风险发生的概率极低，完全可以不加以考虑；（2）不可接受的风险，除非在特别情况下，处于该等级的风险必须被降低以使其可容忍或可接受；（3）处于两者之间的为可容忍的风险。当采取降低风险措施得到的收益低于所采用的风险措施本身的成本时，或者已经使用了普遍采用的标准来控制风险时，便认为风险是可以容忍的。

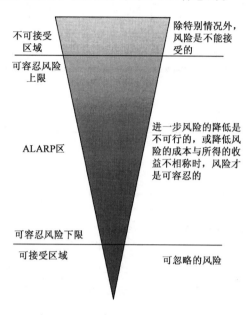

图 3 – 18　风险评价的 ALARP 原则

风险水平越低，降低该风险所需要的花费就越多，通过该方法降低的风险认为是被降低到与可行的合理水平一样低的水平。这也是上面提到的ALARP 的基本原则。

风险的可接受程度或可容忍程度是一个模糊的概念，没有一个统一的定量度量，虽然可以用模糊集合的理论来对其加以定义，但在实际的工程应用中，仍然有很强的主观性，根据不同的系统，不同的章、标准和社会可接受条件等多方面因素加以确定。

初始风险评价提供了一个风险分布图，确定了受控设备（Equipment Under Control，EUC）风险、允许风险以及必要的风险降低，同时为安全相关系统的选择奠定了基础。如图 3 – 19 所示，一般来讲，EUC 风险通常大于允许风险，两者之间的差值即为必要风险降低，也就是安全相关系统作用于 EUC时所应达到的风险降低的目标值。当采取了安全相关措施后仍然存在的风险称为残余风险，残余风险小于允许风险，笔者认为它是可以忽略的。设备允许的风险是不相同，需要考虑法律、法规、安全的水平。

对于生产过程，有多种保护措施来降低风险与危害。如图 3 – 20 所示，该措施包括基本的过程控制系统、操作员警报、SIS、物理装置、设置安全距

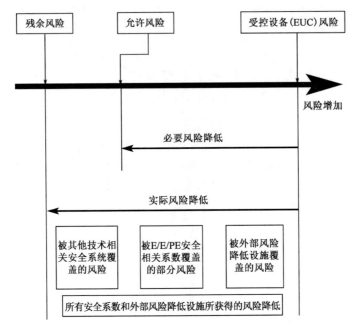

图 3-19　风险降低

离和防护墙以及紧急响应措施等。对于允许风险，除非能够证明安全仪表系统的不合理性，否则一般采用安全仪表系统。对于不可接受的风险则需要采用额外的措施来降低风险。

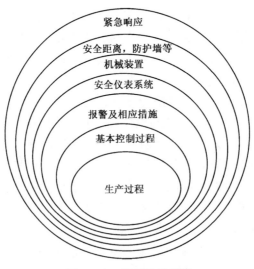

图 3-20　保护层示意图

安全完整性水平是衡量一个安全仪表系统可靠性的指标。安全完整性水平通过对系统要求的失效概率（Probability of Failure on Demand，PFD）来划分。表3-10给出了IEC61508针对不同情况划分安全完整性水平的指标，一种适用于对安全系统要求较低的情况，采用平均失效概率$PFD_{average}$来划分，一种适用于对安全系统要求较高或连续操作模式下的指标，采用每小时失效概率$PFD_{perhour}$来划分。

表3-10　安全完整性水平划分表

SIL	$PFD_{average}$	$PFD_{perhour}$
SIL1	$10^{-1} \sim 10^{-2}$	$10^{-5} \sim 10^{-6}$
SIL2	$10^{-2} \sim 10^{-3}$	$10^{-6} \sim 10^{-7}$
SIL3	$10^{-3} \sim 10^{-4}$	$10^{-7} \sim 10^{-8}$
SIL4	$10^{-4} \sim 10^{-5}$	$10^{-8} \sim 10^{-9}$

从表3-10可以看出，SIL等级越高，安全仪表系统不能实现所要求的安全功能的概率越低，同时，一旦要求失效，高级别安全仪表系统失效带来的后果要比低级别安全仪表系统严重得多。SIL1级别的安全仪表系统失效可能只会导致较少的财产损失，而SIL4级别的安全仪表系统的失效则有可能会对社会和环境带来灾难性的后果。过程工业中SIL等级最高的为SIL3、SIL4用于核电和交通系统中。

安全完整性等级必须同必要的风险降低相符合，一旦确定了允许风险，并估计了必要的风险降低，就可以确定安全仪表系统的安全完整性等级。安全完整性等级的确定方法大致可以分为定性方法和定量方法。

定性方法是通过对事件可能发生的概率及其所引发后果的严重性进行分类来评价风险的大小，并在此基础上确定安全完整性等级。定性方法主要有：风险矩阵法、风险图法、因果法及改进的HAZOP法。

定量方法是通过对风险两个方面定量计算，得到关于降低系统风险所需的数值以确定安全完整性等级。目前采用定量方法主要是定量风险分析法。

定性确定方法的优点是简单省时，需要的资源少。缺点是过度依赖于人的主观判断和经验，可复现性差，不同的人对于同一个系统可能得到不同的结果。同时书写文档较困难，且不适用于复杂过程。

定量方法的特点是能够更加准确地确定安全完整性水平，它使用统一的框架来为产生待定后果的活动建立文档，利于安全生命周期的管理。它的不足是需要的资源多、时间长，往往缺乏系统的可靠数据。当采用不同的方法来确定安全完整性水平时，得到的结果不一定相同。

下面仅介绍常用到的风险图方法，其他的方法可以参看相关文献。

风险图法是一种定性的风险评估技术，它采用决策树的方法来确定安全完整性水平。如图 3-21 所示，风险图考虑的决策因素包括事件后果 C、处于危险区域的时间 F、避开危险的概率 P 和要求率 W 4 个方面。按照从左到右的顺序，通过对 4 个因素的逐步评价与划分从而最终确定安全完整性水平。

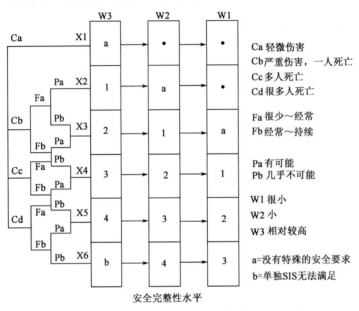

图 3-21　典型的风险图

安全完整性水平是包括输入、输出在内的整个回路在内的整体水平。在目前的实际应用中，逻辑控制器的 SIL 等级往往可以达到较高的等级，如 SIL3，而由于单独的传感器、最终控制元件不容易达到 SIL3 等级，影响 SIS 运行的问题超过 85% 都是与现场设备有关而不是与逻辑运算器相关，使得该情况下的 SIS 系统的整体级别降低。为了提高传感器和最终控制元件的 SIL 等级需要采用二选一，或多选一的策略，而这意味着投资上的增加。整个 SIS 系统回路的安全完整性水平可以通过对回路的定量评价得到。

目前国际上通常采用的是马尔可夫故障模型计算方法和可靠性方框图法。

马尔可夫故障模型计算方法通过对已知硬件参数和冗余设置情况，以及安全仪表系统的逻辑关系分析，最终得出整个系统的完全完整性水平及风险降值。

可靠性方框图法通过图表的形式对系统中的事件和操作条件进行建模，从而确定安全完整性等级。经过研究表明，在较复杂的安全系统设计中，马尔可夫故障模型的精度高于可靠性方框图法。

2. 实施过程

安全生命周期包括安全仪表系统（SIS）从概念设计到停运全过程的活动，整个安全生命周期的活动流程如图 3－22 所示。

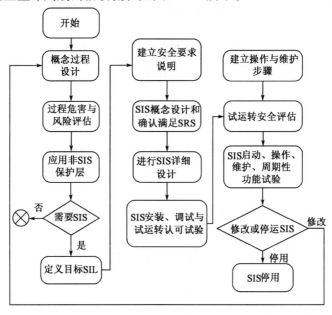

图 3－22　安全生命周期流程图

（1）安全生命周期的第一步是进行过程概念设计。

（2）第二步是确定过程的危险事件及评估风险级别。

（3）一旦确定了危险及风险，采用适当的技术（包括修改过程或设备）来减小危险、减轻危害结果或减小危险发生的可能性。第三步包括将非 SIS 保护层应用到过程系统。

（4）下一步评估是确定是否提供了足够数量的非 SIS 保护层。如果提供了足够数量的非 SIS 保护层，则可以不用 SIS 保护层。因而，在考虑加上 SIS 保护层以前，应先考虑应用非 SIS 保护技术改变过程和（或）设备。

（5）如果确定用 SIS，先定义目标安全完整性等级（SIL），建立 SIS 要求。SIL 定义为达到用户的过程安全目标所需的性能级别。SIL 级别越高，SIL 的安全可靠性越高。增加冗余、增加实验次数、采用诊断故障检测、采用不同传感器及终端控制元件可以改进 SIS 性能。通过更好地控制设计、操作及维护程序也可以改进 SIS 性能。SIL 与平均故障率有关。SIL 的概念将一直出现在安全生命周期的几个步骤中。

（6）编制安全要求规格书。安全要求规格书列出了 SIS 功能和完整性要求。

（7）进行 SIS 概念设计。满足安全要求规格书的要求（SRS）。

（8）完成 SIS 概念设计后，进行详细设计。

（9）安装 SIS。

（10）安装完毕后，应进行 SIS 调试和预启动认可试验（PSAT）。

（11）在安全生命周期的任意一步都可以编制操作程序和维修程序，但应在启动前完成。

（12）在启动 SIS 前，应进行预启功能安全检查（PSSR）。PSSR 应包括下列 SIS 的活动：

①确认 SIS 的建造、安装、试验符合安全要求规格书的要求；

②与 SIS 有关的安全、操作、维修、变更管理（MOC）、应急步骤在适当的位置且足够；

③用于 SIS 的 PHA 的建议已被采纳和处理；

④包括 SIS 内容在内的员工培训已完成。

（13）完成 PSSR 后，SIS 可以运转。此步骤包括启功、正常操作、维修、周期性的功能试验。

（14）如果提出修改，应按照变更管理（MOC）程序进行。安全生命周期中的有关步骤应重复，以反映变更对安全的影响。

（15）有些时候，需要停运 SIS。例如，由于工厂关闭、拆迁或变更生产流程而停止 SIS。应有计划停运 SIS，宜采取适当的步骤保证以不降低安全性的方式实现停运。

说明：本安全生命周期是参考 SY/T 10045—2003，IEC61508 和 IEC61511 的安全生命周期与之略有不同，但大体相似，如有需要，具体请参考 IEC61508 - 2 和 IEC61511 - 1。

3. 实施要求

1）编制操作和维护计划

应该执行为安全仪表系统编制的操作和维护计划，以保证操作和维护期间保持每个安全仪表功能所要求的 SIL 和安全仪表系统的设计功能。它规定了如下项目：

（1）常规和非常规操作活动；

（2）校验测试、预防性维修活动和故障后维修活动；

（3）操作和维护活动中的流程、测量活动和采用的技术；

（4）坚持操作和维护流程的验证；

（5）进行这些活动的时间；

（6）负责这些活动的人员、部门和组织。

2）编制操作和维护程序

根据相关的安全计划，制定操作和维护程序，并规定了如下项目：

（1）需要进行的日常活动，SIS 预先设计好的功能安全，例如，坚持由 SIL 要求所定义的校验—测试时间间隔。

（2）在维护或操作期间，为防止一个不安全的状态发生和（或）降低危害事件的后果，而必须采取的限制活动（例如，测试或维护时需要为系统设置旁路，需要执行附加的缓解步骤）。

（3）系统故障的信息和 SIS 的需求率。

（4）SIS 的评估结果和测试的信息。

（5）当在 SIS 发生故障或失效时，接着就会启动维修程序，包括：

——故障诊断和修复程序；

——重新确认程序；

——维护报告要求；

——跟踪维护执行程序。

需要考虑的事项包括：

——故障报告程序；

——系统失效分析程序。

确保在正常维修活动期间所使用的测试设备被正确的校验和维护。

3）培训

应该培训操作者在他们负责的领域内的 SIS 功能和操作，这个培训应该达到如下目的：

（1）确保操作者理解是如何执行 SIS 功能的（跳闸装置点和 SIS 因而采取的动作）。

（2）SIS 采取保护措施防止的危害。

（3）所有旁路开关的操作和在什么情况下使用这些旁路。

（4）任何手动停车开关和手动启动措施的操作以及什么时候这些手动开关会启动（可以包括系统复位和系统重启）。

（5）对于任何诊断警报所采取的规定行为（例如，当 SIS 警报启动表明 SIS 存在问题，将采取什么措施）。

维修人员应按要求接受培训，培训内容是维持 SIS 全部功能性能达到 SIS 的目标完整性。

4）SIS 的监控与审查

分析 SIS 期望动作和实际动作之间的差异，必要的话，可以采取修改措施，达到规定的安全要求。包括监控如下内容：

（1）依照系统的一个需求采取动作；

（2）在常规测试或实际需求时设备故障，使 SIS 一部分动作；

（3）产生 SIS 需求的原因；

（4）错误跳闸的原因。

非常重要的是对期望行为和实际行为之间所有的差异进行分析，这样不会误解在日常操作期间所遇到的监控需要。

如果有必要，对操作和维护程序进行审查：

（1）审查功能性安全；

（2）SIS 测试。

5）校验—测试程序

应该为每个安全仪表功能制定书面校验—测试程序，用来发现没有被诊断器探查到的危险失效。这些书面测试程序描述了执行的每一步，并且包括如下程序：

（1）每个传感器和终端设备的正确运行操作；

（2）正确的逻辑动作；

（3）正确的报警和指示。

可以使用以下方法来决定未被探测的故障是否需要测试：

（1）故障树检查；

（2）故障模式和影响分析；

（3）以可靠性为中心的维修。

使用书面程序实施定期的校验测试，发现未被探测的故障，这些故障会阻碍 SIS 按照安全要求规定运行。

对整个 SIS 包括传感器、逻辑解算器和终端设备进行测试（例如关断阀和发动机）。校验测试的频率用平均故障率 PFD_{avg} 决定。SIS 不同部分可以要求不同的测试时间间隔，例如逻辑解算器可以要求不同于传感器和终端元件的测试时间间隔。在测试期间发现的任何缺陷都要求安全及时的维修。在固定的时间间隔内（由用户决定），可以基于多方面因素（包括历史测试数据、工厂经验、硬件退化以及软件可靠性）重新评价测试频率。应用逻辑程序的任何改变都需要全面的校验测试。如果对变更所实施的适当复查和局部测试能确保正确地执行该变更，那么全面校验测试可以不用进行。需要定期对每个 SIS 进行实地检查以确保不存在未经授权的修改和明显的退化（例如，丢失螺钉或仪表盖、支架生锈、裸露电线、破损管道、破损的热力探测仪和缺少绝缘）。

用户应保留校验测试和检查的文档记录，它证明按照要求完成了校验测试和检查。这个记录至少包含如下信息：

（1）所实施的测试和检查描述；

（2）测试和检查的数据；

（3）实施测试和检查的人员名单；

（4）系统测试的连续编码或其他单独的标识符（例如，循环编码、标签编码、设备编码和 SIF 编码）；

（5）测试和检查的结果。

第六节　站场 QRA 分析技术

QRA 全称为 "Quantitative Risk Assessment"，国内称为量化风险评价。

所谓风险是指一起事故或一组事故发生的期望频率和后果。风险评价又称安全评价，是指以实现系统的安全为目的，按照科学的程序和方法，对系统中的危险因素、发生事故的可能性与可能的人员伤亡和财产损失情况进行调查研究和分析论证，从而为评价系统的总体安全性及制定有效的预防和防护措施提供科学依据。

量化风险评价（QRA）是对某一设施或作业活动中发生事故的频率和后果进行表达的系统方法，也可以说它是一种对风险进行量化管理的技术手段。定量风险评估在分析过程中，不仅要求对事故的原因、过程、后果等进行定性分析，而且要求对事故发生的频率和后果进行定量计算，并将计算出的风险与风险标准相比较，判断风险的可接受性，提出降低风险的建议措施。

目前，量化风险评价在荷兰、挪威等国家较为盛行，主要用于分析确定装置风险的可接受性。

一、QRA 应用现状

1. 国外定量风险评价的历史和现状

风险评价起源于 20 世纪 30 年代的保险业。企业风险评价则从化工行业开始，始于 20 世纪 60 年代。1964 年，美国 DOW 化学公司开发出火灾、爆炸指数法。后几经修改，DOW 化学公司在 1994 年提出了第 7 版。DOW 指数法的基本思想是，以物质系数为基础，再考虑工艺过程中其他因素，如操作方式、工艺条件、设备状况等的影响，来计算每个单元的危险度数值，然后按数值大小划分危险度级别。英国帝国化学公司（ICI）蒙德（MOND）分部 1974 年在 DOW 指数法的基础上，根据化学工业的特点，扩充了毒性指标，并对所采取的安全措施引进补偿系数的概念，从而把指数法向前推进了一大步。日本劳动省以 DOW 指数法和 MOND 法为参考，在 1976 年提出了化学工厂六阶段安全评价法。

核电站的建成和投入使用，使人类获得了一种廉价、清洁的新兴能源。然而，核电站一旦发生泄漏事故，后果将不堪设想。为了准确评价核电站的安全性，20 世纪 60 年代末、70 年代初期开发了概率风险评价方法。概率风险评价的思想是 Farmer 在 1957 年提出的，美国的 Rasmussen 教授领导的研究小组在 1974 年正式发表了"两用核电站轻水反应堆的风险评价"报告，即著名的 WASH-1400 报告。该报告的目的是估计美国商用核电站潜在事故对社会造成的风险。它是第一次成功地运用事件树分析和故障树分析方法，对核电站风险进行了定量分析和计算，并与已经存在的社会风险作了比较。这在安全分析史上是一个重要的里程碑，在世界各国产生了广泛而深入的影响。

20 世纪 70 年代以来，随着技术的进步，石化和兵工等企业的生产规模越来越大。与此同时，火灾、爆炸和有毒气体泄漏等重大事故的发生频率增加，事故损失增大，造成了巨大的财产损失和人员伤亡，引起了社会舆论的严重关注。因此，20 世纪 70 年代以来，世界各国和一些国际组织都高度重视对火灾、爆炸和有毒重大危险源的控制，不惜花费大量的人力、物力和财力，开展火灾、爆炸和有毒重大危险源控制技术研究、颁布重大危险源管理法规、加强对重大危险源的管理和控制。

英国是最早系统地研究重大危险源控制技术的国家。1974 年 6 月 Flixborough 爆炸事故发生后，英国卫生与安全委员会设立了重大危险咨询委员会，负责研究重大危险源辨识评价技术，提出重大危险源的控制措施。1976 年，应英国环境与就业大臣的要求，英国卫生与安全管理局对 Canvey 岛的工业设施危险性进行了评价。该项研究的目的是了解现有工业设施及建成炼油厂后给当地居民带来的危险。Canvey 岛有 7 座工厂，这些工厂主要贮存、运输、生产汽油和石油产品，约储存 $1 \times 10^5 kg$ 液化天然气，$1.8 \times 10^7 kg$ 石油产品。该研究分析了可能发生的 38 种主要事故机理，得出了该岛现有工业设施以及扩建后的工业设施在改善前后的风险。由于评价对象为整个地区，因此评价时采用了宏观的方法，忽略了许多事故细节。

1979 年，应荷兰居民主全委员会的要求，英国的 Cremer&Wamer 公司和德国的 Rattele 公司对 Rijnmond 地区的六个工业设施进行了风险评价。此项研究的一个重要目的是探索对石油、化工设施进行风险分析的可行性，为实际应用积累经验。与 Canvcy 岛的危险性评价不同，这次评价的对象为单个工业设施，而不是整个工厂，更不是整个地区，也没有考虑事故对厂内其他设施的影响。它是一种微观的评价方法。

不仅在生产和储存易燃、易爆和有毒危险品的过程中可能发生火灾、爆炸和毒气泄漏事故，在运输过程中同样可能发生火灾、爆炸和毒气油漏事故。因此，人们在对石化企业，危险品仓库等易燃、易爆和有毒固定危险源进行风险评价的同时，开始研究如何对运输中的易燃、易爆和有毒危险源进行风险评价。美国公路安全管理局和美国 Michigan 大学运输研究所分别从 1975 年和 1980 年起就建立了运输事故数据库系统。利用这些数据库系统，可以很容易地对运输事故的频率分布进行统计分析。美国 Rhyne 在 1994 年介绍了铁路和公路运输危险物质的定量风险分析方法。20 世纪 80 年代末、90 年代初，英国健康与安全委员会所属的危险物质咨询委员会曾组织力量，对铁路、公路和海上运输危险物质的风险进行了为期五年的系统研究。1992 年，Ddvies 和 ILees 对英国的公路运输环境进行了调查，对不同类型的运输车辆、不同类型的道路在货物运输尤其是危险品运输过程中事故的频率分布和伤亡人数分布进行了统计分析。

为了保证危险物质生产、储存、运输和使用过程中的安全，各国政府和一些国际组织相继制订了不少关于危险物质管理方面的法律和法规。由于重大危险咨询委员会卓有成效的开创性工作，英国政府在 1982 年颁布了《关于报告处理危险物质设施的规程》，1984 年又颁布了《重大工业事故控制规程》。1985 美国化学工程师协会出版了《危险性评价方法指南》；1992 年 2 月又完成了高危险性化学品制造过程安全管理规定，以预防易燃、易爆和有毒气体泄漏事故的发生。1982 年 6 月欧共体颁布了《工业活动中重大事故隐患的指示》。为了实施该指示，英国、荷兰、德国、法国、意大利、比利时等欧共体成员国都先后颁布了有关重大危险源的控制规程。1992年国际劳工组织第79届会议专门讨论了预防重大工业灾害的问题；1993年6月国际劳工组织通过了《预防重大工业事故公约和建议书》。在国际劳工组织的支持下，印度、印尼、泰国、马来西亚和巴基斯坦等比较落后的亚洲国家也相继建立了重大危险源控制系统。

为了在易燃、易爆、有毒危险源安全评价中推广应用定量风险评价方法，最近十多年来，国外开发了不少定量风险分析软件包，有的已经开始投入实际使用。例如，1982年英国TECHNICA公司开发了SAFETI软件包，1989年荷兰咨询科学家公司开发了SAVEII软件包，20世纪90年代荷兰应用科学研究院开发了EFFECTS软件包和DAMAGE软件包。这些软件包是工厂选址与设计、区域和土地使用决策、运输方案确定、危险源辨识和评价的有力工具。

2. 我国定量风险评价的历史和现状

我国的安全评价工作1981年才起步。1988年，机械电子部制订了"机械工厂安全性评价标准"。1992年，化工部劳保所制订了化工厂危险程度分级方法。目前，石油、化工、军工、航空等行业都制订了各自的安全评价标准。需要特别指出的是，为了加强对我国重大危险源的管理，有效控制重大工业事故的发生，1992年国家科委将"重大危险源的评价与宏观控制技术研究"列为国家"八五"科技攻关计划的内容。通过研究，提出了易燃、易爆和有毒重大危险源危险性评价方法。这是一个定性和定量相结合的安全评价方法，因为它在估计事故发生的可能性时，基本上是采用定性方法，而在估计事故的后果时，主要是采用定量方法。这是因为我国还没有建立事故数据库计算机管理系统，不可能对各类事故的发生频率作出准确的估计。目前，我国还没有对固定的化学危险源或运输中的化学危险源进行过系统的定量风险评价。

不过，重大危险源的安全评价已经引起我国政府的高度重视。1998年2月5日，劳动部颁发了"建设项目（工程）劳动安全卫生预评价单位资格认可与管理规则"和"建设项目（工程）劳动安全卫生预评价管理办法"两部法规。

根据这两部法规的要求，凡符合下列条件之一的建设项目，必须进行劳动安全卫生预评价：

（1）符合《国家计划委员会、国家基本建设委员会、财政部关于基本建设项目和大中型划分标准的规定》中规定的大中型建设项目。

（2）GB 50016—2006《建筑设计防火规范》中规定的火灾危险性生产类别为甲类的建设项目。

（3）属于劳动部颁布的《爆炸危险场所安全规定》中规定的爆炸危险场所等级为特别危险场所或高度危险场所的建设项目。

（4）大量生产或使用 GBZ 230—2010《职业性接触毒物危害程度分级》规定的Ⅰ级、Ⅱ级危害程度的职业性接触毒物的建设项目。

（5）大量生产或使用石棉粉料或含有 10% 以上的二氧化硅粉料的建设项目。

（6）其他由劳动行政部门确认的危险、危害因素大的建设项目。

建设项目劳动安全卫生预评价工作，应在工程可行性研究阶段进行，由建设单位自主选择建设项目设计单位以外的、熟悉本行业和本建设项目技术特点的、有劳动安全卫生预评价资格的单位承担，并签订书面委托合同。

建设项目劳动安全卫生预评价主要是通过科学的评价方法，对建设项目存在的危险、危害因素的种类和程度进行辨识和预测，提出明确的防范措施，为建设项目的立项决策提供劳动安全卫生方面的依据。

"建设项目（工程）劳动安全卫生预评价单位资格认可与管理规则"和"建设项目（工程）劳动安全卫生预评价管理办法"两部法规的颁布与实施，标志着我国的劳动安全卫生评价工作逐步迈入规范化、法制化轨道，必将极大地促进我国劳动安全卫生评价技术的发展和劳动安全卫生评价水平的提高。

二、实施方法

1. 基本原理

风险评价普遍采用以 Kent 打分法为代表的定性方法，但是定量风险评价（QRA）也是十分必要的，采用基于设备失效历史数据库和已有成熟的数值模型，进行设备失效概率分析和失效后果分析，最后计算得到风险值。研究表明，QRA 受人员主观判断影响较小，计算方法科学合理，结果量化，对进行检测与维护维修资源的分配具有很好的指导意义。在定量风险评估中风险的表达式为：

$$R = \sum_i (f_i \times c_i) \tag{3-1}$$

式中　f_i——表示事故发生的概率；

　　　c_i——表示该事件产生的预期后果。

QRA 的主要内容如图 3-23 所示。

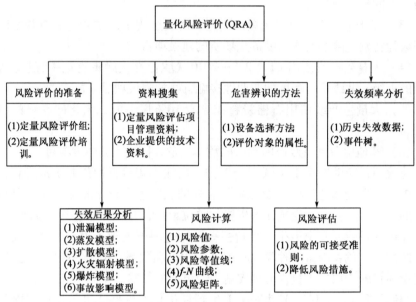

图 3-23　QRA 的主要内容

2. 实施过程

QRA 的一般步骤如下（图 3-24）：

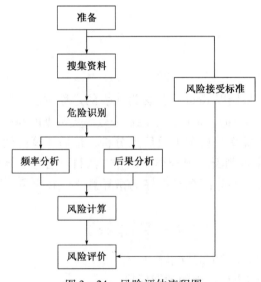

图 3-24　风险评估流程图

（1）定量风险评估准备，包括成立工作组、相关培训；

（2）资料收集；

（3）危害识别；

（4）失效频率分析；

（5）失效后果分析；

（6）风险计算；

（7）风险评价与报告。

1）定量风险评估工作组

定量风险评估需要从很多方面收集数据，专门分析和作出风险管理决定。一般来说，一个人不会有单独完成整个研究的背景知识和技术，这通常需由一个工作小组来有效实施定量风险评估。定量风险评估团队工作组是由企业和负责定量风险评估项目的技术服务商双方共同组成，其成员包括安全工程师、工艺工程师、设备工程师、工艺操作员、化学工程师和技术员等。

（1）组长。

小组领导可以是下面提到的小组成员的任何一位。小组领导应是全职的小组成员。小组领导的职责：

①明确组员的职责；

②在定量风险评估项目实施的过程中提供建议和指导；

③与工厂其他相关部门进行协调；

④保证小组的方向；

⑤控制工作进度；

⑥实施质量检查和数据的审核；

⑦对组员的工作进行验收；

⑧停止和提交已完成的项目。

（2）安全工程师。

①进行定量风险评估工作中单元的划分；

②确定装置内的危险物质及储存数量；

③提供装置内的安全管理规范；

（3）工艺（化学）工程师。

①在系统化过程中对每个确定的工艺流程定义组成成分；

②提供工艺操作在中短时间范围的稳定性信息。

（4）工艺操作员。

①装置系统化工作的主要参与者；

②设备的工艺操作条件；

③参与评定最终的结果。

各工程师、材料工程师、无损检测专家等人员根据不同定量风险评估阶段的工作内容只参与部分工作，为工作组提供必要的资料和咨询。

2）定量风险评估培训

在项目的准备阶段还包括培训工作，培训不仅是为了使工作人员具备实施定量风险评估项目所需要的能力，使之能担负责任，而且还是一个企业与定量风险评估技术服务商进一步沟通的机会。

培训可以分为两个阶段，第一阶段培训的对象是企业的管理层和参与定量风险评估项目的有关部门和人员；第二阶段的培训主要是面向定量风险评估项目的具体参与者，即定量风险评估工作组的人员。这两个阶段的培训内容根据不同的目的也应各有侧重，第一阶段的培训内容主要是对定量风险评估方法的理解和项目的管理和控制方面，希望使企业的管理层和各职能部门能够认可定量风险评估方法和了解自己在整个项目中的职责；第二阶段的培训内容主要是具体的定量风险评估的工作要求和流程，明确定量风险评估小组成员在这个团队中的角色，培训完成指定工作所需要的技能。培训的内容可以包括：

（1）定量风险评估原理；

（2）定量风险评估所采用的定量风险评估方法介绍；

（3）失效概率的计算方法和规则；

（4）失效后果的计算方法和规则；

（5）定量风险评估工作组的组成和职责；

（6）数据的采集；

（7）数据的审核和缺失数据的处理。

3）定量风险评估项目管理

定量风险评估项目的实施是一个团队活动，与其他团队工作一样，定量风险评估组织者和领导者负有项目管理的责任。针对定量风险评估的项目特点，在这里简要列举一些 RBI 项目管理涉及的内容。

（1）制订计划。

在项目实施之前，定量风险评估小组的负责人必须为项目的实施制订一个计划，这个计划的作用在于指导项目成员进行工作，制订这个计划的人必须对定量风险评估项目的目标和要求非常熟悉，在制订实施计划时应注意以下几方面内容。

①计划应该有一个完成的标志。

对于一个项目本身来说，应该是在一定的时间内完成一定的工作并达到一个明确的目标。

②计划必须切实可行。

定量风险评估过程是一个复杂的分析过程，因为对风险的定量分析需要收集大量的数据和进行复杂的计算。必须根据装置的具体情况和项目所能够运用的资源，慎重地确定目标和工作的范围及深入程度，避免制订不切实际的计划。

③为项目的每个阶段设置"里程标"。

定量风险评估项目的实施涉及多个部门和专业人员，他们在定量风险评估实施的不同阶段发挥其作用。要协调好他们的工作，不至于因为某一阶段的工作没有组织好而影响其他人的工作安排，必须把影响项目实施进度的那些任务明确出来。一般这些任务都包括在合同中，然而，作为计划的制订者还要找一些有助于项目控制的指标作为项目进行的"里程标"，严格控制、随时跟踪、避免任务超期，必要时可对计划进行调整。

在制订计划时必须处理好以上三点，否则，在实施过程中无法按照计划对项目实施的情况进行测量和考核。

（2）考核和测量。

考核和测量的作用对于任何一个项目都是极为重要的，这里讨论在定量风险评估实施过程中可能的一些考核内容和它们的作用。

①工作流程。

工作流程检查主要集中在流程序列的安排。使工作按照合理的序列进行，这个序列应该合理安排。例如，在基本的数据没有输入完成前，不能进行风险计算。为了使定量风险评估小组可运用的资源被有效利用，如工艺操作人员、化学工程师等，流程的安排应该使他们在工作衔接方面的差距最小。

定量风险评估小组组长的主要职责是控制定量风险评估项目的实施，应该负责保证工作是按照正确的序列进行。因此，在实际工作中对于任务的分配和完成应当建立一个适当的记录，例如，对于一些缺乏风险评估必需数据的设备情况就要及时处理，避免以后返工。同时，适当的记录也有助于编写汇总报告。

②任务完成。

对于这一部分的检查要有一个正式的方法记录到项目的日志记录中，记录在有关"任务"中。记录的内容应包括：分配任务的日期、完成日期、各人在任务中承担的作用，完成任务的人以及确定应提交的资料、数据，存在的问题，如缺项数据、不太可靠的数据等。

③数据的检查。

对于数据的检查是任何一个定量风险评估项目的关键部分，风险管理必须基于可靠的数据，否则，没有什么办法处理混合了无效数据的错误。必须要采取一些措施来进行数据的确认，避免在最后的数据处理和计算阶段出现问题。对于承担任务的个人来说，他们有责任确保他们数据的准确性。他们必须具备基本的识别错误数据的技能，此外还要避免数据的检查成为一个产生"希望的数据"的过程。

不良数据通常由两个主要的产生原因，一是可能数据本身的来源就是错误的，另外可能是在数据收集和录入过程中将错误引入到数据里。对于那些数据来源是错误的情况，应该在收集数据的过程中就被小组成员鉴别出来——尽管也许当时无法找到正确数据。由于抄写和输入等产生错误——虽然总会产生这类错误，避免的办法是使用有经验的录入人员。

避免产生无效数据的要点：

第一，对有效的数据源进行确认。在实际项目进行中，应将这一部分的问题向企业说清楚。注意所使用的 PID 图，建议将使用的 PID 图版本号记录在项目日志中。

第二，按照数据的信息块进行数据搜集。对于一条管道，一个信息块通常包括物流、系统的数据，以及流体性质、操作参数和设计数据；对于静设备通常包括设计数据和操作参数。

第三，在数据输入后进行一次检查。这样做也许会多费时间，然而这样做是值得的。应该不断寻找一个好的办法来优化检查工作。

④异常处理。

异常数据的数量多少很大程度上取决于数据源的质量。例如，如果使用一个修订前的 PID 图，就可能产生大量的异常数据。对于不正常的数据，第一步是进行鉴别和审查，然后需要进行判断处理。处理的时候要谨慎使用那些"方便的"方法，因为这有可能产生更多的错误。定量风险评估工作组的组长将对这部分工作进行更多的指导和支持，从而确定一个适当的处理方法。

⑤结果评估。

这部分的工作集中在对定量风险评估分析预测的可信性分析上。如果预测的结果与企业技术人员的知识和经验一致的话，可以说这样的结果是可以被接受的。如果不一致的话，有可能是因为定量风险评估分析人员没有尽到责任，或是数据中存在基本的错误。

定量风险评估分析的结论是由一个系统化的方法所得出的，通过一个好的实施过程所得到的定量风险评估结论，将支持企业在风险管理中所做的工作，并将提供优化的方法。而一个失败的过程所得到的结论，也许会使企业感到十分震惊：如已经超过设备的设计负荷、发现了许多此前从未考虑到的失效机理、有大量的设备处于高风险的状态等。对于这类情况，定量风险评估分析人员就需要重新寻找其他技术上的证据来支持他的分析结论，这时项目的日志文件就体现出了重要作用，然而，以前工作的一些不足之处也同时会显露出来。

总之，有效的定量风险评估项目管理是确保项目成功完成的基础，将获得定量风险评估小组自己内部和企业用户的接受和肯定，而一个劣质的项目将对企业的长期设备管理起到相反的作用。定量风险评估小组的组长无疑是项目管理最重要的人。

4）资料收集

定量风险评估的过程就是建立模型，然后再进行模型计算的过程。先把评价目标模型化，然后再进行失效频率和后果计算。评价目标的模型化就是对过程本身进行非常精确的描述。对所有相关数据的收集，使分析尽可能建立在准确的基础上，同时也对评估的边界进行了限定。资料的准备包括以下两个方面：

（1）准备用于控制定量风险评估项目实施的项目管理资料包括：①项目工作计划；②定量风险评估项目的目标和策略；③项目管理实施细则；④定量风险评估小组工作职责表；⑤定量风险评估项目配置、规则和规范；⑥定量风险评估项目实施程序；⑦培训材料、会议记录管理、资料管理等。

（2）需要企业提供的技术资料包括：①工艺仪表流程图（P&ID）；②工艺流程图（PFD）；③平面布置图；④工艺介质数据表；⑤设备数据表；⑥管道数据表；⑦安全附件资料；⑧装置操作与维护手册；⑨历次事故记录；⑩当地天气状况数据。

5）定量风险评估的结果

在风险评估过程中，衡量风险通常主要考虑以下三个方面。

（1）人员风险。

人员风险包括个人风险和社会风险。

①个人风险。个人风险代表一个人死于意外事故的频率，且假定该人没有采取保护措施；个人风险在地形图上以等值线的形式给出，如图 3 - 25

所示。

②社会风险。导致人员死亡的风险通过个人风险来衡量，但实际上，人们关心的往往是整个事故对社会造成的后果。因此，许多情况下需要求出对整个社会的风险总和，比如事故对整个社会的总影响，即为社会风险。社会风险代表有 N 个或更多人同时死亡的事故发生的频率。社会风险一般通过 f - N 曲线表示，如图 3 - 26 所示。

图 3 - 25　个人风险等值线示意图

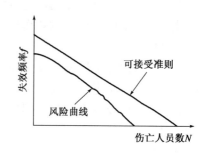

图 3 - 26　f - N 曲线

f - N 曲线（f 为频率，N 为伤亡人员数）表示可接受的风险水平——频率与事故引起的人员伤亡数目之间的关系。当曲线的曲率与"等风险"线（其 f 和 N 保持常数）不一致时，f - N 曲线可能只反映了一些主要事故。f - N 曲线值的计算是累加的，比如与"N 或更多"的死亡数相应的特定频率。

（2）环境风险。

环境风险主要是指事故给企业和周围环境带来的破坏。

（3）财产风险。

财产风险通常是指设备损坏和生产损失。设备损坏可分为局部破坏和整体破坏；生产损失主要是考虑事故对企业生产带来的影响。

三、失效后果模型分析

1. 泄漏模型分析

无论是气体泄漏还是液体泄漏，泄漏量的多少都是决定泄漏后果严重程度的主要因素。到目前为止，对于气体或液体泄漏的计算模型主要包括以下内容。

1）泄漏量的计算

当发生泄漏的设备的裂口是规则的，而且裂口尺寸及泄漏物质的有关热力学、物理化学性质及参数已知时，可根据流体力学中的有关方程式计算泄漏量。当裂口不规则时，可采取等效尺寸代替；当遇到泄漏过程中压力变化等情况时，往往采用经验公式计算。

（1）液体泄漏量。

液体泄漏速度可用流体力学的柏努利方程计算，其泄漏速度为：

$$Q_0 = C_d A \rho \sqrt{\frac{2(p+p_0)}{\rho} + 2gh} \qquad (3-2)$$

式中 Q_0——液体泄漏速度，kg/s；

C_d——液体泄漏系数，按表3-11选取；

A——裂口面积，m^2；

ρ——泄漏液体密度，kg/m^3；

p——容器内介质压力，Pa；

p_0——环境压力，Pa；

g——重力加速度，$9.8 m/s^2$；

h——裂口之上液位高度，m。

表3-11 液体泄漏系数 C_d

雷诺数 Re	裂口形状		
	圆形（多边形）	三角形	长方形
>100	0.65	0.60	0.55
≤100	0.50	0.45	0.40

对于常压下的液体泄漏速度，取决于裂口上液位的高低；对于低压下的液体泄漏速度，主要取决于窗口内介质压力与环境压力之差和液位高低。

当容器内液体是过热液体，即液体的沸点低于周围环境温度，液体流过裂口时由于压力减小而突然蒸发。蒸发所需热量取自于液体本身，而容器内剩下的液体温度将降至常压沸点。在这种情况下，泄漏时直接蒸发的液体所占百分比 F 可按下式计算：

$$F = c_p \frac{T - T_0}{H} \qquad (3-3)$$

式中 c_p——液体的比定压热容，J/（kg·℃）；

T——泄漏前液体的温度，K；

T_0——液体在常压下的沸点，K；

H——液体的气化热，J/kg。

按式（3-3）计算的结果，几乎总是在 0～1 之间。事实上，泄漏时直接蒸发的液体将以细小烟雾的形式形成云团，与空气相混合而吸收热蒸发。如果空气传给液体烟雾的热量不足以使其蒸发，由一些液体烟雾将凝结成液滴降落到地面，形成液池。根据经验，当 $F > 0.2$ 时，一般不会形成液池；当 $F < 0.2$ 时，F 与带走液体之比有线性关系，即当 $F = 0$ 时，没有液体带走（蒸发）；当 $F = 0.1$ 时，有 50% 的液体被带走。

（2）气体泄漏量。

气体从裂口泄漏的速度与其流动状态有关。因此，计算泄漏量时首先要判断泄漏时气体流动属于音速还是亚音速流动，前者称为临界流，后者称为次临界流。

当式（3-3）成立时，气体流动属音速流动：

$$\frac{p_0}{p} \leqslant \left(\frac{2}{k+1} \right)^{\frac{k}{k-1}} \tag{3-4}$$

当式（3-4）成立时，气体流动属亚音速流动：

$$\frac{p_0}{p} > \left(\frac{2}{k+1} \right)^{\frac{k}{k-1}} \tag{3-5}$$

式中　p——容器内介质压力，Pa；

　　　p_0——环境压力，Pa；

　　　k——气体的绝热指数，即定压热容 c_p 与比定容热容 c_v 之比。

气体呈音速流动时，其泄漏速度为：

$$Q_0 = C_d A \rho \sqrt{\frac{Mk}{RT} \left(\frac{2}{k+1} \right)^{\frac{k+1}{k-1}}} \tag{3-6}$$

气体呈亚音速流动时，其泄漏速度为：

$$Q_0 = Y C_d A \rho \sqrt{\frac{Mk}{RT} \left(\frac{2}{k+1} \right)^{\frac{k+1}{k-1}}} \tag{3-7}$$

$$Y = \sqrt{\left(\frac{1}{k-1} \right) \left(\frac{k+1}{2} \right)^{\frac{k+1}{k-1}} \left(\frac{p}{p_0} \right)^{\frac{2}{k}} \left[1 - \left(\frac{p_0}{p} \right)^{\frac{k-1}{k}} \right]} \tag{3-8}$$

式中　C_d——气体泄漏系数，当裂口形状为圆形时取 1.00，三角形时取 0.95，长方形时取 0.90；

　　　Y——气体膨胀因子；

　　　M——相对分子质量；

　　　ρ——气体密度，kg/m^3；

R——气体常数，J/（mol·K）；

T——气体温度，K。

当容器内物质随泄漏而减少或压力降低而影响泄漏速度时，泄漏速度的计算比较复杂。如果流速小或时间短，在后果计算中可采用最初排放速度，否则应计算其等效泄漏速度。

（3）两相流动泄漏量。

在过热液体发生泄漏时，有时会出现气、液两相流动。均匀两相流动的泄漏速度可按下式计算：

$$Q_0 = C_d A \sqrt{2\rho(p - p_c)} \tag{3-9}$$

$$\rho = \frac{1}{\dfrac{F_v}{\rho_1} + \dfrac{1 - F_v}{\rho_2}} \tag{3-10}$$

$$F_v = \frac{c_p(T - T_c)}{H} \tag{3-11}$$

式中　Q_0——两相流泄漏速度，kg/s；

C_d——两相流泄漏系数，可取0.8；

A——裂口面积，m²；

p——两相混合物压力，Pa；

p_c——临界压力，Pa，可取$p_c = 0.55$Pa；

ρ——两相混合物的平均密度，kg/m³；

ρ_1——液体蒸发的蒸气密度，kg/m³；

ρ_2——液体密度，kg/m³；

F_v——蒸发的液体占液体总量的比例；

c_p——两相混合物的比定压热容，J/（kg·℃）；

T——两相混合物的温度，K；

T_c——临界温度，K；

H——液体的气化热，J/kg。

当$F_v > 1$时，表明液体将全部蒸发成气体，这时应按气体泄漏公式计算；如果F_v很小，则可近似按液体泄漏公式计算。

2）泄漏后的扩散

如前所述，泄漏物质的特性多种多样，而且还受原有条件的强烈影响，但大多数物质从容器中泄漏出来后，都可发展成弥散的气团向周围空间扩散。可燃气体若遇到引火源会着火。在这个模型中仅讨论气团原形释放的开始形式，即液体泄漏后扩散、喷射扩散和绝热扩散。关于气团在大气中的扩散属环境保护范畴，在此不予考虑。

（1）液体的扩散。

液体泄漏后立即扩散到地面，一直流到低洼处或人工边界，如防火堤、岸、墙等，形成液池。液体泄漏出来不断蒸发，当液体蒸发速度等于泄漏速度时，液池中的液体量将维持不变。

如果泄漏的液体是低挥发度的，则从液池中蒸发量较少，不易形成气团，对厂外人员没有危险；如果着火则形成池火灾；如果渗透进土壤，有可能对环境造成影响，如果泄漏的是挥发性液体或低温液体，泄漏后液体蒸发量大，大量蒸发在液池上面后会形成蒸气云，并扩散到厂外，对厂外人员有影响。

①液池面积。

如果泄漏的液体已达到人工边界，则液池面积即为人工边界围成的面积。如果泄漏的液体未达到人工边界，则从假设液体的泄漏点为中心呈扁圆柱形在光滑平面上扩散，这时液池半径 r 用下式计算：

瞬时泄漏（泄漏时间不超过 30s）时：

$$r = \left(\frac{8gm}{\pi p}\right)^{\frac{\sqrt{t}}{4}} \qquad (3-12)$$

连续泄漏（泄漏持续 10min 以上）时：

$$r = \left(\frac{32gmt^3}{\pi p}\right)^{\frac{1}{4}} \qquad (3-13)$$

式中　r——液池半径，m；

　　　m——泄漏的液体质量，kg；

　　　g——重力加速度，9.8m/s^2；

　　　p——设备中液体压力，Pa；

　　　t——泄漏时间，s。

②蒸发量。

液池内液体蒸发按其机理可分为闪蒸、热量蒸发和质量蒸发 3 种，下面分别介绍。

（a）闪蒸：过热液体泄漏后，由于液体的自身热量而直接蒸发称为闪蒸。发生闪蒸时液体蒸发速度 Q_t 可由下式计算：

$$Q_t = F_v m/t \qquad (3-14)$$

式中　F_v——直接蒸发的液体与液体总量的比例；

m——泄漏的液体总量，kg；

t——闪蒸时间，s。

（b）热量蒸发：当 $F_v < 1$ 或 $Q_t < m$ 时，则液体闪蒸不完全，有一部分液体在地面形成液池，并吸收地面热量而汽化，称为热量蒸发。热量蒸发速度 Q_t 按下式计算：

$$Q_t = \frac{KA_1(T_0 - T_b)}{H\sqrt{\pi\alpha t}} + \frac{K(N\mu)A_1}{HL}(T_0 - T_b) \qquad (3-15)$$

式中　A_1——液池面积，m^2；

T_0——环境温度，K；

T_b——液体沸点，K；

H——液体蒸发热，J/kg；

L——液池长度，m；

α——热扩散系数，m^2/s，见表 3-12；

K——导热系数，J/（m·K），见表 3-12；

t——蒸发时间，s；

$N\mu$——努塞尔（Nusselt）数。

表 3-12　某些地面的热传递性质

地 面 情 况	K/（J·m⁻¹·K）	a/（m²·s⁻¹）
水泥	1.1	1.29×10^{-7}
土地（含水 8%）	0.9	4.3×10^{-7}
湿润土地	0.3	2.3×10^{-7}
湿地	0.6	3.3×10^{-7}
砂砾地	2.5	11.0×10^{-7}

（c）质量蒸发：当地面传热停止时，热量蒸发终止，转而由液池表面之上气流运动使液体蒸发，称为质量蒸发。其蒸发速度 Q_1 为：

$$Q_1 = \alpha(Sh)\frac{A}{L}\rho_1 \qquad (3-16)$$

式中　α——分子扩散系数，m^2/s；

Sh——首伍德（Sherwood）数；

A——液池面积，m^2；

L——液池长度，m；

ρ_1——液体的密度，kg/m^3。

（2）喷射扩散。

气体泄漏时从裂口喷出，形成气体喷射。大多数情况下气体直接喷出后，其压力高于周围环境大气压力，温度低于环境温度。在进行气体喷射计算时，应以等价喷射孔口直径计算。等价喷射的孔口直径按下式计算：

$$D = D_0\sqrt{\frac{\rho_0}{\rho}} \qquad (3-17)$$

式中　D——等价喷射孔径，m；

$\quad\quad D_0$——裂口孔径，m；

$\quad\quad \rho_0$——泄漏气体的密度，kg/m^3；

$\quad\quad \rho$——周围环境条件下气体的密度，kg/m^3。

如果气体泄漏能瞬时间达到周围环境的温度、压力状况，即 $\rho_0 = \rho$，则 $D = D_0$。

①喷射的浓度分布。

在喷射轴线上距孔口 x 处的气体的质量浓度 $C(x)$ 为：

$$C(x) = \frac{\dfrac{b_1 + b_2}{b_1}}{0.32\dfrac{x}{D}\cdot\dfrac{\rho}{\sqrt{\rho_0}} + 1 - \rho} \qquad (3-18)$$

$$b_1 = 50.5 + 48.2\rho - 9.95\rho^2, \quad b_2 = 23 + 41\rho$$

式中　b_1、b_2——分布函数。

如果把式（3-18）改写成 x 是 $C(x)$ 的函数形式，则给定某质量浓度值 $C(x)$，就可算出具有浓度的点至孔口的距离 x。

在过喷射轴线上点 x 且垂直于喷射轴线的平面内任一点处的气体质量浓度为：

$$\frac{C(x,y)}{C(x)} = e^{-b_2(y/x)^2} \qquad (3-19)$$

式中　$C(x, y)$——距裂口距离 x 且垂直于喷射轴线的平面内 y 点的气体浓度，kg/m^3；

$\quad\quad C(x)$——喷射轴线上距裂口 x 处的气体的质量浓度，kg/m^3；

$\quad\quad b_2$——分布参数；

$\quad\quad y$——目标点到喷射轴线的距离，m。

②喷射轴线上的速度分布。

喷射速度随着轴线距离增大而减少，直到轴线上的某一点喷射速度等于风速为止，该点称为临界点。临界点以后的气体运动不再符合喷射规律。沿喷射轴线上的速度分布由下式得出：

$$\frac{v(x)}{v_0} = \frac{\rho_0}{\rho} \cdot \frac{b_1}{4}\left(0.32\frac{x}{D}\cdot\frac{\rho}{\rho_0} + 1 - \rho\right)\left(\frac{D}{x}\right)^2 \tag{3-20}$$

$$v_0 = \frac{Q_0}{C_d\rho\pi\left(\dfrac{D_0}{2}\right)^2} \tag{3-21}$$

式中　ρ_0——泄漏气体的密度，kg/m^3；

ρ——周围环境条件下的密度，kg/m^3；

D——等价喷射孔径，m；

b_1——分布参数；

x——喷射轴线上距裂口某点的距离，m；

$v(x)$——喷射轴线上距裂口 x 处一点的速度，m/s；

v_0——喷射初速，等于气体泄漏时流出裂口时的速度，m/s；

Q_0——气体泄漏速度，kg/s；

C_d——气体泄漏系数；

D_0——裂口直径，m。

当临界点处的浓度小于允许浓度（如可燃气体的燃烧下限或者有害气体最高允许浓度）时，只需按喷射来分析；若该点浓度大于允许浓度时，则需要进一步分析泄漏气体在大气中扩散的情况。

（3）绝热扩散。

闪蒸液体或加压气体瞬时泄漏后，有一段快速扩散时间，假定此过程相当快以致在混合气团和周围环境之间来不及热交换，则称此扩散为绝热扩散。

根据 TNO（1979 年）提出的绝热扩散模式，泄漏气体（或液体闪蒸形成的蒸气）的气团呈半球形向外扩散。根据浓度分布情况，把半球分成内外两层，内层浓度均匀分布，且具有 50% 的泄漏量；外层浓度呈高斯分布，具有另外 50% 的泄漏量。

绝热扩散过程分为两个阶段，第一阶段气团向外散至大气压力，在扩散过程中，气团获得动能，称为"扩散能"；第二阶段，扩散能再将气团向外推，使紊流混合空气进入气团，从而使气团范围扩大。当内层扩散速度降到一定值时，可以认为扩散过程结束。

①气团扩散能。

在气团扩散的第一阶段，扩散的气体（或蒸气）的内能一部分用来增加动能，对周围大气做功。假设该阶段的过程为可逆绝热过程，并且是等熵的。

根据内能变化得出扩散能计算公式如下：

$$E = c_{\mathrm{v}}(T_1 - T_2) - 0.98 p_0 (V_2 - V_1) \qquad (3-22)$$

式中　E——气体扩散能，J；

　　　c_{v}——比定容热容，J/（kg·K）；

　　　T_1——气团初始温度，K；

　　　T_2——气团压力降至大气压力时的温度，K；

　　　p_0——环境压力，Pa；

　　　V_1——气团初始体积，m^3；

　　　V_2——气团压力降至大气压力时的体积，m^3。

蒸发的蒸气团扩散能可以按下式计算：

$$E = \left[H_1 - H_2 - T_{\mathrm{b}}(S_1 - S_2) \right] W - 0.98(p_1 - p_0) V_1 \qquad (3-23)$$

式中　E——闪蒸液体扩散能，J；

　　　H_1——泄漏液体初始焓，J/kg；

　　　H_2——泄漏液体最终焓，J/kg；

　　　T_{b}——液体的沸点，K；

　　　S_1——液体蒸发前的熵，J/（kg·K）；

　　　S_2——液体蒸发后的熵，J/（kg·K）；

　　　W——液体蒸发量，kg；

　　　p_1——初始压力，Pa；

　　　p_0——周围环境压力，Pa；

　　　V_1——初始体积，m^3。

②气团半径与浓度。

在扩散能的推动下气团向外扩散，并与周围空气发生紊流混合。

气团内层半径 R_1 和浓度 C 是时间的函数，表达如下：

$$R_1 = 2.72 \sqrt{K_{\mathrm{d}} t} \qquad (3-24)$$

$$C = \frac{0.0059 V_0}{\sqrt{(K_{\mathrm{d}} t)^3}} \qquad (3-25)$$

$$K_{\mathrm{d}} = 0.0137 \sqrt[3]{V_0} \sqrt{E} \left(\frac{\sqrt[3]{V_0}}{t \sqrt{E}} \right)^{\frac{1}{4}} \qquad (3-26)$$

式中　t——扩散时间，s；

　　　V_0——在标准温度、压力下气体体积，m^3；

　　　K_{d}——紊流扩散系数。

如上所述，当中心扩散速度（dR/dt）降到一定值时，第二阶段才结束。临界速度的选择是随机的且不稳定的。设扩散结束时扩散速度为1m/s，则在扩散结束时内层半径R_1和浓度C可按下式计算：

$$R_1 = 0.08837E^{0.3}V_0^{\frac{1}{3}} \tag{3-27}$$

$$C = 172.95E^{-0.9} \tag{3-28}$$

第二阶段末气团外层的大小可根据试验观察得出，即扩散终结时外层气团半径R_2由下式求得：

$$R_2 = 1.456R_1 \tag{3-29}$$

式中 R_2、R_1——气团内层、外层半径，m。

外层气团浓度自内层向外呈高斯分布。

2. 气体扩散模型

危险化学品事故泄漏后的空中扩散过程极其复杂，扩散过程中的一些现象和规律还没有被人们很好理解。问题复杂的根本原因是危险化学品可能的泄漏与扩散机理太多。装有压缩气体、冷冻液化气体、加压液化气体、常温常压液体的容器或管道可能发生瞬间泄漏，也可能发生连续泄漏。泄漏的气体（包括蒸汽）可能比空气重，也可能比空气轻。从加压容器泄漏或液池蒸发气体的速率可能相对稳定，也可能随时间变化。事故泄漏的方向可能垂直向上，可能与水平风向相同，也可能与水平风向相反，还可能是其他任何方向。事故泄漏可能涉及相变，如液滴的蒸发或冷凝。泄漏形成的气云可能与环境发生热力学作用，气云中还可能产生液滴沉降现象。泄漏和扩散环境的气象条件复杂多变，可能是晴天，可能是阴天，也可能是雨天；风向和风速可能比较稳定，也可能随时间发生变化。泄漏源周围可能是空旷的平整地面，也可能是建筑密集地区或地形很不规则的地区。由泄漏气体和空气形成的气云在扩散过程中，一般受机械湍流、内部浮力湍流和环境湍流三者的共同作用。在不同的泄漏条件下和扩散的不同阶段，扩散可能受机械湍流支配，也可能受内部浮力湍流支配，还可能受环境湍流支配。这一切使得危险化学品的泄漏扩散分析变得十分复杂。

危险化学品事故泄漏扩散分析涉及非常复杂的问题，为了简化分析，特作如下假设：气云在平整、无障碍物的地面上空扩散；气云中不发生化学反应和相变反应，也不发生液滴沉降现象；危险化学品泄漏速率不随时间变化；风向为水平方向，风速和风向不随时间、地点和高度变化；气云和环境之间无热量交换。

1）瞬间泄漏和连续泄漏的判断准则

泄漏源的类型直接关系到扩散模型的选择。简单的扩散模型将泄漏类型分为瞬间泄漏和连续泄漏两种类型，它们都是实际泄漏源的理想化。那么，在分析任何具体的假想事故时，究竟应该使用哪种类型的泄漏模型呢？许多人对这个问题进行了研究，并提出了各自的区分瞬间泄漏和连续泄漏的准则。1987 年，Britter 和 McQuaid 通过对实验数据的分析，提出了瞬间泄漏和连续泄漏的如下判断准则：

如果 $vT_0/x \geqslant 2.5$，那么泄漏为连续泄漏；如果 $vT_0/x \leqslant 0.6$，那么泄漏为瞬间泄漏。其中，v 为环境风速（m/s），T_0 为泄漏持续时间（s），x 为观察者离开泄漏源的距离（m）。

根据这样的准则，泄漏类型与观察者离开泄漏源的距离有关。对于一个泄漏源来说，近场观察者可能认为是瞬间泄漏；远场观察者可能认为是连续泄漏。

如果某一泄漏既不能视为瞬间泄漏，也不能视为连续泄漏，那么，为了保险起见，应该同时进行瞬间泄漏扩散分析和连续泄漏扩散分析，并以危险性大的泄漏类型为最终选择的泄漏类型。

2）重气云扩散和非重气云扩散判断准则

大多数危险气体泄漏后形成的气云密度比空气密度大，只有少数危险气体泄漏后形成的气云密度比空气密度小。这是因为大多数危险气体的相对分子质量大于空气的平均相对分子质量。即使有些危险气体的相对分子质量小于空气的平均相对分子质量，但是由于是冷冻储存，发生泄漏后形成的气云温度较低，或者由于气云中含有大量的液滴，因此气云密度仍然可能大于空气的密度。

根据气云密度与空气密度的相对大小，将气云分成重气云、中性气云和轻气云三类。如果气云密度显著大于空气密度，气云将受到方向向下的重力作用，这样的气云称为重气云。如果气云密度显著小于空气密度，气云将受到方向向上的浮力作用，这样的气云称为轻气云。如果气云密度与空气密度相当，气云将不受明显的浮力作用，这样的气云称为中性气云。轻气云和中性气云统称为非重气云。非重气云的空中扩散可用众所周知的高斯模型描述，重气云的空中扩散过程应该用 20 世纪 70 年代以后陆续提出的重气扩散模型描述。

在进行危险气体泄漏扩散分析时，研究人员一般根据泄漏源 Richardson 数的大小来决定是使用非重气云扩散模型还是重气云扩散模型。Richardson 数是一个无量纲参数，定义为气云势能与泄漏环境湍流能量之比。不同的研究人员对气云势能和泄漏环境湍流能量的定义稍有区别。例如，Havens 和 Spicer 对 Richardson 数的定义为：

对于瞬间泄漏：

$$Ri_0 = g_0' V_0^{1/3} / V_*^2 \qquad\qquad (3-30)$$

对于连续泄漏：

$$Ri_0 = g_0' V_0' / (VDV_*^2) \qquad\qquad (3-31)$$

式中　Ri_0——Richardson 数；

　　　V_0——气体瞬间泄漏形成的云团的初始体积，m^3；

　　　V_0'——气体连续泄漏形成的云雨的初始体积通量，m^3/s。

由于危险气体泄漏时的快速稀释，云团初始体积或云雨初始体积通量将显著大于泄漏的危险气体的体积或体积通量。准确确定泄漏时的初始稀释系数十分困难，但经验数据表明，初始稀释系数应该在 10～100 之间，一般取 60。D 是泄漏源的特征水平尺度（m），它取决于泄漏源的类型。例如，对于液池蒸发，它是蒸发液池的直径；对于高速气体泄漏，它是当泄漏源的动量效应变得不再重要时云雨的宽度。V_* 是摩擦速度（m/s），与地面粗糙度和大气稳定度有关，近似等于 10m 高度风速的 1/15。g_0' 是折合引力常数，定义为：

$$g_0' = g(\rho_0 - \rho_g)/\rho_g \qquad\qquad (3-32)$$

式中　g——重力加速度，$9.8m/s^2$；

　　　ρ_0——气云的初始密度，kg/m^3；

　　　ρ_g——环境空气密度，kg/m^3。

3）射流扩散模型

工业压力容器常因化学反应失控、外部热源的强烈作用等原因导致内部压力快速升高。当压力高于某一临界值时，容器的安全阀或爆破片就会开启或破裂，从而泄漏出高速气流。压力管道破裂时也会泄漏出高速气流。

所谓射流，是指泄漏出的高速气流与空气混合形成的轴向蔓延速度远远大于环境风速的云雨。射流扩散过程受泄漏源本身特征参数，如泄漏时的气体压力、温度、泄漏口面积等控制。

（1）基本假设。

为了理解射流扩散的基本特征，方便射流扩散分析，射流扩散模型使用如下假设：

①射流的横截面为圆形，气流速度、浓度、密度、温度等参数沿横截面均匀分布。

②射流的横截面初始半径为 r_0（m），初始轴向速度为 v_0（m/s），密度为 ρ_0（kg/m³）。随着云羽的扩散，空气不断进入，射流的横截面尺寸增大。在下游距离 S（m）处，横截面半径为 r（m），轴向速度为 v（m/s），密度为 ρ_p（kg/m³）。

③射流的轴向速度与环境风速位于同一垂直平面内，夹角为 θ。环境风速远远小于射流的初始轴向速度。

射流的扩散过程如图 3 - 27 所示。

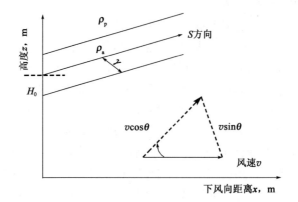

图 3 - 27　高速云羽扩散示意图

高速云羽横截面为圆形，半径为 r

（2）扩散分析。

由于射流扩散过程中动量守恒，因此下式成立：

$$\rho_0 r_0^2 v_0^2 = \rho_p r^2 v^2 \qquad (3-33)$$

在下游距离足够大的地方，气流密度近似等于空气密度。由式（3-33）可知，云羽轴向速度和横截面半径之间近似存在如下关系：

$$v = (\rho_0/\rho_a)^{0.5} v_0 r_0/r \qquad (3-34)$$

式中　ρ_a——空气密度，kg/m³。

从式（3-34）可以看出，随着空气的不断进入，云羽的横截面半径不断增大，轴向速度不断下降。

由于射流质量守恒，因此下式成立：

$$\mathrm{d}(r^2 v \rho_p)/\mathrm{d}s = 2arv\rho_a \qquad (3-35)$$

式中　s——下游距离，m；

a——空气卷吸系数，定义为垂直于云羽轴线的空气进入速度与云羽轴向速度之比，近似等于 0.08。

如果仍然假设 $\rho_p = \rho_a$，将式（3-33）代入式（3-35）可以得到：

$$r = r_0 + 2as \qquad (3-36)$$

将云雨轴向速度 $v = \mathrm{d}s/\mathrm{d}t = (2a)^{-1}(\mathrm{d}r/\mathrm{d}t)$ 代入式（3-34），得到：

$$r\mathrm{d}r = 2a(\rho_0/\rho_a)^{0.5}v_0 r_0 \mathrm{d}t \qquad (3-37)$$

对式（3-37）积分，可以得到：

$$r = r_0[1 + 4a(\rho_0/\rho_a)^{0.5}v_0 t/r_0]^{0.5} \qquad (3-38)$$

由于射流横截面上危险物质通量守恒，因此下式成立：

$$C_0 v_0 r_0^2 = Cvr^2 \qquad (3-39)$$

式中　C_0——射流中 $s=0$ 处危险物质浓度，kg/m^3；

　　　C——射流中 s 处危险物质浓度，kg/m^3。

如果下游距离足够大以至于 $\rho_p = \rho_a$，那么将式（3-33）代入式（3-38）中，可以得到射流中危险物质浓度计算公式：

$$C = C_0(\rho_a/\rho_0)^{0.5}r_0/(r_0 + 2as) \qquad (3-40)$$

将式（3-33）代入式（3-37）可以推导出射流前锋到达下游任意位置所需时间的计算公式：

$$t = r_0[(2as + r_0)^2/r_0^2 - 1]/[4av_0(\rho_0/\rho_a)^{0.5}] \qquad (3-41)$$

式中　t——射流前锋到达下游距离 s 所需要的时间，s。

为了计算射流中心线的运动轨道，除了考虑云雨初始轴向速度大小和方向以外，还必须考虑环境风速和浮力的影响。假设云雨轴向与风向的夹角为 θ，x 为下风向距离，z 为垂直方向高度，则云雨中心线轨道坐标可由下面的公式确定：

$$X(t) = [r_0/(2a)]A_1 A_2 + Vt \qquad (3-42)$$

$$z(t) = H_0 + [r_0/(2a)\sin\theta A_2 - g/(12a^2)](r_0/v_0)B_1 B_2 \qquad (3-43)$$

式中　H_0——泄漏源高度，m。

A_1、A_2、B_1、B_2 分别定义为：

$$A_1 = \cos\theta - (V/v)(\rho_a/\rho_0)^{0.5} \qquad (3-44)$$

$$A_2 = \{1 + 4av_0 t/[r_0(\rho_a/\rho_0)^{0.5}]\}^{0.5} - 1 \qquad (3-45)$$

$$B_1 = (\rho_0 - \rho_a)/\rho_0 \qquad (3-46)$$

$$B_2 = \{1 + 4av_0 t[r_0(\rho_a/\rho_0)^{0.5}]\}^{\frac{3}{2}} - 1 \qquad (3-47)$$

（3）转变条件。

随着空气的不断进入，云雨轴向速度将接近环境风速。一般来说，当云雨轴向速度等于环境风速时，机械湍流占主导地位的射流扩散阶段也就终止了。随后的扩散过程将主要由重力湍流或环境湍流占主导地位。如果是垂直向上喷射，高速扩散阶段终止时的云雨将变成水平状。将式（3－36）代入式（3－34）中，并令云雨轴向速度等于环境风速，可推导出射流扩散阶段终止时的下游距离 S_p 计算公式：

$$S_p = (r_0/2a)[(\rho_0/\rho_a)^{0.5}v_0/V - 1] \tag{3-48}$$

令式（3－40）中的 $S = S_p$，便能得到射流扩散阶段终止时间 t_p。

判断射流扩散阶段终止的另一准则是云羽轴向速度等于浮力效应引起的云雨上升或下降速度。根据这一准则，射流扩散阶段终止时间可由下式确定：

$$t'_p = v_0/[2g(\rho_0/\rho_a)^{0.5}][(\rho_0 - \rho_a)/\rho_0] \tag{3-49}$$

将 t'_p 代入式（3－41）中，可以得到云雨轴向速度等于浮力效应引起的云雨上升或下降速度时下游距离的计算公式：

$$s'_p = \{r_0\{t'_p[4av_0(v\rho_0/\rho_a)^{0.5}]r_0^{-1} + 1\}^{0.5} - r_0\}/2a \tag{3-50}$$

建议将 t'_p 和 t_p 中较小值作为射流扩散阶段终止时间。

射流扩散阶段结束以后，云雨中心线运动轨道和云雨的蔓延将受重力湍流或环境湍流控制。因此，下面我们将对重气云扩散和非重气云扩散进行讨论。

4）重气云扩散模型

在大多数事故泄漏情形下，危险化学品泄漏形成的气云是重气云。由于重气云密度显著大于环境空气密度，重气云扩散具有与非重气云扩散明显不同的特点。与非重气云扩散不同，重气云扩散过程中的横风向蔓延特别快，而在垂直方向的蔓延非常缓慢。重气云扩散时可能向上风向蔓延，而非重气云扩散时一般不会向上风向蔓延。如果扩散过程中遇到障碍物，重气云可能从旁边绕过而不是从头顶上越过障碍物，而非重气云扩散时不仅能从旁边绕过而且常常能从头顶上越过障碍物。

较大的气云密度显著影响环境空气的进入速率，从而也显著影响气云深度的变化速率。由于重气云的扩散过程非常复杂，而且人们对重气云扩散现象的研究历史才二十多年，因此已经提出的重气云扩散模型都只能是对实际问题的一种近似。同时必须指出，在已有的大约 200 个重气云扩散模型中，大多数模型还没有得到试验数据的充分检验。重气云扩散过程目前仍是一个十分活跃的研究领域，平均每年有 10 个左右新的重气云扩散模型问世。

为方便起见，根据重气云中性能参数的分布方式，将所有的重气云扩散模型分为三类：一维模型、二维模型、三维模型。一维模型假设所有性能参数（如密度、浓度、温度等）在重气云团内部或重气云雨的横截面上均匀分布。因此，模型的建立和求解过程比较简单。在很多情况下，模型存在分析解。广泛使用的"BOX"模型和"SLAB"模型都是一维模型。盒子模型用来描述瞬间泄漏形成的重气云团的运动，平板模型用来描述连续泄漏形成的重气云雨的运动。这两类模型的核心是因空气进入而引起的气云质量增加速率方程。盒子模型一般假设环境空气或者从云团的边缘进入，或者从云团的顶部进入。建模者对这两个过程一般采用分别建模的方法。它们对云团发展的相对贡献随时间变化而变化。离泄漏源较近的地方，边缘进入占主导地位。随着气云的蔓延和远离泄漏源，边缘进入的重要性逐渐降低。一维模型的假设简单明了，求解方便，模型的正确性便于评价。而且，就预测结果与试验结果的一致性而言，它们一点也不比现有的复杂三维模型差。因此，一维模型在重气云扩散分析中得到了广泛的应用，就像高斯模型在中性气云扩散分析中得到广泛应用一样。不过，由于不能考虑复杂地形的影响，也不能分析泄漏源泄漏速率随时间变化带来的影响，一维模型进一步发展的空间十分有限。

三维模型则认为，气云中不同空间位置的性能参数互不相同。三维模型的建立和求解比较复杂，一般只能求数值解。

二维模型以三维模型为基础，同时增加了一些简化假设。所谓"帽子"模型就是二维模型的具体例子。帽子模型假设在重气云团的中央所有性能参数均匀分布，而在云团的边缘服从某种特殊分布，例如正态分布。二维模型的复杂性和求解难易程度介于一维模型和三维模型之间。它保留了三维模型的很多优点，同时又避免了三维模型的复杂计算。在某些情况下，甚至可以求出二维模型的分析解。

1984 年，Wheatbey 和 Webber 非常全面地综述了各种类型的扩散模型，对它们的特点进行了客观、严格地评价，并提出了模型的改进建议，以便纠正已经发现的各类模型的缺陷。

下面先讨论描述重气云团扩散的"BOX"模型，然后讨论描述重气云羽扩散的"SLAB"模型。

(1)"BOX"模型。

①基本假设。

为了分析危险气体近地面瞬间泄漏形成的重气云团在空中的扩散过程，研究人员提出了"BOX"模型。为了分析方便，在"BOX"模型中使用如下假设：

(a) 重气云团为正立的坍塌圆柱体，圆柱体初始高度等于初始半径的一半，如图 3-28 所示。

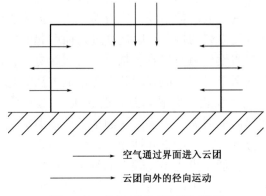

图 3-28 重气云团 "BOX" 模型

（b）在重气云团内部，温度、密度和危险物质浓度等参数均匀分布。

（c）重气云团中心的移动速度等于风速。

②扩散分析。

坍塌圆柱体的径向蔓延速度由式（1-50）确定。

$$V_f = dr/dt = \{g[(\rho_p - \rho_a)/\rho_a]h\}^{0.5} \qquad (3-51)$$

式中 V_f——圆柱体的径向蔓延速度，m/s；

r——圆柱体半径，m；

h——圆柱体高度，m；

t——泄漏后时间，s。

式（3-51）两边同时乘以 $2r$，式（3-51）变为：

$$dr^2/dt = 2\{g[(\rho_p - \rho_a)/\rho_a]hr^2\}^{0.5} \qquad (3-52)$$

由于假设重气云团和环境之间没有热量交换，重气云团的浮力将守恒，即：

$$g[(\rho_p - \rho_a)/\rho_a]V = g[(\rho_p - \rho_a)/\rho_a]V_0 \qquad (3-53)$$

将式（3-52）代入式（3-51），积分得到：

$$r^2 = r_0^2 + 2\{g[(\rho_p - \rho_a)/\rho_a]V_0/\pi\}^{0.5}t \qquad (3-54)$$

式中 r_0——重气云团的初始半径，m；

V_0——重气云团的初始体积，m³；

ρ_0——重气云团的初始密度，kg/m³。

由于假设重气云团是圆柱体，初始高度等于初始半径的一半，因此重气云团初始半径的计算公式为：

$$r_0 = (2V_0/\pi)^{1/3} \qquad (3-55)$$

随着空气的不断进入，云团的高度和体积也将不断变化。云团体积随时间的变化速率由下式确定：

$$dV/dt = (\pi R^2)V_T + (2\pi Rh)V_p \qquad (3-56)$$

式中，重气云团体积为 $V = \pi R^2 h$，V_T 和 V_p 分别为空气从顶部和边缘进入重气云团的速率（m/s）。不同研究人员提出的"BOX"模型所使用的空气进入假设经常互不相同。不过，如何规定 V_T 和 V_p 并不重要，重要的是 V_T 和 V_p 的组合能够模拟重气云团体积随时间的变化规律。

由于重气云团内部危险气体质量守恒，因此，在重气云团扩散过程中，下式成立：

$$C/C_0 = V_0/V = (h_0 r_0^2)/(hr^2) \qquad (3-57)$$

式中　C_0、C——初始时刻和终止时刻重气云团内部危险物质浓度，kg/m^3。

任意时刻重气云团的半径按照式（3-53）计算。如果知道任意时刻重气云团高度的计算公式，利用式（3-57）就可计算任意时刻重气云团内部危险物质浓度。但这里不准备采用先推导重气云团高度的计算公式，然后计算重气云团体积和危险物质浓度的方法。而是先采用量纲分析法求重气云团的体积和浓度，然后利用上式反推重气云团的高度。

为了研究危险化学品事故泄漏形成的重气云团扩散规律，20 世纪 70 年代在英国三里岛进行了一系列大规模气体泄漏模拟试验。例如，为了研究事故瞬间泄漏形成的重气云团的扩散规律，研究人员将 2000m^3 的氟利昂（一种无色气体，密度比空气密度大，遇火焰或热表面能分解形成有毒光气）盛装在可迅速移去的大容积圆柱形容器中。环境风速的变化范围为 1~8m/s，$(\rho_0 - \rho_a)/\rho_a$ 的变化范围为 0.4~4。

综合三里岛气体泄漏试验数据和量纲分析的结果，发现在重气云团扩散过程中，无纲量 V/V_0 与 $x/V_0^{1/3}$ 之间存在如下函数关系：

$$V = V_0(x/V_0^{\frac{1}{3}})^{1.5}, x \geq V_0^{\frac{1}{3}} \qquad (3-58)$$

式中　x——下风向距离，m。

x 与时间、风速之间的关系为：

$$x = Vt \qquad (3-59)$$

将式（3-59）代入式（3-56），得到：

$$C = C_0(x/V_0^{1/3})^{1.5} \quad x \geq V_0^{\frac{1}{3}} \qquad (3-60)$$

将圆柱形重气云团的体积 $V = \pi R^2 h$ 代入式（1-57），可以推导出：

$$h = V_0(x/V_0^{\frac{1}{3}})^{1.5}/(\pi R^2) \quad x \geqslant V_0^{\frac{1}{3}} \tag{3-61}$$

③转变准则。

随着空气的不断进入，重气云团的密度将不断减少，重气坍塌引起的扩散将逐步让位于环境湍流引起的扩散。目前，判断重气坍塌过程终止的准则主要有 ε 准则、R_i 准则和 V_f 准则。

ε 准则定义为 $\varepsilon = (\rho_p - \rho_a)/\rho_a$。$\varepsilon$ 准则认为，如果 ε 小于或等于某个临界值（在 0.001 ~ 0.01 之间），重气坍塌引起的扩散将让位于环境湍流引起的扩散。

下面推导转变点发生的位置。

令：
$$E = gV(\rho_p - \rho_a)/\rho_a = gV\varepsilon \tag{3-62}$$

将式（3-57）代入式（3-61）中得到：
$$E = g\varepsilon V_0(x/V_0^{\frac{1}{3}})^{1.5} \tag{3-63}$$

从式（3-63）中求出 x，得到：
$$x = E^{\frac{2}{3}} V_0^{\frac{1}{3}} (g\varepsilon)^{-\frac{2}{3}} \tag{3-64}$$

由于不考虑云团与环境之间的热交换，云团浮力守恒，$E = E_0$，代入式（3-64）得到转变点对应的下风向距离为：
$$x_f = E^{\frac{2}{3}} V_0^{\frac{1}{3}} (g\varepsilon_{cr})^{-\frac{2}{3}} \tag{3-65}$$

R_i 准则是指对于瞬间泄漏定义 Richardson 数 $R_i = [g(\rho_p - \rho_a)/\rho_a] V^{\frac{1}{3}}/V_*^2$。$R_i$ 准则认为，如果 R_i 小于或等于某个临界值（在 1 ~ 10 之间），重气坍塌引起的扩散将让位于环境湍流引起的扩散。下面推导转变点发生的位置。

由于云团内部浮力守恒，因此：
$$E_0 = E = gV(\rho_p - \rho_a)/\rho_a \tag{3-66}$$

对式（3-66）进行恒等计算，得到：
$$(\rho_p - \rho_a)/\rho_a = E_0/(gV) \tag{3-67}$$

从式（3-67）中求出转变点下风向距离 x，得到：
$$x_f = E_0/(R_i V_0^{\frac{1}{3}} V_*^2) \tag{3-68}$$

V_f 准则定义重气云团径向蔓延速度 $V_f = dr/dt$。V_f 准则认为，如果 V_f 小于或等于某个临界值，重气坍塌引起的扩散将让位于环境湍流引起的扩散。

不同研究人员提出的重气云扩散阶段终止时的临界 V_f 值相差很大。例如，VanUlden 认为，重气云扩散阶段终止的条件是 $V_f = 2V_*$；Germeles 和 Drake 认为，重气云扩散阶段终止的条件是 $V_f = V$；Cox 和 Carpenter 认为，重气云扩散阶段终止的条件是 $V_f = d\sigma_y/dt$，σ_y 为横峰县扩散系数（m）；Eidsvik（1980）认为重气云扩散阶段终止的条件是 $V_f = 0.39V_*$。这些准则覆盖的范围很宽，从 $V_f = 0.02V$ 到 $V_f = V$（假设摩擦速度 $V_* = V/15$）。Germeles 和 Drake 提出的准则太严，按照他们提出的准则，即使存在重气云扩散阶段，这个阶段持续的时间也很短。不过，多数研究人员认为，V_f 的临界值具有与 V_* 相同的数量级。

（2）"SLAB" 模型。

①基本假设。

为了进行危险气体近地面连续泄漏形成的重气云雨的扩散分析，研究人员提出了 "SLAB" 模型。在 "SLAB" 模型中使用了如下假设：

（a）重气云雨横截面为矩形，横风向半宽为 b（m），垂直方向高度为 h（m）。在泄漏源点，云雨半宽为高度的两倍，即：$b_0 = 2h_0$。

（b）重气云雨横截面内，浓度、温度、密度等参数均匀分布。

（c）重气云雨的轴向蔓延速度等于风速。

②扩散分析。

在重气云雨的扩散过程中，横截面半宽的变化由下式确定：

$$Vdb/dx = [gh(\rho_p - \rho_a)/\rho_a]^{0.5} \qquad (3-69)$$

由于假设重气云雨与环境之间无热量交换，重气云雨的浮力通量在扩散过程中守恒，即：

$$2gVbh(\rho_p - \rho_a)/\rho_a = 2gVb_0h_0(\rho_p - \rho_a)/\rho_a \qquad (3-70)$$

将式（3-70）代入式（3-69）中，积分得到：

$$b = b_0\{1 + 1.5[gh_0(\rho_0 - \rho_a)/\rho_a]^{0.5}x(Vb_0)^{-1}\}^{\frac{2}{3}} \qquad (3-71)$$

由于重气云雨初始半宽等于初始高度的两倍，重气云雨的初始体积通量为：

$$V'_0 = 2b_0h_0V = b_0^2V \qquad (3-72)$$

从式（3-72）可以求出重气云雨的初始半宽：

$$b_0 = 2h_0 = (V'_0/V)^{0.5} \qquad (3-73)$$

随着空气的进入，不仅重气云雨的横风向水平尺寸要增大，重气云雨的高度也要增加。重气云雨高度的变化与下风距离间的关系由下式确定：

$$dh = (We/V)dx \qquad (3-74)$$

式中 We 为空气卷吸系数，且假设空气卷吸系数由下式确定：

$$We = 3.5V'_*/(11.67 + R_i) \qquad (3-75)$$

式中 R_i——当地 Richardson 数。

式（3-75）表明，随着 Richardson 数的增加，空气卷吸系数减小。Richardson 数的定义为：

$$R_i = \left[g(\rho_p - \rho_a)/\rho_a\right]h/V_*'^2 \qquad (3-76)$$

$$V_*' = 1.3(V_*/V)\left[(4/9)(db/dt)^2 + V^2\right]^{0.5} \qquad (3-77)$$

式中　V_*'——垂直方向的特征湍流速度，m/s；

　　　V_*——摩擦速度，m/s。

由于 $x = Vt$，因此 $db/dt = Vdb/dx$，结合式（3-70），得到：

$$db/dt = (2/3)\{1.5[gh_0(\rho_0 - \rho_a)/\rho_a]^{0.5}\} \times$$

$$\{1 + 1.5[gh_0(\rho_0 - \rho_a)/\rho_a]^{0.5}x(V_e b_0)^{-1}\}^{-\frac{1}{3}}$$

$$(3-78)$$

联立（3-73）至式（3-77），可以求得任意下风向距离重气云雨的高度。

由于重气云雨横截面上危险物质通量守恒，因此有：

$$2bhVC = 2b_0 h_0 VC_0 \qquad (3-79)$$

式（3-79）两边同时除以 $2bhV$，得到重气云雨中危险物质浓度的计算公式：

$$C = b_0 h_0 C_0/(bh) \qquad (3-80)$$

式中　C——重气云雨内危险物质浓度，kg/m³。

③虚源计算。

无论是重气云团扩散，还是重气云雨扩散，一旦满足前面讨论过的转变条件，重力驱动扩散将转变为环境湍流驱动扩散。

为了将转变前后两个不同的扩散过程有机地衔接起来，需要进行虚源计算。所谓虚源，是指位于转变点上游某处的虚拟泄漏源。虚源计算的目的是确定虚源与转变点之间的距离。进行虚源计算时应该遵循下面的原则：

在相同的泄漏和扩散条件（相同源强、相同地形、相同气象条件等）下，利用重气云扩散模型对实源泄漏进行扩散分析得到的转变点所在位置危险物质浓度等于利用高斯模型对虚源泄漏进行扩散分析得到的转变点所在位置危险物质浓度。

虚源计算时假设转变点的下风向扩散系数 σ_x、横风向扩散系数 σ_y 和垂直方向扩散系数 σ_z 分别由下面三个公式计算：

$$\sigma_x = \sigma_y（瞬间泄漏才需要） \qquad (3-81)$$

$$\sigma_y = b/2^{0.5} \qquad (3-82)$$

$$\sigma_z = h/2^{0.5} \qquad (3-83)$$

因此，如果知道扩散系数与下风向距离的关系，就可以计算出虚源与转变点之间的距离。例如，如果 $\sigma_y = 0.1x$，那么虚源与转变点之间的距离 $x_v = 10b/2^{0.5}$。

④非重气云扩散模型。

高斯模型用来描述危险物质泄漏形成的非重气云扩散行为，或描述重气云在重力作用消失后的远场扩散行为。为了便于分析，建立如下坐标系 $oxyz$：其中原点 o 是泄漏点在地面上的正投影，x 轴沿下风向水平延伸，y 轴在水平面上垂直于多轴，z 轴垂直向上延伸，如图 3-29 所示。

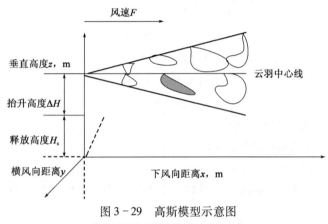

图 3-29　高斯模型示意图

横截面内浓度等参数服从高斯分布

高斯模型使用了如下假设：

（a）气云密度与环境空气密度相当，气云不受浮力作用。

（b）云团中心的移动速度或云羽轴向蔓延速度等于环境风速。

（c）云团内部或云羽横截面上浓度、密度等参数服从高斯分布（即正态分布）。

根据高斯模型，泄漏源下风向某点（x、y、z）在 t 时刻的浓度用下面的公式计算：

$$C(x,y,z,t) = \frac{2Q}{(2\pi)^{\frac{3}{2}}\sigma_x\sigma_y\sigma_z} \times \exp\left[-\frac{(x-ut)^2}{2\sigma_x^2}\right] \times \exp\left(-\frac{y^2}{2\sigma_y^2}\right) \times$$
$$\left\{\exp\left[-\frac{(z-H)^2}{2\sigma_z^2}\right] + \exp\left[-\frac{(z+H)^2}{2\sigma_t^2}\right]\right\} \qquad (3-84)$$
$$H = H_s + \Delta H$$

式中　Q——泄漏质量，kg；

　　　u——风速，m/s；

　　　t——时间，s；

H——效源高度，它等于泄漏源高度 H_s 和抬升高度 ΔH 之和，m；

σ_x、σ_y、σ_z——x、y、z 方向上的扩散系数。

GB/T 271—1999《船用钢质固定矩形窗》推荐使用 P‑G 扩散曲线方法确定扩散系数。P‑G 扩散曲线方法是在 Pasquill 和 Gifford 扩散参数估算的基础上，将它修改为表示扩散参数的曲线，用近幂函数表示。

$$\begin{cases} \sigma_y = ax^b \\ \sigma_z = cx^d \end{cases}$$

$$\sigma_x = \sigma_y = \sigma(x + x_y)$$

$$\sigma_z = \sigma(x + x_z) \tag{3-85}$$

式中　x_y、x_z——到上风向虚拟点远距离，m。

$$\sigma_{y0}a(x_y)^b = L/4.3 \tag{3-86}$$

$$\sigma_{z0} = c(x_z)^d = H_0/2.15 \tag{3-87}$$

式中　L——初源云宽度，m；

　　　H_0——处泄源云高度，m；

　　　x——下风距离，m；

　　　a、b、c、d——取决于大气稳定度和地面粗糙度的系数，按表 3‑13 取值。

表 3‑13　扩散系数

稳定度级别	扩散系数			
	a	b	c	d
A	0.527	0.865	0.28	0.90
B	0.371	0.866	0.23	0.85
C	0.209	0.897	0.22	0.80
D	0.123	0.905	0.20	0.76
E	0.098	0.902	0.15	0.73
F	0.065	0.902	0.12	0.67

按照 Pasqill 的分类方法，随着气象条件稳定性的增加，大气稳定度分为 A、B、C、D、E 和 F 六类。其中 A、B 和 C 三类表示气象条件不稳定，E 和 F 两类表示气象条件稳定，D 类表示中性气象条件，也就是说气象条件的稳定性介于稳定和不稳定之间。A、B 和 C 三类稳定度中，A 类表示气象条件极不稳定，B 类表示气象条件中等程度不稳定，C 类表示气象条件弱不稳定。E 和 F 两类稳定度中，E 类表示气象条件弱稳定，F 类表示气象条件中等程度稳

定。大气稳定度的具体分类见表3-14和表3-15。

表 3 - 14　Pasquill 大气稳定度的确定

地面风速，m/s	白天日照			夜间条件	
	强	中等	弱	阴天且云层薄，或低空云量为4/8	天空云量为3/8
<2	A	A ~ B	B		
2 ~ 3	A ~ B	B	C	E	E
3 ~ 4	B	B ~ C	C	D	E
4 ~ 6	C	C ~ D	D	D	D
>6	C	D	D	D	D

表 3 - 15　日照强度的确定

天空云层情况	日照角 >60°	日照角为 35°~60°	日照角为 15°~35°
天空云量为4/8，或高空有薄云	强	中等	弱
天空云量为5/8~7/8，云层高度为2134~4877m	中等	弱	弱
天空云量为5/8~7/8，云层高度为<2134m	弱	弱	弱

云量是指当地天空的云层覆盖率。例如，云量为3/8是指当地3/8的天空有云层覆盖。日照角是指当地太阳光线与地平线之间的夹度。例如，阳光垂直照射地面时的日照角为90°。

⑤扩散模型的性能和不确定性。

为了模拟危险化学品事故泄漏后的空中扩散机理，人们进行了各种各样的努力，开发了各种各样的分析方法。尽管如此，大多数扩散模型离理想的危险品泄漏风险评价的要求还有很大差距，主要是由这些过程固有的复杂性和随机性、描述泄漏机理的输入数据的缺乏性和不确定性造成的。即使是那些最复杂的三维扩散模型，也受到湍流运动的随机性以及物理方程缺失精确解的限制。同时，三维扩散模型需要输入的数据通常是不能得到的，而且模型求解需要大量机时，这在多数应用情况下是不切实际的。在这种求简化解的过程中，在设定条件下得到的实验数据被推广到一般应用中去，因此不可避免地带来不准确性。

前面描述的高斯模型就是求扩散问题的一种简化方法。通常使用的扩散系数 σ_y 和 σ_z 是在特定试验条件、地点、抽样频率下得到的，很可能对其他条件并不适用。另外，还有一些假设必须满足，例如风速、风向、大气稳定度（在模拟期间保持稳定），气象参数在模拟地域保持空间均匀一致，地域平坦、开阔，在模拟时间内源泄漏机理保持恒定，在整个扩散过程中泄漏气体质量守恒等。

总之，无论是危险化学品泄漏扩散分析人员还是分析结果的实际使用人员，都应该知道在危险化学品泄漏扩散模型中有许多简化和假设，通过泄漏扩散模型计算得到的危险物质的浓度只是一种估计值。

3. 中毒模型

有毒物质泄漏后生成有毒蒸气云，它在空气中飘移、扩散，直接影响现场人员，并可能波及居民区。大量剧毒物质泄漏可能带来严重的人员伤亡和环境污染。

毒物对人员的危害程度取决于毒物的性质、毒物的浓度和人员与毒物接触时间等因素。有毒物质泄漏初期，其毒气形成气团密集在泄漏源周围，随后由于环境温度、地形、风力和湍流等影响，气团飘移、扩散，扩散范围变大，浓度减小。在后果分析中，往往不考虑毒物泄漏的初期情况，即工厂范围内的现场情况，主要计算毒气气团在空气中飘移、扩散的范围、浓度、接触毒物的人数等。

1）毒物泄漏后果的概率函数法

概率函数法是用人们在一定时间接触一定浓度毒物所造成影响的概率来描述毒物泄漏后果的一种表示法。概率与中毒死亡百分率有直接关系，两者可以互相换算，见表3-16。概率值在0~10之间。

表3-16　概率与死亡百分率的换算

死亡百分率,%	0	1	2	3	4	5	6	7	8	9
0		2.67	2.95	3.12	3.25	3.36	3.45	3.52	3.59	3.66
10	3.72	3.77	3.82	3.87	3.92	3.96	4.01	4.05	4.08	4.12
20	4.16	4.19	4.23	4.26	4.29	44.33	4.26	4.39	4.42	4.45
30	4.48	4.50	4.53	4.56	4.59	4.61	4.64	4.67	4.69	4.72
40	4.75	4.77	4.80	4.82	4.85	4.87	4.90	4.92	4.95	4.97
50	5.00	5.03	5.05	5.08	5.10	5.13	5.15	5.18	5.20	5.23
60	5.25	5.28	5.31	5.33	5.36	5.39	5.41	5.44	5.47	5.50
70	5.52	5.55	5.58	5.61	5.64	5.67	5.71	5.74	5.77	5.81
80	5.84	5.88	5.92	5.95	5.99	6.04	6.08	6.13	6.18	6.23
90	6.28	6.34	6.41	6.48	6.55	6.64	6.75	6.88	7.05	7.33
99	0.0	0.1	0.2	0.3	0.4	0.5	0.6	0.7	0.8	0.9
	7.33	7.37	7.41	7.46	7.51	7.58	7.58	7.65	7.88	8.09

概率值 Y 与接触毒物浓度及接触时间的关系如下：

$$Y = A + B\ln(C^n \cdot t) \tag{3-88}$$

式中　A、B、n——取决于毒物性质的常数，表 3-17 列出了一些常见有毒物质的有关参数；

　　　C——接触毒物的浓度，10^{-6}；

　　　t——接触毒物的时间，min。

表 3-17　一些毒性物质的常数

物质名称	A	B	n	参考资料
氯	-5.3	0.5	2.75	DCMR1984
氨	-9.82	0.71	2.0	DCMR1984
丙烯醛	-9.93	2.05	1.0	USCG1977
四氯化碳	0.54	1.01	0.5	USCG1977
氯化氢	-21.76	2.65	1.0	USCG1977
甲基溴	-19.92	5.16	1.0	USCG1977
光气（碳酸氯）	-19.27	3.69	1.0	USCG1977
氟氢酸（单体）	-26.4	3.35	1.0	USCG1977

使用概率函数表达式时，必须计算评价点的毒性负荷（$C^n \cdot t$），因为在一个已知点，其毒物、浓度随着气团的稀释而不断变化，瞬时泄漏就是这种情况。确定毒物泄漏范围内某点的毒性负荷，可把气团经过该点的时间划分为若干区段，计算每个区段内该点的毒物浓度，得到各时间区段的毒性负荷，然后再求出总毒性负荷：

$$总毒性负荷 = \sum 时间区段内毒性负荷$$

一般说来，接触毒物的时间不会超过 30min。因为在这段时间里人员可以逃离现场或采取保护措施。

当毒物连续泄漏时，某点的毒物浓度在整个云团扩散期间没有变化。当设定某死亡百分率时，由表 1-6 查出相应的概率 Y 值，根据式（3-88）有：

$$C^n t = e^{\frac{Y-A}{B}} \tag{3-89}$$

由式（3-89）可以计算出 C 值，于是按扩散公式可以算出中毒范围。

如果毒物泄漏是瞬时的，则有毒气团的某点通过时该点处毒物浓度是变化的。这种情况下，考虑浓度的变化情况，计算气团通过该点的毒性负荷，算出该点的概率值 Y，然后查表 3 - 16 就可得出相应的死亡百分率。

2）有毒液化气体容器破裂时的毒害区估算

液化介质在容器破裂时会发生蒸气爆炸。当液化介质为有毒物质，如液氯、液氨、二氧化硫、硫化氢、氢氰酸等，爆炸后若不燃烧，会造成大面积的毒害区域。

设有毒液体氧化质量为 W（单位：kg），容器破裂前器内介质温度为 t（单位：℃），液体介质比热为 C［单位：kJ/（kg·℃）］。当容器破裂时，器内压力降至大气压，处于过热状态的液化气温度迅速降至标准沸点 t_0（单位：℃），此时全部液体所放出的热量为：

$$Q = WC(t - t_0) \tag{3-90}$$

设这些热量全部用于器内液体的蒸发，如它的汽化热为 q（单位：kJ/kg），则其蒸发量：

$$W' = \frac{Q}{q} = \frac{WC(t - t_0)}{q} \tag{3-91}$$

如介质的相对分子质量为 M，则在沸点下蒸发蒸气的体积 V_g（单位：m^3）为：

$$V_g = \frac{22.4W}{M} \cdot \frac{273 + t_0}{273} = \frac{22.4WC(t - t_0)}{M_q} \cdot \frac{273 + t_0}{273} \tag{3-92}$$

为便于计算，现将压力容器最常用的液氨、液氯、氢氰酸等的有关物理化学性能列于表 3 - 18 中。关于一些有毒气体的危险浓度见表 3 - 19。

若已知某种有毒物质的危险浓度，则可求出其危险浓度下的有毒空气体积。如二氧化硫在空气中的浓度达到 0.05% 时，人吸入 5～10min 即致死，则产生令人致死的有毒空气体积为：

$$V = V_g \times 100/0.05 = 2000V_g \tag{3-93}$$

假设这些有毒空气以半球形向地面扩散，则可求出该有毒气体扩散半径为：

$$R = \sqrt[3]{\frac{V_g/C}{\frac{1}{2} \times \frac{4}{3}\pi}} = \sqrt[3]{\frac{V_g/C}{2.0944}} \tag{3-94}$$

式中　R——有毒气体的半径，m；

　　　V_g——有毒介质的蒸气体积，m^3；

　　　C——有毒介质在空气中的危险浓度值，%。

表 3 – 18　一些毒物质的有关物化性能

物质名称	相对分子质量 M	沸点,℃	液体平均比热 kJ/（kg·℃）	汽化热 kJ/kg
氨	17	-33	4.6	1.37×10^3
氯	71	-34	0.96	2.89×10^2
二氧化碳	64	-10.8	1.76	3.93×10^2
丙烯醛	56.06	52.8	1.88	5.73×10^2
氢氰酸	27.03	25.7	3.35	9.75×10^2
四氯化碳	153.8	76.8	0.85	1.95×10^2

表 3 – 19　有毒气体的危险浓度

物质名称	吸入 5～10min 致死的浓度,%	吸入 0.5～1h 致死的浓度,%	吸入 0.5～1h 致重病的浓度,%
氨	0.5		
氯	0.09	0.0035～0.005	0.0014～0.0021
二氧化碳	0.05	0.053～0.065	0.015～0.019
氢氰酸	0.027	0.011～0.014	0.01
硫化氢	0.08～0.1	0.042～0.06	0.036～0.05
二氧化氮	0.05	0.032～0.053	0.011～0.021

4. 火灾模型

易燃、易爆的气体、液体泄漏后遇到引火源就会被点燃而着火燃烧。它们被点燃后的燃烧方式有池火、喷射火、火球和突发火 4 种。

1）池火

可燃液体（如汽油、柴油等）泄漏后流到地面形成液池，或流到水面并覆盖水面，遇到火源燃烧而成池火。

（1）燃烧速度。

当液池中的可燃液体的沸点高于周围环境温度时，液体表面上单位面积的燃烧速度 dm/dt 为：

$$\frac{dm}{dt} = \frac{0.001 H_c}{c_p (T_b - T_0) + H} \tag{3-95}$$

式中　dm/dt——单位表面积燃烧速度，kg/（m²·s）；

　　　H_c——液体燃烧热，J/kg；

　　　c_p——液体的比定压热容，J/（kg·k）；

T_b——液体的沸点，K；

T_0——环境温度，K；

H——液体的汽化热，K/kg。

当液体的沸点低于环境温度时，如加压液化气或冷冻液化气，其单位面积的燃烧速度 $\mathrm{d}m/\mathrm{d}t$ 为：

$$\frac{\mathrm{d}m}{\mathrm{d}t} = \frac{0.001H_c}{H} \qquad (3-96)$$

燃烧速度也可从手册中直接得到。表 3-20 列出了一些可燃液体的燃烧速度。

表 3-20　一些可燃液体的燃烧速度

物质名称	汽油	煤油	柴油	重油	苯	甲苯	乙醚	丙酮	甲醇
燃烧速度 kg/（m²·s）	92~81	55.11	49.33	78.1	165.37	138.29	125.84	66.36	57.6

（2）火焰高度。

设液池为一半径 r 的圆池子，其火焰高度可按下式计算：

$$h = 84r\left[\frac{\mathrm{d}m/\mathrm{d}t}{\rho_0(2gr)^{1/2}}\right]^{0.6} \qquad (3-97)$$

式中　h——火焰高度，m；

r——液池半径，m；

ρ_0——周围空气密度，kg/m³；

g——重力加速度，9.8m/s²；

$\mathrm{d}m/\mathrm{d}t$——燃烧速度，kg/（m²·s）。

（3）热辐射通量。

当液池燃烧时放出的总热辐射通量为：

$$Q = (\pi r^2 + 2\pi rh)\frac{\mathrm{d}m}{\mathrm{d}t}\eta H_c / \left[72\left(\frac{\mathrm{d}m}{\mathrm{d}t}\right)^{0.60} + 1\right] \qquad (3-98)$$

式中　Q——总热辐射通量，W；

η——效率因子，可取 0.13~0.35。

（4）目标入射热辐射强度。

假设全部辐射热量由液池中心点的小球面辐射出来，则在距离池中心某一距离 x 处的入射热辐射强度为：

$$I = \frac{Qt_c}{4\pi x^2} \qquad (3-99)$$

式中　I——热辐射强度，W/m^2；

　　　Q——总热辐射通量，W；

　　　t_c——热传到系数，在无相对理想的数据时，可取值为 1；

　　　x——目标点到液池中心距离，m。

2）喷射火

加压的可燃物质泄漏时形成射流，如果在泄漏裂口处被点燃，则形成喷射火。这里所用的喷射火辐射热计算方法是一种包括气流效应在内的喷射扩散模式的扩展。把整个喷射火看成是由沿喷射中心线上的全部点热源组成，每个点热源的热辐射通量相等。

点热源的热辐射通量按下式计算：

$$q = \eta Q_0 H_c \qquad (3-100)$$

式中　q——点热源热辐射通量，W；

　　　η——效率因子，可取 0.35；

　　　Q_0——泄漏速度，kg/s；

　　　H_c——燃烧热，J/kg。

从理论上讲，喷射火的火焰长度等于从泄漏口到可燃混合气燃烧下限（LFL）的射流轴线长度。对表面火焰热通量，则集中在 LFL/1.5 处。对危险评价分析而言，点热源数 n 一般取 5 就可以了。

射流轴线上某点热源 i 到距离该点 x 处一点的热辐射强度为：

$$I_i = \frac{q \cdot R}{4\pi x^2} \qquad (3-101)$$

式中　I_i——点热源 i 至目标点 x 处的热辐射强度，W/m^2；

　　　q——点热源的辐射通量，W；

　　　x——点热源到目标点的距离，m。

　　　R——发射率，取决于燃烧物质的性质，取 0.2。

某一目标点处的入射热辐射强度等于喷射火的全部点热源对目标的热辐射强度的总和：

$$I = \sum_{i=1}^{n} I_i \qquad (3-102)$$

式中　n——计算时选取的点热源数，一般取 $n=5$。

3）火球和爆燃

低温可燃液化气由于过热，容器内压增大，使容器爆炸，内容物释放并被点燃，发生剧烈的燃烧，产生强大的火球，形成强烈的热辐射。

（1）火球半径。

$$R = 2.665M^{0.327} \qquad (3-103)$$

式中　R——火球半径，m；

　　　M——急剧蒸发的可燃物质的质量，kg。

（2）火球持续时间。

$$t = 1.089M^{0.327} \qquad (3-104)$$

式中　t——火球持续时间，s。

（3）火球燃烧时释放出的辐射热通量。

$$Q = \frac{\eta H_c M}{t} \qquad (3-105)$$

式中　Q——火球燃烧时辐射热通量，W；

　　　H_c——燃烧热，J/kg；

　　　η——效率因子，取决于容器内可燃物之的饱和蒸气压 p，$\eta = 0.27p^{0.32}$。

（4）目标接受到的入社辐射强度。

$$I = \frac{QT_c}{4\pi x^2} \qquad (3-106)$$

式中　T_c——热传导系数，保守取值为 1；

　　　x——目标距火球中心的水平距离。

4）固体火灾

固体火灾的热辐射参数按点源模型估计。此模型认为火焰射出的能量为燃烧的一部分，并且辐射强度与目标至火源中心距离的平方成反比，即：

$$q_r = fM_c H_c / (4x^2) \qquad (3-107)$$

式中　q_r——目标接收到的辐射强度，W/m^2；

　　　f——辐射系数，可取 $f = 0.25$；

　　　M_c——燃烧速率，kg/s；

　　　H_c——燃烧热，J/kg；

　　　x——目标至火源中心间的水平距离，m。

5）突发火

泄漏的可燃气体、液体蒸发的蒸气在空中扩散，遇到火源发生突然燃烧而没有爆炸。此种情况下，处于气体燃烧范围内的室外人员将会全部烧死；建筑物内将有部分人被烧死。

突发火后果分析，主要是确定可燃混合气体的燃烧上、下极限的边界线及其下限随气团扩散到达的范围。为此，可按气团扩散模型计算气团大小和可燃混合气体的浓度。

6）火灾损失

火灾通过辐射热的方式影响周围环境。当火灾产生的热辐射强度足够大时，可使周围的物体燃烧或变形，强烈的热辐射可能烧毁设备甚至造成人员伤亡等。

火灾损失估算建立在辐射通量与损失等级的相应关系的基础上，表 3-21 为不同入射通量造成伤害或损失的情况。

表 3-21　不同入射热辐射通量的危害破坏情况

热通量，kW/m^2	伤害类型	
	对设备的伤害	对人的伤害
35.0 ~ 37.5	对操作设备全部损坏	100%死亡/1min；1%死亡/10s
25	为无火焰、长时间辐射时，木材燃烧的最小能量	重大损伤/10s；100%死亡/1min
12.5 ~ 15.0	为有火焰时，木材燃烧塑料熔化的最低能量	一度烧伤/10s；1%死亡/1min
9.5	—	8s 感觉疼痛；二度烧伤/20s
4.0 ~ 4.5	—	20s 以上感觉疼痛；但不会起水疱
1.6	—	长期辐射无不舒服感觉

从表中可看出，在较小辐射等级时，致人重伤需要一定的时间，这时人们可以逃离现场或掩蔽起来。

5. 爆炸模型

爆炸是物质的一种非常急剧的物理、化学变化，也是大量能量在短时间内迅速释放或急剧转化成机械功的现象。它通常是借助于气体的膨胀来实现。

从物质运动的表现形式来看，爆炸就是物质剧烈运动的一种表现。物质运动急剧增速，由一种状态迅速地转变成另一种状态，并在瞬间内释放出大量的能。

1）爆炸的特征

一般说来，爆炸现象具有以下特征：

（1）爆炸过程进行的很快；

（2）爆炸点附近压力急剧升高，产生冲击波；

（3）发出或大或小的响声；

（4）周围介质发生振动或邻近物质遭受破坏。

一般将爆炸过程分为两个阶段：第一阶段是物质的能量以一定的形式

（定容、绝热）转变为强压缩能；第二阶段强压缩能急剧绝热膨胀对外做功，引起作用介质变形、移动和破坏。

2）爆炸类型

按爆炸性质可分为物理爆炸和化学爆炸。物理爆炸就是物质状态参数（温度、压力、体积）迅速发生变化，在瞬间放出大量能量并对外做功的现象。其特点是在爆炸现象发生过程中，造成爆炸发生的介质的化学性质不发生变化，发生变化的仅是介质的状态参数。例如锅炉、压力容器和各种气体或液化气体钢瓶的超压爆炸以及高温液体金属遇水爆炸等。化学爆炸就是物质由一种化学结构迅速转变为另一种化学结构，在瞬间放出大量能量并对外做功的现象。如可燃气体、蒸气或粉尘与空气混合形成爆炸性混合物的爆炸。化学爆炸的特点：爆炸发生过程中介质的化学性质发生了变化，形成爆炸的能源来自物质迅速发生化学变化时所释放的能量。化学爆炸有 3 个要素，即反应的放热性、反应的快速性和生成气体产物。雷电是一种自然现象，也是一种爆炸。

从工厂爆炸事故来看，有以下几种化学爆炸类型：

（1）蒸气云团的可燃混合气体遇火源突然燃烧，是在无限空间中的气体爆炸；

（2）受限空间内可燃混合气体的爆炸；

（3）化学反应失控或工艺异常所造成压力容器爆炸；

（4）不稳定的固体或液体爆炸。

总之，发生化学爆炸时会释放出大量的化学能，爆炸影响范围较大；而物理爆炸仅释放出机械能，其影响范围较小。

3）物理爆炸的能量

物理爆炸，如压力容器破裂时，气体膨胀所释放的能量（即爆破能量）不仅与气体压力和容器的容积有关，而且与介质在容器内的物性相态相关。因为有的介质以气态存在，如空气、氧气、氢气等；有的以液态存在，如液氨、液氯等液化气体、高温饱和水等。容积与压力相同而相态不同的介质，在容器破裂时产生的爆破能量也不同，而且爆炸过程也不完全相同，其能量计算公式也不同。

（1）压缩气体与水蒸气容器爆破能量。

当压力容器中介质为压缩气体，即以气态形式存在而发生物理爆炸时，其释放的爆破能量为：

$$E_g = \frac{pV}{k-1}\left[1 - \left(\frac{0.1013}{p}\right)^{\frac{k-1}{k}}\right] \times 10^3 \qquad (3-108)$$

式中　E_g——气体的爆破能量，kJ；

　　　p——容器内气体的绝对压力，MPa；

　　　V——容器的容积，m^3；

　　　k——气体的绝热指数，即气体的定压比热与定容比热之比，常用的气体的绝热指数值见表 3-22。

表 3-22　常用气体的绝热指数

气体名称	空气	氮	氧	氢	甲烷	乙烷	乙烯	丙烷	一氧化碳
k 值	1.4	1.4	1.397	1.412	1.316	1.18	1.22	1.33	1.395
气体名称	二氧化碳	一氧化氮	二氧化氮	氨气	氯气	过热蒸汽	干饱和蒸汽		氢氰酸
k 值	1.295	1.4	1.31	1.32	1.35	1.3	1.135		1.31

从表中可看出，空气、氮、氧、氢及一氧化氮、一氧化碳等气体的绝热指数均为 1.4 或近似 1.4，若用 $k=1.4$ 代入式（3-107）中，有：

$$E_g = 2.5pV\left[1 - \left(\frac{0.1013}{p}\right)^{0.2857}\right] \times 10^3 \qquad (3-109)$$

令 $C_g = 2.5p\left[1 - \left(\frac{0.1013}{p}\right)^{0.2857}\right] \times 10^3$

则式（3-108）可简化为：

$$E_g = C_g V \qquad (3-110)$$

式中　C_g——常用压缩气体爆炸能量系数，kJ/m^3。

压缩气体爆破能量 C_g 是压力 p 的函数，各种常用压力下的气体爆破能量系数见表 3-23。

表 3-23　常用压力下的气体容器爆破能量系数（$k=1.4$ 时）

表压力，MPa	0.2	0.4	0.6	0.8	1.0	1.6	2.5
爆破能量系数 $kJ \cdot m^3$	2×10^2	4.6×10^2	7.5×10^2	1.1×10^3	1.4×10^3	2.4×10^3	3.9×10^3
表压力，MPa	4.0	5.0	6.4	15.0	32	40	
爆破能量系数 $kJ \cdot m^3$	6.7×10^3	8.6×10^3	1.1×10^4	2.7×10^4	6.5×10^4	8.2×10^4	

若将 $k=l$ 代入式（3-107），可得干饱和蒸汽容器爆破能量为：

$$E_g = 7.4pV\left[1 - \left(\frac{0.1013}{p}\right)^{0.1189}\right] \times 10^3 \qquad (3-111)$$

用式（3-111）计算有较大的误差，因为它没有考虑蒸气干度的变化和其他的一些影响，但它可以不用查明蒸气热力性质而直接进行计算，因此可

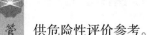

供危险性评价参考。

对于常用压力下的干饱和蒸汽容器的爆破能量可按下式计算：

$$E_g = C_g V \qquad (3-112)$$

式中 E_g——水蒸气的爆破能量，kJ；

V——水蒸气的体积，m^3；

C_g——干饱和水蒸气爆破能量系数，kJ/m^3。

各种常用压力下的干饱和水蒸气容器爆破能量系数见表3-24。

表3-24 常用压力下干饱和水蒸气容器爆破能量系数

表压力，MPa	0.3	0.5	0.8	1.3	2.5	3.0
爆破能量系数 kJ·m^3	4.37×10^2	8.31×10^2	1.5×10^3	2.75×10^3	6.24×10^3	7.77×10^3

（2）介质全部为液体时的爆破能量。

通常将液体加压时所做的功作为常温液体压力容器爆炸时释放的能量，计算公式如下：

$$E_L = \frac{(p-1)^2 V \beta_t}{2} \qquad (3-113)$$

式中 E_L——常温液体压力容器爆炸时释放的能量，kJ；

p——液体的压力（绝），Pa；

V——容器的体积，m^3；

β_t——液体在压力 p 和温度 T 下的压缩系数，Pa^{-1}。

（3）液化气体与高温饱和水的爆破能量。

液化气体和高温饱和水一般在容器内以气液两态存在，当容器破裂发生爆炸时，除了气体的急剧膨胀做功外，还有过热液体激烈的蒸发过程。在大多数情况下，这类容器内的饱和液体占有容器介质质量的绝大部分，它的爆破能量比饱和气体大得多，一般计算时考虑气体膨胀做的功。过热状态下液体在容器破裂时释放出的爆破能量可按下式计算：

$$E = [(H_1 - H_2) - (S_1 - S_2)T_1]W \qquad (3-114)$$

式中 E——过热状态液体的爆破能量，kJ；

H_1——爆炸前饱和液体的焓，kJ/kg；

H_2——在大气压力下饱和液体的焓，kJ/kg；

S_1——爆炸前饱和液体的熵，kJ/（kg·℃）；

S_2——在大气压力下饱和液体的熵，kJ/（kg·℃）；

T_1——介质在大气压力下的沸点，℃；

W——饱和液体的质量，kg。

饱和水容器的爆破能量按下式计算：

$$E_w = C_w V \tag{3-115}$$

式中　E_w——饱和水容器的爆破能量，kJ；

　　　V——容器内饱和水所占的容积，m^3；

　　　C_w——饱和水爆破能量系数，kJ/m^3，其值见表 3-25。

表 3-25　常用压力下饱和水爆破能量系数

表压力，MPa	0.3	0.5	0.8	1.3	2.5	3.0
C_w，kJ/m^3	2.38×10^4	3.25×10^4	4.56×10^4	6.53×10^4	9.56×10^4	1.06×10^4

4）爆炸冲击波及其伤害、破坏作用

压力容器爆炸时，爆破能量在向外释放时以冲击波能量、碎片能量和容器残余变形能量3种形式表现出来。后二者所消耗的能量只占总爆破能量的3% ~ 15%，也就是说大部分能量是产生空气冲击波。

（1）爆炸冲击波。

冲击波是由压缩波叠加形成的，是波阵面以突进形式在介质中传播的压缩波。容器破裂时，容器内的高压气体大量冲出，使它周围的空气受到冲击波而发生扰动，使其状态（压力、密度、温度等）发生突跃变化，其传播速度大于扰动介质的声速，这种扰动在空气中的传播就成为冲击波。在离爆破中心一定距离的地方，空气压力会随时间发生迅速而较大的变化。开始时，压力突然升高，产生一个很大的正压力，接着又迅速衰减，在很短时间内正压降至负压。如此反复循环数次，压力渐次衰减下去。开始时产生的最大正压力即是冲击波波阵面上的超压 Δp。多数情况下，冲击波的伤害、破坏作用是由超压引起的。超压 Δp 可以达到数个甚至数十个大气压。

冲击波伤害、破坏作用准则有：超压准则、冲量准则、超压—冲量准则等。为了便于操作，下面仅介绍超压准则。超压准则认为，只要冲击波超压达到一定值，便会对目标造成一定的伤害或破坏。超压波对人体的伤害和对建筑物的破坏作用见表 3-26 和表 3-27。

表 3-26　冲击波超压对人体的伤害作用

Δp，MPa	伤害作用
0.02 ~ 0.03	轻微损伤
0.03 ~ 0.05	听觉器官损伤或骨折
0.05 ~ 0.10	内脏严重损伤或死亡
>0.10	大部分人员死亡

表 3 - 27   冲击波超压对建筑物的破坏作用

Δp，MPa	伤害作用
0.005 ~ 0.006	门、窗玻璃部分破碎
0.006 ~ 0.015	受压面的门窗玻璃大部分破碎
0.015 ~ 0.02	窗框损坏
0.02 ~ 0.03	墙裂缝
0.03 ~ 0.05	墙大裂缝，屋瓦掉下
0.06 ~ 0.07	木建筑厂房房柱折断，房架松动
0.07 ~ 0.10	砖墙倒塌
0.10 ~ 0.20	防震混凝土破坏，小房屋倒塌
0.20 ~ 0.30	大型钢架结构破坏

（2）冲击波的超压。

冲击波波阵面上的超压与产生冲击波的能量有关，同时也与距离爆炸中心的远近有关。冲击波的超压与爆炸中心距离的关系为：

$$\Delta p \propto R^{-n} \tag{3-116}$$

式中 Δp——冲击波波阵面上的超压，MPa；

R——距爆炸中心的距离，m；

n——衰减系数。

衰减系数在空气中随着超压的大小而变化，在爆炸中心附近为 2.5 ~ 3；当超压在数个大气压以内时，$n=2$；小于 1 个大气压时 $n=1.5$。

实验数据表明，不同数量的同类炸药发生爆炸时，如果 R 与 R_0 比与 q 与 q_0 之比的三次方根相等，则所产生的冲击波超压相同，用公式表示如下：

若 $$\frac{R}{R_0} = \sqrt[3]{\frac{q}{q_0}} = \alpha，$$

则 $$\Delta p = \Delta p_0 \tag{3-117}$$

式中 R——目标与爆炸中心的距离，m；

R_0——目标与基准爆炸中心的距离，m；

q_0——基准炸药量（TNT），kg；

q——爆炸时产生冲击波所消耗的炸药量（TNT），kg；

Δp——目标处的超压，MPa；

Δp_0——基准目标处的超压，MPa；

α——炸药爆炸试验的模拟比。

式（3-117）也可写成为：

$$\Delta p(R) = \Delta p_0(R/\alpha) \tag{3-118}$$

利用式（3-117）就可以根据某些已知药量的试验结果来确定任意药量爆炸时在各种距离下的超压。

表3-28是1000kgTNT炸药在空气中爆炸时所产生的冲击波超压。

表3-28　1000kg TNT 爆炸时的冲击波超压

距离 R_0，m	5	6	7	8	9	10	12	14
Δp_0，MPa	2.94	2.06	1.67	1.27	0.95	0.76	0.50	0.33
距离 R_0，m	16	18	20	25	30	35	40	45
Δp_0，MPa	0.235	0.17	0.126	0.079	0.057	0.043	0.033	0.027
距离 R_0，m	50	55	60	65	70	75		
Δp_0，MPa	0.0235	0.0205	0.018	0.016	0.0143	0.013		

综上所述，计算压力容器爆破时对目标的伤害、破坏作用，可按下列程序进行：

①首先根据容器内所装介质的特性，计算出其爆破能量 q。

②将爆破能量 q 换算成 TNT 当量 q_{TNT}。因为1kgTNT爆炸所放出的爆破能量为4230~4836kJ，一般取平均爆破能量为4500kJ/kg，故其关系为：

$$q = E/q_{TNT} = E/4500 \tag{3-119}$$

③按式（3-118）求出爆炸的模拟比 α，即：

$$a = (q/q_0)^{1/3} = (1/1000)^{1/3} = 0.1q^{1/3} \tag{3-120}$$

④求出在1000kgTNT爆炸试验中的相当距离 R_0，即 $R_0 = R/\alpha$。

⑤根据 R_0 值在表3-27中找出距离为 R_0 处的超压 Δp_0（中间值用插入法），此即所求距离为 R_0 处的超压。

⑥根据超压 Δp 值，从表3-25、表3-26中找出对人员和建筑物的伤害、破坏作用。

（3）蒸气云爆炸的冲击波伤害、破坏半径。

爆炸性气体以液态储存，如果瞬间泄漏后遇到延迟点火或气态储存时泄漏到空气中，遇到火源，则可能发生蒸气云爆炸。导致蒸气云形成的力来自容器内含有的能量或可燃物含有的内能，或两者兼而有之。"能"的主要形式是压缩能、化学能或热能。一般说来，只有压缩能和热量才能单独导致形成蒸气云。

根据荷兰应用科研院 TNO（1979）建议，可按下式预测蒸气云爆炸的冲击波的损害半径：

$$R = C_s (N \cdot E)^{1/3} \qquad (3-121)$$

$$E = V \cdot H_c \qquad (3-122)$$

式中　R——损害半径，m；

　　　　E——爆炸能量，kJ；

　　　　V——参与反应的可燃气体的体积，m^3；

　　　　H_c——可燃气体的高燃烧热值，kJ/m^3，取值情况见表 3-29；

　　　　N——效率因子，其值与燃烧浓度持续展开所造成损耗的比例和燃料燃烧所得机械能的数量有关，一般取 $N=10\%$；

　　　　C_s——经验常数，取决于损害等级，其值情况见表 3-30。

表 3-29　某些气体的高燃烧热值

气体名称		高热值，kJ/m^3	气体名称	高热值，kJ/m^3
氢气		12770	乙烯	64019
氨气		17250	乙炔	58985
苯		47843	丙烷	101828
一氧化碳		17250	丙烯	94375
硫化氨	生成 SO_2	25708	正丁烷	134026
	生成 SO_3	30146	异丁烷	132016
甲烷		39860	丁烯	121883
乙烷		70425		

表 3-30　损害等级表

损害等级	C_s	设备损坏	人员伤害
1	0.03	重创建筑	1% 死亡或肺部伤害； >50% 耳膜破裂； >50% 被碎片击伤
2	0.06	损坏建筑物外表可修复性破坏	1% 耳膜破裂； 1% 被碎片击伤
3	0.15	玻璃破碎	被碎玻璃击伤
4	0.4	10% 玻璃破碎	

四、失效频率分析

　　失效频率分析是个体风险计算中非常重要的一步。失效频率分析分为两个部分，一是泄漏的频率分析；二是泄漏后引起火灾、爆炸等事故的频率分析。

管道泄漏的频率分析是确定管道发生泄漏可能发生的频率。通过失效频率分析，可以预测现在或将来管道发生泄漏的频率，并作为起始频率分析管道泄漏事故频率。

1. 泄漏的频率分析

1）分析依据

泄漏的频率分析主要是通过历史数据统计得到。目前，在国际上有一些组织和部门都建立了自己的事故数据库，从中可以得到事故发生的频率。这种方法比较简单，易于理解，常用于作为定量风险评价中个体风险计算中失效频率分析的方法。目前常用的历史数据包括 CCPS 的 PERD 数据库、DNV 的 OREDA 数据库、WORD 数据库、NPD 数据库以及 EGPIG 失效频率数据库。

2）管道容器泄漏频率分析

管道容器泄漏频率（LOC）包括了各类型输送管道和受控区域地上部分各内部单元之间的管道系统。长输管道的泄漏频率将在后面分析。管道的 LOC 频率见表 3-31。

表 3-31　管道 LOC 的频率

管道类型	满孔破裂，m/a	泄漏，m/a
公称直径 <75mm	1×10^{-6}	5×10^{-6}
75mm < 公称直径 <150mm	3×10^{-7}	2×10^{-6}
公称直径 >150mm	1×10^{-7}	5×10^{-7}

对于表 3-31，有以下几点需要说明：

（1）所给出的管道损坏率数据是基于输送管道在没有过度的振动、腐蚀或循环热应力作用的工作环境下给出的。如果存在潜在的引起重大泄漏的危险，比如腐蚀，应视具体情况乘以 3~10 的系数。

（2）管道可以在室内或室外，LOC 与其所处的位置无关。

（3）满孔破裂的位置可能对泄漏影响很大。如果满孔破裂的位置确实重要的话，至少有三种满孔破裂必须进行模拟。

①上游，即正好位于容器处，处于高压端，此处为零管长。

②中游，即位于管道中部。

③下游，即正好位于容器处，处于低压端。

对长度小于 20m 的短管，满孔破裂的位置可能不太重要；对满孔破裂的模拟一个位置，如上游就足够了。对于渗漏的 LOC，渗漏位置对于泄漏可能不太重要，所以对于渗漏来说，模拟一个位置就足够了。

（4）对于长管道，损坏位置必须按规则的距离选择以形成一条光滑的危险曲线。应该选择足够多的损坏位置，以保证损坏位置继续增加时风险曲线不会发生重大的变化。在两个损坏位置之间的合理的初始距离应为50m。

（5）假定法兰盘的损坏已包括在管道的破坏频率中，因此，管道最小长度设定为10m。

2. 频率调整

失效频率需要根据具体的情况进行调整，例如维修项目的质量，某地与其他地方相比土壤腐蚀性条件的差异，以及在某一特殊管段附近很可能遇到的第三方活动的类型。失效频率的调整因子可根据过去一段时间熟悉此段管道情况的专家作出相应的判断，进行相应数值调整和管线管理上的变更。

鉴于地震对管线造成的潜在损害可能会有很大区别，在认为必要时，把当地地震可能性考虑在分析中。为此，在风险分析时需要经过资质认证的地理（管道）专家（如CA认证和注册）作进一步的失效频率因子修正。如果地区地理条件对管线的威胁被视为较严重时，具有资格的特定的专家们将决定管道失效校对值和产品释放基本概率值上调的幅度。

3. 泄漏后引起事故频率分析

泄漏后受当时情况的限制可能会导致不同的后果。易燃、易爆的气态泄漏物，在泄漏后遇点火源立即点燃会发生喷射火；泄漏后扩散形成爆炸性混合物，遇点火源会发生蒸汽云爆炸。如果泄漏物体有毒，泄漏后还会造成毒性伤害。

通过事件树分析，可以得到管道泄漏后发生各种事故的频率，利用这个频率结合事故的后果就可以计算出管道的个体风险。分析计算管道泄漏后发生各种事故的频率是个体风险计算非常重要的一步。

1）事件树方法

事件树分析是用来分析管道泄漏导致各种事故的可能性的。在事件树分析中，分析人员首先从初始事件开始，然后根据安全保护在事故发展中是否起作用（成功或失败），分析可能导致事故的可能顺序。事件树分析为记录事故发生的顺序过程以及确定导致事故的初始事件与后续事件的关系提供了一种系统的分析方法。

事件树分析非常适合分析初始事件可能导致多个结果的情况。事件树强调可能导致事故的初始事件以及初始事件到最终结果的发展过程。每一个事件树的分枝代表一种事故发展过程，它准确地表明初始事件与安全保护功能之间的对应关系。

事件树分析过程包括六个步骤：

（1）识别可能导致重要事故的初始事件；

（2）识别为减小或消除初始事件影响设计的安全功能；

（3）构建事件树；

（4）对得到的事故顺序进行说明；

（5）确定事故顺序的最小割集；

（6）编制分析结果文件。

初始事件列在最左边，安全功能列在最上面。在一般情况下，对于安全功能只考虑两种可能：成功（YES）或失败（NO），安全功能成功的路径在上，失败的路径在下。在定量风险评估中，针对这些安全功能在以前的经验操作数据或科学分析的基础上，还需要给出其成功或失败的条件概率，如对于检测功能，在事件树中检测失效的概率为 0.02，检测成功的概率为 0.98。事件树中最终结果的概率就等于最终结果分支上各个条件概率的乘积，最终结果的失效频率就等于最终结果的概率再乘以初始事件的失效频率。管道泄漏的事件树如图 3-30 所示。

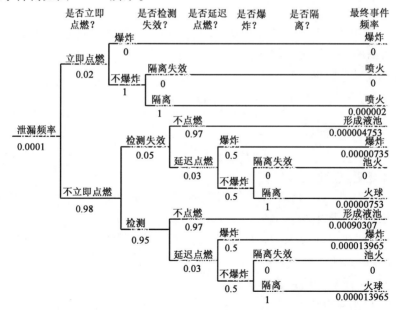

图 3-30　管道泄漏的事件树

2）事件树分枝概率确定

事件树分析中主要分枝包括：立即点燃；检测失效；延迟点燃；爆炸；隔离失效。

事件树分枝概率的确定如下：

（1）点燃概率。

点燃分立即点燃和延迟点燃两种，其主要的区别有以下几点：

①立即点燃是由偶然事件如火花引起的，这种类型的点燃在火灾发生之前人是很难逃离的。

②延迟点燃是可燃蒸汽云团扩散到点火源引起的。这种类型的点燃在火灾发生之前有一段时间的延迟，可以允许人员有充分的时间撤离。

延迟点燃的概率很大程度上取决于下列一些因素：

（a）泄漏的物质：总的来说，气体泄漏比液相泄漏更加容易被点燃。因为在相同的扩散速率的时候，气体扩散的空间要大于油相的扩散空间，同时一般气体组分具有比较低的点火温度。

（b）云团的尺寸：大的云团更加可能扩散到点火源。在定量风险评估中，一般假定可燃气体云团的尺寸正比于气体泄漏的质量速率。

（c）泄漏的持续时间：泄漏时间是影响在可燃上限和下限之间的云团大小的重要因素。

（d）点火源数目：点火源包括发动机、电器、焊接和其他一些带火活动。

点火概率的计算方法如下：

气体点燃总概率：

$$P = e^{-4.16}m^{0.642} \qquad (3-123)$$

液体点燃总概率：

$$P = e^{-4.333}m^{0.392} \qquad (3-124)$$

气体延迟点燃概率；

$$P = (e^{-4.16}m^{0.642}) \times (e^{-2.995}m^{0.38}) \qquad (3-125)$$

液体延迟点燃概率：

$$P = (e^{-4.333}m^{0.392}) \times (e^{-2.995}m^{0.38}) \qquad (3-126)$$

式中　P——总的点燃概率；

　　　m——泄漏的质量速率。

（2）检测失效概率。

检测失效概率考虑的是气体泄漏以后且在延迟点燃之前没有被检测到的

概率，所以没有采取措施来组织人员消除潜在的危险。气体检测的可能性取决于泄漏的位置、通风速率、气体检测器的位置和类型、检测系统的有效性等。根据相关气体检测和报警方面的研究，在本评估中检测的失效概率一般采用如下数值：

小泄漏的检测失效概率为5%，中或大泄漏的检测失效概率为0。

（3）隔离失效。

如果泄漏被检测到了，主要工艺过程单元可以通过相关的阀门将泄漏点进行隔离。当没有紧急切断阀的时候，隔离失效的概率取决于手工隔离阀门的位置和泄漏或火灾的严重程度。远控操作的紧急切断阀往往是在中心操作室里进行控制。在这种情况下，隔离失效的原因可能有操作失效、控制系统失效、阀门失效等。对远控操作控制阀门进行隔离的情况，隔离失效的概率假定为10%。

3）分枝事故频率确定

事件树的分枝事故事件主要有以下几类：喷火、爆炸、闪火、未点燃安全泄放。

事件树分枝事故频率确定：

$$F_u = F \times P_1 \times P_2 \times \ldots \tag{3-127}$$

式中　F_u——分枝事故发生的频率；

　　　F——初始原因事件频率；

　　　P_1、P_2——条件事故发生的概率。

五、可接受风险

20世纪60年代末，在核能化工、基因工程等领域，有关风险可接受性的争论十分激烈。美国社会学家Starr于1968年提出了"多安全才够安全？"这一问题，展开了对风险可接受性的早期研究。20世纪70年代，为了最大限度地减少油气管道事故的发生和尽可能延长其使用寿命，美国部分管道公司开始尝试用经济学中的风险分析技术评价油气管道的风险。在学术上，Fischhoff等人在《可接受风险》一书中主张风险不是无条件接受的，而是仅在获得的利益可以补偿所带来的风险时才是可接受的，或者说，可接受风险问题是一个决策问题，是决策产生可接受的风险，并非风险本身可以接受。加拿大哥伦比亚水电局将失事后果的可接受风险从两方面进行等级划分：一是经济损失（包括环境和生态等损失），二是生命损失。目前，风险可接受性已逐渐发展成为以一般意义上公众对风险的认知与选择决策为对象的边缘跨学科研究领域。

风险可接受性表示在规定时间内或系统某一行为阶段内的风险等级可被接受的程度，它直接为风险分析以及制定风险减缓措施提供参考。人们对风险可接受性的认识大致经历了三个阶段：第一阶段，认为风险的可接受性是受技术手段决定的；第二阶段，认为风险的可接受性是一个多维变量，由专家与公众共同参与确定；第三阶段，把可接受性风险看成一个社会政治事件，它包括环境风险在内的许多影响因子。

1. 风险可接受性准则

风险不是越低越好，因为降低风险需要采取措施，措施的实施需要付出代价（费用），所以通常将风险限制在一个可接受的程度。为了分析风险评估结果，确定风险可接受性，需要定义一个风险可接受性的判别准则。

风险可接受准则表示在规定时间内或系统某一行为阶段可接受的总体风险等级，应在进行风险评估之前预先给出，并尽可能反映安全目标的特点。风险可接受准则的制定应满足工程中的安全性要求，同时应涵盖公认的行为标准及从自身活动和相关事故中得到的经验。常用的风险可接受准则有风险矩阵和 ALARP 准则。在定量风险评估中，一般采用 ALARP 准则。

风险由危险产生，即危险是风险的前提。从现代观点看，危险可以造成六类损失：生命损失、环境损失、材料损失、产品损失、数据与信息损失以及市场损失等，六类损失又可细分为 10 个小类，如图 3 - 31 所示。其中人员死亡损失可分为重大事故和一般事故，人员受伤损失可分为重伤和轻伤。

确定风险可接受程度，是一个非常复杂的系统工程。在对 10 类损失进行分别调查和综合分析的基础上，从专家与公众的社会关系、文化背景、心理状态、道德修养等多个视角展开研究，依据价值—利益关系进行计算，得到相关结论之后，再根据国家有关法律、规范与标准加以确定。

2. 油气管道风险可接受性指标模型

由于政治因素和文化因素难以量化，就油气管道而言，可以量化的风险可接受性指标主要有三项：生命损失、财产损失和环境损害，因此基于对这三项指标的研究分析，建立油气管道风险可接受性的量化指标模型。

1）生命损失模型

（1）个体风险（*IR*）可接受值的计算。

个体风险用于表示特定时期和地点个人的伤亡概率，个体生命损失可接

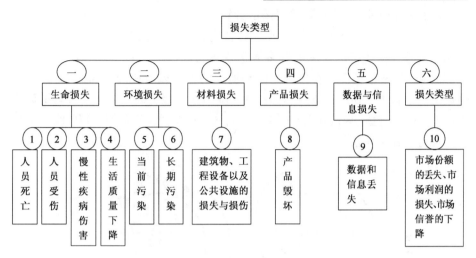

图 3-31   危险造成的损失类型框图

受风险是社会可接受风险的最小单元。Jonkman 等人通过对荷兰各种事故造成的死亡人数进行统计分析发现，在一定时期内，同一类型活动中个体死亡的风险基本保持稳定，也就是说，除了由于技术进步可能导致的风险略有降低之外，在一定时期和范围内死亡风险有一致性和稳定性。上述统计的各类活动的死亡风险，可以作为确定个体可接受风险的基础和依据。荷兰水防治技术咨询委员会（TAW）根据个体对参与各种活动的意愿程度，从主动、意愿性强的活动（如登山探险）到被动、意愿性差的活动（如有危害的设施选址），分别设定了可接受性风险标准，并根据式（3-128）进行计算。

$$IR < \beta 10^{-4}/a \tag{3-128}$$

式中，β 为意愿系数（或称政策系数），依个体参与活动的意愿程度和获得利益的不同而变化，图 3-32 给出了几种具有代表性活动的 β 值。

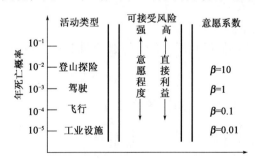

图 3-32   几种具有代表性活动的意愿系数

（2）社会风险（*SR*）可接受值的计算。

社会风险用于表示某个事故发生后特定人群遭受伤害的概率和伤害之间的相互关系，描述特定区域内许多人遭受灾害事故的伤亡状况。针对同一风险源的 A、B 两种情况，在特定时期和地点的个体风险相同（$IR_A = IR_B$），社会风险差别很大（$SR_A < SR_B$），如图 3-33 所示。社会风险可接受准则的确定方法有 ALARP 法、风险矩阵法、F-N 曲线、*PLL* 值、*FAR* 值、*VIH* 值、*ICAF* 值和社会效益优化法等。

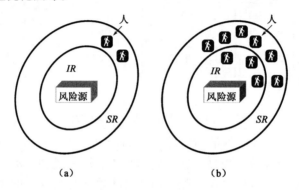

图 3-33　社会风险（*SR*）和个体风险（*IR*）的区别

1967 年，Frarmer 利用概率论建立了一条各种风险事故容许发生的限制曲线，即著名 F-N 曲线。社会风险可接受准则通常采用 F-N 曲线表示：

$$1 - F_N(x) = P(N > x) = \int_x^\infty f_N(x)\,\mathrm{d}x \qquad (3-129)$$

式中　$f_N(x)$——年伤亡概率密度函数；

$\quad\quad F_N(x)$——年伤亡概率分布函数；

$\quad\quad P(N > x)$——发生伤亡大于 x 人的年概率；

$\quad\quad N$——年伤亡人数；

$\quad\quad x$——随机变量。

潜在人员伤亡 *PLL* 值可利用 $f_N(x)$ 的数学期望 $E(N)$ 来表示：

$$E(N) = \int_0^\infty x f_N(x)\,\mathrm{d}x \qquad (3-130)$$

式（3-129）和式（3-130）的关系为：

$$\int_0^\infty 1 - F_N(x)\,\mathrm{d}x = \int_0^\infty \int_x^\infty f_N(y)\,\mathrm{d}y\mathrm{d}x = \int_0^\infty \int_x^y f_N(y)\,\mathrm{d}x\mathrm{d}y = \int_0^\infty y f_N(y)\,\mathrm{d}y = E(N)$$

$$(3-131)$$

根据 F-N 曲线定义风险可接受准则确定标准：

$$1 - F_N(x) < \frac{C}{x^n}$$

式中　n——风险极限曲线的斜率；

　　　C——风险极限曲线位置确定常数（表 3 – 32）。

表 3 – 32　国际上 $F - N$ 曲线的取值标准

国家	n	C	风险属性
英国	1	0.01	意愿风险
中国香港	1	0.001	意愿风险
荷兰	2	0.001	非意愿风险
丹麦	2	0.01	非意愿风险

2）财产损失模型

财产损失风险用于度量实际物体的总经济风险。就油气管道而言，财产损失风险并非针对某一特殊物理因素，而是针对整个管道系统。

财产损失的可接受性准则通常采用 $P - L$ 曲线（双对数坐标图）表示，如图 3 – 34 所示。P 表示在一定风险水平或超出该风险水平时，每个事件对管道工程引起的损失、损坏、延误的累计概率；L 指事故相关损失。财产损失应包括：结构、部件的损失，大型维修费用，延误的时间，生产损失，恢复费用，可靠度的降低等。$P - L$ 曲线以上的区域为不可接受性风险区，位于可接受性风险区的大多数风险可以不再进行评估。

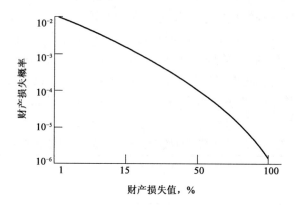

图 3 – 34　财产风险可接受性准则的 $P - L$ 曲线

图 3 – 34 的概率坐标数值代表的意义如下：

10^{-6} 概率：事故后果严重，且事先无征兆。显然，这种情况是关于生命的概率，这类财产的可接受准则一定小于 10^{-6}；

10^{-5} 概率：事故后果严重，但事故发生前征兆明显。财产损失概率为 10^{-5} 或介于 $10^{-5} \sim 10^{-6}$ 之间；

10^{-4} 概率：事故后果严重，结构部分失效，人员能够逃离。财产损失值约为财产价值的 50%；

10^{-3} 概率：事故后果不严重，财产损坏程度一定小于 50%，财产损失值一般为财产价值的 10%；

10^{-2} 概率：财产损失很小，比如财产损失值为财产价值的 1%。

3）环境损害模型

由于施工造成环境损害的可能性通常很小，一般不予讨论。环境损害风险主要来源于热管道和管道泄漏，在考虑油气管道的泄漏风险时，应以管道生命期内全部管道的平均风险水平为基础。环境损害的可接受性准则取决于油品或气体泄漏对环境造成的后果，不区分损害类型，只注重损害的严重性，并将其区分为当前环境污染和损害较严重的长期环境污染。

环境损坏根据其恢复期的长短通常分为以下四类：

（a）较小——恢复期介于一个月到一年之间；

（b）中等——恢复期介于一年到三年之间；

（c）重大——恢复期介于三年到十年之间；

（d）严重——恢复期在十年以上。

相对生命风险和财产风险等指标，环境风险可接受性准则的确定方法更标准化一些。如果环境损害事故发生的时间间隔较长，环境损坏后的恢复期又较短，那么该环境损坏的恢复期可以忽略。通常用环境损坏后的恢复期与环境损害事故发生的时间间隔的比值（可忽略比值）作为是否忽略环境损坏恢复期的依据。选择可忽略比值为 5%，即认为：平均恢复期为 0.5 年的较小的环境破坏事故不会比每隔 10 年发生一次的环境破坏事故更常见。此时环境风险的可接受性见表 3-33。

表 3-33　环境风险可接受性指标（可忽略比值为 5%）

环境损坏的等级	平均恢复期，a	可接受的频率极限
较小	1/2	1×10^{-1}
中等	2	2.5×10^{-2}
重大	5	1×10^{-2}
严重	20	2.5×10^{-3}

目前，国内外对于风险可接受性的认知存在一定的局限性。国际上一些国家和地区虽然建立了自己的风险可接受性值，但均只局限于单一指标。由于在生命、环境、财产等方面很难实现等价值换算，因此迄今尚无普遍认可的涉及经济、政治、文化等多个领域的风险可接受性指标体系以及对指标体系进行量化的统一标准。当然，对于不同地域或环境地区采用的可接受性风险标准应该有所区别，应根据地域或环境特征来确定可接受性风险指标及其量化标准。例如，对于环境敏感区域，需要重点考虑环境损失的可接受性指标；对于人口密集区域，需要重点考虑生命损失的可接受性指标。

针对我国油气管道风险可接受性的研究发展现状，在建立风险可接受性模型时应遵循以下基本原则：

（1）适合我国国情，并具有实际指导意义；

（2）度量风险可接受性的指标要多维化，并能体现长期和短期影响；

（3）解决好影响风险可接受性评估要素如何优先排序的问题；

（4）应尽早提出管道信息数据库的基本要求，确保管道信息数据库的基础信息数据规范且通用。

小　　结

本章介绍了站场完整性管理技术的主要内容，包括数据采集、HAZOP 分析技术、RCM 检测维修、SIL 安全等级评估和 QRA 分析等的现状、主要内容、各种方法的具体实施过程和具体的要求等内容。

这些方法通过对站场的各种设施、设备的风险评估和可靠性评估，能够对站场资产进行有效的管理，以实施全寿命周期的完整性管理，保证管道系统安全、可靠、受控，避免重大安全、环境责任事故。站场完整性管理技术是保证资产在持续循环和不断改进的过程中，根据风险的原因和薄弱环节，及时制定和采取预防和减缓风险的措施。

第四章　完整性管理案例

第一节　输气管道完整性管理案例

一、管道完整性管理模式的探索

中国石油多年来一直致力于管道完整性管理，并且深刻认识到完整性管理是管道延寿管理的最佳途径，管道的管理与著名的"盆状曲线"一样，具有相似性。

管道安全就是管道的生命，一般在传统的管理模式下，管道建设投产初期和设计寿命终期失效概率较高，在运行期失效概率较低。国际上通常采用完整性管理技术，使管道的失效概率在整个生命周期内是平稳变化的，延长了管道使用寿命。

为了实现管道生命周期的安全平稳运行这一目标，中国石油全体员工经历了不断的学习、实践、创新的过程。在投产初期，为了解决生产中出现的问题，请国内同行专家查找管理差距，随后，开展了国外技术对标、接轨工作，坚持"走出去，请进来"的思路，组织骨干人员到国外进行项目合作，学习先进的管理经验；2002 年与加拿大 Enbridge 公司共同合作，ENBRIDGE 专家针对公司生产管理进行差距分析，找出公司与国际同行业水平的差距，并提出建议措施；2004 年公司又与 Enbridge 公司合作，实施了调度培训国际认证，提高了公司调度控制管理水平；2003 年公司与加拿大 JHU 阀门维护公司合作，共同进行阀门维护技术的培训，取得北美阀门维护认证，收获了丰硕的成果；开展了"形势、责任、目标"的主题活动，提出以"建设国际一流管道公司"为目标，与国际管道技术和管理接轨。

几年来，公司在完整性管理的实践中建立了 QHSE 体系，一直以 QHSE 体系文件为主线，不断完善体系的运行，通过了中国船级社的 ISO9001 体系认证，通过了中油 HSE 认证中心的 HSE/OSH 体系的认证。

人力资源方面，中国石油形成了一支知识化、专业化、国际化的高水平、高素质技术管理人才队伍，并紧密跟踪 IT 技术的发展，分步实施了网络安全和企业网基础建设，实现了 IT 技术与生产管理有机的结合，建成了资产管理系统（AMS）、办公自动化系统、电子邮件系统、档案管理系统和企业信息门户系统，并在公司生产管理、设备资产维护管理、财务等各方面为公司的技术与管理的发展提供支撑。

油气管道的完整性管理，包括以下五个方面的内容：

（1）含缺陷（内部缺陷、外部缺陷）管道本体的完整性管理；

（2）管道地质灾害及周边环境完整性管理；

（3）防腐有效性完整性管理；

（4）站场及设施完整性管理；

（5）储气库井场及设施的完整性管理。

中国石油在涉及管道运行的五个方面实施了管道完整性管理，具体的管理经验、管理办法以及采用的管理新技术，下面进行详细介绍。

二、含缺陷管道本体的完整性管理

含缺陷管道本体的完整性管理，实质上是随着内检测技术的应用，检测出管道本体存在的缺陷，对含缺陷管道本体实施的完整性管理，包括缺陷检测、评价和处理的全过程。

1. 国际先进的内检测技术

该管道实施管道内检测，采用国际检测标准，首先确定检测指标，该气管道检测技术指标主要考虑管道的管径和最小壁厚，以及采用检测器的探头和通道的数量，使用 ASME B31.G 和 RESTRENG 规范作出了存在的最小缺陷与金属损失量的关系图。从图 4－1 中的曲线趋势可以看出，针对管道中的不同缺陷面积给出了不同的缺陷深度，并且根据检测设备的探头数量和通道数量确定了的技术指标，见表 4－1。

2. 管道内检测技术成果

2002 年 9 月至 2003 年 11 月共完成了该气管道某段 912km 的检测任务，检测出 25% 以上的缺陷金属损失 105 个，检测出金属损失缺陷包括制管、防腐、运输和敷设过程中产生的机械损伤缺陷，以及管材本身存在的内部缺陷

表 4-1　管道检测技术指标

缺陷类型和精度	检测的临界值（壁厚），%	尺寸精度（壁厚），%
大面积腐蚀	20（中等清晰度） 10（中等清晰度）	±15（高清晰度） ±10（高清晰度）
坑、点蚀	30（中等清晰度） 20（中等清晰度）	±15（高清晰度） ±20（高清晰度）
长度 精度	30mm（中等清晰度） 20mm（中等清晰度）	±10mm（高清晰度） ±10mm（远期标准） ±20mm（远期标准）
宽度 精度	15mm（中等清晰度） 15mm（中等清晰度）	±10mm（高清晰度） ±10mm（高清晰度）
绝对轴向定位精度 环向定位精度	±0.1m（高清晰度） ±15°（高清晰度）	±0.1m（高清晰度） ±15°（高清晰度）

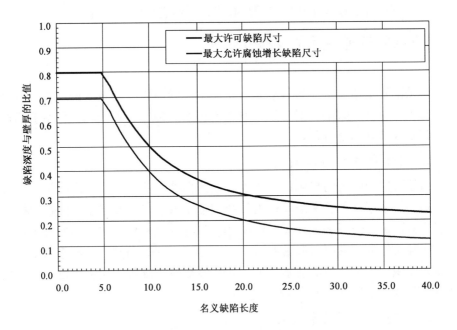

图 4-1　该气管道最大腐蚀许可缺陷尺寸

（夹层、材质不均匀等）。检测数据给出了全部对接环焊口的位置和信息、给出了全部螺旋焊缝的位置信息，给出了全线三通、阀门、弯头（冷弯、热弯）、测试桩焊点、全线管道壁厚变化连接点（穿越、跨越点）、收发球筒等的详细信息。通过开挖验证，检测结果各项数据可靠，满足标准中各项技术指标的要求。

2004 年 11 月，公司又与 PII（GE）公司合作，继续实施储气库配套管道711mm 的内检测，这是公司首次使用高清晰度检测器（图 4 - 2），首次实施全球 GPS（X、Y、Z）坐标的线路测量，也是与国际检测公司合作的典型案例，对公司管道技术的应用具有重要意义。

图 4 - 2　管道使用的 711mm 检测器

信号数据精度指标按长度精度、宽度精度、深度精度定量给出（图 4 - 3、4 - 4），改变了国内检测精度定性给出的不足，同时把国内的低清晰度检测器的检测水平提升到中等清晰度的国外同等技术水平。

通过对某干线段的开挖验证，发现了距三岔阀室 800m 位置的制造缺陷已经凸起，实施碳纤维补强处理后消除了泄漏、爆炸的隐患，有力的保证了2003 年该气管道冬季运行的安全。

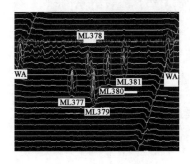

图 4 - 3　管道内检测的缺陷

图4-4 管道实施内检测现场

通过内检测技术的引进和实施，该气管道实现了以国内队伍的价格，达到国际先进检测水平的目的，填补了国内天然气管道检测的空白。同时也是对该气管道1997年投产以来的管道完整性情况进行一次总的摸底和评价，查出管道中可能存在的缺陷或安全隐患，建立管道完整的基础数据库。

为确保该气管道二线施工质量，经公司研究决定，留足尾款，在二线投产后尽快进行管道内检测，对于检测发现的缺陷根据实际情况对制管厂、防腐厂、施工单位、监理单位追究责任。

3. 缺陷的安全评价

通过管道内检测工程的具体应用，公司针对干线检测出的缺陷，使用含缺陷管道的剩余强度和剩余寿命预测评估技术（图4-5），对检测的缺陷进行了承压能力评价，根据评价结果，确定了开挖验证点的维修的标准（图4-6）、目前的承压能力，为缺陷的进一步处理打下基础。

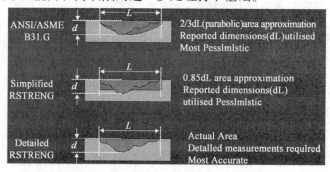

图4-5 含缺陷管道评价的国际标准

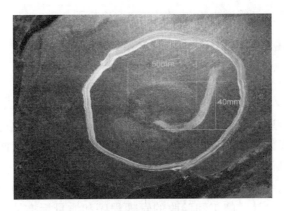

图4-6　制造缺陷引起的管材凸起

4. 碳纤维补强技术

公司与北京科技大学一起开发研究了碳纤维补强技术（图4-7）。碳纤维增强复合材料具有轻质高强、抗腐蚀、耐久性好、施工简便、不需停气的特点，不影响结构的外观等优异特性，较之于传统的焊接补疤方法具有明显的优越性（克服了焊接补疤过程中会产生焊穿和产生氢脆的危险），对压气站附近缺陷点和三岔阀室的内检测的缺陷点评价后，实施了补强处理，保障了生产运行。

图4-7　碳纤维补强

基于内检测工作的开展，相应开展了该气管道内检测安全评价及软件编制研究，项目完成了内检测数据的评价分析，建立了管道沉降、地质断层的损伤模型，管道的承压的力学计算模型，缺陷管道的安全评价模型、寿命预测分析模型，为该气管道内检测数据安全评价打下基础。

三、管道地质灾害与周边环境完整性管理

1. 管道地质灾害的预防和维护

油气管道沿途经过沙漠、黄土、山区、河谷台地等多种地形，地质条件恶劣，维护难度大。为彻底防治水害，增强管道抵御灾害的能力，公司提出"力争八十年，确保五十年"的整治标准，本着"关键地段一次根治，不留后患"的原则，每年投入大量人力、物力开展水工保护工程的施工。并将水工保护水害调查、设计、施工和验收的管理程序和质量标准纳入 QHSE 体系中严格执行。每年汛期过后对全线进行水害调查，初步确定维护和整治方案。调查由公司的主管部门、承包单位线路管理人员、有关设计院人员参加，对于水害严重或整治困难的地段，还聘请行业及地方地质水保专家参与现场调查，共同制订整治方案。现场调查后，由设计单位根据调查结果提交设计图纸。公司组织有关专家和部门进行方案审查，设计院根据审查意见对方案进行完善。

春季施工前，出具施工设计方案和图纸。为确保工程质量合格，投资合理，通过招标方式确定施工和监理单位。在施工过程中，公司还注意发挥基层管理单位的监督作用，让管理维护单位参与工程施工管理，有效地提高了施工质量。

通过上述行之有效的管理程序，水保工程维护率达到 100%（图 4-8），使得各关键环节得到控制，保证该气管道水保工程施工质量，重点地段和典型水害全部实现一次根治。2003 年雨季，管道所经陕西、山西地区遭受了 80年一遇的暴雨和洪水，该地区水工保护工程发挥了重要作用，管道得以平稳运行。

地质灾害防护技术是针对气管道地形，地质条件恶劣，地质灾害类型多样的特点，采用对湿陷性黄土区的地质采取导流、堵、夯填、护坡、阻水、埋深的治理技术；对顺冲沟、河床管道采取沟内淤土坝、排水沟以及管道的稳管技术；对河床内管道设置阻水墙或截水沟以及浆砌石结构的淤土坝或防冲墙技术；对北方地区季节性河流的夏季大水量极容易造成漏管、悬空、甚至断管，采取浆砌石或散体材料形式的石笼护岸技术；对于下切作用强烈的河流管道下游合理位置设置淤土坝或水下防冲墙，对山地、卵石冲击管道处采取护坡、挡土墙等技术。

图4-8　管道水工保护工程

2. 开展反恐、安全保卫、防止第三方破坏活动

2002年冬季接到反恐任务以来，公司给予高度重视，依托社会力量加强管道保卫，采取高科技手段提高防范水平，下大力气做好管道的安全保卫工作。

截至目前，沿线共聘用属地巡线工每天沿管道徒步巡检。除4座压气站、3座地下储气库及有人职守分输计量站（包括首、末站）外，其余46的座无人站分别聘用属地看护工，每天上午、下午两次到站巡检。

采用红外监测技术，沿线所有压气站、地下储气库、计量分输站、清管站、RTU阀室等共计28个站场在2003年都安装了周界红外报警系统，其中14座有人职守站还安装了工业电视监控系统。为确保该气管道跨越黄河段管线的安全，经中国石油天然气集团公司协调，2003年4月起，所处地区武警支队进驻黄河跨越东岸保德县，对黄河管桥实行24h武装保护（图4-9）。

图 4 - 9 　开展黄河管桥的反恐保卫

3. 实施黄河管桥结构安全评价

该气管道运行 7 年来，黄河管桥的安全性一直是公司关注的问题，2004 年安排管桥的桥体结构安全性分析，其中主要进行以下工作。

1）动应力监测及载荷测试

（1）脉动测试。

脉动测试是通过在桥上布置高灵敏度的传感器，长时间记录结构在环境激励，如风、水流、地脉动、人的活动等引起的振动，然后进行谱分析，求出结构自振特性的一种方法。它假设环境激励为平稳的中低频段，环境振动的激励谱比较均匀。当环境激励的频率与桥梁的自振频率一致或接近时，桥梁容易吸收环境激励的能量，使振幅增大；而在环境激励的频率与桥梁自振频率相差较大时，由于相位差较大，有相当一部分能量相互抵消，振幅较小。对环境激励下桥梁的响应信号进行多次功率谱的平均分析，可得到桥梁的各阶自振频率，再利用各点的振幅和相位关系，可求得各阶频率相应的振型。脉动试验测点布置如图 4 - 10 所示。

（2）动应力测试。

通过控制天然气输送阀门开关，测试桥梁各部分的动应力大小。同时仪器连续 7 天测试外界荷载（如风荷载）引起的动应力。动应力测点在跨中钢管底部和东塔根部各布置一个测点。动应力测点与动态应变仪相连，用智能信号采集系统对动应力值进行连续观测，然后用统计方法确定实际动应峰值出现的概率。

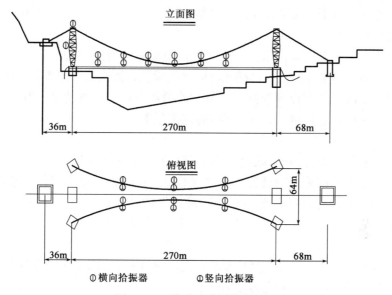

图 4 – 10　脉动试验测点布置图

2）线形、索力、温度测试

（1）线形测试。

黄河管道桥线形测试主要包括主缆、钢管道标高和管道轴线偏差测量；主塔轴线偏差，塔顶偏移测量。

①全桥线形测量。

全桥（管道）线形测量包括主缆、钢管道各控制点标高和钢管道轴线偏移，测量检查其竖曲线是否平顺，是否有竖弯和侧弯并与设计曲线进行比较，是否满足设计和规范要求。利用自动安平水准仪及检校后的钢尺把高程控制点引至桥塔处，梁顶面利用自动安平水准仪及检校后的钢尺把高程控制点引至桥塔处梁顶面，标上明显标记并保护好。在以后的检测期就以此点为基准，作为其他水准测量的后视点，得出所测梁顶的高程。管道高程测点布置在桥塔处管道顶面、$L/16$、$L/8$、$L/4$、$L/2$ 处，测点采用红油漆做好标记，主缆线型测点布置：主缆跨中、$L/4$、$L/8$ 和塔顶，采用架设在岸上全站议和各测点棱镜，测出各测点的空间坐标，获得主缆线型。

②桥轴线偏移测量。

用钢尺找出各钢管测点的中线并做标记，采用视准法直接测量其前端偏位。将全站仪架设在桥塔处梁面中心，后视另一桥塔处顶梁面中心，视线为基准线，在各测点端中心标记处放置小钢尺，钢尺基准点与梁端中心点重合，用仪器直接读取钢尺读数，即为轴线偏移值。

③塔顶偏位测量。

在塔顶上布置棱镜，用全站仪对塔顶坐标进行测试。仪器架设在桥轴线上一点，后视基准监控点，再瞄准桥塔上的棱镜，测出塔顶测点的三维坐标。每一测试工况下的变位即为测试值与初始值的差值，测量精度±2mm。初始值选择在主塔气温恒定、无日照影响时的测量值。

（2）索力测试。

黄河管道桥索力测试包括主缆索力测试和吊杆索力测试。

主缆索力测试采用频谱分析法进行监测，这种方法是利用临时紧固在主缆上的高灵敏传感器拾取缆索在环境激振下的脉动信号，经过滤波、放大、谱分析，根据频谱图来确定缆索的自振频率，得到索力。

（3）温度测试。

温度测试包括主梁及主塔控制断面温度测试和主缆及吊杆温度测量。

①主梁及主塔控制断面温度测试。

采用点温计、水银温度计对管道、主塔和主缆重要断面进行温度测试，可每隔30m布置一个测点。悬索桥由于跨度大，结构较柔，主梁线形受温度影响较大，应同时测量大桥温度场对主梁线形的影响。

②主缆及吊杆温度测量。

主缆和吊杆的温度测量，受到结构特点限制，适于采用表贴式温度元件或点温计进行测量，考虑到方便测量的因素，本桥选用点温计进行多点测量，以便了解多点温度。在实际测量时可以增加测点，对主缆和吊杆的环形截面温度进行测量。

3）进行桥体整体结构静、动力分析

分析软件联合采用大型商业有限元程序 ANSYS 和 MIDAS 进行桥梁整体结构静、动力分析。

（1）桥体静力分析。

本桥空间非线性的效应明显，结构的刚度与内力状态相关性大，需要采用具有非线性分析功能的空间梁、索单元构造计算模型。

非线性结构的刚度与结构内力有较强的相关性，首先应结合桥梁的架设过程，采用非线性理论分析结构的恒载内力状态。然后，根据规范及实际桥梁现状，对各种可变荷载（液化天然气重量、风荷载、冰、雪荷载、温度影响力）进行取值，并进行荷载组合，计算各种不利荷载组合情况下结构内力、应力、位移，分析各构件的安全性和可靠性。

（2）结构动力分析。

①自振特性计算。

桥梁自振特性是由结构的质量和刚度决定，是结构的固有动力特征。通过特征值分析，得到结构振型、固有频率等，结合实测的自振频率，分析结构的整体刚度合理性以及各结构参数的影响，并为进一步作抗风、抗震及减振提供依据。

②时程分析。

根据桥址处地震安全性评价的结果，采用类比的方法，选择多条与桥址具有类似的地质环境、相近震级条件下的地震记录作为输入地震波，计入多点激励和行波效应，分析结构内力和位移的动力响应。然后，综合根据时程分析和 poshover 分析的结果，评价结构的抗震行性能。

4）塔架地基动、静态稳定性安全分析

（1）地基静态稳定性安全分析。

根据提供的塔架地基岩土力学参数，考虑水位变化，选取合理边界条件建立计算模型，并将桥体整体结构静态分析计算的塔根内力作为外荷载，运用极限平衡（如条分法、毕肖普法等）或塑性平衡理论（有限单元法）计算塔基的整体稳定性，对其安全性作出评估。

（2）地基动态稳定性安全分析。

根据现有的岩体参数计算分析塔基的动态稳定性，并与极限平衡法结果比较，综合评价在设计地震烈度条件下塔架地基的动态整体稳定性。并利用有限元方法计算的塔基周围的岩土体应力分布，对地基的局部稳定性作出评价。

（3）地基沉降趋势分析。

根据提供的岩土力学参数，考虑运营时可能的外荷条件（包括外力、水位变化等），选取合理的岩土本构关系建立有限元计算模型，考虑材料的时间依存性，计入时间效应计算塔架地基的随时间的沉降发展趋势及最终沉降。

（4）桥体连接构件（钢绳、钩、塔架、索夹）等的强度分析。

采用大型有限元软件 Ansys 和相应理论计算手段（解析解方法）对桥体连接构件（钢绳、钩、塔架、索夹等）局部构造计算模型。根据整体计算结果选取局部受力最不利的部位进行计算，结合实际检测的结果，模拟局部损伤及锈蚀情况，对截面进行削弱处理，在局部模型边界上输入整体计算的结构最不利内力，以得出较为符合实际的局部受力最不利状况的计算结果。绘出各构件的局部受力分布图，验算构件强度，对构件进行受力评估，鉴定各构件的安全度。

5）桥体整体结构的安全评价与寿命分析

（1）安全评价。

根据腐蚀调查和结构外观检查结果，对腐蚀导致构件截面削弱部位在有限元计算分析模型中作出调整，进行管道桥梁既有状态的承载力计算分析，并将计算结果与实测比较，了解整个黄河管道实际受力状态和结构状况，并对桥体整个结构作出安全评估。

（2）寿命分析。

通过前述结构分析，对应力水平较高和在风、液化气荷载引起应力幅较大构件及局部进行疲劳强度和构件剩余寿命分析，主要分析手段和方法采用累积损伤方法计算构件寿命。

四、防腐有效性完整性管理

1. 加强阴极保护

防腐管理是管道运行维护的基础工作，防腐管理工作质量决定着管道运行寿命和安全性。

根据输气管道线路长、人员精简、自动化程度高等特点，公司从提高工作标准、完善管理体制入手，参照国际防腐管理先进经验，提出阴极保护站通电率和管道阴极保护率两个100%的工作目标（目前已经全部达到）。制订了一系列体系文件，强化了日常监测和维护的要求，提出阴保系统日监测、季监测和年监测的内容和标准，结合现场腐蚀调查，及时掌握整个管线的腐蚀与防护情况。

作为在国内首次全线采用三层PE防腐层的管道，我们根据日常管理的心得，编制了《三层PE外防腐层绝缘电阻测试方法》、《干线热煨弯头腐蚀与防护调查程序》、《钢套管穿路管线腐蚀与防护调查程序》、《站内埋地管线腐蚀与防护调查程序》等四部企业标准，及时总结了管理经验。

该气管线的外防腐措施采用了外涂层加阴极保护的防腐方式。全线设置15座阴保站，每座阴保控制台安装有变送器，通过站控RTU将阴极保护站输出电流和通电点保护电位，实时上传到调控中心，位于北京的调控中心可通过相应的控制画面随时监控全线阴保系统的运行情况。

为测量消除土壤中IR降的管道保护电位，按照国际惯例，阴极保护站控制台内安装有固体继电器（大功率场效应管）与站控系统相连，通过站控系统接受调控中心的指令，使阴保电源工作于12s通、3s断的工作状态下，调控中心通过SCADA系统采集所有RTU站场设定时间点的断电电位，用以衡量阴极保护系统的保护效果。

除阴极保护站外，沿线 RTU 阀室也都安装了电位变送器，该站点的保护电位情况也在调控中心的实时监测当中。

上述工作取得了明显的成果。该气管道运行近 7 年后，干线每千米通电电位达到 $-1.1V$，所需电流总量在 3A 左右，平均保护电流密度 $1.3\mu A/m^2$，远远低于国际防腐界公认的、新管道 $5\mu A/m^2$ 的保护指标，管道防腐达到国际先进水平。

2. 开展管道内腐蚀监测

公司根据管道清管的粉尘情况，引进了内腐蚀监测系统，在沿线具有代表性的 6 处工艺点（站场）安装内腐蚀监测探头，每月监测管道内壁的腐蚀速率，通过近 2 年的监测，该气干线全年平均金属损失壁厚减薄率为$8.4\mu m/a$，低于$10\mu m/a$的国际腐蚀标准，同时确定了气量、压力、流速与腐蚀速率的关系。通过对内部腐蚀冲蚀、磨蚀数据的分析，建立起了一套科学的分析方法，大大提高了对管道内腐蚀与气质的监测能力，整体水平达到了国际先进水平（图 4-11）。

3. 开展管道外防腐层检测与安全评价

该气管道运行 7 年来，为了解管道材料及防腐层材料在运行的工况、内部气体环境、压力波动、埋地土壤腐蚀性介质的影响下，材料的机械性能和微观组织是否发生了变化，管道外防腐层的性能指标是否满足标准的要求，应用外防腐层检测（图 4-12）与安全评价技术对该气管道原在役管道进行了管道性能、外防腐性能、土壤指标等的性能全面检验和安全评价，检验管段是 2003 年该气管道改线后，遗留在原线路的废弃管道。这段管道的性能具有一定的代表性，通过检验后找出外防腐层的 7 个漏点，金属材料的性能未发生变化，根据此项检验结果，对今后的管道维护确定了管理方向和重点。

图 4-11 管道内腐蚀监测系统　　　　图 4-12 该气管道外防腐层检测

4. 开展黄河管桥的腐蚀评价

针对黄河管桥的特点,黄河跨越工程是该输气管道的咽喉工程。黄河桥梁形式为悬索桥,钢结构桥梁和管道无法加阴极保护,只能采用外防腐层。管桥位于大气污染严重的陕西府谷与山西保德两县,酸雨现象严重,为全面了解黄河跨越悬索桥的实际运行状况及腐蚀防护现状,公司根据标准,采用外防腐层评估技术对黄河悬索桥的腐蚀状况做出了整体评价,确定对桥的桥架、塔架涂层进行大修。

五、站场及设施专业完整性管理

1. 实施管网优化运行管理

该气管道调控中心在国内采用了先进的 SCADA 自控系统,实现全线的数据自动采集、远程控制和调度管理。采用卫星通讯,为管道运行数据传输提供可靠、先进的传输通道。

该输气管道用户用气波动幅度大,用气量季节性变化明显,冬季与夏季用气峰谷差达到 10 倍左右,为保证安全、高效向北京供气,采用国外先进的在线和离线模拟软件系统,实现了对管网管道运行进行动态实时模拟和稳态工况模拟分析的功能。在运行过程中,根据动态模拟计算结果进行每日中间压气站运行参数调整,调整储气库采气量,保证用气高峰供气和用气低谷时管道运行安全;根据稳态工况模拟计算结果制定中长期运行方案,对不同运行方案的运行成本进行分析比较,优化经济的运行方案。通过模拟软件应用和综合运行管理经验的运用,摸索出一套事故状态下应急气量调配方案,不但增加了调度对管道运行监控的技术手段,还有效地提高了管道输气量,降低了能耗,减小了管道末端调压设备的磨损,保证了管网系统的安全。

根据生产实践中出现的问题,开展了该输气管道水合物抑制技术研究,确定了该输气管道生成水合物的温度、压力条件,在理论分析和建模的基础上,确定了管道沿线的动态运行参数及其对管道水合物形成的影响,并制定控制进入管道的天然气的含水量和防止水合物生成的具体措施,对公司在安全部署和预防等方面发挥重要作用。

2. 设备运行完好率管理

该气管道属于设备密集型,沿线各种工艺设备 3121 台,目前仅有 4 台阀门有微量内漏,设备完好率达到 99.9%。为提高并保持设备完好率,将各专业设备管理作为管道运行的重要内容纳入 QHSE 体系，明确提出设备完好率争取100%的管理目标。在 QHSE 体系文件中明确规定了设备主管部门、检查维护周期、内容和考核标准，逐台设备建立运行维护档案。对照国际先进水平，精细管理，精心维护，引入完整性管理概念，力争实现设备的无故障运行。

2003 年，公司引进了国际领先水平的阀门维护技术方法，对神池清管站原本内漏严重的阀门进行了处理，使阀门恢复了密封性能，基本实现了零泄漏。同时还避免了干线停气、动火换阀造成的费用损失、特别是地库停注的损失。新的阀门维护技术的采用，大大提高了阀门的密封性及可靠性，通过这项技术的使用，我们认为影响生产运行的设备完好率管理问题能够解决，只要阀门设备达到100%的完好率，就必能做到全线所有设备的完好率达到100%。

3. 实行站场工艺管道、设备监测与评价管理

定期对弯头、设备等关键部位的壁厚进行测量，建立管道壁厚监测数据库，定期进行评价分析和管理，并采用 ANSYS、ABQUS（图 4-13）等软件进行计算，评价管道、工艺设备的冲刷、腐蚀的安全性。2002 年 4 月，根据壁厚监测的结果，发现石景山站去加气站的 80mm 弯头壁厚严重减薄，立即对其更换，保证安全，对排污弯头采取定期的开挖调查监测，制定更换周期，确保工艺管道的安全。

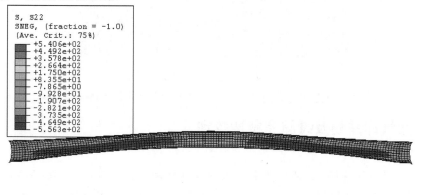

图 4-13　ABQUS 管道力学分析图

4. 实施压缩机优化运行管理

根据榆林冬夏季温差大的原因，压缩机在冬季不需要冷却，在夏季需要冷却，为了对空冷器有效的控制，公司采用了压缩机运行空冷器优化技术，包括机组控制逻辑优化技术和工艺气后空冷器旁通控制技术，对机组出口温度实行有效的控制，确定运行的时段，保证进入管道的天然气温度不超过50℃；采用压缩机优化运行技术，通过优化四座压气站机组的运行，机组实现了日输量 $3601030 \times 10^4 m^3$ 的调节，达到了国际一流技术管理的水平。

引进压缩机故障诊断技术（图4-14）。该技术可提高对机组在线监测能力，可连续对压气站压缩机组的运行状态（如振动幅值、轴位移、机组运行工艺参数）进行连续监测、记录。一旦上述各运行参数发生异常，及时做出预报警，并可根据系统所采集的大量信息分析原因，可防止设备突发事故的发生，大大提高压气站运行的可靠性，为完整性管理打下良好的基础。

图4-14 压气站离心式压缩机

压缩机平均故障停机率低于0.3%；与国际同行业的水平相同。

六、储气库井场及设施完整性管理

实施储气库（图4-15）注采一体化管柱技术，保证注采井的安全。地下储气库是该气输气管道的配套工程，实现用气调峰以及特殊情况下向京津地区的紧急供气。工程采用了国内、国际先进的处理、控制工艺与设备，注气压缩机组采用了大功率高效燃气发动机驱动三级高压往复式压缩机，注采井采用井下安全阀、封隔器、伸缩短节、环空充填套管保护液，站场通过数字化通讯系统与公司中央调度系统实现同步通讯与控制，整体达到了国际先进水平。

图 4-15　储气库井场

　　该气管道储气库均采用了注采井管柱联作工艺，实现了生产与射孔管柱一次作业完成，缩短了完井时间，从而最大限度地保护了储层。另外，完井时选择了常规完井生产管柱，达到了采用永久封隔器进行套管保护，避免套管承受高温高压状态，同时实现了无套压安全生产；油套环空注入环空保护液，保护套管和油管外壁免受腐蚀；管柱上配有测试用坐落短节，以满足测试作业的要求；同时，管柱也配备伸缩短节，可以抵消"注气"、"采气"应力交变，延长管柱免修期；使用气密封螺纹油管，保证管柱在高温高压状态下密封性能良好；产水井定期进行固体防腐棒，进行油管内壁的化学防腐；管柱上配有井下安全阀，可以满足安全的要求，同时对于大张坨储气库来说，还可以满足地面泄洪环区的需要，防止污染。所有的井场都安装有地面安全控制系统，对所有的注采井，均能实现就地和远程控制功能，保证储气库注采井的安全。

　　针对储气库的运行管理特点，进行了储气库注采能力的研究，建立了大张坨地库地质模型，进行井口的数值模拟；建立井口温度场计算模型，并对大张坨储气库的注采能力、边水结构以及采出率进行了分析，对指导地下库的运行发挥重要作用。

　　1. 井的完整性管理

　　1）建设过程中采取的措施

　　（1）注采井。

　　①钻进、固井过程中，考虑实施屏蔽暂堵技术，优选保护储层的暂堵液，

以解决钻井固井作业引起的固相侵入污染问题,并减轻液相侵入造成的污染;与钻井液体系作为一个整体优选完井液体系,进行系列入井流体污染岩心的综合保护效果评价,以保证较高的渗透率恢复值。

②下入表层套管、技术套管、油层套管等三级套管,固井水泥均返至地面,油层套管固井时采用分级固井,确保水泥能返至地面,一级固井固井质量要达到优质,防止天然气从套管外壁溢出地面。

③为了保障储气库注采井以及周边的安全,储气库的注采井一律采用"井下封隔器、井下安全阀并配套气密封油管"的注采管柱结构,确保在紧急情况下迅速切断气体流向地面的通道;为了充分发挥注采井的产能,同时减少大气量调峰生产对管柱的冲蚀影响,板中北储气库二期的注采井均选用 $4\frac{1}{2}$in 的油管和井下工具。

④封隔器下到储气库目的层之上,套管环空中加入环空保护液,以更好的保护套管。

⑤井口安全保障措施:选择 35MPa 压力等级的高压气密封井口装置,并在采气树主阀上装紧急切断安全阀。井口安装了带有高温熔断塞、低压传感器、液压自动补偿、数据远传、紧急关断的自动化安全控制系统。井口安全控制系统可实现单井控制和集群联控。

(2)老井。

在排水井、观察井完井作业期间,遵循以下原则来保证排水井、观察井套管质量完好以及目的层与下部层位的有效隔离:

在储气目的层段板Ⅱ油组以下的射孔井段以上,打一悬空水泥塞,厚度为 50m 左右,按要求试压合格;对于已打水泥塞的井,下封隔器试压,若不合格,则设计在该塞上打第一底塞,直到试压合格。

对于封堵井,为了保障老井封堵的成功和封堵质量,在封堵作业实施前储气库项目部委托中国石油勘探开发研究院廊坊分院完井所对封堵方案进行了评价,评价认为以下方案可以满足储气库安全需要:

①在储气目的层段板Ⅱ油组以下的射孔井段上部,打一悬空水泥塞,厚度为 50m 左右,并按要求试压合格;对于已打水泥塞的井,下封隔器试压,若不合格,则设计在该塞上打第一底塞,直到试压合格,以阻止板Ⅱ油组的天然气向下部地层窜通,以防止注入气的损失。

②采用超细水泥向目的层进行带压挤注和带压候凝,挤注的同时,向可能存在固井质量不好、有微裂缝的水泥环挤注水泥,从而堵死天然气从套管环空向外渗流的通道,并切断天然气沿水泥环向上运移的通道。

③井筒内再打一足够厚的水泥塞,防止天然气沿井筒向上运移到地面。

④封堵完毕后,安装简易井口,并安装压力表,用于观察压力。

2)生产过程中的监测及管理措施

(1)注采井。

①注采井在一个注采周期要受到压力快速上升和快速下降的交替作用,可能对固井质量产生一定程度的影响。为了解这一影响的程度,选择部分典型的注采井,在修井作业期间进行水泥胶结测试,通过与原始固井质量的对比,摸索注采井固井质量的变化规律,以便对储气库的注采井采取对应措施。根据实际运行情况,初步确定在板中北一期完钻的 6 口井中,选择 1~2 口井实施。

②利用对注采井修井作业的时机,对起出井的油管分段进行腐蚀状况的观测、描述和测厚,以了解管柱的腐蚀状况,并总结经验和规律;同时,对生产套管进行井下技术状况监测(手段有超声波井下电视、套管检测仪、臂井径测井、磁重量测井、鹰眼电视测井),以了解套管的变形、腐蚀状况和剩余壁厚等,以便及时采取措施对套损修复技术(如套管侧钻技术、套管补贴工艺技术、套管回接技术、过油管爆炸整形技术)。另外,考虑到储气库分公司有 6 口调峰生产井是由老井改造而成,为掌握这些老井的井身质量状况,可选择部分老井进行井下技术状况监测,若发现老井套管存在变形、腐蚀严重等情况,将采取措施逐步封掉。根据实际运行情况,初步选择大张坨储气库的板 57 井、板中北储气库 1 口排水井和 1 口观察井进行监测。

③对套压进行监测,套压达到一定程度,就对套管气进行排放,保持零套压生产。若套压存在上升较快的情况,就必须对套管、油管损坏以及封隔器的损坏情况进行研究。

④对于产出地层水的生产井,在冬季调峰生产期间从井口投入"缓蚀棒",并逐渐摸索"缓蚀棒"的投放周期和注入方式,以减缓对套管、油管和井下工具的腐蚀作用,延长注采井寿命。

⑤与国内外研究机构协作,对套管的腐蚀以及损坏机理进行研究,并建立预测 CO_2 腐蚀环境下油管、套管腐蚀速率的各种数值模拟计算方法,以及建立套管的可靠性预测模型,以在一定的置信度下掌握油、套管的可靠性寿命,从而为安全生产、经济科学的管理提供宝的依据。

⑥严格按照注采井操作和管理规程进行采气树、井下安全阀的操作和维护保养,井下安全阀每 45 天、井口地面安全阀每 30 天进行一次开和关操作,以保障液压缸的运行灵活;采气树阀门、针形阀等,均按要求及时注脂保护;

根据对针形阀的观察和判断，及时更换发生冲蚀的针形阀。

⑦准备 2~3 套井下工具备用，以便注采井出现问题时能够及时进行大修作业，保障该井安全。

（2）排水井。

为了使抽油机能长时间保持正常运转，制定了抽油机的维护保养制度，每运转 720 小时后，对抽油机进行一级保养，每运转 4000 小时后，对抽油机进行二级保养，每运转 10000 小时后，对抽油机进行三级保养。

2. 气藏的完整性管理

1）动态监测

地下储气库动态监测主要包括储气库压力监测、油气水界面监测等内容。储气库分公司将根据大张坨、板 876 和板中北储气库地质认识和数值模拟研究结果初步建立储气库动态监测系统，并在工作中不断完善，为储气库的完整性管理提供直接的依据。

（1）储气库压力、温度监测。

分别对三座储气库选择了典型的井投入毛细管压力监测系统，根据实际需要，板中北储气库还将再投入一口井采用毛细管压力监测系统，对地层压力进行实时监控，地层压力达到上限压力，立即停止注气；同时，每半年进行一次产能试井和不稳定试井，及时录取各井地层压力、井底流压、井底温度等资料，并及时进行分析对比。每年注采气结束，均给予气藏适当的缓和时间，以便让气藏各部分压力趋于一致，更好的了解注采结束后地层的实际压力。

每年采气结束，对气藏进行动态分析，评价储层压力系统是否合理，以及对库容量的变化情况进行评价，并逐渐摸索地层压力与库容量的量化关系，以达到控制地层压力的目的。

（2）油水界面动态监测。

大张坨、板 876、板中北储气库周围均为水体（有的甚至还有油环存在，如大张坨和板中北储气库），储气库投入运行后，在每一个运行周期由于气体的大量注入和采出，必然会造成气、水区压力的不均匀变化，从而导致气水界面气、水的反复窜流。因此，可以考虑选取气藏边部的新井或者老井作为油气界面观察井（如板 810 井、板 848 井等），在每一个注采切换期录取一次中子测井资料，观察储气库在注采周期中气水界面的变化情况。

（3）组分监测。

井流物组分分析是监测储气库流体微观变化的有效手段。由于储气库注入的是干气,采出的是湿气,两者在物化性质上存在着一定的区别,监测组分变化也是判断干气驱替凝析油和地层反凝析的有效方法之一。同时,监测注入与采出时 CO_2 含量的变化,为摸索套管腐蚀的机理提供依据。利用现场生产井取样,根据生产气油比进行流体配样并做室内 PVT 分析。

(4) 相邻气藏地层压力监测。

在与大张坨、板中北相邻的板 808-1 气藏和板中南高点气藏选择合适的井作为观察井(如板 813 井、板 806 井等),通过录取该井地层压力,可了解注采气对相邻气藏的影响,并为下一步生产提供依据。

2)生产管理

储气库生产管理过程中,严格按照设计中的地层压力下限和压力上限编制注、采方案,以保障气藏的完整性。即便是现实情况要求上调压力上限,也要经过专家的多方论证,才予以实施。同时,在实施过程中,对地层压力进行严格的监测。

七、实施完整性评价

1. 定期实施管道生产运行安全评价

该项工作是针对冬季、夏季大气量生产运行过程中的影响因素,为保证全年的安全运行,实施的一项综合性安全评价技术,管道生产运行的安全评价主要从影响生产的 13 个方面进行综合评价,分别包括:

(1) 冬季运行压力、气量预测下,站场、干线管道承压能力;

(2) 站场关键部位壁厚测量、沉降;

(3) 管道外力重载的预防措施评价;

(4) 汛期管道抢险检验情况评价;

(5) 设备故障点安全评价和改进措施;

(6) 全线设备、压力容器检测结果评价;

(7) 内腐蚀、内部冲蚀监测;

(8) 阴极保护、外防腐层评价;

(9) 内检测数据评价分析;

(10) 自控、通讯、电气安全评价;

(11) 压缩机振动的问题分析和评价;

(12) 储气库站场采气工艺管道应力分析;

(13) 应急指挥、应急抢修方案评价。

该项工作从 2001 年开始，针对评价的结论，公司领导高度重视，逐条落实，整改存在隐患，真正落实，有力的保证了安全生产。

2. 实施管道完整性管理的 IT 数字化战略，深化完整性管理

数字化管道是目前国内外管道公司实施战略化管理的重要手段。该气管道专业完整性管理采用 IT 技术实现可视化化、数字化的完整性管理，力求管理模式简单易行，完整性管理的内容只需通过 GIS、EAM 等系统设置的管道本体、管道工艺、自控、通讯等的建设信息、运行信息、设备信息，进行缺陷或故障的安全评价、风险评价，并结合管道的位置信息、图形信息、地理信息、设备参数、运行信息等进行有效的完整性评价，实现事故的提前预控。

该气管道专业完整性管理最终实现可视化、数字化的完整性管理，实现 IT 技术与先进管理模式相结合的发展战略思路。

第二节　输油管道完整性管理案例

一、概述

某管道干线全长 1250km，支线 168km，于 2002 年投产运行，途经甘肃、陕西、四川、重庆三省一市，是我国第一条长距离、大口径、高压力、大落差成品油密闭顺序输送管道。该管道承担了川渝地区 70% 以上的油品供应。管道起点为兰州北滩油库，途经黄土高原、秦岭山区、四川盆地、川渝丘陵，地形错综复杂，管道落差大，线路条件较差，终点为重庆伏牛溪油库。

全线设有 17 座工艺站场，其中有 13 个分输点；设有 15 个紧急截断阀、14 个手动阀和 18 个单向阀。在陇西分输站、成县分输站、广元分输站和重庆末站分别设减压系统以降低管线运行时超高的动压和停输时超高的静压。在北京和成都设置全线调度控制中心。

管道年设计输量 $500 \times 10^4 t$，全线密闭顺序输送 0#柴油、90#汽油和93#汽油。管道基本数据如下：

（1）管道外径：508 ～ 323.9mm。

（2）输送介质：柴油、汽油。

（3）管道材质：X60、X52。

（4）管道壁厚：7.1～10.3mm。

（5）焊缝类型：DSAW。

（6）日常运行压力：6～2MPa。

（7）运行温度：10℃。

（8）防腐层：3PE。

中石油在国内较早就开始了管道完整性管理探索，中国石油管道研究中心承担了"长输油气管道完整性管理体系研究"项目，并以某管道为完整性管理试点单位，在该管道开展了大量完整性管理工作。

为了统一、协调各方的行动，将该管道完整性管理稳步推向前进，某分公司成立了完整性管理项目实施小组，主要由某输油分公司与管道研究中心相关成员组成。其中某输油分公司负责实施管道完整性管理的各项现场工作，管道研究中心为某输油分公司提供技术支持，负责数据平台的建设和一些专项分析评价工作。

该管道的完整性管理试点始于2005年，到2007年底，完成了国内第一个以评价为核心的完整性管理循环，为国内管道完整性管理的实施积累了丰富的经验。

二、完整性管理系统

通过两年多的建设，该输油分公司建立了一个完备的完整性管理系统，系统主要架构如图4-16所示。

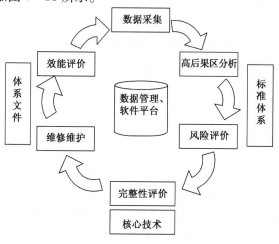

图4-16 完整性管理总体框架

完整性管理的应用主要基于数据，数据通过数据管理平台录入、存储、维护、分析和发布共享，基于数据平台，进行完整性管理的6步循环：数据收集、高后果区分析、风险评价、完整性评价、维修维护、效能评价，要保证6步循环顺利实施，需要一套体系文件来规定组织机构的职责，需要标准体系来规范工作要求。

三、数据收集与数据平台建设

数据是完整性管理的基础，可通过数据库得到较好的管理。数据库是集中存放管道相关数据的地方，它是规则、有序存放数据的仓库，管道数据库用于管理管道核心数据，为决策支持系统或业务管理系统提供所需要的信息，把企业日常营运中分散的、不一致的数据归纳整理之后转换为集中统一的、可随时取用的深层信息。数据库是管道完整性管理必不可少的基础条件，完整的资料、数据是管道完整性管理的关键部分，资料、数据的准确性及完整程度会影响到分析与评价的结果。建立起完整性管理数据库，收集广泛、详细的管道参数资料，能为完整性管理的分析与评价提供准确的基础数据。

根据完整性管理的6个环节，在某管道首先进行了数据收集工作。该管道是一条新建管道，竣工资料保存比较完整，是完整性管理数据库的主要数据来源。管道投产运行后，产生的运行数据则通过管道日常记录和报表电子化后获得。管道周边的一些环境信息需要通过对管道进行沿线的属性调查才能获得。另外还购置了管道沿线的遥感影像图。

依据 APDM 规则，将所有数据有序的进行了录入、校验和存储管理。良好的数据基础为该管道完整性管理的顺利实施提供了保证，基于数据库，开始了完整性管理应用。

四、高后果区识别

2006 年 9 月，某分公司根据 HCAs 识别分析标准对全线 1250km 管线进行了 HCAs 识别与分析，明确了 219 处高后果区域。通过进行高后果区分析，清晰的知道了管道的管理重点。通过全线的普查识别，对每一段都按照要求逐一进行了确认。某管道的 HCAs 统计见表 4-2。

表4－2 某管道的HCAs统计表

管道名称：兰成渝输油分公司　　管径：508mm　　输送介质：0#柴油、90#汽油、98#汽油　　分析时间：2006年5月26日

负责人：

序号	起始里程	结束里程	长度 m	识别描述	HCAs 识别分类得分									HCAs 总分	存在的威胁描述	可能存在的威胁分类得分								可能存在的威胁总分	历史检测时间及内容	建议检测时间及内容	是否具备内检测条件	下次分析时间	备注
					①	②	③	④	⑤	⑥	⑦	⑧	⑨			外腐蚀	内腐蚀	第三方破坏	地质灾害	设计/施工缺陷	误操作	其他	打孔盗油						
1	K457	K486	2900	地质灾害				5				5		10	存在外腐蚀	9	3	5	3	3	3	5	3	34	无	06 内外	否	07.6	
2	K618+600	K619	400	地处偏僻 交通方便			4	4	8	4	4			24	易发生打孔盗油	5	3	5	4	3	3	0	5	28	无	06 外	否	07.6	
3	K158+300	K159	700	地处偏僻 交通方便			4	4			5			13	易发生打孔盗油	3	3	3	3	3	0	0	0	15	无	07 外	否	07.6	
4	K221+400	K223	1600	地处偏僻 交通方便				5				5		10	易发生打孔盗油	5	3	3	3	3	0	0	5	22	无	07 外	否	07.6	
5	K443+300	K445	1700	管道从县城穿过	5	5		5	5	4	4			28	存在潜在隐患	3	3	3	0	5	3	0	0	17	无	07 内	否	07.6	

2007年9月，某输油分公司根据股份公司企业标准《管道高后果区识别规程》对某全线高后果区识别结果进行了更新，识别结果见表4-3。

表4-3 高后果区识别结果

地区公司名称	管线名称	管道总里程 km	高后果区段总数量	高后果区段总长度，km	高后果区段合计占管道总长度的百分数，%
某输油分公司	某干线	1251.9	210	764.793	61.09
	某支线	175.132	7	32.98	18.83

由于某管道周围地形复杂，有较多穿跨越和居民区，管道沿线地区经济水平发达，造成管道全线高后果区较多，占到了全线的61.09%，加上运输产品的特殊危险性，所以某的管道管理工作责任重大。

该输油分公司完成了全线的高后果区识别工作后，对识别出的高后果区加强了管理，将其作为管道保卫科的工作重点，对管道加强了巡护和安全保卫宣传，对自然与地质灾害加强了预防性的工作，优先保障高后果区的管道安全。

五、管道风险评价

通过对可能危及管道安全运行的影响因素进行分析，识别出该管道最大威胁来自第三方破坏，打孔盗油是其中最为严重的问题，管道占压、施工破坏等对管道也有不小的破坏。对管道造成危害的第二位因素是地质灾害，主要是沿线山坡段，由于受到施工时的破坏或地质本身不稳定影响，容易造成塌方或滑坡。此外，管道腐蚀、管体本身的缺陷、水毁等对管道的破坏也不容小视。

该管道的危害识别的定性分析结果，如图4-17所示。

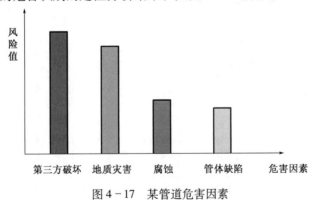

图4-17 某管道危害因素

2007 年，该管道公司委托管道研究中心对管道全线进行了风险评价，评价采用 Piramid 软件进行。风险评价给出了某全线的风险分布、人口密集点的个人风险值，并参照国外一些风险可接受标准，评估了某管道风险的可接受性。某风险评价结果如图 4-18 所示。

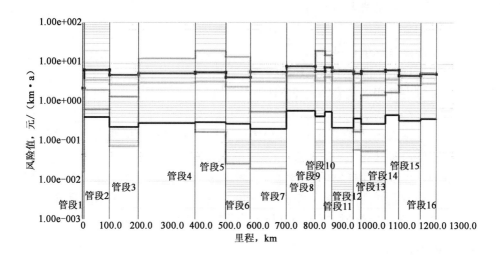

图 4-18　某风险评价结果

针对高风险段，在分析引起高风险的原因后，针对性的采取了风险控制措施。

六、完整性评价

某完整性评价工作采用了基于内检测的完整性评价方法。

某输油分公司在 2006 年就开始了管道的内检测工作，延续到 2007 年，完成了全线的内检测。管道内检测服务商为中油管道检测技术有限责任公司。该输油分公司对管道的内检测工作非常重视，进行了充分的准备工作，并为防止管道卡球做了大量的预防工作。内检测通球时，该输油分公司安排了大量人员跟球，监测内检测器的运行状况态。在顺利通球后，该输油分公司随即开展了大量的开挖验证工作，以确认内检测的精度和准确性。

内检测器的主要技术参数如下：

（1）腐蚀检测器技术指标：

—数据取样频率或距离：4.791mm

—腐蚀探头数量：52 个

—ID/OD 探头数量：26 个

—能够检测管道壁厚范围：6～12mm

—可通过最小曲率半径：1.5D×90°

（2）变形检测器技术指标：

—数据取样频率或距离：4.791mm

—变形探头数量：14 个

—可通过最小曲率半径：1.5D×90°

—通过直管变形能力：≤15%D

—通过弯头变形能力：≤10%D（1.5D 弯头）

检测结果表明，某江油—成都段遭受腐蚀较为严重，检测出大量腐蚀缺陷，其他管段腐蚀问题不太严重。

在内检测服务商提供的内检测报告的基础上，该输油分公司委托管道研究中心对检测到的缺陷进行了完整性评价。完整性评价主要采用的是 Rstreng 方法，计算确定缺陷的修复计划以及再检测周期建议。

七、维护维修

该输油分公司对一些严重缺陷进行了修复。修复采用的是 AnkoWrapTM 碳纤维补强技术。这些缺陷处内检测检出壁厚已经严重减薄，或板材有夹层，已经严重影响了管道的强度，必须进行修复。

该公司对沿线的地质灾害点建立了台账，并按照其风险大小进行了分级。由于地质灾害点会动态变化，所以这些数据需要定期更新。

对灾害点不同的风险等级，采用了不同的管理措施。其地质灾害类型有滑坡、崩塌、泥石流、水毁等，其中滑坡对管道的威胁最为严重。对严重地质灾害点进行了勘查测绘，对风险不可接受的灾害点进行了治理。较大的灾害治理工程有响河沟泥石流和东峪沟段水毁治理。

对次严重的地质灾害点，采取了监测措施。监测措施分为滑坡体检测和管体应变监测。滑坡体监测主要监测滑坡体的位移，但位移突然增大时，表示滑坡体发生了速滑，此时应该及时对管道采取保护措施。管体应变监测主要通过监测管体发生的应变来估计管体承受的附加应力。当应变监测结果突然变大时，表明管体遭受了较大变形，此时也应该及时对管道采取保护措施。

对于管道威胁最大的打孔盗油问题，采取了以下系列有效的措施进行防治：

（1）分析全线易打孔盗油点，并对这些危险点进行风险分级；

（2）对危险点采取人工职守的方式，严防死守；

（3）警民联动，借助公安力量，进行企警联防工作；

（4）与地方政府保持良好的联系和沟通，进行专项整治活动；

（5）加强技防投入，做到人防技防有机结合；

（6）采用多种形式开展管道保护宣传工作。

通过上述及其具有针对性的措施，打孔盗油的趋势得到了很好的控制。

八、效能评价

2007 年该管道完成了第一个完整性管理循环。在完整性管理循环最后一个环节，请 GE-PII 公司作为第三方，对某完整性管理系统进行了效能评价。

效能评价采用的是 GE-PII 已应用成熟的方法，在国外其他管道公司已经得到验证。

效能评价工作历时两个多月，期间 GE-PII 专家查阅了某完整性管理系统的体系文件与标准规范等资料，与相关人员访谈，了解该完整性管理系统的组织结构、完整性管理各流程的执行细节，最终提交了分析报告。

报告对某完整性管理系统表示了肯定，认为完整性管理系统已经基本建立，与管道当前的状况相适应，能够满足保证管道当前完整性状况的需要。报告也指出完整性管理系统当前的部分不足，认为完整性管理体系文件还需要经过一段时间的磨合，应用一段时间后，进行修改完善，其内检测政策也有改进的空间等。

第三节 国外案例

一、Enbridge 公司案例

1. 引言

在北美，能源及其运输是一项巨大的业务。作为世界上最大和最发达的经济体，北美消耗着世界上四分之一以上的原油产量，完善的基础设施将大量的石油及石油衍生产品输送到这个大陆的各个角落。总长度几乎达 100×10^4 km 的输油气管道将来自油田、海岸边和炼化厂的碳氢化合物输送到客户终端。这些基础设施中的很大一部分使用寿命超过了 $40 \sim 50$ 年，其中一些超过了 100 年。

这些基础设施的业主有小且产品单一的管道所有者，也有从产品源头到输送整个过程均进行综合管理的大型跨国公司。这个管道网络已经成为最经济和最可靠的能源产品运输方式。然而，在过去的 6 年时间里，发生了许多与这些油气输送基础设施有关的引人注目的事故，这些事故严重影响了公共安全以及公众对能源输送公司的看法，特别是管道运营商。

在环境保护方面，政府相关部门增加了检查频率，对那些没有遵守规则的运营商征收高额罚款。这些都给完整性管理方案增加了成本，那么业界对这些挑战做何反应呢？

下面将会集中于 Enbridge 公司的观点，即它是如何处理来自公众、政府规则制定部门和其他不断加强的公司股东监督以及他们带给输油气管道业的变化，相关评论均立足于美国和加拿大的实际情况。Enbridge 管道公司（EPI）将能源产品主要输送给北美的用户，尽管它在欧洲和南美石油运输领域也有商业业务存在。在北美，Enbridge 管道公司经营着世界上最大的原油输送系统，在美国和加拿大，Enbridge 每天大约向用户输送 32×10^4 m³ 的原油、液化天然气和石化产品。

管道设施自加拿大北部原油接收点起，一直将原油输送到美国的东北部以及这中间的其他许多地方。现在新建的设施将这条管道延伸到了美国的南部州，长达 18000 km，直径为 $254 \sim 1219$ mm 的管道构成了这一系统，这些管道的服役时间有的长达 85 年之久，有的是新建的。

2. 系统完整性方法

系统完整性是在管道运行中管理风险的结构性方法，正如在前面提及的那样，发生在美国的大量轰动性的管道事故已经改变了公众对管道输送的看法。人们也从这些事故中得到了教训，在许多领域提高了重视程度。例如，识别重要的运行风险、共同管理和责任。这就发生了一个巨大的转变，即从一个单纯的、基本的公司股东变成了一个对保护公众安全和环境负有重要责任的人。其他重要的方面包括遵守各级政府的规章制度以及大力发展完整性管理这一能够给业主管道系统带来意想不到效果的方法，现在，管道运营商已经认识到，只有注重安全，做环境的守护者，才能确保平稳运行，才能最终与环境和谐相处。所有的运营商都会碰到完整性危险，包括运输管道恶化、储存系统损伤以及系统部件失效，所有的这些危险都会导致泄漏。如果还是按照老一套的管理方法，所有的工程设施都将恶化或遭受损害。Enbridge 公司的目标就是通过以最小的运行代价确保风险控制措施得到贯彻执行，以此来预防与操作有关而引起的泄漏或破裂。

3. 系统完整性的基本要素

共同责任包括来自公司管理层应承担的义务，看得见的管理支持是系统完整性的一个基本因素。例如，有关环境、健康和安全方面的相关制度应该张贴在所有的工作场所，所有的员工，包括业务单位领导都应该积极地参与环境、健康与安全有关的委员会。应该出版与各项活动有关的季度报告，在这些领域内的公司业绩成果应该通知各位董事。

高级管理层的义务包括：及时和精确地与关系人沟通，确保达到安全、可靠和环境方面的运行目标，给执行政策、目标和方案分配资源。

另一个共同责任可通过任务说明书反映出来，任务说明书是由管理层制定和认可的，它集合了前景、义务和目标，其定义为："系统完整性和遵守规章的员工可以通过管理管道完整性、应用先进技术、遵守规则要求和引导积极变化来确保公众安全和系统可靠性"。

Enbridge 公司为实现整体管道完整性目标以及有效管理自己的责任，所使用的方法就是通过整合完整性功能。这种结构提供了一个核心的框架，公司可以通过这个框架来有效地应用技术。另外，有一个管理系统和相关程序高度发达的部门专门收集专家意见，在做出决定和分配资源时一并考虑风险因素，最终这种规定与完整性融为一体。这个部门的组织结构如图 4 - 19 所示。

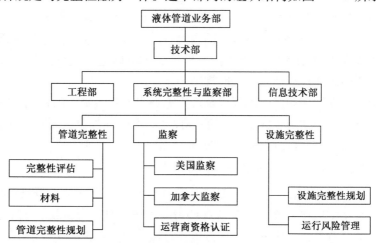

图 4 - 19　管理部门的组织结构图

技术部门又由 3 个职能单位构成，即工程部、信息技术部以及系统完整性监察部。系统完整性与监察部又细分为 3 个小的分支，即管道完整性部负责主体管道运输工作，其下属单位负责完整性评估、材料技术（包括焊接）以及管道完整性方案的实施（管道哪个地方需要修复以及现场作业）；监察部负责确保公司的活动严格符合美国和加拿大各级政府的所有操作规则以及在美国对营运者的相关资格要求；设备完整性负责泵站完整性，包括站场和储罐以及操作风险管理评估。

4. 规则和系统完整性监察

在加拿大，控制部门主要有运输安全局和国家能源局这两个基本的联邦机构以及其他的联邦机构和一些省级政府部门。在美国，这些控制部门有国家运输安全局和运输部等联邦机构，以及众多的州和其他机构。但管制环境在加拿大和美国这两个国家里却有很大的不同。例如在美国，所有的规则都规定的非常细致，甚至到管道操作要求的一些细节。现在美国有大量的相关规则，并且复杂到都规定了设备审核要每两年进行一次。而在加拿大，规则制定是以目标为中心的，很少规定得十分细致，允许通过不同的途径来达到同一个预定的目标，设备审核也只是由规则制订者认为在"需要的时候"才进行。

为使公司的活动满足这些规则的要求，必须制定相关的书面程序并使之文档化，要求全公司的员工齐心协力以完成任务目标。Enbridge 公司通过不断的完善和升级或改版一系列的文档，包括运行和维护程序，来满足这些规则的要求。例如，公司编制了一系列的手册（总共 7 本）来规定有关安全、站场操作、焊接和检测标准等方面的内容。其他的文档包括完整性管理计划、建设规范以及工程和环境标准等。另外，公司也制定了大量的规范和标准，他们通常被引用并被包括在相关的规则中。

工业协会在发展和修改规范以及规则方面也发挥着重要的作用。在北美，这些重要的协会包括加拿大能源管道协会（CEPA）、加拿大石油生产商协会（CAPP）、美国石油管道协会（AOPL）、美国州际天然气协会（INGAA）。

5. 完整性管理方案的基本要素

Enbridge 公司的系统完整性管理方案包括所有集合在公司管理过程中的工具、技术、文档和策略，不断对这些过程进行评估，以确保公司的运作方法是有效的。总之，这些方法包括政策、目标、观点和管理支持。

Enbridge 公司遵守各种规则的一个重要组成部分涉及人员培训及其文档

化。美国的联邦法规要求公司必须制定一个培训计划来确保所有的员工是合格的、技术熟练的，使得他们在管道系统中，无论是操作程序还是维修设备，都能做到合格。

尽管各种规则在不断地变化之中，但是运营商必须确保执行的是最新、最近的规定。公司应该监控这些规则，对其变动的部分做详细的分析，并通知相关人员。除了变更管理程序之外，还应该有文档化的计划、规范和方案。

Enbridge 公司的管道管理方案是基于在管道生命周期内应用风险控制措施的基础上建立起来的。控制措施从一开始就与预防灾害结合在一起。在整个系统使用寿命期内，不停地监控来判断什么地方发生了恶化或损伤，并采取预先计划好的补救措施来确保不间断、不停输、安全和有效的运行。

公司通过制定一系列的预防措施将系统失效风险降低到最低，即对管道日常运行精心计划安排、选择合适的建造材料、通过设计减轻运行应力、精心施工安装、自管道开始建设起，就对进入管道系统的所有产品就其规范符合性进行监控。

为了检验系统完整性的效果，Enbridge 公司应用了许多技术来监控这个系统，包括空中巡逻、在管道系统控制中心进行压力控制和泄漏监测，以及对管段进行风险评价。其他的直接监控技术包括内检测（ILI）、阴极保护监测、河流穿越检查、倾斜稳定性评估、缺陷开挖和评估以及储罐检查。

为减缓风险，运用工程计算和风险评价技术对监控出来的恶化和损伤进行分类，针对那些不可接受的缺陷进行修复。任何遗留下来的问题都必须控制在足够安全的范围之内，并为以后可能的修复进行监控和调查。

有的补救措施可以帮助运营商降低风险，如换管、适当降低当前运行压力直至修复完成、外防腐层修复、向输送介质中注入缓蚀剂以最大限度地降低内部腐蚀缺陷等。其他延长设施使用寿命的方法有管段水压试验、改变管道压力波动频率，特别是对出现了疲劳开裂增长缺陷的液体管道系统尤其有效。

随着检测精度的提高和数据存储量的扩大，缺陷识别能力大大提高。例如可以从管道智能内检测器得到大量的数据，这就给管道运营商带来了新的挑战。若管理有方，则可以用这些数据对新技术进行验证，并识别新的危害。对这些数据进行分析和追踪，必将提高完整性方案的整体有效性，如果需要实现这种提高，就可对相关的规范和操作程序进行修改。

Enbridge 公司通过监控和确保管道系统安全和有效运行以及大量的预防

维修方案来评估系统完整性。在业界，该公司引领了系统完整性潮流，并处于领导地位。Enbridge 公司通过以下手段奠定了自己在业界中的地位，即执行严格的完整性维护方案，参与制定国家标准，资助工业标准的制定，积极参与相关知识交流的论坛，从事及支持相关研究。

通过实施一系列创新方案，Enbridge 公司在业界已经树立了良好的形象，十分经济地延长了管道的寿命，并为用户提供了可靠的服务。

二、TCPL 公司案例

合并后的加拿大 TCPL（横贯管道公司）公司目前运营着从英国到魁北克等五省大约 38000km 的管网设施，为 900 多家天然气生产用户和地方配气公司及下游的主要工业用户提供服务。管道沿线涉及 21000 个土地所有者的安全和切身利益。为了确保管道的安全运行，维护环境和公众健康，TCPL 公司研发了现在的风险和完整性管理程序（PRIME）。TCPL 公司的检测计划对比如图 4-20 所示。

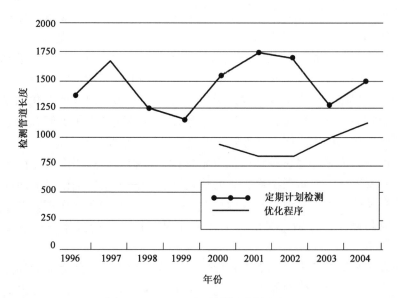

图 4-20　TCPL 公司的检测计划对比

该程序的基本方法完全符合加拿大风险管理指南（CRA guideline for risk assessment）的要求，其构成如下：

建立了相应的基础数据库。开发这套程序的大部分资金主要用于对各种数据的收集与处理，这些数据涉及以下各类：管道的性能、套管、涂层、浮土配重、土壤、穿跨越、阀门、故障频率、后果、风险、输量、计量站、压缩机站、单体构件、公共聚集区、环境敏感区域、机械损伤、管道着火概率、压力试验、内检测、开挖、维修、事故等。

针对识别出的每一种可导致故障发生的风险因素（内外腐蚀、应力腐蚀开裂、机械损伤、岩土载荷）建立了以下几种模型：

（1）外部腐蚀模型：包括涂层类型、周围土壤类型、排水情况、由此类原因造成故障的历史记录、根据检测数据评定出年度每米管道的故障频率及相似的特征，将故障类型适当的分组，即可预报和推断管道在最大操作压力下泄漏的概率。

（2）应力腐蚀开裂模型：根据管材、涂层状况及土壤参数对应力腐蚀开裂故障进行分类，根据管道实际发生的故障情况和压力试验获得的故障记录来确定故障频率，这些数据是通过对管道主干线 2000 次以上的实地开挖和 200 次以上的压力试验所获得的。

（3）地质灾害模型：风险评价系统中将地质灾害大致分为河流冲刷或滑坡。目前认为只有滑坡是可分析建模推导的。

（4）机械损伤模型：根据国际管道研究委员会（PRCI）研发的"机械损伤模型"确定了破裂的计算方法。故障频率取决于"机械损伤模型"中包括的人口密度、土地利用、埋深、公众警示、管道参数、检测频率及管道标识等。

针对各种故障发生之后将产生的后果建立了以下后果模型：

（1）人身安全；

（2）用户反应；

（3）公众认知；

（4）环境；

（5）法规；

（6）经济损失。

该程序体系结构为：

首先进行风险评价，其运行过程是先读取数据库中的数据，再使用故障频率和后果模型进行分析并将结果输出，最后给出管道在每个长度单元上的风险情况；这些过程均采用相应的软件进行自动化逐层、汇总处理，以确保管道状况信息能即时嵌入模型，并可对来自不同管段的风险情况进行比较。风险评价结果使用程序如图 4-21 所示。

图 4-21　风险评价结果使用程序

在完成了风险评价后，该系统采用图 4-22 的方法对评价结果进行校准。完成校准之后便进入决策分析。根据这些情况和分析的结果，利用决策模型决定最终优化的完整性程序，并将这些信息反馈到数据库和故障频率模型中，使之得以持续地进行过程的改进和精练。

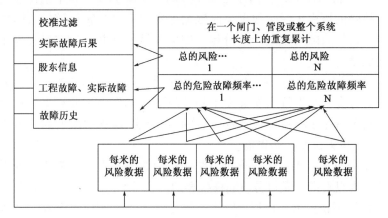

图 4-22　风险评价的验证与校准方法

完整性程序中，检测和减缓风险措施通常采用如下几种方法：

（1）内检测；

（2）压力试验；

（3）开挖调查；

（4）大规模的涂层修复；

（5）换管；

（6）地质灾害监测和防治。

TCPL 公司正是采用这种高结构化的、定量的、基于风险评价方法的管道完整性评价系统，以米为单位地对其 38000km 的管网进行完整性评价，广泛地参照管道、环境和股东信息以及各种模型来评估潜在的风险及后果，以此来评定项目成本和受益情况，使其达到平衡和优化。

附　　录

附录1　完整性管理法规标准目录

一、概述

完整性管理法规标准体系是完整性管理体系的支持系统，包括完整性管理相关的国家政策、法规、标准和经验做法等。

专业公司负责对《完整性管理法规标准体系》进行持续更新，确保完整性管理符合政府要求和尽可能采用最优的技术和做法。

标准规定了工作的内容和要求（一部分标准还给出了具体的工作方法），能为实际工作提供良好的指导。标准的格式及内容的一般规定可参见 GB/T 1《标准化工作导则》系列标准，以及 GB/T 20000 系列标准，通常用的较多的是 GB/T 1.1—2009《标准的结构和编写》，其中对语言和格式做出了详细的要求；GB/T 20000.2—2009《标准化工作指南　第2部分：采用国际标准的规则》，其中对转化国外标准提出了详细的要求。

按照标准的强制性程度，标准可分为强制性标准和推荐性标准（标准号含"/T"），强制性标准在生产过程中要求强制遵守，推荐性标准则是推荐使用。

按照标准的级别，标准可分为：

（1）国际标准，标准号以 GB 开头；

（2）行业标准，石油行业标准号以 SY 开头；

（3）企业标准，中石油企业标准号以 Q/SY 开头，还有管道分公司的标准，以 Q/SY GD 开头；

（4）国际标准，公认的国际标准有 ISO 标准和 IEC 标准，石油行业比较先进的其他国际及国外标准有 API（美国石油学会）标准、ASME（美国机械工程师协会）标准、NACE（美国腐蚀工程师协会）标准、BS（英国标准）标准以及 DNV（挪威船级社）标准等。

管道行业转化了国外一些组织和协会大量先进的标准为石油行业标准，如 API 和 NACE 等，其中与完整性管理密切相关的有 ASME B31.8S《输气管道系统完整性管理》，采标为 SY/T 6621—2005《输气管道完整性管理》，API 1160《危险液体管道的完整性管理》，采标为 SY/T 6648—2006《危险液体管道的完整性管理》等。

法律法规都是强制要求遵守的，包括全国人民代表大会立法的法律和国务院各行政部门颁布的法规。国内与管道运营最相关的法规是《石油天然气管道保护条例》。另外，《能源法》也在起草中。

下面给出了与管道完整性管理密切相关的国内法律法规和标准规范。这些标准已经在专业公司网上发布，需要时可到以下网址查询：

http：//www. petrochina/sites/NGP/PMD/default. aspx

二、国内管道法规及政令

（1）中华人民共和国安全生产法（2002 年 6 月 29 日第九届全国人民代表大会常务委员会第二十八次会议通过）。

（2）关于石油天然气管道技术检测检验工作的批复（安监管技装字〔2001〕53 号）。

（3）化工企业压力管道管理规定（1995 年 12 月 20 日，化工部）。

（4）国家质量监督检验检疫总局关于印发《锅炉压力容器压力管道特种设备无损检测单位监督管理办法》的通知（2001 年 10 月 16 日国质检锅〔2001〕148 号）。

（5）石油天然气管道保护条例（中华人民共和国国务院令 第 313 号）。

（6）石油天然气管道安全监督与管理暂行规定（中华人民共和国国家经济贸易委员会令第 17 号）。

（7）特种设备安全监察条例（中华人民共和国国务院令第 373 号）。

（8）特种设备检验检测机构管理规定（2003 年 8 月 8 日，国质检锅〔2003〕249 号）。

（9）《压力管道安全管理与监察规定》解析，劳动部职锅局压力管道安全监察处。

（10）国家质量监督检验检疫总局关于印发《在用工业管道定期检验规

程》（试行）的通知（2003 年 4 月 17 日国质检锅〔2003〕108 号）。

（11）锅炉压力容器压力管道焊工考试与管理规则（2002 年国质检锅〔2002〕109 号）。

（12）锅炉压力容器压力管道特种设备无损检测单位监督管理办法（2001 年国质检锅〔2001〕148 号）。

（13）压力管道使用登记管理规则（试行）劳部发〔1993〕442 号（2003 年国质检锅〔2003〕23 号）。

（14）压力容器压力管道设计单位资格许可管理规则代 LD12—92（2002 年国质检锅〔2002〕235 号）。

（15）锅炉压力容器压力管道及特种设备检验人员资格考核规则代 LD5—88（质技监锅发 222 号-99）。

（16）锅炉化学清洗规则（质技监局锅发 215 号—99）。

（17）锅炉压力容器管道及特种设备检验人员资料考核规则（质技监局锅发 222 号—99）。

（18）压力管道文件汇编——压力管道设计单位资格认证与管理办法（质技监局锅发 272 号—99）。

（19）锅炉压力容器管道及特种设备检验人员资料考核规则解释（质技监局锅发 58 号—99）。

（20）压力管道文件汇编——压力管道元件制造单位安全注册与管理办法（质技监局锅发 7 号—2000）。

（21）压力管道安装单位资格认可实施细则（质技监局锅发 99 号—2000）。

（22）锅炉压力容器压力管道特种设备安全监察行政处罚规定（CS14 令—2001）。

（23）锅炉压力容器压力管道特种设备无损检测单位资格审查实施指南（试行）（CS25—2002）。

（24）锅炉压力容器压力管道特种设备事故处理规定（CS2 令—2001）。

（25）压力管道使用登记管理规则——征求意见稿（CS88—2002）。

三、国内相关标准

1. 完整性管理类

SY/T 6621—2005 输气管道系统完整性管理

SY/T 6631—2005 危害辨识、风险评价和风险控制推荐作法

SY/T 6648—2006 危险液体的管道完整性管理

Q/SY 0063—2001 事故管理规定

2. 管道腐蚀与防护技术标准

GB/T 50393—2008 钢质石油储罐防腐蚀工程技术规范

SY/T 0061—2004 埋地钢质管道外壁有机防腐层技术规范

SY/T 0063—1999 管道防腐层检漏试验方法

SY/T 0066—1999 管道防腐层厚度的无损测量方法（磁性法）

SY/T 0086—2003 阴极保护管道的电绝缘标准

SY/T 0088—2006 钢制储罐罐底外壁阴极保护技术标准

SY/T 0457—2010 钢质管道液体环氧涂料内防腐层技术标准

SY/T 0315—2005 钢质管道熔结环氧粉末外涂层技术规范

SY/T 0319—1998 钢制储罐液体环氧涂料内防腐层技术标准

SY/T 0320—2010 钢制储罐外防腐层技术标准

SY/T 0326—2002 钢制储罐内衬环氧玻璃钢技术标准

SY/T 0032—2000 埋地钢质管道交流排流保护技术标准

SY/T 0328—2004 管道焊口内喷焊防腐技术标准

SY/T 0329—2004 大型油罐基础检测方法

SY/T 0379—1998 埋地钢质管道煤焦油瓷漆防腐层技术标准

SY/T 0407—1997 涂装前钢材表面预处理规范

SY/T 0414—2007 钢质管道聚乙烯胶粘带防腐层技术标准

SY/T 0415—1996 埋地钢制管道硬质聚氨脂泡沫塑料防腐保温层技术标准

SY/T 0420—1997 埋地钢质管道石油沥青防腐层技术标准

SY/T 0442—2010 钢质管道熔结环氧粉末内涂层技术标准

SY/T 4109—2005 石油天然气钢质管道无损检测

SY/T 0447—1996 埋地钢质管道环氧煤沥青防腐层技术标准

SY/T 0526.1～0526.22—1993 煤焦油瓷漆覆盖层

SY/T 4105—2005 钢制储罐无溶剂聚氨酯涂料内防腐层技术规范

SY/T 4106—2005 管道无溶剂聚氨酯涂料内外防腐层技术规范

SY/T 4107—2005 复合防腐层各层厚度破坏性测量方法

SY/T 5919—2009 埋地钢质管道阴极保护技术管理规程

SY/T 6530—2010 非腐蚀性气体输送用管线管内涂层

SY/T 6536—2002 钢质水罐内壁阴极保护技术规范

DL 474.1～474.6—2006 现场绝缘试验实施导则

Q/SY 29.1—2002 区域性阴极保护技术规范　第 1 部分：设计

Q/SY 29.2—2002 区域性阴极保护技术规范　第 2 部分：施工及验收

Q/SY 29.3—2002 区域性阴极保护技术规范　第 3 部分：运行管理

Q/SY GD0014—2001 输油泵站电能平衡测试方法

Q/SY GD0011—2001 管道干线电法保护操作规程

Q/SY GD0171—2005 强力纤维型热收缩带技术标准

3. 在役管道管体及防腐层检测、评价、评估技术标准

GB/T 8174—2008 设备及管道保温效果的测试与评价

GB/T 16705—1996 环境污染类别代码

GB/T 16706—1996 环境污染类别代码

GB/T 16805—2009 液体石油管道压力试验

GB/T 17357—2008 设备及管道绝热层表面热损失现场测定　热流计法和表面温度法

SY/T 0029—1998 埋地钢质检查片腐蚀速率测试方法

SY/T 0055—2003 长距离输油输气管道测量规范

SY/T 0455—2004 球形储罐 γ 射线全景曝光检测标准

SY 4056—1993 石油天然气钢质管道环焊缝射线照相及质量分级

SY/T 4109—2005 石油天然气钢质管道无损检测

SY/T 0480—2010 管道、储罐渗漏检测方法标准

SY/T 5992—1994 输送钢管静水压爆破试验方法

SY/T 6151—2009 钢质管道管体腐蚀损伤评价方法

SY/T 6368—1998 地下金属管道防腐层检漏仪

SY/T 6477—2000 含缺陷油气输送管道剩余强度评价方法　第 1 部分：体积型缺陷

SY/T 6499—2010 泄压装置的检测

SY/T 6507—2010 压力容器检验规范　维护检验、定级、修理改造

SY/T 6552—2003 石油工业在用压力容器检验的推荐作法

SY/T 6553—2003 管道检验规范　在用管道系统检验、修理、改造和再定级

SY/T 6597—2004 钢质管道内检测技术规范

SY/T 10048—2003 腐蚀管道评估的推荐作法

SY/T 10050—2004 环境条件和环境荷载规范

Q/SY 93—2004 天然气管道检验规程

4. 管道及储运设施维（抢）修技术标准

SY/T 0330—2004 现役管道的不停输移动推荐作法

SY/T 0452—2002 石油天然气金属管道焊接工艺评定

SY/T 5858—2004 石油工业动火作业安全规程

SY/T 5918—2004 埋地钢质管道外防腐层修复技术规范

SY/T 5921—2000 立式圆筒形钢制焊接油罐大修理技术规范

SY/T 6150.1—2003 钢制管道封堵技术规程 第一部分：塞式、筒式封堵

SY/T 6150.2—2003 钢制管道封堵技术规程 第二部分：挡板—囊式封堵

SY/T 6217—2010 长输管道输油设备维修劳动定额

SY/T 6470—2000 输油气管道通用阀门操作、维护、检修规程

SY/T 6507—2010 压力容器检验规范 维护检验、定级、修理改造

SY/T 6514—2010 罐底热作业准备

SY 6516—2010 石油工业电焊焊接作业安全规程

SY/T 6554—2003 在用设备的焊接或热分接程序

SY/T 6555—2003 易燃或可燃液体移动罐的清洗

CJJ 51—2006 城镇燃气设施运行，维护和抢修安全技术规程

Q/SY 64—2003 输油气管道动火管理规范

Q/SY GD0008—2001 油气管道管理与维护规程

Q/SY GD0009—2001 输油（气）站工艺管道维护管理规定

Q/SY GD0026—2001 主要设备完好标准

Q/SY GD0028.2—2001ZM 型输油泵机组维护保养规程

Q/SY GD0028.2—2001ZM 型输油泵机组维护保养规程

Q/SY GD0027—2001 主要设备修理复杂系数

Q/SY GD0071—2002 长输原油管道破损抢修作业技术规程

Q/SY GD0081.2—2002KSY 型输油泵机组技术规范 第 2 部分：操作维护保养规程

Q/SY GD0081.3—2002KSY 型输油泵机组技术规范 第 3 部分：大修理规程

Q/SY GD0082.2—2002D 型输油泵机组维护保养规程

Q/SY GD0082.3—2002D 型输油泵机组修理规程

Q/SY GD0083—2002SMI 型输油泵机组操作维护保养及修理规程

Q/SY GD0084—2002LN 型泵机组操作维护保养及修理规程

Q/SY GD0085—2002 浸没式防爆电泵操作、维护保养规程

Q/SY GD0086—2002AGCO 高压泄压阀维护保养规程

Q/SY GD0087—2002 丹尼尔水击泄压阀与 4020 型氮气控制盘使用维护规程

Q/SY GD0088—2002 格老夫［GROVF］887 型水击泄放阀与 K40101300 控制盘维护保养规程

Q/SY GD0089—2002 电动阀门执行器使用操作维护规程

Q/SY GD0090—2002 燃煤热煤炉操作维护保养规程

Q/SY GD0091—2002 GW5000－Y/6.4－Y2 直接式加热炉运行操作及维护保养规程

Q/SY GD0092—2002 GW1250（800）－S/0.8－Y2 热水炉运行操作维护及保养规程

Q/SY GD0094—2002 PLENTY 油罐搅拌器维护保养规程

Q/SY GD0095.2—2002 L7042GSI/2HOS－1 型天然气发动机/往复式压缩机维护保养规程

Q/SY GD0096.2—2002 16SGT/MH64 型天然气发动机—往复式压缩机组维护保养规程

Q/SY GD0097.2—2002 变频调速驱动系统维护检修规程

Q/SY GD0098—2002 长输管道电气设备预防性试验规程

Q/SY GD0103—2002 UNIFLOW 超声波流量计使用维护规程

Q/SY GD0104—2002 莫普瑞（MOBREY）锅炉液位调节执行机构使用维护规程

Q/SY GD0106—2002 机泵运行监控装置检定规程

Q/SY GD0167—2005 长输管道维抢修设备机具技术规范

Q/SY GD0170—2005 油气管道三穿部位加固防护标准

5. 管道设备（设施）的检测、评估与管理

GB/T 15135—2002 燃气轮机词汇

GB/T 17357—2008 设备及管道绝热层表面热损失现场测定　热流计法和表面温度法

SY 0031—2004 石油工业用加热炉安全规程

SY/T 0538—2004 管式加热炉规范

SY/T 5262—2009 火筒式加热炉规范

SY/T 6620—2005 油罐检验、修理、改建和翻建

DL/T 573—2010 电力变压器检修导则

DL/T 596—1996 电力设备预防性试验规程

DL/T 620—1997 交流电气装置的过电压保护和绝缘配合

DL/T 624—2010 继电保护微机型试验装置技术条件

DL/T 641—2005 电站阀门电动执行机构

DL/T 642—1997 隔爆型阀门电动装置

Q/SY 96—2004 油气管道电气设备检修规程

Q/SY 97—2004 燃气轮机离心式天然气压缩机组技术规范

Q/SY GD0019.1—2001 DN 型管道封堵器操作规程

Q/SY GD0019.2—2001 DN 型管道封堵器维护保养规程

Q/SY GD0020—2001 容积式流量计运行操作和维护保养规程

Q/SY GD0038—2001 加热炉维护保养规程

Q/SY GD0039—2001 加热炉修理规程

Q/SY GD0040.1—2001 立式圆筒形钢制焊接原油罐操作规程

Q/SY GD0040.2—2001 立式圆筒形钢制焊接原油罐维护保养规程

Q/SY GD0040.3—2001 立式圆筒形钢制焊接原油罐修理规程

Q/SY GD0041—2001 换热器检修规程

Q/SY GD0042—2001 燃气轮机离心式天然气压缩机组运行操作规程

Q/SY GD0043—2001 离心式天然气压缩机检查和维护技术规程

Q/SY GD0044—2001 燃气轮机离心式天然气压缩机组安全技术规程

Q/SY GD0045—2001 燃气轮机检查和维护技术规程

Q/SY GD0049—2001 LL 型立式腰轮流量计大修理规程

Q/SY GD0054—2001 HC 型调速滑差离合器操作及保养规程

Q/SY GD0056—2001 长输管道电气设备检修规程

Q/SY GD0058—2001 输配电线路检修规程

Q/SY GD0059—2001 架空送（配）电线路运行维护规程

Q/SY GD0159—2004 LGFD 系列螺杆式压缩机运行操作及维护保养规程

Q/SY GD0160—2004 柴油发电机操作及维护保养规程

Q/SY GD0161—2004 输油气管道电气工作管理规程

Q/SY GD0166—2005 RMG 调压装置操作维护保养规程

Q/SY GD0168—2005 燃气发电机组操作维护保养规程

ISO 14224：1999（E）石油天然气工业设备可靠性和维修数据的采集和交换

GB/T 19873—2005 机械状态监测与诊断振动状态监测

SY/T 6507—2000 压力容器检验规范维护检验定级修理和改造

6. 安全、环境管理

GB 13347—2010 石油气体管道阻火器

GB 13348—2009 液体石油产品静电安全规程

GB/T 15599—2009 石油与石油设施雷电安全规范

GB/T 18345.1—2001 燃气轮机　烟气排放　第 1 部分：测量与评估

GB/T 18345.2—2001 燃气轮机　烟气排放　第 2 部分：排放的自动监测

GB 18484—2001 危险废物焚烧污染控制标准

GB 18597—2001 危险废物贮存污染控制标准

GB 18598—2001 危险废物填埋污染控制标准

GB/T 16705—1996 环境污染类别代码

GB/T 16706—1996 环境污染类别代码

GB 50351—2005 储罐区防火堤设计规范

SY 0031—2004 石油工业用加热炉安全规程

SY 4081—1995 钢制球形储罐抗震鉴定技术标准

SY 5719—2006 天然气凝液安全规定

SY/T 5737—2004 原油管道输送安全规程

SY 2005—1993 油田专用湿蒸汽发生器安全规定

SY 5856—2010 油气田带电作业安全规程

SY/T 5858—2004 石油工业动火作业安全规程

SY 5984—2007 油（气）田容器、管道和装卸设施接地装置安全检查规定

SY 5985—2007 液化石油气安全管理规程

SY/T 5920—2007 原油及轻烃站（库）运行管理规范

SY/T 6068—2008 油气管道架空部分及其附属设施维护保养规程

SY/T 6064—2011 管道干线标记设置技术规定

SY 6186—2007 石油天然气管道安全规程

SY/T 6229—2007 初期灭火及救援训练规程

SY/T 6284—2008 石油企业职业危害工作场所监测、评价规范

SY/T 6306—2008 常压储罐的灭火处理

SY/T 6308—1997 油田爆破器材安全使用推荐作法

SY/T 6319—2008 防止静电、闪电和杂散电流引燃的措施

SY 6320—2008 陆上油气田油气集输安全规程

SY/T 6069—2005 油气管道仪表及自动化系统运行技术规范

SY/T 6325—2011 输油气管道电气设备管理规范

SY/T 6340—2010 防静电推荐做法

SY/T 6344—2010 易燃和可燃液体规范

SY 6355—2010 石油天然气生产专用安全标志

SY 6444—2010 石油工程建设施工安全规定

SY 6137—2005 含硫化氢的油气生产和天然气处理装置作业推荐作法

SY 6186—2007 石油天然气管道安全规程

SY 6503—2008 石油天然气工程可燃气体检测报警系统安全技术规范

SY/T 6517—2010 石油设施储罐过量充装的防护

SY/T 6524—2010 石油工业作业场所劳动防护用具配备要求

SY/T 6529—2010 原油库固定式消防系统运行规范

SY/T 6556—2003 大型地面常压储罐防火和灭火

SY/T 6557—2011 石油工业防火用水喷淋系统应用指南

SY 6014—2010 石油地质实验室安全规程

SY/T 6606—2004 石油工业工程技术服务承包商健康安全环境管理基本要求

SY/T 6607—2011 石油天然气行业建设项目（工程）安全预评价报告编写细则

SY/T 6609—2004 环境、健康和安全（EHS）管理体系模式

SY/T 10045—2003 工业生产过程中安全仪表系统的应用

JGJ 46—2005 施工现场临时用电安全技术规范（附条文说明）

DB 11/109—1998 锅炉大气污染物排放标准

DB 11/139—2002 锅炉污染物综合排放标准

DB 12‐091—1998 易燃易爆化学物品运输车辆消防安全技术条件

DB 21‐59—1989 辽宁省沿海地区污水直接排入海域标准

DB 21‐60—1989 辽宁省污水与废气排放标准

DB 21/T 1209—2000 防排烟系统检验规程

DB 23/485—1998 黑龙江省地面水水域功能区划和水环境质量补充标准

DB 23/486—1998 黑龙江省环境空气质量功能区划

DB 42/168—1999 湖北省府河流域氯化物排放标准

DB 44/26—2001 水污染物排放限值

DB 44 27—1989 大气污染物排放标准

DB 44/27 2001 大气污染物排放限值

Q/SY 65—2003 原油天然气管道安全生产检查规范

Q/SY 74—2003 健康工作管理指南

Q/SY 95—2004 油气管道储运设施有限空间作业安全规范

Q/SY 129—2005 输油气站消防设施设置及灭火器材配备管理规范

Q/SY 130—2005 输油气管道应急救护规范

Q/SY 134—2005 石油化工管道安全标志色管理规范

Q/SY 135—2005 安全检查表编制指南

Q/SY 136—2005 生产作业现场应急物品配备规范

Q/SY 147—2005 长输管道工程建设施工干扰区域生态恢复技术规范

Q/SY GD0021—2001 油气管道防汛管理规程

Q/SY GD0060—2001 管道分公司安全生产管理规定

Q/SY GD0061—2001 原油管道生产运行安全规定

Q/SY GD0062—2001 天然气输送管道安全管理规程

Q/SY GD0063—2001 事故管理规定

Q/SY GD0064—2001 灭火器配置规范

Q/SY GD0065—2001 管道输油气生产环境保护规定

Q/SY GD0066—2001 管道分公司环境保护管理规定

Q/SY GD0067—2001 管道工程施工环境保护规定

Q/SY GD0068—2001 建设项目环境保护管理规定

Q/SY GD0069—2001 压力容器安全管理规程

Q/SY GD0070—2001 锅炉安全管理规程

Q/SY GD0107—2002 成品油管道生产运行安全规定

Q/SY GD0108—2002 油气管道施工安全管理规定

Q/SY GD0109—2002 可燃气体检测报警器使用管理规程

Q/SY GD0110—2002 固定式泡沫灭火系统和固定式冷却水喷淋系统运行
与维护规程

Q/SY GD0111—2002 INERGEN 气体自动灭火系统运行与维护规程

附录2　缩略语

AC：Audit Client 审核委托方

AC：Audit Conclusion 审核结论

AC：Audit Criteria 审核准则

ACVG：Alternating Current Voltage Gradient 交流电位梯度法

AE：Audit Evidence 审核证据

AE：Technical Expert 技术专家

AF：Audit Findings 审核发现

AIM：Asset Integrity Management　资产完整性管理

AMS：Asset Management System 资产管理系统

AOPL：Association Of The United States Oil Pipeline 美国石油管道协会

AP：Audit Plan 审核计划

AP：Audit Programme 审核方案

API：American Petroleum Institute 美国石油协会

API：American Petroleum Institute 美国石油学会

AS：Allowable Stress 许用应力法

AS：Audit Scope 审核范围

ASME：American Society Of Mechanical Engineers 美国机械工程师协会

ASME：American Society Of Mechanical Engineers 美国机械工程师协会

ASTM：American Society For Testing Materials 美国测试材料协会

Audit Team：审核组

Audit：审核

Auditee：受审核方

Auditor：审核员

Benchmarking：对标

BPCS：Basic Process Control System 基础过程控制系统

BS：British Standards 英国标准

CA：Criticality Analysis 危险性分析（致使度分析）

CA：Class Area 地区等级

CAPP：Canadian Association Of Petroleum Producers　加拿大石油生产商协会

CCTV：Close-Circuit Television 闭路电视

CEGB：Central Electricity Generating Board（英国）中央电力局

CEPA：Canadian Energy Pipeline Association 加拿大能源管道协会

CIPS：Close Interval Potential Survey 密间距极化电位

CIS：Close Interval Survey 密间隔电位检测

CMMS：Computer Maintenance Management System 计算机维修管理系统

COF：Consequence Of Failure 失效后果

Competence：能力

DA：Data Acquisition 数据采集

DAC：Damped Alternating Current 交流电流衰减测量（电磁法）

DC：Diagnostic Coverage 诊断覆盖率

DCVG：Direct Current Voltage Gradient 直流电位梯度法

DF：Dangerous Failure 危险性故障

DMSIF：Demand Mode Safety Instrumented Function 需求模式安全仪表功能

DNV：Det Norske Veritas 挪威船级社

DOT：Department Of Transportation 运输部

E/E/PES：Electrical/Electronic/Programmable Electronic Systems 电气/电子/可编程电子系统

EC：External Corrosion 外部腐蚀

ECDA：External Corrosion Direct Assessment 腐蚀直接评价方法

EGIG：European Gas Pipeline Incident Data Group 欧洲输气管道事故数据组织

EMAT：Electromagnetic Acoustic Transducer 电磁声波传感检测技术

EMAT：Electromagnetic Acoustic Transducers 电磁声学传感器

ER：Resistivity Method 电阻法

ERF：Estimated Repair Factor 预维修评估比

ESD：Emergency Shut Down 紧急停车系统

ETA：Event Tree Analysis 事件树分析法

FAD：Failure Assessment Diagram 失效评估图

FF：Folios Factor 膨胀系数

FMEA：Failure Mode &Effect Analysis 进行故障模式及影响分析

FMEA：Failure Mode，Effect Analysis 失效模式与影响分析

FMECA：Failure Mode 、Effect & Criticality Analysis　失效模式、影响和致命度分析

FMECA：Failure Mode，Effects，And Criticality Analysis 故障类型、影响和致命度分析

FP：Failure Probability 失效概率

FSC：Failure Safety Control 故障安全控制系统

FSI：Functionally Significant Item 筛选出重要功能产品

FTA：Failure Tree Analysis 故障树分析

GIS：Geographic Information System 地理信息系统

GPS：Global Positioning System 全球位置测定系统

GRA：Guideline For Risk Assessment 风险管理指南

HAZOP：Hazard And Operability Study 危险和操作性研究

HAZOP：Hazard And Operability 危险与可操作性分析

HCAs：High Consequence Areas 高后果区

HCAs：High Consequence Areas 高后果区

HSE：Health Safety Environment 健康、安全和环境标准与程序

HVP：High Vapor Pressure 高蒸汽压

IC：Interior Corrosion 内部腐蚀

ICT：Industrial Computed Tomography 工业计算机断层扫描成像技术

ID：Inside Diameter 内径

INGAA：Interstate Natural Gas Association Of America 美国洲际天然气协会

IPI：Internal Pigging Inspection 内检测

IS：Identified Site 特定场所

KPI：Key Performance Indicator 关键绩效指标

LBB：Leak Before Break 先漏后破准则

LEFM：Linear Elastic Fracture Mechanics 线弹性断裂力学

LPR：Linear Polarization Resistance 线性极化电阻法

LVP：Low Vapor Pressure 低蒸汽压

MFL：Magnetic Flux Leakage 磁通检测器

MOC：Management Of Control 变更管理

NACE：National Association Of Corrosion Engineers 美国腐蚀工程师协会

OD：Outside Diameter 外径

ODTR：Optical Time Domain Reflectormetre 光时域反射原理

P&ID：Process & Instrument Flow Diagram　工艺仪表流程图

PA：Performance Assessment 效能评价

PA：Physical Assets 有形资产

PCM：Pipeline Current Mapping 管中电流法

PFD：Probability Of Failure On Demand 期望故障率

PFD：Process Flow Diagram 工艺流程图

PHA：Preliminary Hazard Analysis 预先危害性分析

PIM：Pipeline Integrity Management 完整性管理

PIMS：Performance Of Integrity Management System 管道完整性管理效能

PIMS：Pipeline Integrity Management System 管道完整性管理系统

PIS：Process Industry Sector 工业生产过程部门

PIZ：Potential Impact Zone 潜在影响区

PL：Protection Layer 保护层

PLC：Programmer Logic Controller 编程逻辑控制器（PLC）

POF：Probability Of Failure 失效概率

PRA：Probability Risk Analysis 概率风险评价

PRCI：International Committee Of The Pipeline Research 管道研究国际委员会

PRCI：Pipeline Research Council International 国际管道研究委员会

PRIME：Programmer Of Risk And Integrity Management Procedures 风险和完整性管理程序

PSAT：Pre-Start Approbate Test 预启动认可试验

PSF：Partials Safety Factor 分安全系数法

PSFF：Primary And Secondary Failure Frequencies 分类失效频率

PSM：Process Safety Management（高度危险化学品处理过程的）安全管理

PSSR：Pre-Start Safety 预启功安全检查

QRA：Quantitative Risk Assessment 量化风险评价

RBI：Risk-Based Inspection 基于风险的检验

RBM：Risk-Based Maintenance 基于风险的维护

RCM：Reliability Centered Maintenance 以可靠性为中心的维修

Reliability：可靠度

RIMAP：Risk Based Inspection And Maintenance Procedures For European Industry 欧洲工业基于风险的检验和维修程序

SBC：Sub Branch Company　地区公司

SCADA：Supervisory Control And Data Acquisition 自控系统和数据采集

SCC：Stress Corrosion Cracking 应力腐蚀开裂

SCC：Stress Corrosion Cracking 应力腐蚀开裂

SCL：Safety Check List 安全检查表

SIF：Safety Instrumented Function 安全仪表功能

SIL：Safety Integrity Level 安全完整性等级

SIS：Safety Instrumented System 安全仪表系统

SIS：Safety Interlock System 安全联锁系统

SLC：Safety Life Cycle 安全生命周期

SLDC：Single Loop Digital Controller 单回路数字控制器

SMYS：Specified Minimum Yield Strength 管材公称最小屈服强度

TBM：Time-Based Maintenance 基于时间的维修（即定时维修）

TCPL：Trans-Canada Pipelines 加拿大横贯管道公司

TEM：Transient Electromagnetic Method 瞬变电磁法

TEM：Transient Electromagnetic Method 瞬变电磁法

TQM：Total Quality Management 质量管理

YBB：Yield Before Break 先屈服后破坏准则

参 考 文 献

[1] 中国石油化工股份有限公司青岛安全工程研究院. HAZOP 分析指南. 北京：中国石化出版社，2008.

[2] 王效东，黄冲. 油气管道泄漏检测技术发展现状. 管道技术与设备，2008（1）.

[3] 中国石油化工股份有限公司青岛安全工程研究院. 石化装置定量风险评估指南. 北京：中国石化出版社，2007.

[4] 石仁委，龙媛媛. 油气管道防腐蚀工程. 北京：中国石化出版社，2008.

[5] 石永春，刘剑锋，王文娟. 管道内检测技术及发展趋势. 工业安全与环保，2006，32（8）.

[6] 乔建平. 山洪、滑坡、泥石流灾害监测预警. 成都：中国科学院成都山地灾害与环境研究所，2006.

[7] 刘义乐，徐鹏，徐宗昌. 新的 RCM 评价准则. 中国设备工程，2002，7.

[8] 刘太元，余曼力，郑利军. 安全仪表系统的应用及发展. 中国安全科学学报，2008，18（8）.

[9] 刘慧芳，张鹏，周俊杰，等. 油气管道内腐蚀检测技术的现状与发展趋势. 管道技术与设备，2008，5.

[10] 刘镇清，刘晓. 超声无损检测的若干新进展. 无损检测，2000，22（9）.

[11] 孙新文. 风险评估（RBI）在石化特种设备管理中的应用展望. 石油化工设备技术，2006，27（3）.

[12] 严大凡，翁永基，董绍华. 油气长输管道风险评价与完整性管理. 北京：化学工业出版社，2005.

[13] 杨筱蘅. 油气管道安全工程. 北京：中国石化出版社，2005.

[14] 何宏，江秀汉，李琳. 国外管道内腐蚀检测技术的发展. 焊管，2001. 24（3）.

[15] 张玲，吴全. 国外油气管道完整性管理体系综述. 石油规划设计，2008，19（4）.

[16] 武雪芳. 定量风险评价探讨. 北京：中国环境科学研究院，2000.

[17] 赵金洲，喻西崇，李长俊. 缺陷管道适用性评价技术. 北京：中国石化出版社，2005.

[18] 钟云峰，谭树彬. 以可靠性为中心的维修. 机械工程师，2006（3）.

[19] 贺磊，陈国华. 风险检测技术在石化工业中的应用. 炼油技术与工程，2003，33（12）.

[20] 顾祥柏. 流程危险和可靠性综合分析方法（HAZROP）. 石油化工设计，2003，20（2）.

[21] 殷朋. 内腐蚀在线监测技术在输气管道的应用. 腐蚀与防护，2003，24（5）.

[22] 黄志潜. 管道完整性与管理. 焊管，2004（12）.

[23] 董绍华，杨祖佩. 全球油气管道完整性技术与管理的最新进展. 油气储运，2007，26（2）.

[24] 董绍华. 管道完整性技术与管理. 北京：中国石化出版社，2007.